Ralph Sauer · Die Kunst, Gott zu feiern

Ralph Sauer

Die Kunst, Gott zu feiern

Liturgie wiederentdecken und einüben

Kösel

Den Mitgliedern der Kommission für Kinderliturgie dankbar zugeeignet, mit denen ich 17 Jahre zusammenarbeiten durfte.

ISBN 3-466-36458-2

Druck und Bindung: Kösel, Kempten
Umschlagmotiv: © Tony Stone-Bilderwelten, München
Umschlag: Elisabeth Petersen, München

1 2 3 4 5 · 00 99 98 97 96

Gedruckt auf umweltfreundlich hergestelltem Papier
(säurefrei und chlorfrei gebleicht)

Inhaltsverzeichnis

Vorwort

Ich liebe jene Anbeter, die der Welt,
sogar den Propheten unbekannt sind.

Blaise Pascal, Pensées

In seinem Buch »Die Schere« (1990) befaßt sich E. Jünger mit der Situation der gegenwärtigen Theologie und formuliert Erwartungen, die im Widerspruch zum aktuellen Trend zu einer diakonalen, sozial-engagierten Theologie stehen. Er meint: »Wo die Theologie sich in orthodoxe und soziale – und moralische Sackgassen verzweigt, schlägt die Herzader matter, die Sakramente verlieren ihre Kraft. Das Selbstverständliche findet man auch anderswo ... Die Mystiker, Utopisten, Sektierer ... besetzen die geräumten Stellungen.« Der Geistliche gehöre an den Altar, das Kultmysterium müsse wieder im Mittelpunkt stehen und nicht die »rationale Zerfaserung«. Man kann dem Schriftsteller eine einseitige Sichtweise der Theologie vorwerfen, ja der Verdacht des Irrationalismus kann sich sogar nahelegen; dennoch wird man seinem Verständnis der theologischen Wissenschaft eine gewisse Sympathie nicht verweigern können. So wie E. Jünger denken heute nicht wenige, die nach dem Mysterium und seiner Feier Sehnsucht haben.

In die gleiche Richtung zielt eine Glosse von J. Gross im FAZ-Magazin vom 25.08.1995, wo er notiert: »Der gemeine Menschenverstand möchte annehmen, daß ein Gott, der sich umständlich offenbart hat, Lehrer und Ausleger legitimiere, aber nicht der Priesterschaft bedürfe, welche das Mysterium verwaltet. Es gehört zu den Einzigartigkeiten der römischen Kirche, daß sie sich diesem Menschenverstand entzogen hat.« Müßte nicht die Theologie und Frömmigkeit das gefeierte Mysterium wieder ins Zentrum rücken? Müßte die religiöse Erziehung nicht wieder stärker auch im Zeichen der Liturgie stehen, die nach Aussage des II. Vatikanischen Konzils »der Gipfel« (ist), »dem das Tun der Kirche zustrebt und zugleich die Quelle, aus der ihre Kraft strömt« (SC 10).

1923 hatte R. Guardini in seiner kleinen Schrift »Liturgische Bildung« die Diskussion über die liturgische Bildung eröffnet und auch einige Wege aufgezeigt, wie die geforderte liturgische Bildung Gestalt annehmen kann. Das letzte Konzil hat dann diese Forderung aufgegriffen und für die gesamte Kirche als verbindlich erklärt. Ebenfalls haben nachkonziliare Dokumente und Stellungnahmen der Verantwortlichen in der Kirche die Option für eine liturgische Bildung bekräftigt.

Auf der anderen Seite haben sich seitdem die gesellschaftlichen und kirchlichen Verhältnisse so dramatisch verändert, daß davon auch die Liturgie nicht verschont geblieben ist. Die Gottesdienstbesucherzahlen verringern sich von Jahr zu Jahr, und ein Ende ist nicht in Sicht. Der Bedeutungsverlust des Gottesdienstes in unserer Gesellschaft, aber auch innerhalb der Kirche, ist unübersehbar, er hinterläßt selbst bei Theologen Spuren. Die Euphorie der Liturgischen Bewegung und der durch das II. Vaticanum legitimierten Reformbewegung ist inzwischen weitgehend verflogen, eher hat eine Ernüchterung ihr Platz gemacht, wenn nicht gar bei vielen eine Enttäuschung über das »säkulare Ereignis« (E. J. Lengeling) zu verspüren ist, das von Papst, Bischöfen und Liturgikern in hohen Tönen gelobt worden ist. Die einen beklagen die Veräußerlichung des Gottesdienstes und schwindende Ehrfurcht vor dem Heiligen, andere werfen dem Reformwerk Halbherzigkeit vor, statt nach vorne zu schauen, habe es Denkmalspflege betrieben. Auf diese veränderte Situation müssen Pastoral und Religionspädagogik reagieren.

Wer im Jahre 1996 ein Konzept liturgischer Bildung entwirft, muß dieser Entwicklung Rechnung tragen und sich eingehend mit der Frage nach der Liturgiefähigkeit des modernen Menschen auseinandersetzen. Auf diesem Hintergrund drängt sich die Notwendigkeit einer breit angelegten liturgischen Propädeutik auf, wenn sie die Voraussetzungen dafür schaffen will, daß der Mensch einer nachchristentümlichen, von einer entfalteten Moderne geprägten Gesellschaft den Weg zu den im Gottesdienst gefeierten Geheimnissen finden kann. Die direkte Erziehung zur Liturgie, die früher einen selbstverständlichen Platz in der religiösen Bildungsarbeit einnahm, ist in letzter Zeit vernachlässigt worden, sie muß neues Gewicht erhalten. Wenn wir bedenken, daß die orthodoxe und die griechisch-katholische Kirche in den kommunistisch beherrschten Ländern des Ostens nur dank ihrer ununterbrochen gefeierten Liturgie überlebt haben, dann ahnen wir vielleicht, welche den Glauben stärkende, bildnerische Kraft der Liturgie selbst eigen ist. Die Liturgie ist ein Ort des Glaubenlernens und des Gottfeierns, den es neu zu entdecken und zu schätzen gilt. Die verschiedenen Gottesdienstformen bieten Gelegenheit, den Menschen mit dem Geheimnis der Heilstaten Gottes im Gottesdienst in Beziehung zu bringen. Auch heute noch gilt das Wort des hl. Benedikt: »Nichts darf dem Gottesdienst vorgezogen werden.« Nehmen wir diese Weisung ernst, dann muß sich etwas in der Aus- und Fortbildung von Theologen und theologisch interessierten Laien ändern; denn hier fristet die liturgische Bildung immer noch oft ein kümmerliches Dasein. Dabei wird vergessen, daß die Liturgie und die Heilige Schrift die beiden Quellen bilden, aus denen die Kirche lebt. Die liturgische Bildung kann heute auch nicht mehr die große Zahl der Menschen außer acht lassen, die der Kirche zwar fremd gegenüberstehen, aber zugleich Erwartungen an ihr Ritualsystem haben. Hier tut sich ein neues Aufgabenfeld auf, das bislang noch nicht wahrgenommen und bearbeitet worden ist.

Dieses Buch enthält nicht nur grundsätzliche Aussagen zum Umfang und Inhalt liturgischer Bildung und Erziehung im zeitgenössischen Kontext, damit würde lediglich einem rein wissenschaftlichen Interesse Genüge getan. Für die praktische Durchführung dieses Konzeptes werden darüber hinaus Anregungen und Vorschläge unterbreitet, die der konkreten Bildungsarbeit dienen sollen. Absichtserklärungen bleiben unfruchtbar, wenn nicht zugleich gezeigt werden kann, wie konkret liturgische Bildung und Erziehung heute erfolgen könnte. Diesem Ziel dienen die vielen

Praxisbeispiele, die Theorie und Praxis miteinander verbinden wollen. Die vielfältigen Vorschläge lassen einen Spielraum für die Auswahl, je nach den Bedürfnissen und Erfordernissen der Teilnehmer. Es würde jedoch den Rahmen dieses Buches sprengen, wenn diese Anregungen bis ins einzelne ausgeführt werden; daher wird immer wieder auf vertiefende und weiterführende Lektüre verwiesen. Einige Exkurse haben exemplarischen Charakter und wollen die Richtung anzeigen, wie die hier vorgelegten grundsätzlichen Überlegungen konkrete Gestalt annehmen könnten.

Vielfachen Dank möchte ich an dieser Stelle allen denen aussprechen, die am Zustandekommen dieser Veröffentlichung mitbeteiligt waren. Nicht alle kann ich erwähnen, einige verdienen es jedoch, besonders bedankt zu werden: Herr Domkapitular Dr. Heinrich Plock, Osnabrück, war freundlicherweise bereit, das Manuskript unter liturgiewissenschaftlichen Aspekten kritisch durchzuschauen. Ihm verdanke ich kritische Anmerkungen und hilfreiche Hinweise. Mein Mitarbeiter, Herr Akademischer Oberrat Dr. Karl Josef Lesch, und meine studentische Hilfskraft, Christian Bußmann, haben mir bei der Überarbeitung des Manuskriptes wertvolle Dienste geleistet. Frau Gerda Büssing benötigte viel Geduld bei der Herstellung der endgültigen Gestalt des Manuskriptes.

Möge dieses Buch viele mit der Aus- und Fortbildung von Theologen und interessierten Laien Betrauten ermutigen, Menschen tiefer und umfangreicher für die Nähe des menschenfreundlichen und befreienden Gottes aufzuschließen, der uns im Gottesdienst begegnet. Ihm mit größerer Ehrfurcht gegenüberzutreten und ihn gemeinsam feiern zu lernen, ist das Ziel jeglicher liturgischer Bildung.

Vechta, Juni 1996 *Ralph Sauer*

1. Die Frage nach der Liturgiefähigkeit des heutigen Menschen

Wer als Zelebrant einer Schulmesse oder einem Jugendgottesdienst vorsteht, kann es hautnah erleben, wie fremd den meisten Kindern und Jugendlichen die traditionellen Symbole und Symbolhandlungen, aber auch die Sprachformen des Gottesdienstes geworden sind. Das gottesdienstliche Geschehen mutet ihnen exotisch an, sie gewinnen den Eindruck, als ob man hier Denkmalspflege betreibe; denn das, was sie erleben, steht ihrer Ansicht nach in keinem Verhältnis zu ihrem Lebensgefühl. Wer am Samstagabend hingebungsvoll der Discomusik gelauscht oder das Tanzbein geschwungen hat, wird sich am Sonntagmorgen verloren in der Kirche vorkommen: Eine fremde, längst verflossene Welt tritt ihm in den Gesängen, Gebeten und Texten entgegen. Nicht viel anders ergeht es dem Priester, der bei einer kirchlichen Trauung in der Brautmesse assistiert oder ein Requiem zelebriert, dem Menschen beiwohnen, die der liturgischen Praxis seit langem sich entwöhnt haben – unter ihnen befinden sich auch ehemalige Ministranten –, sofern sie überhaupt jemals wirklich mit ihr in Berührung gekommen sind.

Wie auch immer es um die innere Anteilnahme der Katholiken am gottesdienstlichen Leben der Kirche früher bestellt gewesen sein mag, über die wir uns heute schwerlich ein Urteil bilden können, dem nüchternen Betrachter drängt sich die Frage nach der Liturgiefähigkeit des heutigen Menschen auf. Diese wurde in aller Klarheit und Prägnanz von R. Guardini 1964 in einem Brief an J. Wagner anläßlich des Dritten Liturgischen Kongresses in Mainz formuliert. Er hat ein weltweites Echo gefunden und eine lebhafte Diskussion ausgelöst, die bis heute nicht verstummt ist.

Die Frage hat bis zur Gegenwart nichts an Aktualität eingebüßt.[1] R. Guardini, dem die Liturgische Bewegung und die Liturgiewissenschaft entscheidende Impulse verdanken, die vom II. Vatikanischen Konzil aufgegriffen worden sind, fragt: »Ist vielleicht der liturgische Akt, und mit ihm überhaupt das, was ›Liturgie‹ heißt, so sehr historisch eingebunden – antik, oder mittelalterlich –, daß man sie der Ehrlichkeit wegen ganz aufgeben müßte? Sollte man sich vielleicht zu der Einsicht durchringen, der Mensch des industriellen Zeitalters, der Technik und der durch sie bedingten psychologisch-soziologischen Strukturen sei zum liturgischen Akt einfach nicht mehr fähig? Und sollte man, statt von Erneuerung zu reden, nicht lieber überlegen, in welcher Weise die heiligen Geheimnisse zu feiern seien, damit dieser heutige Mensch mit seiner Wahrheit in ihnen stehen könne?« Er begnügt sich jedoch nicht mit diesen bohrenden Anfragen, sondern weist am Ende seines Briefes eine Richtung, wie man die liturgische Bildung des heutigen Menschen fördern könne.[2] G. Aeschbacher bezeichnet die gegenwärtige Feier der Liturgie als »eine kulturelle Verhaltensanomalie«, sie sei Teil und Ausdruck der kirchlichen Gesamtproblematik.[3] Sie führe dazu, daß immer weniger Christen am Gottesdienst teilnehmen und aus der Kirche auswandern; denn die Liturgie ist eine der grundlegenden Lebensvollzüge der Kirche. Ch. Davis hatte schon Anfang der 70er Jahre darauf hingewiesen, »daß die gegenwärtige Kultur ... weltlich ist, d.h. ohne jede Abhängigkeit von der Religion und ohne jegliche Beziehung zu ihr, also autonom.« Daher gebe es »keine moderne Form des Gottesdienstes, weil der Gottesdienst selbst in der modernen Welt überholt und der christliche Glaube ein Zustand der Abweichung von der Kultur der Gegenwart ist.« Aufgrund des Auseinanderfallens von moderner Kultur und Christentum stehen die Christen vor der Wahl: »entweder Getto oder Wüste.« Da der erneuerte Gottesdienst auf einem überkommenen Ritual basiert, das einer vergangenen Kultur angehört, wählt in dieser Gottesdienstfeier der Mensch das Getto.[4]

Am Beispiel der Jugend soll dies illustriert werden. Im Vergleich zu den 50er Jahren ist 1984 der Anteil der Jugendlichen

(13- bis 29jährige), die laut einer Umfrage des Wickert-Instituts einen Gottesdienst besuchen, um die Hälfte zurückgegangen. Während 1953/54 noch 59 % der westdeutschen Jugendlichen in den letzten vier Wochen zum Gottesdienst gegangen sind, reduziert sich 1984 die Zahl auf 27 % und geht 1991 gar auf 21 % zurück.[5] Während 1970 noch 25 % der 16- bis 20jährigen Katholiken jeden Sonntag an der Eucharistiefeier teilnahmen, waren es 1986 nur noch 8 %.[6] Einen ähnlichen Rückgang kann man auch beim Gebetsleben registrieren: Während 1953/54 59 % der 15- bis 24jährigen manchmal oder regelmäßig beteten, vollzogen 1991 nur noch 39 % diesen urmenschlichen Akt; in Ostdeutschland waren es 1991 17 %. Diese Zahlen dokumentieren eindringlich die wachsende Entfremdung der deutschen Jugendlichen von der Kirche und von ihren gottesdienstlichen Vollzügen. Dabei erweist sich der Gottesdienstbesuch nur als ein Indikator für den voranschreitenden Auszug der jungen Generation aus der Kirche; die »Verdunstung des Glaubens« behindert auch fundamental das Gottesbild und die Beziehung zu Jesus Christus.

1.1 Die Gottesbeziehung

Bei einer Verhandlung des Landgerichts Leeds in England fragte der Richter eine erst siebenjährige Zeugin: »Du weißt doch, wer der liebe Gott ist?« Er wollte ihr die religiöse Bedeutung des Schwures erklären: »Ich schwöre bei Gott, dem Allmächtigen, die Wahrheit zu sagen«. Die Antwort aus dem Munde der Kleinen setzte ihn in Erstaunen: »Der liebe Gott? Nee, wer ist das? Hab' ich noch nie gehört!« Dies dürfte gegenwärtig keine Einzelstimme sein, vor allem, wenn wir an die Situation in den neuen Bundesländern und überhaupt an Osteuropa denken. Im 19. Jahrhundert war für F. Schleiermacher die individuelle Gottlosigkeit noch ein Krankheitszustand, von dem der Atheist durch religiöse Bildung geheilt werden könne. Und der im gleichen Jahrhundert lebende

Däne S. A. Kierkegaard vermerkte voll Staunen in seinem Tagebuch, er sei zum ersten Mal einem Atheisten in einem Kopenhagener Salon begegnet, was damals einer Sensation gleichkam. Wie sich jedoch die Zeiten geändert haben, bezeugt ein Dichter unseres Jahrhunderts, G. Benn. Er trauert der Zeit nach, da der Glaube an Gott die einigende Mitte bezeichnete, in der alle übereinkamen: »Ach, als sich alle einer Mitte neigten und auch die Denker nur den Gott gedacht, sie sich dem Hirten und dem Lamm verzweigten, wenn aus dem Kelch das Blut sie reingemacht, und alle rannen aus der einen Wunde, – brachen das Brot, das jeglicher genoß – o ferne zwingende erfüllte Stunde, die einst auch das verlorne Ich umschloß.«[7]

Legt man die Europäische Wertestudie von 1990 zugrunde, dann glauben 70,5 % der Europäer an Gott, die Unterschiede zwischen Irland (90 %), Frankreich (60 %) und Schweden (45 %) sind gravierend. Laut einer Spiegelumfrage aus dem Jahre 1992 glaubten 56 % Deutsche, »daß es Gott gibt«; 1967 waren es noch 68 %. Danach haben innerhalb von 25 Jahren 5,6 Millionen Deutsche ihren Glauben an Gott aufgegeben. Von den 2.034 durch das Emnid-Institut befragten 14- bis 25jährigen Deutschen glaubten 1994 54 % an Gott.[8] Bei einer Umfrage im Jahre 1993 beantworteten nur 11 % der 14- bis 19jährigen Ostdeutschen die Frage »Glauben Sie an Gott?« mit »Ja«. Und nach einer jüngsten Meinungsumfrage von »Sofres« (Paris) glauben 27 % der Franzosen an »überhaupt nichts«. Nun erweist sich eine so allgemein formulierte Frage als wenig ergiebig. Unter dem Wort »Gott« kann sehr Unterschiedliches vorgestellt werden. Etwas mehr an Profil gewinnt die Antwort, wenn man nach dem Glauben an den persönlichen Gott fragt; dann schrumpft die Zahl der Gottgläubigen in Europa von 70 % auf 38 %; in Schweden bekennen sich nur noch 15 % dazu! 32 % der Europäer erblicken in Gott eine Art Geist oder kosmische Energie oder Lebenskraft. Der christliche Hintergrund der Gottesfrage verschwindet immer mehr. Bei näherem Hinsehen bemerkt man eine diffuse Gottesvorstellung, die sich aus verschiedenen Elementen unterschiedlicher Religionen und Weltanschauungen zusammensetzt. Die Soziologen sprechen von einer »religiösen Fleckerlteppichnäherei« (Th. Luckmann) bzw. einer Bricolage. Diese kommt in der Äußerung eines Jugendlichen sehr plastisch zum Ausdruck: »Ich hab' mir meine eigene Religion zusammengebaut – zusammengezimmert – zusammengebastelt.« Auf synkretistische Weise wird ein religiöses Menü zusammengestellt, das ganz in das Belieben des einzelnen gestellt ist. Wenn auch eine irgendwie geartete Gottesbeziehung noch vorhanden ist, so bleibt diese auf den privaten Sektor beschränkt und wird oft nur noch in Notsituationen aktiviert. So gesteht ein Berufsschüler: »Manchmal, wenn ich nachts Bauchschmerzen hab', wenn ich so richtige Krämpf krieg, dann tu ich echt manchmal beten oder so.« Und ein anderer Berufsschüler hat auch gebetet, als einer sein Auto zusammengefahren hatte: »Wenn nichts mehr hilft, wenn's hart auf hart kommt, dann stürz ich mich in den Glauben. ... Ich bete, Gott helf mir! Und dann, Danke Gott!«[9] Haben sich jedoch die dunklen Wolken am Himmel verzogen und strahlt wieder das Blaue am Himmel, dann verschwenden diese Jugendlichen keinen Gedanken mehr an Gott. Er spielt in ihrem Leben keine Hauptrolle, sondern höchstens eine Nebenrolle. Auch sprechen Jugendliche untereinander nicht über Gott; nur wenn sie allein sind und über alles nachdenken, was ihnen widerfahren ist, dann taucht gelegentlich Gott in ihrem Denken (und Beten) auf.[10]

Wenn in der Gegenwart der Glaube an einen transzendenten, persönlichen Gott auf zunehmenden Widerspruch stößt, wenn nach M. Buber die »Gottesfinsternis ... in der Tat der Charakter der Weltstunde« ist, »in der wir leben«,[11] wenn er auch »den Charakter eines Zeitalters nicht als Fatum des nächsten« betrachtet, dann dürfen wir nicht nur den Zeitgeist dafür verantwortlich machen, daß an die Stelle Gottes das anonyme, unpersönliche Göttliche gesetzt wird, das zu nichts verpflichtet und den Menschen auch nicht zur Rechenschaft zieht. Wir müssen uns zugleich die bedrükkende dunkle Geschichte der Gottesverkündigung vor Augen führen, die mit Gewalt und Blutvergießen den Glauben an den einen Gott verbreitet hat. Wieviel Blut und wieviel Tränen verbinden sich nicht mit diesem Wort, von dem M. Buber zu Recht sagt, es sei das »beladenste aller Menschenworte«[12]. Der Kirche ist ein »ekklesiologischer Atheismus« vorgeworfen worden, weil sie mit Berufung auf den allmächtigen Gott auf eine Weise über den Menschen Macht ausgeübt hat, die in deren Herzen oft den Gottesglauben hat verdunsten lassen.

Wie hinderlich für den Mitvollzug des Gotteslobes ein nicht geklärtes Gottesverhältnis sein kann, zeigt die nachfolgende Äußerung einer 17jährigen: »Ich bin 17 Jahre alt und arbeite als Näherin. Zu dem Thema Kirche und Gott kann ich nicht viel sagen. Ich glaub nicht unbedingt daran. Zur Kirche gehe ich auch nur, wenn eine Hochzeit ist oder eine Taufe. Warum soll ich jeden Sonntag zur Kirche gehen, das bringt mir nichts. Das Geschwätz ist doch zum Einschlafen. Wer kann mir denn beweisen, daß das stimmt, was der Pfarrer redet. Gibt es Gott überhaupt? Manchmal, wenn ich traurig bin, wenn ich Sorgen habe, denk ich mir auch, lieber Gott, bitte hilf mir. Hat mir dieser Gott geholfen, als ich vor zwei Jahren zu Hause auszog, hat er mir geholfen, daß ich meinen Vater vom Alkohol wegbring? Nein, niemand hat mir geholfen. Da bringt mich der Glaube an den lieben Gott auch nicht weiter. Ich glaub zwar an das Leben nach dem Tode, aber eins glaub ich auch, daß Gott und die Kirche mit dem Weiterleben nichts zu tun haben. Das ist für mich eine andere Dimension, eine andere Welt.«[13]

Heute droht bei vielen Menschen, die noch in irgendeiner Weise an Gott glauben, die Gefahr der Funktionalisierung Gottes. Man braucht einen Gott, der dem Menschen Halt und Geborgenheit gewährt, so kann die Wirklichkeit Gottes psychologisch verstanden werden: »Ich glaube an Gott, weil es ja irgend jemanden geben muß, an den man glauben kann und zu ihm beten kann«, meint ein etwa 18jähriger Franzose. Wie leicht läßt sich aber dieses Objekt Gott gegen ein anderes austauschen, zumal der Verdacht naheliegt, Gott sei eine bloße Fiktion.[14] P.M. Zulehner spricht in diesem Zusammenhang von einem »Gott der Menschen«, der es mit den außergewöhnlichen Lebenssituationen zu tun hat, der vom Menschen gebraucht und in seinen Dienst genommen wird. Dies ist der vielbeschworene Herrgott oder der liebe Gott.[15] Von diesen, auf Menschenmaß reduzierten Gott unterscheidet sich fundamental der lebendige Gott der biblischen Offenbarung, der nicht über sich verfügen läßt und der auch nicht nur aufrichtet und tröstet und zur Stabilisierung des eigenen Ich beiträgt, sondern gleichfalls zur Umkehr und zum Aufbruch (Exodus) in ein unbekanntes Land aufruft.[16] Wenn Jugendliche, aber nicht nur sie, überhaupt an Gott festhalten, dann erblicken sie in ihm den unbedingt gütigen und verzeihenden Gott. Von ihm erwarten sie Trost und Beistand, aber keine Strafe und keine Verurteilung. Ein richtender Gott paßt nicht in ihr Lebenskonzept: »Er ist ein Gott der Liebe und von Strafe kann nicht die Rede sein.«[17] Und ein 18jähriger Maurer erklärt: »Ich glaube nicht an Gott, wie ihn die Kirche mir vorschreibt, ich glaube an meinen eigenen Gott, der mich zu nichts zwingt, zu dem ich kommen kann, der mir Beistand leistet, mich nicht verurteilt.«[18]

Angesichts der fortschreitenden »Gottunfähigkeit« des heutigen Menschen (A. Delp) stellt sich verschärft die Frage nach der Liturgiefähigkeit. Wenn im Gottesdienst Gott dem Menschen dient, dem er sich zuwendet, und der Mensch seinerseits den anderen, größeren und geheimnisvollen Gott feiert, sich ihm anbetend, bittend und dankend hingibt, dann setzt dies bei den Feiernden einen lebendigen Gottesbezug voraus, wie er bei den meisten Zeitgenossen heute nicht mehr einfach angenommen werden darf. Hier tritt oft der bloße Vollzug eines Ritus an die Stelle eines Gott wohlgefälligen Gottesdienstes (vgl. Röm 12,1).

1.2 Das Verhältnis zu Jesus Christus

G. Stachel beklagt, »daß die Gemeinden, die ich kenne, und besonders die jungen Menschen, nicht mehr voll liturgiefähig sind. ... Ich meine, daß die Liturgie selber nicht mehr ›anspricht‹ und daß wichtige Voraussetzungen bei den Feiernden fehlen. ... Der Umgang mit Christus findet im Alltag nicht mehr statt; wie kann dann die intensive Begegnung mit ihm vollzogen werden?«[19]

Wie steht es um den Glauben an Jesus Christus, der die lebendige Mitte der gottesdienstlichen Versammlung ist; mit ihm opfert sich die Gemeinschaft der Glaubenden in der Kraft des Heiligen Geistes dem Vater in der Eucharistiefeier? Erblicken junge Menschen in der Person Jesu von Nazaret ein Identifikationsangebot, an dem sie Maß nehmen, wie es die Würzburger Synode gewünscht hatte?[20] Orientieren sie ihr Leben noch am Weg Jesu? Folgt man der Europäischen Wertestudie von 1990, so glauben in Europa im Durchschnitt 35,1 % an den leibhaftigen Gott, d.h. an den menschgewordenen Gott. In Österreich sind 17 % der Jugendlichen der Überzeugung, es gebe einen leibhaftigen Gott. Noch geringer fällt die Zustimmung zum Auferstehungsglauben aus: 34 % glauben an die Auferstehung von den Toten, dagegen 20 % an die Reinkarnation.21 Die Umfrage des »Spiegel« im Vorfeld des Karlsruher Katholikentages 1992 ergab, daß 28 % an Jesus Christus im Sinne der kirchlichen Lehre glauben. 1967 waren es noch 42 %; für 43 % war Jesus nur ein großer Mensch, der noch heute ein Vorbild sein kann. Für 23 % besaß er keine Bedeutung mehr.

Die Zeitschrift »P.M.« hat 1989 eine repräsentative Umfrage zum christlichen Credo durchgeführt. Demnach glauben 84 % der Katholiken und 72 % der Protestanten in der BRD an Gott und 65 % bzw. 52 % daran, daß Jesus Christus »Gottes Sohn« ist. An die Auferstehung der Toten glauben nur 46 % der Katholiken und 28 % der protestantischen Christen. Lediglich 43 % bzw. 26 % vertrauen darauf, daß Jesus Christus »wiederkommen wird, zu richten die Lebenden und die Toten.« Bei den 16- bis 29jährigen bejahen nur 27 % bzw. 18 % diesen Glaubenssatz.[22]

Wenn in Frankreich Menschen sich auf den Weg des Katechumenates begeben oder wenn Getaufte ihren Glauben vertiefen bzw. erneuern wollen, dann bewegt sie zuvörderst die Frage nach Gott. »Kann man heute an Gott glauben?« Dagegen steht die Person Jesu Christi nicht im Mittelpunkt ihrer Fragen. Die Suchenden wollen wissen, ob ihr Bild von Gott mit der Wirklichkeit übereinstimmt, ob Gott existiert.[23]

Es fällt auf, daß, wenn junge Menschen über ihre Gottesbeziehung befragt werden – wie beispielsweise in der groß angelegten Befragung von 1236 Berufsschülern in Baden-Württemberg 1982/83 –, sie dann bereitwillig und offen darüber Auskunft geben, was sie sich unter Gott vorstellen. Diese Frage bewegt sie offenkundig und läßt sie nicht los. Zugleich wird die Antwort auf diese Frage weitgehend losgekoppelt von der christlich-dogmatischen Tradition. Oft wird sogar Gott gegen die Religion ausgespielt, wobei zu vermuten ist, daß hier unter Religion die christliche Ausprägung des Gottesglaubens gemeint ist. Auch bei einigen Theologen kann man gegenwärtig die Tendenz beobachten, an die Stelle der »christozentrischen« Epoche der christlich-ökumenischen Bewegung eine »theozentrische« Ära am Zeithorizont heraufziehen zu sehen, um auf diese Weise den interreligiösen Dialog nicht zu belasten. Maßgebender Vertreter dieser Theologengruppe ist der amerikanische katholische Theologe P. M. Knitter. Er plädiert für eine relationale Einzigartigkeit, die nicht absolut verstanden werden darf, weil dadurch andere Wahrheiten ausgeschlossen würden. Für Knitter ist Jesus einzigartig »mit der Einschränkung, daß sich diese Einzigartigkeit durch ihre Fähigkeit definiert, zu anderen einzigartigen religiösen Gestalten in Beziehung zu treten, d.h. sie einzubeziehen und sich von ihnen einbeziehen zu lassen.« Die Christen hätten es seiner Ansicht nach nicht nötig, »für Jesus eine ›Endgültigkeit‹ oder ›Normativität‹ zu beanspruchen.«[24] Auch E. Drewermann reiht sich in die Schar der Theologen ein, welche die Einzigartigkeit des Heilsereignisses in Jesus Christus in Frage stellen. Seine Menschwerdung ist lediglich der Anstoß, die in der Seele eines jeden Menschen schlummernden archetypischen Bilder vom Heil und vom Gottmenschen wachzurufen. Dabei sei seine Person durch andere auswechselbar.

K.H. Reich und A. Schröder berichten von einem Unterrichtsprojekt mit einer 10. Jahrgangsstufe einer Gesamtschule im Kreis Minden-Lübbecke, daß die Mehrzahl der SchülerInnen die Jesus-Thematik unwichtig fand. Etwa die Hälfte sagte aus, daß Jesus keine Bedeutung für sie und ihre Zukunft habe. Von den 14 SchülerInnen im Regelalter von 16 Jahren stufte einer bzw. eine

Jesus Christus als »sehr wichtig« für ihr Leben ein, einer/eine als »wichtig«, fünf fanden, Jesus sei »etwas wichtig für ihr Leben«, und für sieben war er »gar nicht wichtig«.[25] Nicht weniger signifikant ist die Tatsache, daß die hier befragten Jugendlichen die Frage nach dem Weiterleben nach dem Tode nicht mit dem christlichen Auferstehungsglauben in Verbindung brachten. Auch bei der Theodizeeproblematik, die eine ernste Infragestellung des überkommenen Gottesglaubens zur Folge haben kann, fiel der Blick der Heranwachsenden nicht auf den »mitleidenden Gott«. Wo die Frage nach Gott Jugendliche und Erwachsene noch umtreibt, da löst die Antwort sich weithin aus dem christlichen Kontext; zu ihrer Deutung und Bewältigung greift man zu anderen Modellen, wenn daran nicht überhaupt der Gottesglaube zerbricht. Wie aber soll man mit Menschen einen Gottesdienst feiern, in dessen Mittelpunkt das Pascha-Mysterium steht, wenn die Beziehung zu dem sich hinschenkenden Jesus Christus, der vom Vater ausgegangen ist und zu ihm zurückkehrt, im Schwinden begriffen ist? Wundert es uns dann, wenn junge Menschen oft so teilnahmslos der Eucharistiefeier gegenüberstehen und keinen Zugang zu dem hier gefeierten Geheimnis finden können? Weit über die formalen Schwierigkeiten hinaus (Sprache, überkommene Ritualien ...) stoßen wir auf einen zentralen Stolperstein für den Mitvollzug der eucharistischen Liturgie.

Bei einer Befragungsaktion des BDKJ in der Erzdiözese München-Freising 1985/86, an der sich 1200 Jugendliche beteiligt hatten, schälte sich heraus, daß in der Religiosität der Jugendlichen Jesus Christus keine große Bedeutung hat, in den Beiträgen der Jugendlichen wird er kaum erwähnt. Wurde er genannt, dann erschien er mehr als eine historische Gestalt, vergleichbar mit Mahatma Gandhi.[26] Im gleichen Jahr kam ein Göttinger Symposion der Sozialwissenschaftler und praktischen Theologen über »Jugend und Religion in Europa« zu dem gleichen Ergebnis: »Der Glaube an Jesus Christus, den menschgewordenen Sohn Gottes, verliert für die Menschen zunehmend an Bedeutung; während die Bereitschaft, sich für ein völlig diffuses Gottesbild zu erwärmen, steigt.«

1.3 Der gemeinschaftliche Vollzug des Gottesdienstes

R. Guardini und mit ihm andere Vorreiter der Liturgischen Bewegung wurden nicht müde, den Gemeinschaftsaspekt der Liturgie hervorzuheben. Die Liturgie ist nicht »anders als aus tiefstem Gemeinschaftsgeist und Gemeinschaftswillen heraus zu verstehen.«[27] Wer ein Sakrament empfängt, wird dadurch in das Leben der Kirche hineingenommen; allen Sakramenten eignet eine kirchliche Dimension. Daher setzt die Feier des Gottesdienstes einen Gemeinschaftssinn voraus, ohne daß dadurch die eigenständige Persönlichkeit in der Gemeinschaft aufgeht.

Wie aber steht es um diesen Gemeinschaftsgeist, um die Bereitschaft des modernen Menschen, sich auf das Wir, auf die anderen hin zu überschreiten? Die neue Europäische Wertestudie gelangt zu der Feststellung: Die Bereitschaft zum Engagement für andere, für die Gemeinschaft, gehe immer mehr zurück. Davon wissen Sport- und Jugendverbände, aber auch Parteien und Gewerkschaften ein Lied zu singen. Nur noch 10-15 % der jungen Menschen in unserem Lande interessieren sich für das soziale Engagement und für Entwicklungshilfe. 21 % huldigen dem Grundsatz: »Jeder ist sich selbst der Nächste«. Auch wenn neue soziale Bewegungen und Bürgerinitiativen bei fast allen Jugendlichen in hohem Ansehen stehen (Beispiel: Greenpeace), zum Mittun sind jedoch nur wenige bereit. »Als Motto könnte gelten: ›Soziale Bewegungen ja – aber ohne mich.‹«[28] Die Psychologin U. Nuber spricht in ihrem gleichnamigen Buch von der »Egoismusfalle«.[29] Die notwendige Individuation sei sowohl in der gegenwärtigen Erwachsenengeneration als auch in der nachwachsenden Generation nur in Ausnahmefällen gelungen. Anstelle einer für das Wir offenen Individuation sei ein um das eigene Ich kreisender Individualismus getreten. Der Egotrip verdrängt das Lernziel Solidarität. Auf diesem Hintergrund muß auch die Abneigung des modernen Menschen gegenüber jeglicher Institution verstanden werden. Religion und Glaube haben ihre gesellschaftliche und politische Relevanz eingebüßt, sie werden nicht mehr als gemeinsames Tun verstanden, wie es noch R. Guardini vorschwebte. Er war der Überzeugung: Wer mit Gott eins wird, wird auch mit den übrigen Menschen eins. Derartige Überzeugungen sind dem Menschen einer sog. post-modernen Gesellschaft völlig fremd.

Von dem Individualisierungstrend des heutigen Menschen wird auch sein Verhältnis zur kirchlichen Gemeinschaft berührt. Letztere wird fast ausschließlich unter einem institutionskritischen Aspekt betrachtet. Sie nimmt in seinen Augen lediglich den Charakter einer Großinstitution ein. Der Blick auf das Geheimnis der Kirche, auf ihren sakramentalen Charakter, ist ihm völlig verstellt. Nimmt man als Indikator für die Beziehungen der Getauften zur Kirche die Teilnahme an dem sonntäglichen Gottesdienst, was sicherlich nicht unproblematisch ist und daher der Ergänzung bedarf, so beläuft sich die durchschnittliche Gottesdienstbesucherzahl in Europa auf 25,8 %, fast nie besuchen 40 % den Gottesdienst.[30] Seit der Umfrage der westdeutschen Synode von 1970 ist die Zahl der katholischen Jugendlichen, die regelmäßig am Sonntagsgottesdienst teilnehmen, um ein Drittel zurückgegangen. Fragt man junge Menschen nach ihrem Verhältnis zur Kirche, dann bezeichnen sich 9 % als gläubige Mitglieder, die auch zur Lehre der Kirche stehen (13 % Katholiken und 6 % Protestanten). 28 % ist die Kirche dagegen gleichgültig (18 % Katholiken und 30 % Protestanten).[31] Aber selbst unter den sonntäglichen Kirchgängern wächst die Zahl der Jugendlichen, die der Kirche distanziert gegenüberstehen. Ein Viertel der katholischen sonntäglichen oder fast sonntäglichen Kirchenbesucher fühlt sich als Christen, aber die Kirche bedeutet ihnen nicht viel.[32]

Wir dürfen unseren Blick auch nicht vor der Tatsache verschließen, daß immer mehr Christen versuchen, ihr Christsein außerhalb der verfaßten Kirchen zu leben; sie widersprechen damit der bislang von Theologen und Religionssoziologen vertretenen Behauptung, ohne Kirche gäbe es kein Christentum. Diese Menschen fühlen sich zwar der Botschaft Jesu Christi verbunden, lehnen dagegen eine Bindung an die Institution Kirche ab. In den

Niederlanden ist diese neuartige Tendenz besonders ausgeprägt, sie wird durch eine Studie über »Die Säkularisierung in den Niederlanden« aus dem Jahre 1994 belegt: Ihr zufolge leben 28 % ein außerkirchliches Christentum. Der größere Teil von ihnen gehörte der katholischen Kirche an![33] Ein Beispiel für dieses kirchenlose Christentum ist der 22jährige Jesus-Freak Andreas, Mitglied der Hamburger »Jesus-Freaks«. Er ist aus der katholischen Kirche ausgetreten und gibt als Begründung an: »Ich hatte keinen Bock auf langweiliges Geschwafel«. In seinem »früheren Leben« hatte er Drogen genommen und war dem Alkohol verfallen. Dann lernte er die »Jesus-Freaks« kennen und ließ sich in der Alster »taufen«. Die Symbole seines früheren Lebens, seinen »Ballermann« und seine Machete, warf er in einem symbolischen Akt ins Feuer, nun lebt er ohne Alkohol und Drogen.[34]

Wie aber ist eine lebendige, gemeinschaftsbezogene Liturgie möglich mit Menschen, die in Distanz zur kirchlichen Gemeinschaft stehen, ja, die zum Teil ihr Christsein ohne Bindung an die Kirche leben wollen? Belastet dieser christliche Individualismus nicht ganz entscheidend die gewünschte aktive und fruchtbare Mitfeier der heiligen Geheimnisse? Für J. A. Jungmann war es »eine lehrreiche Tatsache, daß Zeiten, die wenig Sinn für das Soziale haben, in dem der Individualismus vorherrscht, auch wenig Sinn haben für die Liturgie, ihre Symbole und Formen.«[35]

1.4 Das Unverständnis gegenüber den gottesdienstlichen Symbolen

Wenn die Liturgie als symbolische Kommunikationshandlung zu verstehen ist, dann legt sich die Frage nach der Symbolfähigkeit des Menschen von heute nahe. Wie weit ist er in der Lage, sein Leben mit Hilfe der gottesdienstlichen Symbole auszudrücken? Ist der heutige Mensch überhaupt noch symbolfähig? Viele bezweifeln es. R. Guardini stellte fest: »Die für uns allein Leben bedeutende Einheit von Leib und Seele ist – als Haltung –

zergangen. An Stelle einer Welt, darin das Geistige sich unmittelbar körperlich aussprach, in Bild, Gebärde und Bau, in sinnvollen Handlungen und Sitten und tausend Formen des Ausdrucks, da alles offenbarte und alles mit Gehalt gesättigt war, trat eine vermeintliche ›geistige‹ Welt; ... Die Fähigkeit, zu offenbaren und zu schauen; die Fähigkeit, auszudrücken und Ausgedrücktes zu verstehen, verschwindet immer mehr. Man verlernt das ›Bilden‹, kann nur noch rubrizieren; man versteht nicht mehr zu schauen, zu hören, nur noch zu lernen. Es verschwindet, was auf solchem Können ruht: Bildhaftigkeit der Sprache; ausdrucksvolle Körperhaltung; formkräftige Kleidung und Wohnung; Umgangsweisen, Spiel und Reigen. Es verschwindet lebendige Bildung, das Geformtsein der Körperlichkeit durch den Geist, und das Offenbartsein des Geistes im Körper.«[36] Aus dieser Beobachtung leitete er die Forderung ab: »Der Mensch muß wieder symbolfähig werden.«[37]

Zu Guardinis Zeiten mag dieser Eindruck bestimmend gewesen sein, heute ist mittlerweile eine neue Sensibilität für die Leiblichkeit des Menschen entstanden, ein Gespür für die nicht aufzulösende Einheit von Leib und Seele hat sich entwickelt. Sicher ist bei vielen aufgrund der technischen Umwelt und des medial vermittelten Wirklichkeitsverständnisses die Fähigkeit verkümmert, zu erschauen, wie ein innerer seelischer Vorgang sich verleiblicht und sinnenhaften Ausdruck findet. Auch dürfte aufgrund des ausufernden Medienkonsums die Hörfähigkeit eingeschränkt sein. Wer ständig Fast-Food-Mahlzeiten zu sich nimmt, dessen Geschmackssinn dürfte auf die Dauer auch geschädigt sein. Dennoch kann auch dem heutigen Menschen nicht grundsätzlich die Fähigkeit abgesprochen werden, sein Leben zu symbolisieren, auf sinnenhafte Weise sein Lebensgefühl auszudrücken. Im profanen Bereich stoßen wir auf eine Vielfalt symbolischer Handlungen und Ausdrucksformen: wir brauchen nur an den großen Zapfenstreich bei der Bundeswehr zu denken, an den rituellen Umgang beim Königsschießen und der nachfolgenden Inthronisation des neuen Schützenkönigs mitsamt seinem Hofstaat oder an die zuweilen beeindruckenden Symbolhandlungen bei den Olympischen Spielen. Wie symbolträchtig gestalten sich nicht manche Demonstrationen und Protestkundgebungen, auch sie können nicht auf Symbole und symbolische Handlungen verzichten. Lichterketten werden gebildet oder Kreuzwege errichtet als Symbol des Widerstandes gegen die geplante Errichtung von Atomkraftwerken bzw. gegen deren Wiederinbetriebnahme. Dies gilt auch für die bis heute zum Teil noch gepflegten sozialistischen Ersatzriten (z.B. die Jugendweihe). All diese Erscheinungsformen lassen das unausrottbare Verlangen des Menschen nach Symbolisierung und Ritualisierung seines Lebens verspüren. Auch der Mensch eines technisch-industriellen Zeitalters erweist sich weiterhin als »animal symbolicum« – wie ihn E. Cassirer bezeichnet hat.

Jungen Menschen kann man ebenfalls nicht eine grundlegende Symbolfähigkeit absprechen. Sie verstehen es, auf einfallsreiche Weise ihrem Lebensgefühl symbolhaft Ausdruck zu verleihen in Gestaltung von Buttons, Graffitis und in Statussymbolen wie Kleidung, Haartracht und Gesten. Sie verfügen über einen Reichtum symbolischer Darstellungsweisen, die uns immer wieder in Erstaunen versetzen. So kamen die Besucher einer Ausstellung im Rahmen des Aachener Katholikentages »Heiligtümer Jugendlicher« nicht aus dem Staunen heraus, als sie mit den konkreten Heiligtümern junger Menschen heute konfrontiert wurden. Ihr Blick fiel dabei auf Turnschuhe, Liebesbriefe, Halskreuze, Muscheln, Murmeln und Teddybären. Zugleich verschiebt sich aber für den jungen Menschen der Bedeutungsgehalt des Heiligen. Die bis dahin geläufige Unterscheidung zwischen dem Heiligen und dem Profanen wird aufgehoben; der Bezug zur »großen Transzendenz« ist nicht überall mehr erkennbar, wenn auch einige ihre »Heiligtümer« noch mit Gott in Verbindung brachten. Junge Menschen drücken heute ihre Religiosität auf andere Weise aus, sie bedienen sich alltäglicher Symbole, die ihnen persönlich bedeutsam sind und in denen sie ein »Mehr an Sinn« erblicken. Offen bleibt die Frage, inwieweit sich in diesen Symbolen der Raum der zwischenmenschlichen Beziehungen und der Welt öffnet auf eine andere, sie übersteigende göttliche Wirklichkeit.[38] Auch in Jugendgottesdiensten entwickeln junge Menschen eine kreative

Fähigkeit, mit Symbolen umzugehen, sie haben dadurch zur Bereicherung einer lebendigen Liturgie beigetragen. Übersehen dürfen wir freilich nicht, daß es sich hier um eine Minderheit von Jugendlichen handelt, die sich noch der Kirche verbunden wissen und am gottesdienstlichen Leben teilnehmen, zumindest dann, wenn sie selbst auf ihre Weise Gottesdienste gestalten dürfen.

Wenn dennoch von einer Symbolunfähigkeit des modernen Menschen gesprochen werden kann, dann erstreckt sich diese eher auf die in der Liturgie verwendeten Symbole, die aus der semitischen Kulturwelt der Bibel und der römisch-byzantinischen Antike stammen und bis heute tradiert worden sind. Viele dieser Zeichen sind für den heutigen Menschen bedeutungslos geworden, sie sind nicht mehr sprechend, er kann darin sein Leben nicht mehr zum Ausdruck bringen: »Manche Symbole sind wie ein Schneckenhaus, aus dem die Schnecke schon längst ausgezogen ist, d.h. aus einem wirklich bewohnten Haus ist ein leeres Gebäude geworden.«[39] So manche liturgische Zeichen sind zu Attrappen verkümmert, wie beispielsweise die hauchdünnen Hostien, die kaum noch die Brotgestalt erkennen lassen. Gegenüber den Hauptzeichen (z.B. liturgische Versammlung, der Vorsteher, Bad, Mahl, Treueversprechen, Handauflegungen), die oft verkümmert sind, haben die sekundären Zeichen (z.B. Kerzen, Weihrauch, liturgische Kleidung und liturgische Farben, Riten bei Altar- und Kirchweihe) ein Übergewicht erhalten, das ihnen nicht gebührt. Viele dieser Zeichen, z.B. die Händewaschung bei der Gabenbereitung, lassen sich gegenwärtig ohne geschichtliche Rückblenden nicht mehr unmittelbar einsichtig machen; damit verliert jedoch das Symbol seinen eigentlichen Charakter und wird zu einem Klischee. Nicht ohne Grund hat das II. Vatikanische Konzil gefordert, »daß die Zeichen leichter und voller verstanden werden können« und auch dem heutigen Menschen voll angepaßt werden. »Sie sollen von Verkrustung, Sklerose, Verdunkelung, Kompliziertheit, Überfülle befreit werden.«[40] Auch legt es sich nahe, nach neuen, sprechenderen Zeichen für das heutige Gotteslob Ausschau zu halten, was in Kinder-, Familien- und Jugendgottesdiensten bereits schon erfolgreich geschieht.

1.5 Die Kluft zwischen Leben und gottesdienstlicher Feier

Eine weitere Schwierigkeit behindert den Zugang des neuzeitlichen Menschen zum Gottesdienst: Er kann kaum noch oder nur sehr schwer sein normales Leben mit dem in Deckung bringen, was in der Liturgie feierlich begangen wird. Einige Äußerungen junger Menschen mögen dies illustrieren; sie drücken im Grunde das aus, was auch sehr viele Erwachsene in gleicher Weise empfinden. Ein 18jähriges Mädchen: »Es fehlt in den Gottesdiensten die Beziehung zum Leben und damit zum Alltag.« Ein 17jähriges Mädchen: »Die langen Gottesdienste sind mit Riten ausgestattet, die keinen Bezug zum Leben haben.« Ein 16jähriger Junge: »Die Texte und Lieder, die Feier der heiligen Messe, sind veraltet und passen nicht mehr in unsere Zeit.« Eine Erzieherin: »Mit dem, was wir (z.B. im Behindertenarbeitskreis) tun, finden wir uns nicht in der Eucharistiefeier wieder, und weil wir unser Tun da nicht einbringen und feiern können, gibt sie uns auch ihrerseits wenig Hilfe.«[41] Die Distanz des Gottesdienstes zur Lebenswelt des heutigen Menschen spiegelt sich auch in der gottesdienstlichen Sprache (in Texten und Liedern) wider, sie wird als zu abstrakt und abgehoben empfunden. Den Predigern wird vorgeworfen, daß sie die Lebensfragen der Teilnehmer nicht aufgreifen; vermutlich, weil sie sie auch gar nicht kennen. Die Zuhörer können diesen Predigten wenig Hilfen für die Bewältigung ihres Alltags entnehmen. So beklagte sich ein Jugendlicher: »Leider höre ich selten eine Predigt, die mir etwas bringt, die mich fordert; was gesagt wird, ist lau und abgeschwächt. Es wird ganz selten klar, was für einen Bezug Christus zu meinem ganz konkreten Leben hier hat. Die Themen der Predigt sind selten aktuell.« Vergessen wir nicht, daß für viele heute die Predigt das Wichtigste am Gottesdienst ist.

Der französische Pastoralliturgiker Ph. Béguery ist der Frage nachgegangen: »Wie hängen eigentlich Liturgie und Leben zusammen?« Er stieß dabei auf drei Dimensionen des menschlichen

Lebens: 1. Was wir leben oder erleben (le vécu), 2. Wissen und bewußt werden (le conscient): das gedeutete Erlebnis = Erfahrung und 3. Was wir feiern (le célébré). Er ist der Ansicht – und sie deckt sich mit den oben wiedergegebenen Anfragen an die gegenwärtige liturgische Praxis –, daß erst das auf dem Hintergrund der biblischen Überlieferung gedeutete Leben gefeiert werden kann; allerdings muß dieses so erschlossene Leben in Beziehung zu dem Geheimnis von Tod und Auferstehung Jesu Christi gesetzt werden. Es müsse einen »ständigen Dialog zwischen Liturgie und Leben geben«.[42] Wie anders soll der heutige Mensch sonst die Relevanz des Gefeierten für sein Leben erkennen?

1.6 Die Fremdheit gegenüber der biblischen Überlieferung

Im Gottesdienst nimmt die Heilige Schrift einen breiten Raum ein. Sie begegnet uns in Antiphonen, in den Lesungen und oft auch in den Liedtexten. Auch die übrigen liturgischen Texte sind vom Wort der Schrift inspiriert, »aus ihr empfangen Handlungen und Zeichen ihren Sinn.«[43] Seit dem II. Vatikanischen Konzil ist uns der »Tisch des Wortes« reicher gedeckt worden; so sieht das Sonntagslektionar drei Lesungen insgesamt vor, wobei auch das Alte Testamten Berücksichtigung findet.[44] Auch bei der Feier der Sakramente und Sakramentalien bildet die Bibel einen wesentlichen Teil der Liturgie. Diesem Ziel diente auch die Herausgabe der deutschen Einheitsübersetzung, die den liturgischen Büchern zugrundeliegt.

Damit die Gläubigen zu dem reichgedeckten Tisch des Wortes auf fruchtbare Weise hinzutreten können, müssen sie zuvor schon anfanghaft mit der Bibel, ihrer Entstehungsgeschichte, ihrer literarischen Eigenart und ihrem theologischen Anspruch vertraut sein. Andernfalls können sie nicht »Hörer des Wortes Gottes« sein. Diese Vertrautheit mit dem Wort Gottes im Menschenwort können wir jedoch vom größten Teil der Gottesdienstbesucher nicht erwarten. Trotz Bibelbewegung ist für die meisten katholischen Christen die Bibel, besonders das Alte Testament, weiterhin ein »Buch mit sieben Siegeln« geblieben; und dies gilt auch für einen Großteil der Wortverkündigung! Nicht wenige sind im Umgang mit der Bibel angesichts der anderslautenden Aussagen der profanen Wissenschaft zutiefst verunsichert worden. Im Zweifelsfall, wenn ein Widerspruch zwischen Aussagen der Bibel und den neuzeitlichen Erkenntnissen der Wissenschaft entsteht, wie z.B. bei der Frage nach dem Verhältnis von Schöpfung und Evolution, entscheiden sie sich für die moderne Wissenschaft, weil diese in ihren Augen beweiskräftig erscheint: »Ich glaube nicht an Gott«, sagte ein 18jähriger Berufsschüler aus Baden-Württemberg, »weil in der ganzen Überlieferung soviel Ungereimtes vorkommt ... Meiner Meinung nach könnte man das ganze Alte und Neue Testament mit dem Buch der Brüder Grimm vergleichen.«[45] Gerade das biblische Weltbild reizt zum Widerspruch heraus; weil es in den Augen vieler mit zum unaufgebbaren Glaubensgut gerechnet wird, es stellt die entscheidende Barriere für ein tieferes Verständnis der Schrift dar. Für das schöpferische Handeln Gottes wird ein Beweis verlangt, obwohl doch auch die Naturwissenschaften für ihre Hypothesen (z.B. die Hypothese über den Urknall) keinen Beweis erbringen können. Aber sie genießen von vornherein einen Vertrauensvorschuß. So meinte ein Schüler der Berufsschule für Metall: »Auch der Widerspruch zwischen Bibel und heutiger Wissenschaft, die auf Beweisen beruht, ist sehr groß. Die Menschen hätten einfach jemanden erfunden, der dies ja natürlich mit seinen Händen geschaffen haben muß. Anders hätten sie sich nicht die Entstehung der Erde und der Menschen erklären können.«[46]

So erweist sich die Fremdheit gegenüber der Bibel bzw. die Vorurteile gegenüber diesen Heiligen Schriften als ein Hindernis für den Mitvollzug der Liturgie, zu deren Wesensbestandteilen das Wort Gottes gehört. Die Verwendung der Heiligen Schriften, die z. T. fast 3000 Jahre alt sind, verstärkt den Verdacht, die Liturgie sei veraltet und passe nicht mehr in unsere heutige Zeit hinein. Wo im Medienzeitalter alles an seiner Aktualität gemessen wird, und die neuesten Nachrichten schon im nächsten Augenblick veraltet sind, stehen die überlieferten Texte leicht im Geruch der Altertümlichkeit. Sie passen nicht mehr in unsere schnellebige, steten Veränderungen unterworfene Zeit hinein.

1.7 Das Defizit an humanen Grundhaltungen

In der Diskussion um den Brief, den R. Guardini an den Liturgischen Kongreß in Mainz 1964 geschrieben hatte, und der für eine heilsame Verwirrung und Unruhe gesorgt hatte, fragte B. Neunheuser, selbst ein Wegbereiter der liturgischen Erneuerung: »Ist der Mensch von heute fähig, ein Kunstwerk zu schauen, eine Symphonie zu hören, eine Landschaft zu bewundern, ein Fest zu feiern, und das alles nicht nur in bloß passivem Zuschauen, sondern in tätigem Mitvollzug und innerlicher Aneignung, in der Ergriffenheit seines Herzens, im Stillewerden, in Erschütterung, in Erhebung und Begeisterung, im festlichen Mitschwingen, in der Kraft und Fähigkeit, für sein Bewegtsein den gemäßen Ausdruck hoher Festlichkeit, des Preisens und Rühmens, in der Gemeinschaft mit Gleichgesinnten zu finden?«[47] Sieht man einmal davon ab, daß hier im Sinne von Guardini ein sehr elitärer Anspruch an die Liturgiefähigkeit des Menschen gestellt wird, dem nur eine kleine Schicht entsprechen kann, und daß hier ein aristokratisches Bildungsideal erkenntnisleitend gewesen ist, dann müssen wir diese Anfrage ernst nehmen. Sind für einen lebendigen und fruchtbaren Mitvollzug der heiligen Geheimnisse nicht humane Grundhaltungen vorausgesetzt, ohne deren Vorhandensein eine Mitfeier nicht möglich ist? In diesem Sinne hat das 1973 erschienene Direktorium für Messen mit Kindern die Forderung erhoben: »Diese liturgische eucharistische Unterweisung darf nicht von der gesamten menschlichen und christlichen Erziehung getrennt werden. Ohne eine solche Grundlage könnte eine liturgische Unterweisung sogar schaden. Daher sollen alle Erzieher in gemeinsamer Überlegung und mit vereinten Kräften darum bemüht sein, daß die Kinder ... entsprechend ihrem Alter und ihrer persönlichen Entwicklung auch die menschlichen Werte erleben, die der Eucharistiefeier zugrunde liegen, wie zum Beispiel gemeinsames Tun, Begrüßung, die Fähigkeit zuzuhören, Verzeihung zu erbitten und zu gewähren, Bezeugung der Dankbarkeit, Erfahrung zeichenhafter Handlungen und freundschaftlichen Gemeinschaftsmahles sowie festlichen Zusammenseins.«[48] Schon vorher hatte R. Guardini in seiner wegweisenden Schrift von 1918 »Liturgische Bildung« auf diese Notwendigkeit hingewiesen und auch praktische Anregungen dazu gegeben. Er beklagte das Fehlen dieser Haltungen.

Angesichts dieser Forderungen stellt sich die Frage, wieweit sind diese humanen Voraussetzungen beim heutigen Menschen noch gegeben? Fühlt er sich angesichts eines weit verbreiteten Machbarkeitswahnes noch als Beschenkter, so daß daraus Dankbarkeit erwachsen kann? Wie steht es um die Bereitschaft zur Versöhnung, wozu auch eine humane Streitkultur gehört, die Konflikten nicht aus dem Wege geht? Wieweit ist die Beschäftigung mit dem geschriebenen Wort, einschließlich der Poesie, durch die audiovisuelle Medienflut in Frage gestellt worden? Wo findet der moderne Mensch noch im Lärm und in der Hektik des geschäftigen Alltags Inseln der Ruhe und des Schweigens? Ist ihm nicht weitgehend die Fähigkeit abhanden gekommen, Mahl zu halten und ein Fest zu feiern? Verhindern die elektronischen Spielzeuge nicht den natürlichen Sinn für das Spiel? Verkümmert auf diese Weise nicht der »homo ludens«? Wenn sich der Mensch immer mehr der künstlichen Sinne bedient, dann stumpfen seine natürlichen Sinne ab. Ist er noch in der Lage, hinzuschauen, zu lauschen und zu horchen, zu schmecken und zu riechen? Wo machen Menschen heute noch primäre Erfahrungen, leben sie nicht immer stärker von den vermittelten Erfahrungen, die sie den Medien verdanken? Selbst der Tod schwindet aus dem unmittelbaren Erfahrungsbewußtsein des Menschen, er wird bewußt aus der Öffentlichkeit verbannt und zu einer privaten Angelegenheit. Er stellt einen Störfaktor in der sog. Erlebnisgesellschaft dar.

Wundert es uns dann, wenn Jugendliche sich für unsterblich halten? »Der ›autonome‹ Einzelne ist jung, und stirbt nie« (Th. Luckmann). Hindern diese Defizite nicht den Menschen, dankend, bittend, klagend und preisend vor Gott hinzutreten? Die Liturgie baut auf diesen humanen Fundamenten auf, so wie der Glaube auf der Religiosität.

1.8 Das Verlangen nach religiösen Ritualen in der Gegenwart

Bisher war überwiegend die Rede von Defiziten im Blick auf die Liturgiefähigkeit des heutigen Menschen. Dieses Bild bliebe jedoch unvollkommen und einseitig, würde unser Blick nicht auch auf die rituelle Dimension im Leben des heutigen Menschen fallen. Dabei werden wir gewahr, daß hier durchaus ein Verlangen nach religiösen Ritualen besteht. Menschen, die der Kirche insgesamt distanziert bis fremd gegenüberstehen, füllen an kirchlichen Hochfesten (Weihnachten, Ostern, Pfingsten, Erntedankfest, Allerheiligen, Allerseelen) die Kirchen. Interessanterweise stufen sich diese Festtagskirchgänger in ihrer persönlichen Einschätzung als regelmäßige Kirchgänger ein; sie wollen bei allen Vorbehalten gegenüber der Institution Kirche eine lose Verbindung zur Gottesdienst feiernden Kirche aufrechterhalten. Ja, sie hegen unausgesprochene Erwartungen an die Kirche. In persönlichen Krisenzeiten, wie Geburt, Pubertät, Ehe, Tod verlangen sie nach einem Ritual, das ihrem Leben Orientierung verleiht und sie in eine Gemeinschaft integriert. Lebenswenden stellen Krisensituationen dar, es erfolgt hier ein Übergang von einer sozialen Position in eine andere, und damit ist eine Krise verbunden. Eine Krise entsteht, wenn z.B. der Adoleszent den Status des Kindseins aufgibt und sich um eine neue Identität bemüht; dadurch wird sein bisheriger sozialer Status durch einen neuen abgelöst, und das ist mit Unsicherheiten verbunden. Zur Bewältigung dieser

Krise erwartet er von den Übergangsriten (rites de passage) eine Hilfe. Religiöse Rituale können wir »als Regelsystem und Ordnung gottesdienstlicher Ereignisse« bezeichnen.[49] Sie stiften Sinn und bewahren vor dem Abgrund der Sinnlosigkeit. Darüber hinaus eignet ihnen eine integrative Funktion, so wird in der Taufe der Täufling in die Gemeinschaft der Glaubenden eingegliedert.[50] Die sogenannten Passageriten werden von der Mehrzahl der noch getauften Christen erbeten. 62 % der Ledigen wollen auf jeden Fall eine kirchliche Trauung, die Frauen sind mit 67 % gegenüber 58 % der Männer noch in der Überzahl. Stehen sie dann vor der Heirat, wählen noch mehr die kirchliche Trauung.[51]

Die Anziehungskraft der Riten an »Knotenpunkten menschlicher Existenz« versuchen die Sozialwissenschaften so zu erklären: Bei einer Befragung in Österreich bejahten 60 % den Satz: »Die Kirche leistet für den Bestand der Ehe mehr als staatliche Gesetze.« Und 68 % stimmten der Aussage zu: »Wenn man kirchlich heiratet, fühlt man sich mehr aneinander gebunden.«[52] Zur Erklärung reicht der Hinweis auf die größere Feierlichkeit nicht aus. Angesichts des möglichen Scheiterns dieser eingegangenen Beziehung bedarf es einer Bestätigung der eigenen Hoffnung auf Dauerhaftigkeit und der Ehe. Bei dieser Suche nach Stabilisierung ihrer Liebesbeziehung ergreifen sie das religiöse Sinnangebot. Durch den religiösen Ritus wird ihre eheliche Liebe in Verbindung mit der göttlichen Liebe gebracht, dadurch kommt eine Ordnung in ihre bedrohte Welt. Die Sozialwissenschaftler P. L. Berger und Th. Luckmann sprechen von der Religion, die wie ein »Heiliger Schild« über dieses Paar gehalten wird und alle Bedrohungen abwehrt. So kommt dem religiösen Ritual eine stabilisierende, Ordnung stiftende Kraft zu.[53]

Allerdings sind 70 % der Brautpaare, die sich für eine kirchliche Trauung entscheiden, nach P. M. Zulehner sogenannte Auswahlchristen; sie wählen aus dem »Angebot« der Kirche das aus, was in ihr Lebenskonzept paßt und geben diesem »Angebot« eine subjektive Deutung, die sich nur partiell mit dem Selbstverständnis der Kirche deckt.[54] Hier erweist es sich, daß zwischen den kirchlichen und gesellschaftlichen Wertsystemen nur eine teilweise

Übereinstimmung besteht, aber auch ein teilweiser Gegensatz, zumindest eine Spannung. Diese Auswahlchristen sind nur partiell bereit, sich mit der Kirche und ihren Deutemustern religiöser Rituale zu identifizieren. Das sakramentale Verständnis der Ehe findet hier weitgehend keine Zustimmung mehr, wonach Sakramente als Lebensvollzüge der Kirche auf Jesus Christus als dem Ursakrament bezogen sind, in dem sie gründen. Dies hängt letztlich auch mit dem hier zugrundeliegenden Gottesbild zusammen. Die sog. Auswahlchristen sprechen dem Gottesglauben eine tröstende und krisenüberwindende Funktion zu, sie erwarten aber nicht von ihm eine verändernde, zur Umkehr aufrufende Kraft (vgl. 1.1: Die Gottesbeziehung). Kann von diesen so verstandenen religiösen Riten noch eine das Leben verändernde Kraft ausgehen? Auswahlchristen finden sich auch unter den sonntäglichen Gottesdienstbesuchern, die wir als Ritualisten bezeichnen können; denn auch sie verlangen oft eher nach dem Ritus als nach dem Sakrament, in dem Jesus Christus uns seine heilende, lebenspendende Nähe schenkt. Die Umfragen zur Würzburger Synode haben diesen Tatbestand erhellt. Es gibt eine beträchtliche Zahl von Ritualisten, »die regelmäßig, aber ohne Glaubensfestigkeit die Kirche besuchen.«[55]

1.9 Die Offenheit für das Geheimnis

Noch Anfang dieses Jahrhunderts hatte M. Weber vorausgesagt, daß mit der fortschreitenden Säkularisierung eine Entzauberung des gesamten Lebens einhergehen werde, von der auch und ganz besonders die Religion betroffen werde. Säkularisierung wurde mit dem Verschwinden von Religion gleichgesetzt. Diese Annahme hat sich inzwischen als irrig erwiesen, daher haben die Soziologen auch die Säkularisierungsthese aufgegeben, die nur noch von den Theologen weiter verwendet wird. Statt des Endes der Religion können wir eine Revitalisierung des Religiösen feststellen, wenn auch nicht in seiner herkömmlichen institutionellen Gestalt; eher nimmt sie die Form einer »unsichtbaren Religion« (Th. Luckmann) an. Ihr Kennzeichen ist die religiöse Individualisierung und der religiöse Pluralismus. Der Religionssoziologe K. Gabriel stellt fest: »Der Umbruch zur Post-moderne weist religionsproduktive Tendenzen im Sinne der individuellen und gesellschaftlichen Kontingenzbewältigung auf.«[56]

Nachdem der szientistisch begründete Forschungsoptimismus seine Geltung verloren hat und einer großen Skepsis Platz machen mußte, da sich die Grenzen wissenschaftlicher Erkenntnisse und des technisch Machbaren offenkundig abzeichnen, erwacht die Sehnsucht nach einem Mehr an Sinn, das nicht mehr von den Wissenschaften, aber auch nicht mehr von der Philosophie erwartet wird, am ehesten noch von der Psychologie. »Der Überschuß an Kontingenzen ... schafft einen neuen Bedarf an Religion.«[57] Diesem Umstand verdanken die New-Age-Bewegung, die Psychokulte, der Spiritismus und die Esoterikwelle ihre Schubkraft, sie üben eine Faszination auf viele Menschen aus, die sich enttäuscht von den traditionellen, institutionellen Religionen (und Kirchen) abwenden und anderswo ihr spirituelles Bedürfnis zu befriedigen suchen.

Mit Hilfe der philosophischen Anthropologie H. Plessners läßt sich die Angewiesenheit des Menschen auf das Numinose als dem Menschen zutiefst angemessen aufweisen. Wir können sie seinem Buch »Conditio humana« entnehmen: »Exponiertheit und beschränkte Weltoffenheit als Kennzeichen menschlicher Grundverfassung geben einer ambivalenten Lage Ausdruck, die bald in Überlegenheit, bald in Schwäche und Unsicherheit manifestiert wird. Unbehaustheit und planend-gestalterisches Können, das die Dinge im Griff hat, begegnet auf Schritt und Tritt der Chance einer übermächtigen Drohung, den Dingen ausgeliefert zu sein und ihnen zu erliegen. [...] Nur ein Äußerstes bietet zu dieser Aufgebrochenheit das Gegengewicht und gibt ihm entsprechenden Rückhalt: ein Äußerstes an Macht und Hoheit. Nähe und Ferne müssen in ihm aufgehoben sein, weil beide im räumlich-zeitlichen Sinne das Verhalten beherrschen. [...] Ohne ein solches Gegenüber kommt offenbar menschliches Verhalten in seinem ambivalenten

Verhältnis zu seiner fragmentarischen Welt nicht aus. Wie es gestaltet und als was es verstanden wird, ob als anonyme Macht oder als Person, hängt von der Art der Daseinsbewältigung ab, in der es sich spiegelt und die es wiederum stützt. [...]«[58] Er erteilt dem von L. Feuerbach geäußerten Verdacht, das Numinose sei eine Schöpfung des Menschen, eine bloße Projektion, eine Absage: »Sicher ist das Problem so nicht zu lösen. Wenn die Genesis sagt, Gott schuf den Menschen ihm zum Bilde, trifft sie mit der Ebenbildlichkeit genauer das Verhältnis der Korrespondenz. Diesseits der Theologie läßt sich nur behaupten, daß beide füreinander sind und sich die Waage halten. Daß [...] Personifikation mit Identifikation gleichbedeutend sei, die dem Individuum kraft des Namens gewährt wird, zeigt im Kleinen den gleichen Vorgang wie hier im Großen: die Angewiesenheit des Menschen auf ein Gegenüber, mit dem – mag es auch keine personalen Züge besitzen – er sich gleichsetzen kann: als der Macht, durch die er lebt – gleichsetzen freilich nur in dem paradoxen Abstand, der äußerste Ferne und unvermittelte Nähe vereint.«[59]

An der Person des österreichischen Schriftstellers P. Handke kann man diesen Wandel in der Einstellung zu Mythos, Religion und Ritus gut studieren. Nachdem er in seinem Buch »Wunschloses Unglück« noch eine religiöse Bewältigung des Alltags kritisiert hatte, vollzieht er im »Kurzen Brief zum langen Abschied« eine radikale Wende: »Die Religion war mir seit langem zuwider, und trotzdem spürte ich auf einmal eine Sehnsucht, mich auf etwas beziehen zu können. Es war unerträglich, einzeln und mit sich allein zu sein. Es mußte eine Beziehung zu jemand anderem geben, die nicht nur persönlich, zufällig und einmalig war, in der man nicht durch eine immer wieder erpreßte und erlogene Liebe zueinandergehörte, sondern durch einen notwendigen, unpersönlichen Zusammenhang.« Zugleich grenzt er sich vom Christentum ab und erblickt in der Kunst das Allerheiligste.[60]

Auf diesem Hintergrund erklärt sich auch das große Interesse an den Indianerreligionen, speziell am Schamanentum. Die indianische Naturfrömmigkeit erblickt Göttliches in der Welt und versteht sich als Weltfrömmigkeit. Der Indianer fühlt sich allen

Wesen geschwisterlich verbunden und betrachtet sich nicht als deren Herr. Man hat diese religiöse Grundhaltung auch »Kosmotheismus« genannt.[61] Hier gibt es Parallelen zur neuen Kosmologie des amerikanischen Theologen M. Fox, der im Sinne von Th. de Chardin einen kosmischen Christus verkündet und damit einer anthropozentrischen Theologie eine Absage erteilt. Der von ihm vertretene Panentheismus enthält eine mystische Vision der Welt, in der uns Gott begegnet, dabei beruft er sich unter anderem auf Hildegard von Bingen.[62]

Die Mystik hat gegenwärtig in gewissen Kreisen Hochkonjunktur, dies betrifft in gleicher Weise die christliche, die jüdische, islamische und buddhistische Mystik. Auf ganzheitliche Weise möchte der Mensch mit dem Geheimnis des Alls und mit Gott bzw. dem Kosmos eins werden. Das Sakrale wird wieder gesucht, weil das Zweckrationale und Funktionale den Menschen nicht zufriedenstellen kann. Bis in die moderne Musik hinein läßt sich diese Tendenz gut verfolgen, z.B. bei O. Messiaen, A. Pärt, K. Stockhausen, W. Killmayer und vielen anderen. Das Verlangen des heutigen Menschen nach grenzübergreifenden Erfahrungen mit dem Grund der Wirklichkeit kann allerdings auch bizarre, ja destruktive Züge annehmen, wie sie uns im Okkultismus und im Satanskult begegnen; aber auch daraus spricht noch das Bedürfnis des Menschen, sich nicht mit dem Vorfindlichen und Vordergründigen zufrieden geben zu wollen.

Das neu erwachte Interesse an den Engeln ist ebenfalls ein Indiz für die Tendenz zur Resakralisierung des Lebens. Vor 25 Jahren wäre es undenkbar gewesen, daß ein Großteil der Bevölkerung behauptet hätte, sie glaubten an die Existenz von Engeln, dies hätte sich nicht mit dem aufklärerischen Credo vertragen, das damals zur Schau getragen wurde. Heute dagegen ist das Vertrauen in die Führung durch den Schutzengel weit verbreitet. Zeitweilig nimmt allerdings die Engelverehrung fragwürdige Formen an, wie sie uns beispielsweise im Engelwerk begegnen, einer fundamentalistischen Sekte innerhalb der Kirche, die jedoch offenbar einem Bedürfnis auf seiten der Gläubigen entspricht.

Dieser Sehnsucht des heutigen Menschen, dem Geheimnis der

Dinge auf die Spur zu kommen, kommt die Liturgie entgegen, in der das Geheimnis Gottes gefeiert wird, der all unser Begreifen übersteigt und »im unzugänglichen Licht wohnt« (1 Tim 6,16). Hier gibt es Berührungen zwischen der Welt der Liturgie und dem Verlangen der Zeitgenossen, sich selbst zu überschreiten auf das Geheimnis der Welt hin. Durch die Mitfeier des Gottesdienstes können die oft vagen und nicht selten synkretistischen Suchbewegungen eine deutlichere Ausrichtung erhalten und eindeutigere Gestalt annehmen.

1.10 Resümee

Wir sind ausführlich der bohrenden Frage R. Guardinis nachgegangen, ob und inwieweit der Mensch des technischen Zeitalters, das vom zweckrationalen Denken dominiert wird, noch zum Kultakt fähig sei, so daß er in Wahrheit daran teilnehmen kann. Wir haben diese Frage nach allen Seiten hin bedacht und stießen dabei auf erhebliche Defizite an liturgischer Kompetenz. Zugleich fiel unser Blick aber auch auf Ansatzpunkte, an die eine liturgische Bildung anknüpfen kann.

Der Liturgiewissenschaftler A. Adam ist der Meinung, »man wird dem modernen Menschen nicht grundsätzlich diese Fähigkeit (Liturgiefähigkeit) absprechen können, wird aber auch zugeben müssen, daß sie in vielen verschüttet ist und erst wieder geweckt werden müßte.«[63] Noch behutsamer und ein wenig skeptischer urteilt sein Kollege K. Richter 17 Jahre später: »Doch haben wir zwei Jahrzehnte später schon eine gültige Antwort auf diese Frage Guardinis gefunden? Vor allem eine, die über seine eigenen Antwortversuche hinausführt?«[64] Ich schließe mich diesem Urteil Richters an und möchte die Frage offenlassen.

Die auf den heutigen Menschen zugeschnittene Fragestellung Guardinis verstellt unseren Blick auf die Menschen früherer Zeiten. Scheint man doch dabei von der selbstverständlichen Voraussetzung auszugehen, diese seien im eigentlichen Sinne fähig gewesen, mit ihrer ganzen Person, d.h. mit Leib, Seele und Geist in das unter Zeichen begangene gemeinsame Gotteslob einzustimmen. Dahinter möchte ich ein großes Fragezeichen setzen. Guardini selbst bezweifelt dies auch: »Wenn ich recht sehe, war der typische Mensch des 19. Jahrhunderts zu diesem (ergänze: liturgischen Akt) nicht mehr fähig; ja, er hat von ihm nichts mehr gewußt.«[65] Seine Vermutung wird bestätigt durch die Klage des Göttinger Theologen Chr. Fr. Ammon Anfang des 19. Jahrhunderts: »Nicht genug, daß die Tempel verlassen stehen; nicht genug, daß die gottesdienstlichen Gebräuche und Handlungen mehr als jemals an der allgemeinen Teilnahme verloren haben ...«.[66] So neu ist diese Problematik also gar nicht.

Auch wird diese Frage eingeengt auf den Kreis der Gläubigen, es wird nicht gefragt nach der Kultfähigkeit der Geistlichen. Der Verdacht liegt nahe – und der Anblick vieler gefeierter Gottesdienste bestätigt ihn –, daß auch nicht wenige unter ihnen ebenfalls nicht über die nötige liturgische Kompetenz verfügen, wozu ihre theologische Ausbildung erheblich beigetragen haben mag. Die Frage nach der Kultfähigkeit des Menschen von heute muß diesen Personenkreis weitgehend mit einschließen. Man kann, wie wir eingangs gesehen haben, die Frage aber auch umkehren, dann lautet sie: Ist die gegenwärtig gefeierte Liturgie, die sich einer altehrwürdigen Tradition verdankt, noch in der Lage, den heute lebenden Menschen so anzusprechen, daß sein Herz in Schwingung gerät und er mit all seinen Kräften sich zum Gotteslob gedrängt fühlt? So gewendet wird aus der Frage nach der Liturgiefähigkeit des modernen Menschen die Frage nach der Inkulturationsfähigkeit der Liturgie in der Gegenwart. Aufgrund unserer eingehenden Analyse der Liturgiefähigkeit bzw. Liturgieunfähigkeit des modernen Menschen öffnet sich uns ein weites Aufgabenfeld für die liturgische Bildung und Erziehung in einer nachchristentümlichen Gesellschaft. Diese Aufgabe können wir jedoch nur ansatzweise und exemplarisch bearbeiten. Das Feld ist abgesteckt, das wir in den anschließenden Kapiteln abschreiten wollen. Doch zuvor muß das unseren Ausführungen zugrundeliegende Liturgiekonzept vorgestellt werden, an dem sich jegliche liturgische Bildungsarbeit orientieren muß.

2. *Liturgie als Lebensvollzug der Kirche*

Es kann in diesem Kapitel nicht darum gehen, neue Einsichten in das Wesen der Liturgie als Grundvollzug der Kirche zu vermitteln; das würde der Intention dieses Bandes nicht entsprechen und auch seinen Rahmen sprengen. Vielmehr soll an dieser Stelle lediglich das Liturgieverständnis geklärt werden, das unseren Bemühungen um liturgische Bildung und Erziehung zugrunde liegt. Unsere Ausführungen orientieren sich weitgehend am Liturgieverständnis, das, angestoßen durch die Liturgische Bewegung und das II. Vatikanische Konzil, neu bzw. wiederentdeckt worden ist, versuchen aber auch, die Weiterentwicklung in der Folgezeit einzubeziehen. Gerade die Liturgiekonstitution des II. Vatikanischen Konzils erhob eindringlich die Forderung nach liturgischer Bildung sowohl der Gläubigen als auch der Priesteramtskandidaten und der Priester.[1]

2.1 Von der kultischen zur dialogischen Sichtweise

Befragt man ältere Gottesdienstteilnehmer, was sie von der sonntäglichen Eucharistiefeier erwarten, dann erhält man vermutlich zur Antwort: »Ich möchte am Meßopfer teilnehmen, um Gott zu ehren.« Für sie steht die Opferhandlung im Mittelpunkt der eucharistischen Liturgie, die vor dem Konzil vornehmlich als unblutige Erneuerung des Kreuzesopfers verstanden wurde, und die Gottesverehrung. Jüngere, nach dem Konzil geborene Gottesdienstteilnehmer lassen eine andere Motivation erkennen, in der andere Akzente und Aspekte zum Vorschein kommen. So schreibt ein Gemeindepfarrer, der die Liturgiereform des Konzils als Seelsorger hautnah erlebt hat: »Kaum ein Wandel hat sich als so bedeutsam gezeigt wie gerade die reicheren Wortgottesdienste und die Predigt. Bei der jüngeren Generation in unserer Gemeinde ist der Schwerpunkt der Erwartung eindeutig zur Predigt hin verlagert.«[2] Ein Jugendlicher bestätigt diese Beobachtung des Geistlichen: »Die Predigt des Pfarrers ist das Kernstück des Gottesdienstes und finde ich das Wichtigste ... Ich gehe hauptsächlich wegen der Predigt in die Kirche ...«.[3] Vor 25 Jahren wäre es undenkbar gewesen, daß in einem Pfarrblatt mitgeteilt wird, welcher Priester wann und wo zelebriert, d.h. vor allem die Predigt hält. Predigt und Kommunion als Gemeinschaftsmahl stehen heute im Mittelpunkt des Interesses, während die Opferfeier und das Gotteslob demgegenüber zurücktreten müssen. Diese Akzentverlagerung veranlaßt nicht wenige Priester, das Eucharistische Hochgebet möglichst schnell zu beten, weil unter den Gläubigen eine nachlassende Aufnahmebereitschaft spürbar wird, am auffallendsten ist dies in Kinder- und Jugendmessen. Hinter diesem Wandel in der Auffassung von Eucharistie verbirgt sich ein verändertes Verständnis vom Sinn der Liturgie, das mit dem II. Vaticanum einhergeht. Diese neue Sicht vom Gottesdienst ist bis heute jedoch noch nicht in das allgemeine Bewußtsein von Priestern und Gläubigen eingegangen, viele bleiben noch weiterhin einer vorkonziliaren, über Jahrhunderte gepflegten liturgischen Mentalität verbunden. Nach dem Konzil haben sich zwar die Riten und Bücher verändert, aber bei vielen noch nicht das liturgische Bewußtsein.

Bis zum Konzil dominierte eine kultische (latreutische) Sichtweise der Liturgie. Sie kommt in dem bekannten »Handbuch der katholischen Liturgie« von L. Eisenhofer zum Ausdruck, das über lange Zeit die liturgische Ausbildung des Klerus nachhaltig beeinflußt hat.[4] Dieses Verständnis begegnet uns aber auch noch in der bahnbrechenden Enzyklika Papst Pius XII. »Mediator Dei« von 1947. In Nr. 25 heißt es dort: »Die Liturgie als Ganzes bildet den öffentlichen Kult, den unser Erlöser, das Haupt der Kirche, dem himmlischen Vater erweist und den die Gemeinschaft der Christgläubigen ihrem Gründer und durch ihn dem ewigen Vater darbringt ... sie stellt den gesamten öffentlichen Kult des Mystischen Leibes Jesu Christi dar, seines Hauptes nämlich und seiner Glieder.«[5] Allerdings kommt an anderer Stelle dieser Enzyklika auch der heilshafte Aspekt der Liturgie zur Sprache. Wir müssen uns überhaupt hüten, den Kultbegriff auf Anbetung und Verehrung zu begrenzen. S. Mowinkel weist aus religionswissenschaftlicher Perspektive darauf hin, daß die Kulthandlungen nicht nur menschliche Akte seien, mit denen die Götter gnädig gestimmt werden sollen, sie sind durch die Offenbarung der göttlichen Mächte gestiftet. Er unterscheidet zwischen sakramentalen Elementen, die durch die Gottheit gestiftet sind, und sakrifiziellen Elementen, durch welche die Gemeinde sich an Gott wendet. Seiner Ansicht nach gehören beide Aspekte zusammen.[6]

Ungeachtet dieses differenzierten Kultbegriffes, der in der Praxis nicht immer die gebührende Beachtung gefunden hat, gebührt dem II. Vatikanischen Konzil das Verdienst, den dialogischen Charakter der Liturgie eindringlich herausgearbeitet zu haben. Sie wird nicht mehr einseitig als öffentlicher Kult der gesamten Kirche (Haupt Jesu Christi und seiner Glieder) bestimmt, sondern als ein wechselseitiges dialogisches Geschehen: »Mit Recht gilt also die Liturgie als Vollzug des Priesteramtes Jesu Christi; durch sinnenfällige Zeichen wird in ihr die *Heiligung des Menschen* bezeichnet und in je eigener Weise bewirkt und vom mystischen Leib Jesu Christi, d.h. dem Haupt und den Gliedern, der *gesamte öffentliche Kult vollzogen*.«[7] Die Liturgie ist durch eine Doppelbewegung gekennzeichnet, wobei der herabsteigenden, von Gott ausgehenden Linie, der Vorrang gebührt. Die Heiligung des Menschen geschieht durch die Verkündigung des Wortes und die Sakramente. Der so von Gott geheiligte Mensch kann sich im Opfer anbetend und dankend zusammen mit Jesus Christus dem Vater darbringen. Beide Aspekte durchdringen sich. Zu Recht kann daher E. J. Lengeling die Liturgie als »Dialog zwischen Gott und Mensch« umschreiben: »Die Initiative liegt immer bei Gott. So ist auch der Abstieg Gottes in der Inkarnation Voraussetzung für den Aufstieg in der Opfer-Erhöhung am Kreuz und in der Himmelfahrt.«[8] Auch evangelische Theologen schließen sich dieser dialogischen Sichtweise der Liturgie heute an.[9] So spricht P. Brunner vom »Dienst Gottes in der Gemeinde« und vom »Dienst der Gemeinde vor Gott«.[10]

2.2 Das eigentliche Subjekt der Liturgie

Das eigentliche Subjekt der Liturgie und ihr Träger ist jedoch nicht die Kirche und noch weniger der Vorsteher der Liturgie, sondern kein anderer als Jesus Christus selbst, der Hohepriester und Mittler zwischen Gott und den Menschen, der im Gottesdienst der Kirche vergegenwärtigt wird. Daher betont das Konzil: »Um dieses große Werk voll zu verwirklichen, ist Christus seiner Kirche immerdar gegenwärtig, besonders in den liturgischen Handlungen. Gegenwärtig ist er im Opfer der Messe sowohl in der Person dessen, der den priesterlichen Dienst vollzieht, ... wie vor allem unter den eucharistischen Gestalten. Gegenwärtig ist er mit seiner Kraft in den Sakramenten, so daß, wenn immer einer tauft, Christus selber tauft. Gegenwärtig ist er in seinem Wort, das er selbst spricht, wenn die heiligen Schriften in der Kirche gelesen werden. Gegenwärtig ist er schließlich, wenn die Kirche betet und singt, er, der versprochen hat: ›Wo zwei oder drei versammelt sind in meinem Namen, da bin ich mitten unter ihnen.‹«[11] Diese vielfältige Gegenwart Christi wird oft vergessen, dagegen aber der Christus repräsentierende Priester zu sehr herausgestellt. Seine Person wird heute für viele Gläubige zum Motivationsgrund, wenn sie einen bestimmten Gottesdienst besuchen. Zielpunkt jeglichen liturgischen Tuns ist jedoch die Verehrung und der Lobpreis Gottes des Vaters. An ihn sind die Gebete gerichtet, sie werden vermittelt durch Jesus Christus in der Kraft seines Geistes. Auch das eucharistische Opfer als Vergegenwärtigung des Leidens und Sterbens und Auferstehens und der glorreichen Himmelfahrt Jesu Christi wird zusammen mit ihm, dem Vater im Himmel, dargebracht. Nicht der Mensch und sein Leben werden primär gefeiert, sondern Gott. Daher kann der evangelische Theologe R. Volp seine zweibändige Liturgik zu Recht als »Die Kunst, Gott zu feiern« überschreiben.[12] So ist die gesamte Eucharistiefeier ein Lob- und Dankopfer, das an den Vater gerichtet ist. In das Gotteslob stimmt auch die himmlische Kirche ein, wie wir im Sanctus bekennen. Selbst die unbelebte Kreatur nimmt noch an diesem Gotteslob teil, ihr leiht der Mensch seine Stimme. Diese Aufnahme der nichtmenschlichen Kreatur in das Lob der Kirche wird besonders sichtbar in den Segnungen der Kirche (Sakramentalien).

2.3 Die Versammlung der Gläubigen

Bis zur Enzyklika »Mediator Dei« wurde die Gegenwart Christi ausschließlich in den eucharistischen Gaben gesehen, hier herrschte ein eher statisches Verständnis seiner Gegenwart vor. Im Artikel 7 der Liturgiekonstitution wird, wie wir sahen, die Gegenwart Christi am Ende in der zum Gottesdienst versammelten Gemeinde erblickt. Auch die nachkonziliaren Dokumente unterstreichen diesen Aspekt. So heißt es in der »Allgemeinen Einführung in das Römische Meßbuch«: »In der Meßfeier, die das Kreuzesopfer Christi zu allen Zeiten vergegenwärtigt, ist Christus wirklich gegenwärtig in der Gemeinde, die sich in seinem Namen versammelt.«[13] Dabei ist es Christus, der seine Gemeinde zusammenruft; in seinem Namen versammelt sie sich, sie weiß, daß er in ihrer Mitte ist. So gesehen, kann man dann davon sprechen, daß die ganze Gemeinde der sichtbare Träger, das Subjekt des Gottesdienstes ist, unbeschadet der Tatsache, daß Jesus Christus das eigentliche (unsichtbare) Subjekt jeder gottesdienstlichen Handlung ist. Welch fundamentaler Bewußtseinswandel sich hier vollzogen hat, wird erkennbar, wenn man die neuere Einführung in das römische Meßbuch mit der Einleitung zum Meßbuch Papst Pius V. von 1570 vergleicht. Dort heißt es: »Wenn sich der Priester anschickt, die Heilige Messe zu feiern ...« Gleichwohl muß freilich gefragt werden, ob dieses Gottesdienstverständnis, demzufolge die gesamte Gemeinde aktiver Träger des Gotteslobes ist, wirklich schon die gottesdienstliche Praxis unserer Gemeinden prägt? Immer noch herrscht ein Denken vor, das sich in der bezeichnenden Frage niederschlägt: »Wer hält am Sonntag den Gottesdienst?« Oder: »Wer liest die Messe?« Diese Frage zielt auf den Vorsteher des Gottesdienstes, in den Augen der meisten Teilnehmer »feiert« er eigentlich den Gottesdienst, und die übrigen sind nur Zuschauer und Zuhörer, aber weniger aktive Teilnehmer. Die Gemeinde wird zum »Publikum«. Verlaufen so nicht auch die meisten Gottesdienste, auch wenn das Konzil eine Rollenverteilung vorgenommen und gefordert hat, derzufolge der Priester nur die Rolle ausüben darf, die ihm im Gottesdienst zugedacht ist. Wenn alle Getauften das Subjekt der Liturgie sind und nicht nur deren Adressaten, dann hätten sie auch an der Reformarbeit beteiligt werden müssen. Dieses Recht ist ihnen jedoch verwehrt worden. So blieb die Liturgiereform in den Händen des höheren Klerus und seiner theologischen Berater. Auch die Verwirklichung der Reformbeschlüsse fand unter Ausschluß des gläubigen Volkes statt, es war ausschließlich Sache der Bischöfe und der römischen Behörden unter Einschluß von liturgiewissenschaftlichen Fachleuten.[14]

Das Konzil hat die Forderung nach einer tätigen, bewußten und fruchtbaren Anteilnahme am Gottesdienst von allen Teilnehmern erhoben.[15] Wie bedeutsam in den Augen der Konzilsväter dieser Paradigmenwechsel gewesen ist, kann man daran ersehen, daß in der Liturgiekonstitution sechzehnmal die Teilnahme der Gläubigen an der Liturgie mit verschiedenen Adjektiven angesprochen wird. Hinter dieser Sichtweise der Liturgie als Versammlungsort der Gemeinde verbirgt sich eine Ekklesiologie, die ihre Anfänge im II. Vaticanum genommen hat und in der Folge weiter entfaltet wurde. M. Kehl formuliert die nachkonziliare ekklesiologische Kurzformel: »Die katholische Kirche versteht sich als das ›Sakrament der Communio Gottes‹; als solches bildet sie die vom Hl. Geist geeinte, dem Sohn Jesus Christus zugestaltete und mit der ganzen Schöpfung zum Reich Gottes des Vaters berufene Gemeinschaft der Glaubenden, die synodal und ›hierarchisch‹ zugleich verfaßt ist.«[16] Während das Konzil noch kein einheitliches Kirchenbild auf systematische Weise entworfen hatte – die Folgen dieses Versäumnisses sind bis heute noch lebhaft zu spüren –, vielmehr unterschiedliche Ansätze nebeneinander stehen ließ, hat sich in der nachkonziliaren Ära unter den Theologen und im Bewußtsein des gläubigen Volkes das Verständnis von Kirche als »Communio« durchgesetzt, als »Gemeinschaft im Glauben«. In Rom verfolgt man allerdings die nachkonziliare Debatte um den Communio-Begriff mit großer Skepsis, zumal damit Tendenzen verbunden sein sollen, die das Gewicht der Teilkirchen gegenüber der universalen Kirche mit dem Petrusamt überbetonen. Als Ergänzung zum Bild von der Kirche als Communio wird daher das von Paulus verwendete Bild vom Haupt und dem Leib herangezogen.[17] Zu den Merkmalen der Kirche als Communio gehören: a) die Weggemeinschaft inmitten der Hoffnung und mit der großen Menschheitsfamilie, b) die Gemeinschaft der Sünder und nicht eine Kirche der Reinen und c) die Solidarität mit den Armen.[18] Diese Communio hat eine doppelte Ausrichtung: auf die Gemeinschaft der Glaubenden untereinander und auf die Communio mit Gott, der selbst innertrinitarisch ein Wir ist. Dabei bleibt die strukturelle Spannung von synodaler und hierarchisch verfaßter Kirche bestehen.[19] Ausschlaggebend und konstitutiv für die Kirche als Communio ist das »Miteinander-Eucharistiefeiern-Können!«[20] Kirche ist letztlich nur Communio, wenn sie in der Eucharistie ihre Mitte erblickt. Kirche kann verstanden werden als »Volk Gottes vom Leib Christi her«[21]. Gerade dieser Aspekt der Liturgie, speziell der eucharistischen Liturgie, stößt bei jungen Gemeindemitgliedern, aber nicht nur bei der jüngeren Generation, auf eine positive Resonanz. Entsprechend orientieren sie sich am Sonntag bei der Wahl des Gottesdienstortes. Sie entscheiden sich nicht mehr nach dem Pfarrprinzip, wie es früher der Fall war, sondern suchen sich selbst den Gottesdienst aus, der kommunikativ, offen ist und sie persönlich anspricht. Fast 30 % der Gottesdienstteilnehmer rechnet sich diesem Personenkreis zu, meint der schon oben einmal zitierte erfahrene Seelsorger.[22]

2.4 Die Bedeutung der Heiligen Schrift

Die Gegenwart Christi im Gottesdienst erstreckt sich auch auf die Wortverkündigung, dies ist eine neue Einsicht, die wir dem Konzil verdanken. Hier haben die ökumenische Bewegung und das verstärkte Interesse der katholischen Kirche an der Bibel (Bibelbewegung) Schrittmacherdienste geleistet. Die Zeiten gehören endgültig der Vergangenheit an, da der Eucharistiefeier im engeren Sinne des Wortes eine sog. »Vormesse« vorausging, deren Besuch für die Erfüllung der Sonntagspflicht nicht geboten war. Sie bestand aus dem Gebets- und Lesungsgottesdienst. Zur Predigt, die oft dem Gottesdienst vorausging, mußten Meßgewand und Manipel abgelegt und die Kerzen am Altar ausgelöscht werden, zum Zeichen dafür, daß die Messe unterbrochen wurde. Das Eigentliche begann erst nachher! Das Eigentliche jedoch war die Darbringung des Meßopfers, der alles andere untergeordnet wurde. Hier wirkte sich noch unheilvoll eine antireformatorische Mentalität aus, wonach sich die katholische Kirche als eine »Kirche der Sakramente« verstand, dem stand die evangelische Kirche als »Kirche des Wortes« gegenüber. Befreiend wirkte daher die Aussage der Liturgiekonstitution: »Von größtem Gewicht für die Liturgiefeier ist die Heilige Schrift. Aus ihr werden nämlich Lesungen vorgetragen und in der Homilie ausgedeutet, aus ihr werden Psalmen gesungen, unter ihrem Anhauch und Antrieb sind liturgische Gebete, Orationen und Gesänge geschaffen worden, und aus ihr empfangen Handlungen und Zeichen ihren Sinn. Um daher die Erneuerung, Fortschritt und Anpassung der heiligen Liturgie voranzutreiben, muß jenes innige und lebendige Ergriffensein von der Heiligen Schrift gefördert werden, von dem die ehrwürdige Überlieferung östlicher und westlicher Riten zeugt.«[23] Und in Nr. 33 wird gesagt: »Denn in der Liturgie spricht Gott zu seinem Volk; in ihr verkündet Christus noch immer die Frohe Botschaft.« Im weiteren Verlauf finden sich die eindrucksvollen Bilder vom »Tisch des Gotteswortes«, der den Gläubigen reich bereitet werden soll[24] und vom »Tisch des Herrenleibes«, an dem sie Stärkung für ihren Glauben finden sollen.[25] Beide Teile sind aufeinander hingeordnet und bilden eine Einheit, so daß der alte Gegensatz von einer »Kirche des Sakramentes« und einer »Kirche des Wortes« hinfällig geworden ist. Die Wortverkündigung hat nicht nur eine belehrende, katechetische Funktion, die ihr freilich auch nicht abgesprochen werden darf, sie hat darüber hinaus sakramentalen Charakter. Unter dem biblischen Wort ist Christus als fleischgewordenes Wort unter uns gegenwärtig. Die Verkündigung gehört nunmehr »zu den wesentlichen Elementen des gottesdienstlichen Handelns. Im gemeinsamen Hinhören der Versammelten auf das, ›was in der ganzen Schrift von Christus geschrieben steht‹, kommt zum Ausdruck, daß die Kirche durch Gottes Wort konstituiert und bleibende Hörergemeinschaft ist, die sich zu ihm bekennt.«[26] Daher darf in keiner sonntäglichen Eucharistiefeier die Homilie, d.h. die Auslegung des Gotteswortes durch Menschenwort, fehlen. Mit der Einführung der Muttersprache in die Liturgie ist zugleich jedoch ein Dilemma aufgedeckt worden, das durch die lateinische Sprache als offizielle Gottesdienstsprache lange verschleiert wurde: die uns fremd und antiquiert anmutende Sprachgestaltung der Liturgie, die aber letztlich ein Spiegelbild der gegenwärtigen Verkündigungssprache der Kirche insgesamt ist. Beim Anhören der meisten Orationen des Römischen Meßbuchs geht einem auf, wie weltfremd, abstrakt und formelhaft diese Sprache ist, sie trifft nicht das Herz des Beters. Diese Sprache ist dem heutigen Lebensgefühl weit entrückt. Der gegenwärtig lebende Mensch findet sich darin nicht wieder. Die Folge ist, er hört nicht mehr zu. Zur Zeit widmet sich eine Arbeitsgruppe der dringend notwendigen Überarbeitung der priesterlichen Amtsgebete.

So begrüßenswert diese Wertschätzung der Verkündigung im Rahmen der gottesdienstlichen Versammlung auch ist, sie hat leider in vielen Gemeinden zu einer Übergewichtung des Wortgottesdienst geführt, so daß man von einer »Logolatrie« sprechen kann. Auch E. J. Lengeling bemängelt eine gewisse Kopflastigkeit, eine »Überakzentuierung des Wortes« und eine »Wortinflation«[27], die unsere Gottesdienste nüchterner und rationaler gemacht hat, das Sinnenhafte und Musische dagegen ist deutlich unterrepräsentiert. Sie geben dem Gemüt zu wenig Nahrung; das fängt bei den Kirchenliedern des »Gotteslobes« an und endet bei den schmucklosen, oft kalt wirkenden modernen Sakralbauten, denen es an Farbigkeit, Lichteinfällen und Wärme fehlt. Viele Menschen fühlen sich in diesen Betonklötzen nicht mehr heimisch und wandern aus ihnen aus. Die Worte überfluten die Gottesdienstteilnehmer, sie nehmen den größten Teil der Zeit in Anspruch, so daß die eucharistische Feier darunter leiden muß. Eine Vielfalt von Ansprachen durchzieht den Gottesdienst, der dadurch kopflastig wird und nicht mehr die emotionalen Schichten der Gläubigen anspricht. In diesem Zusammenhang hat A. Lorenzer den Konzilsvätern vorgeworfen, es sei ein »Konzil der Buchhalter« gewesen und habe entscheidend zur Entsinnlichung des Kultes beigetragen.[28] Man wird mit dieser Anklage sicher den Konzilstheologen nicht gerecht, zumal sich der Psychoanalytiker A. Lorenzer an einer verflossenen Gestalt der Liturgie nostalgisch orientiert. Gleichwohl kann nicht übersehen werden, daß bei der Durchführung der liturgischen Reformen die Gefahr der Pädagogisierung und des Verbalismus heraufgezogen ist. Statt der einen Predigt nach dem Evangelium werden darüber hinaus an mehreren Stellen einige Kurzansprachen gehalten, so bei der Begrüßung, bei den zu moralischen Appellen oft umfunktionierten Fürbitten und auch noch gelegentlich am Ende der Meßfeier. Auf diese Differenz zwischen den Konzilsdokumenten und den Resultaten der Liturgiereform macht A. Lorenzer aufmerksam.[29]

2.5 Zeichen und Zeichenhandlungen

Viele der im Gottesdienst verwendeten, in der Tradition verwurzelten Zeichen sind für den heutigen Menschen in ihrer Sinnhaftigkeit verdunkelt, sie sind oft zu Attrappen verkümmert. Die hauchdünnen weißen Hostien erinnern kaum noch an Brot, das zum Essen einlädt, sie schmecken auch nicht danach. Sekundäre Symbole wie das Asperges oder das Händewaschen bei der Gabenbereitung sind nur noch mühsam zu verstehen. Während die primären Zeichen teilweise verkümmert sind, haben sich die sekundären überaus stark vermehrt. (Die Grenzlinien zwischen beiden sind jedoch nicht immer genau zu markieren.) Wieweit lassen sich die primären liturgischen Zeichen, z.B. die zum Gottesdienst versammelte Gemeinde, das Mahl usw., revitalisieren, d.h. mit dem Lebensgefühl des heute lebenden Menschen in Verbindung bringen? Diesen Fragen haben sich die Konzilsväter nicht zugewendet, sie sind bis heute weitgehend unbeantwortet geblieben und haben daher zu der tiefen Krise des Gottesdienstlebens geführt. Schon die Würzburger Synode von 1974 hat unterschieden zwischen »Formen und Zeichen, die bleibender Bestand des kirchlichen Handelns geworden und unaufgebbar sind«, und solchen, die uns fremd geworden sind und durch neue ersetzt werden können, weil sie nicht mehr das auszudrücken vermögen, was uns bewegt; sie sind abgestorben, weil sie in keiner Beziehung mehr zu unserer Lebenswelt stehen.[30] Hier erweist sich die Dringlichkeit einer weiterführenden Liturgiereform, die noch keineswegs abgeschlossen ist, obwohl einige Gruppen in der Kirche dies uns nahelegen möchten. Aber eine Kirche, die nach einem Wort von Kardinal J. Döpfner eine ständige Baustelle ist, wird auch ihre zeichenhaften Lebensvollzüge immer neu überdenken und mit neuem Leben und Sinngehalt erfüllen müssen. Zu Recht bemerkt der leider zu früh verstorbene Leiter des Liturgischen Instituts, H. Rennings: »Das große Werk der Liturgieerneuerung ist nicht beendet und wird nie beendet sein. Da die liturgische Erneuerung nicht die Realisierung eines

Programms ist, das man Punkt für Punkt abhaken und danach zu den Akten legen kann, bleibt sie eine ständige Aufgabe der Kirche und aller Gemeinden.«

2.6 Fest und Feier

Im Gefolge psychoanalytischer Deutung wird heute wieder vermehrt über den Gottesdienst als Fest und Feier nachgedacht. Ohne diesen festlichen Charakter erliegt er der Gefahr ritueller Verkrustung und rationaler Ausdörrung. In unserer zweckrationalen Welt, dessen Denkformen nach M. Horkheimer die »instrumentelle Vernunft« ist, bedarf es zweckfreier Räume, Zeichen und Zeiten, in denen der Mensch frei atmen und voll Mensch sein kann. Hierfür bietet sich die Liturgie als zweckfreies Spiel an; denn sie verfolgt keinen Zweck, sie ist eigentlich unnütz. Wenn der junge Mensch von heute fragt: »Was hab' ich denn davon, wenn ich am Gottesdienst teilnehme?«, dann müssen wir offen zugeben: »Nichts«; denn sein Nutzwert ist gleich Null. Unter diesem Gesichtspunkt ist es eine vertane Zeit, wenn wir den Gottesdienst besuchen. Erst wenn man nach dem Sinn dieser Zusammenkunft fragt, kann einem vielleicht die Sinnhaftigkeit dieses Geschehens aufgehen. Zu Recht stellt daher der Prior von Taizé, R. Schutz, die Frage: »Wenn das Fest im Leibe Christi, der Kirche, verstummte, wo gäbe es dann noch auf der Welt einen Ort der Gemeinschaft für alle Menschen?«[31] In dem gleichen Büchlein nennt der Prior auch den tiefsten Grund und die Mitte des christlichen Festes und damit aller einzelnen christlichen Feste, indem er ein Wort des hl. Athanasius zitiert: »Der auferstandene Christus macht das Leben des Menschen zu einem ununterbrochenen Fest.« Im gleichen Sinne schreibt Hieronymus in einem Brief an Algarsia: »Für uns, die wir an Christus, den Auferstandenen, glauben, ist immer und ewig ein Fest.«[32] Wenn zum Fest unabdingbar die Freude gehört, worauf schon F. Nietzsche hingewiesen hat, dann drängt sich die kritische Frage auf, wieweit unsere gottesdienstlichen Versammlungen wirklich den Anspruch erheben können, ein Fest zu sein. Sind sie zu Recht von einer freudigen Grundstimmung erfüllt, die auf alle Teilnehmer überspringt und sich auch im Alltag fortsetzt? Erlebt man hier etwas von der Freude im Heiligen Geist, von der Pfingstfreude? An Katholiken- bzw. Kirchentagen und in Taizé bzw. bei den jährlichen Taizé-Treffen in einer europäischen Stadt kann man gelegentlich etwas von dieser überschäumenden Freude verspüren; zu selten teilt sich dagegen dieses freudige Ergriffensein in unseren normalen Sonntagsgottesdiensten den Teilnehmern mit.

2.7 Gottesdienst als heiliges Spiel

Zum Fest gehört das Spiel, das keinem Zweck huldigt, sondern in sich ruht, es ist sich selbst Zweck. Liturgie als zweckfreies Spiel ist Abbild des in sich ruhenden Gottes, der Sinn schlechthin ist. Der Gottesdienst feiernde Mensch treibt vor Gott ein Spiel, dazu braucht er Zeit. Das Spiel muß aus einer Haltung erwachsen, die nicht mehr nach dem Nutzen fragt, sondern sich damit begnügt, einfach da zu sein, vor Gott da zu sein und darin seine Erfüllung zu finden.

Nicht ohne Grund wird beispielsweise im Alten Testament (Spr 8,30f.) der vor Gott Stehende und Feiernde mit einem Kind verglichen; denn an ihm können wir ablesen, wie wir spielen und vor Gott stehen können. Der Spielende geht wie das Kind ganz im Spiel auf, ohne auf die Zeit zu achten, er fragt nicht nach dem Wozu und Warum, sondern begnügt sich mit dem Spiel als solchem, es ist ihm Sinn genug. Eine so vollzogene Liturgie sagt jedem zweckrationalen Denken und Handeln den Kampf an, sie entwirft ein Gegenmodell vom Menschen als »Kind Gottes«, das vor ihm spielt. Zum Spiel gehört nach R. Guardini »die erhabene Mischung von tiefem Ernst und göttlicher Heiterkeit.«[33] Dazu bedarf es auf der einen Seite Regeln für das Spiel, die nicht außer acht gelassen werden dürfen, so wie Kinder peinlichst darauf bedacht sind, daß ihre Regeln für das Spiel von allen Beteiligten eingehalten werden. Zugleich muß die Seele eine Heiterkeit erfüllen, die sich im Antlitz der Feiernden widerspiegelt. Eine traurig dreinschauende Gottesdienstgemeinde, die von Zeit zu Zeit verstohlen auf die Uhr schaut, treibt kein Spiel vor Gott, sie steht weiterhin im Banne von Zweck und Nutzen und hat dies alles noch nicht hinter sich gelassen, um ganz vor Gott da zu sein. Sie ist noch nicht zum Zentrum der Freude vorgedrungen, die aus dem Spiel, dem Spiel vor Gott, hervorwächst.

Das Spiel duldet keine stummen, zur Passivität verurteilten Zuschauer, alle übernehmen darin eine Rolle, alle sind zum Mittun aufgerufen. Sie sollen sich auf das unter Zeichen vollzogene dramatische Geschehen, auf das heilige Drama einlassen, wodurch sie selbst verwandelt werden. Zum Spiel gehört neben dem Ritual auch Kreativität. Wenn die Mitspielenden sich mit ihren Fähigkeiten in das heilige Spiel einbringen, verändert sich die konkrete Gestalt der Liturgie, so wie sich im Lauf der Zeit immer wieder die Liturgie verändert hat.

2.8 Gottesdienst und Leben

In den einschlägigen Publikationen zum Wesen von Fest und Feier wird immer wieder herausgestellt und unterstrichen, daß das Fest das alltägliche Tun unterbricht bzw. daß auf unalltägliche Weise »die Zustimmung zur Welt im Ganzen« (J. Pieper) zum Ausdruck gebracht wird.[34] Es gehört sicher zur Eigenart des Festes, daß der Mensch aus seinen gewohnten alltäglichen Lebensformen und Beziehungen heraustritt und einen gewissen Abstand zum Alltag nimmt und diesen festlich überhöht. Dennoch dürfen auch das Fest und der festliche Gottesdienst den Bezug zum Alltag nicht völlig verlieren; wie sollen sonst von ihnen Impulse ausgehen können, die das alltägliche Leben intensiver gestalten und verändern helfen? Gerade die Heranwachsenden beklagen sich, daß sie ihr alltägliches Leben nicht mit dem in Deckung bringen können, was im Gottesdienst gefeiert wird. Zu groß ist der Abstand zwischen beiden Welten. Die alltägliche Lebenswelt und die Welt der gottesdienstlichen Feiern fallen oft zu sehr auseinander. Die nötige Balance zwischen Nähe und Ferne zum alltäglichen Leben bei der Gestaltung liturgischer Feiern ist uns stets aufs neue aufgegeben. Keinesfalls darf das Fest eine Flucht aus dem Alltag bedeuten. Davor warnt der evangelische Theologe E. Lange: »Der Gottesdienst unserer Tage ... gleicht einer elenden Emigration von Introvertierten aus der Welt; die Gemeinde muß sich bekehren und durch den Gottesdienst zur Imigration in die Welt vorbereiten.«[35] Für ihn hängen Gottesdienst und Wirklichkeit unlösbar zusammen. Aufgabe des Gottesdienstes sei es, die Christen zu ermächtigen, ihre alltägliche Lebensweise im Licht der christlichen Verheißung wahrzunehmen und anzunehmen. Daher fordert er eine neue Einwurzelung der Kirche in der »Mitte des Alltags«. Damit plädiert er jedoch keineswegs für eine kritiklose Anpassung an die moderne Lebenswelt, die weitgehend vom zweckrationalen Denken beherrscht wird und keinen Raum für Fest und Spiel läßt. Im Gegenteil, von der Liturgie müßten Impulse für eine »radikale Veränderung unseres auf Konkurrenz, Expansion und Herrschaft programmierten Gesellschaftsprozesses« ausgehen.[36] Das andere Extrem in Gestalt des »Politischen Nachtgebetes« ist gleichfalls zu meiden, demzufolge der Gottesdienst nur noch als Beginn einer Aktion in der Welt zu rechtfertigen sei; denn hier wird der Vorrang des beschaulichen, kontemplativen Lebens vor dem aktiven geradezu umgekehrt. In der Liturgie hat aber der Logos den Primat vor dem Ethos; darauf hinzuweisen, wurde R. Guardini nicht müde.

Dieses Verständnis von Liturgie, die ihm einen Sitz im Leben der Mitfeiernden verleiht, stößt indes auf scharfe Kritik von seiten der Liturgiker und der systematischen Theologen, beide betonen das objektive Wesen der Liturgie. J. Ratzinger bemerkt dazu: »Die Gemeinde wird Gemeinde nicht durch Interaktion, sondern dadurch, daß sie sich vom Ganzen empfängt und ins Ganze zurückgibt.« Liturgie werde »nicht gemacht, sondern entgegengenommen und als vorgegebene je neu verlebendigt.« »Liturgie als Fest überschreitet den Bereich des Machbaren und Gemachten; es führt in den Bereich des Gegebenen, des Lebendigen, das sich uns übereignet.« Gerade die sie auszeichnende »Unbeliebigkeit« binde den Pfarrer, den Bischof und den Papst. Im Bereich der künstlerischen Formung könnten besonders im musikalischen Bereich und in der Ausgestaltung des liturgischen Raumes »die Kräfte schöpferischer Gestaltung aufgerufen« werden.[37] In gleicher Weise hat sich der Altmeister der französischen Liturgiepastoral, J. Gelineau, zu Wort gemeldet; er erblickt hinter der Forderung, die Liturgie mit dem Leben und den persönlichen Erfahrungen der Mitfeiernden in Verbindung zu bringen, eine fragwürdige »Tendenz zum Tatsächlichen«. Sie will in der liturgischen Feier nur den Ausdruck dessen zulassen, »was von den Mitgliedern der Versammlung schon erlebt, verstanden und empfunden worden ist. In der Liturgie feiere man sich nur selbst«.[38] Folgt man diesen Gedankengängen, dann müssen alle Bemühungen um Inkulturation vergeblich sein. Die Einwurzelung des Glaubens als Konsequenz der Inkarnation des Evangeliums in die verschiedenen Kulturen und Lebenskontexte kann vor der Liturgie nicht haltmachen, versteht diese sich doch als eine Form des Glaubens. Auch der Glaube wird im jeweiligen kulturellen und persönlichen Lebenskontext gefeiert. Gerade im Bereich der Liturgie ist die Inkulturation am weitesten vorangeschritten; es sei nur an den neuen, 1974 eingeführten Ritus der sonntäglichen Eucharistie in Zaire erinnert, der mit Elementen der afrikanischen Natur und Kultur bereichert worden ist und von den Gläubigen voll mitgetragen wird. Auf diese Weise können die Gläubigen von Zaire ihr Leben wirklich feiern: Das unterstreicht Kardinal J. Malula (1917-1989), einer der maßgeblichen Wegbereiter der liturgischen Reformen in seinem Heimatland: »Der Gottesdienst ist bei uns Zelebration, Feier, ein Fest, vor allem ein Fest. Man geht hin wie zu einem Fest, und die Menschen erleben das Herrenmahl wie ein Fest: die Lesungen, die Gesänge, die Tänze. Es ist wirklich ein Fest, wie es unserem Lebensgefühl entspricht. Und Liturgie ist nicht mehr nur Sache des Priesters, der sie leitet, sondern alle Welt ist daran beteiligt, macht mit.«[39]

Es genügt allerdings nicht, daß der Gottesdienst auf das Leben bezogen wird, daß das Leben der Gläubigen in ihn Eingang findet; ihm muß bereits eine Lebenspraxis aus dem Glauben vorausgehen, die der Feier erst ihre Glaubwürdigkeit verleiht. Der Gottesdienst kann nur das zeichenhaft zum Ausdruck bringen, was in der vorausgegangenen Woche in der Gemeinde gelebt worden ist (vgl. die Einheit von Diakonie und Liturgie). Darüber hinaus muß der Gottesdienst, speziell die Eucharistiefeier, in die dienende Liebe (Diakonie) einmünden, sonst verdient sie diesen Namen nicht. Wie eng Liturgie und Leben zusammenhängen, zeigt das Beispiel einer protestantischen Stadtpfarrei in den USA: Der wöchentlichen Eucharistie folgt am Sonntag ein Essen, an dem jedermann teilnehmen kann, ohne dafür einen Beitrag entrichten zu müssen. Eine andere amerikanische Gemeinde lädt in ihren Gottesdienst Alleinerziehende ein, während des Gottesdienstes werden deren Kinder betreut. Eine Verbindung zwischen der »Messe des Lebens« und der »Messe des Altares« muß herbeigeführt werden, um einen Ausdruck von K. Rahner aufzugreifen. Allzuleicht vergessen wir, daß unser ganzes Leben ein einziger Gottesdienst sein soll. Schon der hl. Paulus hat uns aufgefordert, uns »selbst als lebendiges und heiliges Opfer darzubringen, das Gott gefällt; das ist für euch der wahre und angemessene Gottesdienst« (Röm 12,1). Ungeachtet dieser Aufforderung fällt es bis heute immer noch Priestern wie Gläubigen schwer, Gottesdienst und Diakonie nicht als getrennte Bereiche zu verstehen, sondern beide aufeinander hinzuordnen.[40]

So lebensnotwendig auch die Verbindung von Gottesdienstfeier und Leben ist, unübersehbar tauchen hier auch Gefahren auf, die vermieden werden müssen, damit nicht am Ende der Eindruck von J. Gelineau zu Recht entsteht, in der Liturgie werde nur noch das eigene Leben gefeiert und in den Mittelpunkt gerückt. So mancher Kinder- und Jugendgottesdienst artikuliert die Fragen, Probleme und Sehnsüchte der Beteiligten so pointiert, daß der

Blick nicht mehr auf die vergegenwärtigten und gefeierten Heilsereignisse Gottes und Jesus Christi fällt. Sie erscheinen nur wie ein Anhang zum Leben des einzelnen und der Gruppe. Dies wird ersichtlich, wenn man beobachtet, welchen Stellenwert die Eucharistiefeier im engeren Sinne in einem Kinder- und Jugendgottesdienst erhält, dessen Schwerpunkt eindeutig in der Wortverkündigung liegt. Was die Gottesdienstteilnehmer in ihrem Leben erfahren und im Evangelium gedeutet haben, muß in Beziehung gesetzt werden zum Pascha-Geheimnis, das die Mitte und das Fundament des christlichen Gottesdienstes bildet. Oft gelingt die Balance zwischen den beiden Polen nicht, das Gewicht hat sich oft zugunsten der Betrachtung der eigenen Lebensproblematik bedenklich verschoben. Wenn auch der Gottesdienst die Heilsbotschaft aktualisieren muß, der Gottesdienst der christlichen Gemeinde kann nicht in reiner Aktualität aufgehen, wenn diese nur vordergründig verstanden wird. »Konstitutiv bleibt daher die Bindung an die Geschichte des Heils, die in Christus in einer bestimmten Zeit und an einem bestimmten Ort ihre ›Fülle‹ (Gal 4,4; Eph 1,10) erreicht hat.«[41]

2.9 Ein offener Rahmen

In diesem Zusammenhang drängt sich die Frage auf, wieweit muß der Gottesdienst in vorher festgelegten Bahnen verlaufen, aus denen es kein Ausscheren gibt, oder wäre nicht eher ein »offener Rahmen« (U. Bomm) vorzuziehen, der genügend Spielraum für Phantasie, Spontaneität und Kreativität sein läßt. H. Thielecke hat einmal gefordert: Der Gottesdienst bedürfe eines Standbeines und eines Spielbeines. Auf zwei Spielbeinen könne man nicht stehen, obgleich viele heute dieser Ansicht sind.[42] Daher läßt sich auch die Forderung von Novalis nicht innerhalb eines normalen Gottesdienstes einlösen: »In gottesdienstlichen Versammlungen sollte jeder auftreten und aus dem Schatz seiner Erfahrungen göttliche

Geschichten den anderen mitteilen.«[43] Eine Gemeinschaft von Christen bedarf einer gewissen Orientierung, wenn sie sich zum gemeinsamen Gotteslob versammelt, zumal sie sich auch dabei in den Strom einer jahrhundertealten Tradition einfügt, der sie sich verdankt. Dieser vorgegebene Rahmen bewahrt die Gläubigen vor Subjektivismus und Manipulation durch den zelebrierenden Geistlichen bzw. den Vorsteher oder das vorbereitende Team. Auch für den Gottesdienst gilt die Notwendigkeit vom Wiedererkennungszeichen, die jeder Mensch, nicht nur Kinder, benötigt, um eine Rollensicherheit zu erlangen. Daher kann man der Hierarchie, dem Lehramt der Kirche, nicht das Recht absprechen, die amtliche Liturgie zu ordnen und dafür einen verbindlichen Rahmen festzulegen. Allerdings müßte bei der Festlegung des offenen Rahmens auch auf den »Glaubenssinn der Gläubigen« geachtet werden; denn auch aus ihnen spricht Gottes Heiliger Geist. Besonders Jugendliche und Frauen lassen im Umgang mit der Liturgie eine große Kreativität erkennen, für viele Liturgiker allerdings eine allzu große Unbekümmertheit. Die Liturgie wird für die »Frauenkirche« zum Ausdruck ihrer Sehnsüchte und Wünsche, entsprechend gestalten Frauen die Texte neu. Dabei entstehen auch neue Formen des Rituals.[44] Auch in der evangelischen Kirche diskutiert man das gleiche Problem; hier wird die Ansicht vertreten, man müsse zwischen »Grundstrukturen« und »Ausführungsvarianten« unterscheiden; eine »schmiegsame Liturgie« wird gefordert, die stärker auf die Situation der heutigen Gottesdienstteilnehmer eingeht. Andernfalls drohe eine Verfestigung liturgischer Formeln. Nach E. Lange hat der christliche Gottesdienst in der Spannung zwischen Ordnung und Freiheit, zwischen Tradition und Situation, zwischen Ritual und täglichem Leben sich zu bewegen.[45] K. Meyer zu Uptrup unterscheidet zwei Weisen des Lernens im Gottesdienst, der als Lernprozeß verstanden wird: Das »Nachahmungslernen« in Gestalt von Übernahme vorgegebener Ordnungen und das schöpferische Spiel durch »Probelernen«.[46]

Ein Streit ist darüber entstanden, wie eng oder wie weit dieser Rahmen gezogen werden soll, welche Teile der Eucharistiefeier mehr Raum für spontane Einschübe und Veränderungen lassen und welche nicht. Das dritte Kinderhochgebet kann dafür als modellhaft gelten, weil hier mitten im Herzstück der eucharistischen Liturgie ein Tor für situationsbedingte Adaptionen geöffnet worden ist. Die im Meßbuch abgedruckten fünf Einschübe haben jedoch nur Modellcharakter, sie wollen zu eigenen Formulierungen anregen und sollen nicht einfach übernommen werden. Was wäre aus der Liturgiereform des II. Vatikanischen Konzils geworden, wenn nicht einige Pioniere der Liturgischen Bewegung im »vorauseilendem Gehorsam« neue Wege in der Gottesdienstgestaltung beschritten hätten, die später zum Gemeingut der gesamten Kirche geworden sind? Auch in diesem Bereich müssen Freiheit und Bindung an die Kirche in ein möglichst ausgewogenes Verhältnis gebracht werden. Nichts ist schlimmer als ein völlig korrekt vollzogener Gottesdienst, der sich streng, ja penibel, an die Rubriken des Römischen Meßbuches hält, aber jegliche Lebensnähe und Spontaneität vermissen läßt; er kann nicht Quelle und Höhepunkt des ganzen christlichen Lebens sein.[47] Aber auch ein Wildwuchs an kreativer Gestaltung ist zu meiden, er überfordert alle Beteiligten. Er trägt eine Unruhe in den Gottesdienst hinein und beraubt die Mitfeiernden der notwendigen Wiedererkennungszeichen.

2.10 Die Vielfalt der Gottesdienstformen

Dem Konzil verdanken wir eine Horizonterweiterung dessen, was unter Liturgie zu verstehen ist, es hat uns die Augen geöffnet für den großen Reichtum an gottesdienstlichen Formen; gleichwohl wird bis heute von der Mehrzahl der Gläubigen und Priester die Liturgie weiterhin mit der Eucharistiefeier gleichgesetzt. Immer noch wird die Hochform als Normalform betrachtet; immer noch wird viel zu wenig die ganze Vielfalt an Gottesdienstformen in den Gemeinden gepflegt, was zu einer großen Verarmung führt. Wie selten trifft man Pfarreien an, die das Stundengebet der Kirche sich zu eigen gemacht haben! Vergessen wir nicht, daß die

Eucharistiefeier den Höhepunkt gottesdienstlichen Lebens bezeichnet. Der Anmarsch zu diesem Gipfel kann lange währen, vielleicht gelangen viele nie zum Gipfel; aber auch die anderen vorausgegangenen Wegstrecken sind für den Glaubensweg von großer Bedeutung. Für die vielen »liturgischen Analphabeten« sind nichteucharistische Gottesdienste, für deren Gestaltung ein größerer Spielraum zur Verfügung steht, angemessener, sie können Etappen auf dem Weg zum Gipfel der Eucharistie sein. Im Sinne einer gestuften Pastoral sollten Wort- und Meditationsgottesdienste, Bußfeiern und neue Gottesdienstformen wie Früh- und Spätschicht, Liturgische Nacht, Wallfahrten und Kreuzweg an Bedeutung gewinnen (vgl. das 11. Kapitel). Aber auch für die sog. Kerngemeinde müßte das Gottesdienstleben bunter und vielfältiger werden, sollte der ganze Reichtum des gemeinsam gefeierten Gotteslobes ausgeschöpft werden.

3. *Die Wiederentdeckung des Bildungsbegriffes in der Gegenwart*

Bevor wir unsere Aufmerksamkeit auf die liturgische Bildung und Erziehung lenken, müssen wir uns Klarheit verschaffen über die dabei verwendeten Begriffe: Bildung und Erziehung. Das rechte Verständnis der liturgischen Bildung hängt eng mit der Verständigung über die hier verwendeten Begriffe zusammen. Daher schicke ich den nachfolgenden Ausführungen eine Begriffsklärung voraus, die sich jedoch nur auf das Wesentliche beschränkt und dabei nicht alle Aspekte zur Sprache bringt, sondern vornehmlich solche, die für unsere Fragestellung von Bedeutung sind.

Mit der Krise der geisteswissenschaftlichen Pädagogik in der Mitte unseres Jahrhunderts geriet auch der bis dahin unangefochtene Bildungsbegriff in ein Zwielicht, er wurde durch andere Leitkategorien in der Pädagogik und Religionspädagogik ersetzt. In den 70er Jahren hatten Begriffe wie Identität, Lernen, Sozialisation, Emanzipation und Wissenschaftsorientierung Hochkonjunktur. Keiner wagte mehr, das Wort Bildung in der pädagogischen Diskussion zu verwenden, wollte er nicht als Bildungsbürger oder, um mit Nietzsche zu sprechen, gar als »Bildungsphilister« abgestempelt und stigmatisiert zu werden. Solange Bildung ein Oberschichtsphänomen war und als bloße Eingliederung in die bestehende Kultur verstanden wurde, war sie obsolet.

Mit dem von H. Giesecke 1985 verkündeten »Ende der Erziehung«[1] und der Forderung nach einem allgemeinen Bildungskonzept im Computerzeitalter[2] feierte der Bildungsbegriff seine Wiederauferstehung. K. Mollenhauer begründete die Rückbesinnung auf den traditionellen Bildungsbegriff mit den Worten: »Es scheint mir gegenwärtig nützlich, das Nachdenken über Pädagogik stärker auf das zu lenken, was wir »Bildung« nennen, als auf die planvoll absichtlichen Einwirkungen auf Kinder, die wir »Erziehung« nennen. Wenn dieses (sc. pädagogische) Handeln erfolgreich ist, dann deshalb, weil die Kinder in einem verträglichen Milieu, in einer ›gebildeten‹ Lebensform aufwachsen.«[3] Der Machbarkeitswahn und der Glaube an die Verfügbarkeit erzieherischer Prozesse sind im Zuge der »Dialektik der Aufklärung« entzaubert worden. Unter den veränderten gesellschaftlichen Bedingungen beginnen wir neu über ein angemessenes kritisches Bildungsverständnis nachzudenken, das keinesfalls in der kritiklosen Übernahme vorhandener Bildungsgüter besteht, sondern einen dynamischen, nach vorne orientierten Bildungsbegriff zugrundelegt[4]. Und O. Hansmann und W. Marotzki stellen fest: »Der Bildungsbegriff ist ... als der zentrale Gedanke der erziehungswissenschaftlichen und pädagogischen Profession zu markieren.«[5]

3.1 Bildung und Erziehung

Die Ausführungen von K. Mollenhauer lenken unseren Blick auf die Unterscheidung zwischen Bildung und Erziehung, die im landläufigen Sprachgebrauch nicht vorgenommen wird. Bei der Erziehung handelt es sich um von außen kommende Einflüsse, die durch Eltern, Erzieher, Medien (»geheime Miterzieher«) und die übrige Umwelt an den zu Erziehenden herangetragen werden. Alle Maßnahmen und Prozesse der Erziehung zielen darauf hin, daß der zu Erziehende mit Hilfe der Gemeinschaft sich zu einer mündigen Person hin entwickelt. Dabei können diese Einflüsse geplant (intentionale Erziehung) sein, sie können aber auch unbeabsichtigt erfolgen (informelle Erziehung). Für die heute lebenden Eltern ist der erzieherische Einfluß, den sie auf ihre Kinder ausüben, das Wichtigste. 28 % von ihnen sind dieser Ansicht, während ein knappes Drittel in den von außen kommenden Bedingungen das Wichtigste für das Werden der Persönlichkeit erblickt.[6] Dieser Glaube an die Macht der Erziehung ist in der Aufklärung aufgekommen; vorher herrschte die Auffassung vor, daß die Persönlichkeit des Menschen von Gott und der Natur entscheidend geprägt werde und nicht von der Umwelt abhängig sei. Bei der starken Betonung der Notwendigkeit der Erziehung droht jedoch die Gefahr einer Anpassung an das Vorgegebene und die kritiklose Übernahme fremder Gedanken, Normen und Verhaltensweisen. Das eigene Mitdenken und Mittun wird weniger beachtet, im Vordergrund steht vielmehr die passive bzw. rezeptive Haltung des Menschen. Daraus haben einige Vertreter der sog. Antipädagogik (E. v. Braunmühl und H. v. Schoenebeck) die Konsequenz gezogen, auf jegliche Erziehung zu verzichten. Die herkömmliche Erziehung wurde als »Mittel der Fremdbestimmung«, als »Manipulation« und »Angriff auf die Freiheit« denunziert. Auch Eltern haben sich von diesem Programm beeinflussen lassen und auf Erziehung soweit wie möglich verzichtet. Zumindest sind sie dadurch zutiefst verunsichert worden und wissen nicht mehr, ob sie überhaupt noch erziehen dürfen, und wenn ja, in welcher Weise sie ihre Kinder erziehen sollen.

Dagegen bezeichnet Bildung einen dynamischen Prozeß, bei dem es entscheidend darauf ankommt, was der einzelne aus sich macht, auch wenn er durch andere Anregungen empfängt und unterstützt wird. Im Mittelpunkt steht hier das Subjekt, das seine Fähigkeiten und Anlagen allseitig zur Entfaltung bringt. Bildung nimmt so den Charakter der Selbstbildung und Selbstbestimmung an. Sie steht im Zeichen von Mündigkeit, Freiheit, kritischer Reflexion und sittlicher Selbstbestimmung und einem daraus resultierenden verantwortlichen Handeln.

3.2 Der christliche Ursprung des Bildungsbegriffes

In der Wissenschaft herrscht seit T. Kuhn die anerkannte Einsicht, »daß Forschungsprogramme und Theorien eingebettet sind in Menschenbildhypothesen, die ein Vorverständnis über den Gegenstand schaffen, ja diesen Gegenstand als Ausschnitt oder Aspekt der Realität erst bestimmen.«[7] Man spricht in diesem Zusammenhang vom Forschungsparadigma, es enthält bestimmte Perspektiven. Dies gilt auch für den Bildungsbegriff.

Ein Blick in die Geschichte erhellt den religiösen bzw. theologischen Ursprung des Begriffes. Er geht zurück auf die mystische Theologie Meister Eckharts, dieser spricht von Entbildung und Einbildung.[8] »Als Gott alle Kreaturen erschaffen hatte, waren sie so geringfügig und so eng, daß er sich in ihnen nicht regen konnte. Die Seele jedoch machte er sich so gleich und so ebenbildlich, auf daß er sich der Seele geben könne; denn was er ihr auch sonst gäbe, das achtet sie für nichts. Gott muß mir sich selbst so zu eigen geben, wie er sich selbst gehört. Wer ihn so ganz empfangen soll, der muß sich selbst ganz aufgeben und sich seiner selbst ganz entäußert haben; so einer empfängt von Gott alles, was Gott hat, ganz gleich ebenso zu eigen, wie der es selbst hat.«[9] So ist der Bildungsbegriff von seinem Ursprung her eng mit der Imago-Dei-Lehre der mittelalterlichen Theologie verbunden, genauer mit der spätmittelalterlichen Mystik des 14. Jahrhunderts, die in H. Seuse, J. Tauler und besonders in Meister Eckhart ihre Ausprägung gefunden hat. Heute haben die meisten Pädagogen diesen Interpretationsrahmen aufgegeben, weil sie an einer normativen Setzung nicht mehr interessiert sind. Für ein christliches Bildungsverständnis bleibt jedoch der Gedanke von der Gottebenbildlichkeit des Menschen erkenntnisleitend. Danach ist der Mensch Bild und Gleichnis Gottes, der ihn als sein Gegenüber erschaffen hat (vgl. Gen 1,26f., 5,1.3 und 9,6), er repräsentiert Gott als Herrscher über die Schöpfung (vgl. Ps 8). Als Leitbild für die menschliche Herrschaft dient das Bild vom König als Hirten. Daraus erwächst dem Menschen seine Personwürde, die unantastbar ist und auch nicht durch die Sünde wieder verlorengegangen ist. Diese Würde muß auf jeden Fall gewahrt bleiben und verteidigt werden. Der Mensch als Person darf nie als Mittel zum Zweck werden, wie dies in den mesopotamischen Mythen geschah, wo der Mensch zum Dienst für die Götter gemacht worden ist. Der Mensch als Geschöpf Gottes ist dagegen Selbstzweck (I. Kant). Gott braucht den Menschen nicht, auch nicht, um geliebt zu werden, weil er sich selbst genügt. In diesem Sinne fragt die Würzburger Synode in ihrem Beschluß »Schwerpunkte kirchlicher Verantwortung im Bildungsbereich«: »Wird im Bildungsbereich beachtet, daß jeder einzelne Mensch von Gott ins Leben gerufen und zu seinem eigenen Ziele berufen ist, daß er in dieser Hinsicht von niemandem vertreten oder ersetzt werden kann, daß er deshalb Anspruch auf Achtung seiner Individualität hat?« (1.2.3)[10]

Das eigentliche Bild Gottes leuchtet jedoch im Gottmenschen Jesus Christus auf, er ist die eigentliche Ikone Gottes, an diesem Bild sollen wir Maß nehmen, uns von ihm bestimmen lassen (2 Kor 4,4-6). Diesem Bild soll der Mensch gleichgestaltet werden (Röm 8,29; 2 Kor 3,18). Die Kirchenväter unterscheiden deshalb zwischen der Gottebenbildlichkeit, die ihm auf Grund seiner Geschöpflichkeit zuwächst, und der Gottähnlichkeit, die eine Folge der Menschwerdung Gottes ist. Sie wird von ihnen verstanden als Gleichgestaltung mit Christus auf Grund von Glaube, Taufe und Nachfolge, sie kann auch nicht durch die Sünde zerstört werden, wie die Reformatoren behauptet haben. Für diese bleibt nur die Überlegenheit des Menschen über die übrige Schöpfung, ist doch nach Luther der Mensch ein »Madensack«. Das Ziel der Bildung besteht darin, ganz in Christus eingebildet zu werden, indem man sich im Geiste Meister Eckharts entbildet, d.h. aller Bilder ledig wird. »Bilden« wird im Sinn der Mystik als Einbilden des Bildes Gottes in die Seele des Menschen verstanden. Diese Sichtweise begegnet uns auch bei M. Luther und J. Böhme. Später wird sie säkularisiert und erhält die Bedeutung des »Ein-bildens« von Wissen. So erblickt eine Bildung aus christlichem Geist in Jesus Christus das Maßbild, die orientierende Mitte, auch wenn sie in ihrem Bemühen immer dahinter zurückbleiben wird. Das wollte wohl K. Barth mit seiner Bemerkung andeuten, wenn er sagte: »Jesus Christus ist, der als wahrer Gott zugleich wahrer Mensch ist: das realisierte Menschenbild nach dem Bilde Gottes, *der* ›gebildete‹, der eine, einzige nicht nur in einer Bildung begriffene, sondern wirklich, weil durch Gott selbst nach dem Bilde Gottes selbst ›gebildete‹ Mensch.«[11]

Auch der Erziehungsbegriff wurde ursprünglich im theologischen Sinne als Heraus-Ziehen des Gottesbildes im Menschen verstanden, später wurde dann diese theo-logische Komponente aufgegeben und das Menschenbild im Sinne wahrer Humanität aufgefaßt.

3.3 Strukturelemente des Bildungsbegriffes

Wollen wir versuchen, dem noch sehr formalen Bildungsbegriff stärkere Konturen zu verleihen, dann schälen sich folgende Strukturelemente heraus:

– Bildung steht, wie wir sahen, im Dienste des Subjektes, genauer der Subjektwerdung, da das Subjekt immer noch auf dem Weg zu sich selbst ist. H. J. Heydorn umschreibt in diesem Sinne den Bildungsbegriff: »Bildung ist Verfügung des Menschen über sich selbst. Befreitsein ... Dieser Prozeß meint nichts anderes als fortschreitende Befreiung des Menschen zu sich selber, als Weg ins Freie ... Die Herstellung menschlicher Handlungsfähigkeit gegenüber der technologischen Revolution ist das vornehmste Problem der Bildung ...«[12] Schließt man sich der Unterscheidung von Person und Subjekt an, wie sie J. U. Dalferth und E. Jüngel getroffen haben, dann bezeichnet die Person das, was der Mensch aufgrund des schöpferischen Rufes Gottes immer schon ist. Das Personsein ist ihm vorgegeben, seine Mitgift in diese Welt, während das Subjekt sich erst auf dem Wege zu sich selbst befindet.[13] Sein Personsein verdankt der Mensch Gott, während er für seine Subjektwerdung selbst verantwortlich ist. »Dabei kann und will ihm die Bildung behilflich sein. Zum Glauben an den Schöpfergott gehört Bildung, sie ist eine notwendige Vollzugsform des Glaubens«[14] und kein Luxus, den sich nur bestimmte Schichten wie früher leisten können. Sie ist einem jeden Menschen aufgetragen, daher wird zu Recht die Forderung nach Allgemeinbildung erhoben.

– Bildung erfolgt im Umgang mit anderen, mit der Welt; denn zur Ichwerdung gehört das Du und Wir, gemäß einem Ausspruch von M. Buber: »Ich werde am Du. Ich werdend spreche ich Du.«[15] Für den Menschen ist es entscheidend, daß er sich bejaht und von seiner Mitwelt angenommen weiß. Besonders für das Kleinkind ist die Zuwendung zu seiner Existenz lebensnotwendig, wie sie M. Buber treffend beschrieben hat: »Von einem mitgeborenen Chaos umwittert, schaut er (der Mensch) heimlich und scheu nach einem Ja des Seindürfens aus, das ihm nur von menschlicher Person zu menschlicher Person werden kann; einander reichen die Menschen das Himmelbrot des Selbstseins.«[16]
Ich-sagen können wir nur, wenn wir zuvor von einem Du angesprochen worden sind (E. Rosenstock-Huessy). Der jüdische Philosoph E. Levinas (geb. 1905), der ein Kritiker der ichbezogenen philosophischen Denkweise ist, lehnt es ab, den anderen vom Subjekt, vom Ich her definieren zu lassen (vgl. E. Husserl), vielmehr hat eine Beziehung von zweien vom anderen auszugehen. Der andere wird für ihn »Ausdruck und unabhängige Quelle des Sinnes«.[17] Der Mensch erfährt sich vom Blick des anderen getroffen, der ungefragt in meine Welt eintritt, ich werde zur »Geisel«, zum Hüter des anderen; denn ich gehöre mir gar nicht. Für ihn bin ich verantwortlich. Gerade dieses In-Dienst-Genommensein macht meine Einzigkeit aus. Levinas spricht von der »Exterritorialität des Subjekts«.[18]
Die christliche Theologie erblickt die Urform des Dialogs nicht

in Gottes schöpferischer Zuwendung zur Welt durch sein Wort, sondern in Gott selbst, der als Dreifaltiger selbst Dialog ist. Das Dialogische prägt zutiefst das Ineinssein von Vater, Sohn und Heiligem Geist, es ist Ausdruck ihrer innertrinitarischen Liebe. Wenn der Mensch ein Dialogwesen ist, dann gründet diese Wesenheit im Abbildcharakter des Menschen, der als Gleichnis des dreifaltigen Gottes erschaffen worden ist. So gehört der Dialog zum Wesen des Menschen, der nur voll Mensch sein kann, wenn er dialogisch existiert. Daher muß alle Bildung im Dienst der Dialogfähigkeit des Menschen stehen. Der Dialog erschöpft sich auch nicht im Gespräch, er ist vielmehr ein Lebensstil, der alle Handlungen des Menschen imprägnieren muß. M. Buber weitet diesen Dialog sogar auf die Natur und die Welt der Kunst und der »geistigen Wesenheiten« aus.

Weil das Miteinandersein für den Menschen konstitutiv ist, vollzieht sich Bildung im Medium des Gesprächs. Die menschliche Sprache ist ein soziales Phänomen; keiner erfindet seine Sprache, sondern findet sie bereits vor, er kann sie nur weiterentwickeln. Für Platon geschieht Bildung in der Form des Dialogs, bei ihm erhält sie eine mäeutische Funktion, in Frage und Antwort soll die Wahrheit erschlossen werden. In der jüdisch-christlichen Tradition gründet das Gespräch in der Tatsache, daß der Mensch ein von Gott Angerufener ist. Weil er sein Dasein dem schöpferischen Ruf Gottes verdankt, kann er auf diesen Ruf antworten, erweist er sich als verantwortlich. So gehört das Gespräch zu unserem Menschsein, ja wir sind ein Gespräch, wie F. Hölderlin gesagt hat: »Viel hat erfahren der Mensch, der Himmlischen viele gekannt, seit ein Gespräch wir sind und hören können voneinander.«

– Schon der griechische Ursprung der abendländischen christlichen Kultur hat die persönliche Bildung des einzelnen mit dem öffentlichen Engagement für die Polis verbunden. Von Anbeginn an war so Bildung keine bloße Theorie, sondern stets auf das soziale und politische Leben bezogen. Erst später wurde

Bildung auf die literarisch-ästhetische Beschäftigung der sog. Bildungsgüter beschränkt. Die Bildung erstreckt sich auf alle Bereiche des Lebens und schließt auch die Verantwortung für die nichtmenschliche Schöpfung mit ein (ökologische Bildungsaufgabe). Das Ziel aller bildnerischen Bemühungen ist die Subjektwerdung in universaler Solidarität mit allen Geschöpfen.[19] In diesem Sinne versteht auch H. Peukert Bildung, die sich nicht allein in der Identitätsfindung des einzelnen erschöpfen darf. Er erblickt in der freien Anerkennung des anderen den zentralen Bildungsbegriff und fordert eine daran orientierte Ethik. Durch die am Selbstwerden des anderen orientierte Selbstbestimmung kann ein Beitrag zum Aufbau einer herrschaftsfreien kommunikativen Lebenswelt geleistet werden. Auf diese Weise erhält Bildung eine gesellschaftlich-politische Dimension.[20]

– Bildung zielt nicht nur auf Wissen und Fertigkeiten, sie will alle Anlagen im Menschen zur Entfaltung bringen. Daher sprechen wir von einer ganzheitlichen Bildung. Kognitive, emotionale, pragmatische und soziale Lernprozesse gehören zum Bildungsprogramm. Überwog in der Vergangenheit ein Intellektualismus im Bildungsgeschehen, so wird heute stärker die ästhetische Dimension von Bildung akzentuiert. Lange Zeit hatte man dem Körper bei der Bildung wenig Beachtung geschenkt, obwohl doch schon zur Adelskultur in der Frühzeit des klassischen Altertums der »Kult des Körpers« gehörte. Die Entwicklung von Homers Zeiten (800 vor Chr.) bis zur Spätantike (bis zu den ersten vier nachchristlichen Jahrhunderten) führte vom adligen Krieger zum Schreiber, d.h. von mehr körperlich-ästhetischer Kultur zu einer mehr literarisch-philosophisch-wissenschaftlichen.[21] Angesichts regelrechter »Wahrnehmungsstörungen« (H. Rumpf) und der vielfältigen Erfahrungsbarrieren müssen heute zunächst erst die Wahrnehmungs- und Erlebnisfähigkeit entwickelt werden, müssen die Sinne geweckt und geschult werden, soll es zur Erfahrung kommen. Wer nicht zuvor etwas wahrgenommen, nicht mit den Sinnen erfaßt hat, kann es auch nicht deuten, es nicht in einen Sinnhorizont integrieren. Andernfalls bleibt es bei diffusen Erlebnissen, die nicht in die Tiefe reichen.[22] Der gezielte Umgang mit Symbolen und die Einbeziehung der Künste kann zu einer ästhetischen Kompetenz führen, die auch für den liturgischen Vollzug unabdingbar ist, wie noch zu zeigen ist. Auch unter ökologischen Gesichtspunkten ist es von Bedeutung, daß der Leib der Natur und dem Kosmos verbunden bleibt.

– Bildung ist auf das Ganze der Wirklichkeit ausgerichtet, sie kann sich nicht mit partikulären Sinngestalten zufriedengeben, etwa im Sinne einer speziellen Bildung, die bei uns weithin in beruflicher Bildung besteht. In dieser Ausrichtung auf die Totalität der Welt kommt die religiöse Dimension der Bildung wieder zum Vorschein. Zum Wesen einer jeden Religion gehört die Tradition, die es zu bewahren gilt. Jede Bildung ist durch ihre Tradition geprägt. Darauf verweist schon das Phänomen der Sprache, die zur Bildung gehört. Der in Bildung Befindliche steht in einem Traditionszusammenhang, aus dem er nicht einfach aussteigen kann, und selbst wenn er sich kritisch ablehnend von seinen geistigen Ursprüngen entfernt, bleibt er immer noch auf sie bezogen. Die Inhalte, Werte und Normen der Überlieferung werden jedoch nicht einfach übernommen, sondern auf kritische Weise angeeignet und in das eigene Lebenskonzept integriert und damit weiterentwickelt. Auf diese Weise erweist sich Tradition als lebendig und nicht als ein museales Gebilde, dem nur noch Altertumswert zuerkannt wird. Die Erinnerung (Anamnese) prägt das gegenwärtige Gesicht der Bildung, besonders wenn es sich wie in der jüdisch-christlichen Tradition um eine befreiende, gefährliche Erinnerung handelt, deren Potential noch längst nicht ausgeschöpft ist. Zugleich erwachsen aus ihr Impulse, die über die Gegenwart hinaus in die Zukunft reichen. Die noch nicht abgegoltenen Möglichkeiten der Vergangenheit drängen auf ihre künftige Realisierung. Nur wer zu seiner eigenen Vergangenheit steht, ist auch offen für das noch Ausstehende, für das auf ihn

Zukommende. Nur wer Vergangenheit hat, der hat auch Zukunft.
Damit spannt sich der Bogen von der Vergangenheit über die Gegenwart in die Zukunft hinein. Die eschatologische oder utopische Dimension der Bildung kündigt sich hier an. Die christliche Überlieferung interpretiert diesen Zusammenhang mit dem Bild vom Reich Gottes, das in Jesus von Nazaret unter uns anfängliche Wirklichkeit geworden ist, dessen Vollendung jedoch noch aussteht und damit die Zeit transzendiert. So weitet sich der Bildungsbegriff ins Offene der Zukunft. Der zu bildende Mensch schöpft nicht nur aus dem reichen Schatz des Gewesenen und Gewordenen, er ist mehr als nur ein Enzyklopädist. Er schaut nicht nur rückwärts, sein Blick ist zugleich nach vorne gerichtet, christlich gesprochen auf den kommenden Herrn.
J. A. Comenius (1592-1670) hat eine umfassende Bildungslehre entworfen, in deren Mittelpunkt die Reich-Gottes-Botschaft steht; an sie hat in unseren Tagen W. Pannenberg angeknüpft. Der böhmische Pädagoge unterscheidet zwischen dem Reich Gottes (als absolute Utopie), das geschichtlich nicht vom Menschen herbeigeführt werden kann, und dem Friedensreich Christi (relative Utopie), das schon vor dem Weltende beginnt. Zur Errichtung der Königsherrschaft Christi bedarf es unserer Mitarbeit, wir sind zur Umgestaltung der Gesellschaft aufgerufen.[23]

– Zum Wesen der Bildung gehört ihre Unabgeschlossenheit. »Theorie der Bildung ist unabschließbar und nie endgültig. Obwohl sie einen eigenen Bedeutungszusammenhang darstellt, sieht sie sich auf das Zusammenwirken der Erfahrungswissenschaften vom Menschen verwiesen und ist ständig neu zu erfüllen.«[24] Eine Bildungskonzeption, die ihre entscheidenden Impulse aus der biblischen Reich-Gottes-Botschaft bezieht, unterstreicht den lebenslangen Bildungsprozeß, der immer fragmentarisch bleiben wird, er stößt stets an seine eigenen Grenzen. Von daher ist die Bezeichnung »gebildeter Mensch« fragwür-

> dig; denn sie gaukelt einen Abschluß dieses Prozesses vor, den es aber auf Erden nicht geben kann. Der Mensch bleibt zeitlebens ein in Bildung Begriffener. Die Bildung kommt erst an ihr Ende, wenn wir voll in das Bild Jesu Christi eingebildet, wenn wir entbildet, all unserer Bilder ledig geworden sind. Sie endet in der Schau Gottes, wo wir ganz Bild Gottes, Spiegel seiner Herrlichkeit geworden sind.

Die Bemühungen um Sensibilisierung für gottesdienstliche Vollzüge werden im Zeichen von Bildung und Erziehung stehen. Wir werden in den nachfolgenden Ausführungen nicht zwischen beiden Begriffen im einzelnen unterscheiden: Zur liturgischen Bildung gehört eine Bildung im Sinne von Selbstbildung, die jedoch immer auch auf erzieherische Einflüsse von außen angewiesen ist.

4. *Die Forderung nach liturgischer Bildung in den konziliaren und nachkonziliaren Dokumenten*

Nachdem R. Guardini bereits 1923 die Notwendigkeit einer umfassenden liturgischen Bildung aufgezeigt und konkrete Wege zur Liturgiefähigkeit beschrieben hatte[1], fand auch die Forderung nach liturgischer Bildung Eingang in kirchenamtliche Dokumente.[2]

Bereits vor dem II. Vatikanischen Konzil haben Päpste und römische Behörden die Notwendigkeit einer liturgischen Bildung herausgestellt, wobei vor allem dem Klerus das Hauptaugenmerk galt. Zu erwähnen sind u.a.: der Rundbrief der Studienkongregation »De institutione clericorum deque Officii recitatione« aus dem Jahre 1945, die Nr. 195-202 der Enzyklika Pius' XII. »Mediator Dei«, eine Ansprache Pius' XII. an Kardinäle und Bischöfe vom 2.11.1954 und die Enzyklika Pius' XII. »Musicae sacrae« von 1956. In der Instruktion der Ritenkongregation »De Musica sacra et sacra Liturgia« vom 3.9.1958 wird in den Artikeln 104-112 »eine vom Seelsorger auszugehende oder selbst zu erteilende liturgische Bildung und Erziehung in der Familie, in den Schulen und Hochschulen« gefordert; »sie sei aber auch Aufgabe der Fortbildung von Erwachsenen in theologischen Seminaren. Eine besondere liturgische Unterweisung bedürften die unmittelbar in der Liturgie Mitwirkenden, die eine besondere Rolle übernehmen: Ministranten, Lektoren, Kommentatoren, Sänger, Kirchenmusiker und Künstler«[3]. Ungeachtet all dieser Forderungen von höchster Autorität fanden diese kaum Gehör und sind praktisch ohne Wirkungen geblieben.

4.1 Konziliare Dokumente

Die Liturgiekonstitution des II. Vatikanischen Konzils widmet vor allem im ersten Kapitel, Abschnitt II in den Artikeln 14 bis 20 der liturgischen Ausbildung verstärkte Aufmerksamkeit, sie schließt jetzt auch den Klerus mit ein. Vom höheren Klerus ist allerdings nicht ausdrücklich die Rede, dennoch müßte auch er mitgemeint sein; denn auch er bedarf der ständigen liturgischen Weiterbildung; de facto geschieht hier leider aber nicht viel. Wenn das Ziel der Liturgiereform darin besteht, daß alle Gläubigen »zu der vollen, bewußten und tätigen Teilnahme an den liturgischen Feiern geführt werden«, dann kann dieses Ziel nur durch »liturgische Bildung des Klerus« erreicht werden; d.h. durch eine gründliche liturgische Aus- und Weiterbildung des Klerus (Art. 14). Die Bedeutsamkeit dieses Abschnittes über die liturgische Bildung kann daran ermessen werden, daß als Antwort auf die Forderung eines Konzilsvaters nach Streichung der Artikel 14-20 darauf hingewiesen wurde, die Kommission hält »die Prinzipien (dieser Artikel) für so bedeutsam, daß sie einen besonderen Bericht darüber an die Väter erstatten lassen wollte, handelt es sich doch um die Grundlage der gesamten Reform, das heißt die pastorale Aktion und die Voraussetzungen für deren Wirksamkeit.«[4] Dem Ziel der liturgischen Aus- und Weiterbildung des Klerus dienen die nachfolgenden Bestimmungen: In Art. 15 wird gefordert, daß die Dozenten für die Liturgiewissenschaft an theologischen Ausbildungsstätten »eine gediegene Ausbildung erhalten«. Die Liturgiewissenschaft wird aufgewertet und künftig an den theologischen Fakultäten in die Schar der Hauptfächer eingereiht, dies ergibt sich aus dem Wesen der Liturgie, die Quelle und Gipfel geistlichen Lebens der Kirche ist (Art. 16). »Die Kleriker in den Seminaren und Ordenshäusern sollen eine liturgische Formung des geistlichen Lebens erhalten, und zwar durch eine geeignete Anleitung, damit sie die heiligen Riten verstehen und aus ganzem Herzen mitvollziehen können, dann aber auch durch die Feier der heiligen Mysterien selbst und durch die anderen vom Geist der heiligen Liturgie durchdrungenen Frömmigkeitsformen ... So soll das Leben in den Seminaren und Ordensinstituten durch und durch vom Geist der Liturgie geformt sein.« (Art. 17) Für die Welt- und Ordenspriester sollen Fortbildungsmaßnahmen angeboten werden, »damit sie immer voller erkennen, was sie im heiligen Vollzug tun, damit sie ein liturgisches Leben führen und es mit den ihnen anvertrauten Gläubigen teilen.« (Art. 18) Die Geistlichen sollen bemüht sein »um die liturgische Bildung und die tätige Teilnahme der Gläubigen, die innere und die äußere, je nach deren Alter, Verhältnissen, Art des Lebens und Grad der religiösen Entwicklung ... Sie sollen ihre Herde dabei nicht bloß mit dem Wort, sondern auch durch das Beispiel führen.« (Art. 19) Das Ergriffensein von der Heiligen Schrift soll gefördert werden, gehört doch das Wort Gottes zum Wesen der Liturgie (Art. 24). Einer liturgischen Unterweisung bedürfen auch die Laien, die im Gottesdienst ein besonderes Amt ausüben: Ministranten, Lektoren, Kommentatoren und Mitglieder des Kirchenchores. Dieses Amt üben sie direkt aus und nicht aufgrund einer Delegation vom priesterlichen Zelebranten, wie dies vor dem Konzil behauptet wurde (Art. 29). »Obwohl die heilige Liturgie vor allem Anbetung der göttlichen Majestät ist, birgt sie doch auch viel Belehrung (eruditio) für das gläubige Volk in sich. Denn in der Liturgie spricht Gott zu seinem Volk; in ihr verkündet Christus noch immer die Frohe Botschaft. Das Volk aber antwortet mit Gesang und Gebet ...« Wenn die Kirche betet, singt oder handelt, wird »der Glaube der Teilnehmer genährt und ihr Herz zu Gott hin erweckt.« (Art. 33) In diesem Sinne nannte Paul VI. in seiner Rede zum Abschluß der zweiten Sitzungsperiode des Konzils die Liturgie eine »erste Schule unseres Glaubens« und »Nahrung des Glaubens«.

Auch die sichtbaren Zeichen sind Elemente der liturgischen Bildung, von ihnen geht ebenfalls eine bildnerische Formung aus, die nicht zu unterschätzen ist; wir brauchen nur an die Glasfenster, Skulpturen und Malereien in den mittelalterlichen Kirchen zu denken, denen die Funktion einer »biblia pauperum« bzw. »littera laicorum« (Sicard von Cremona) zuteil wurde. Dieser Gedanke wird im Artikel 59 näher erläutert: »Die Sakramente sind hingeordnet auf die Heiligung des Menschen, den Aufbau des Leibes Christi und schließlich auf die Gott geschuldete Verehrung; als Zeichen haben sie auch die Aufgabe der Unterweisung. Den Glauben setzen sie nicht nur voraus, sondern sie nähren ihn auch, stärken ihn und zeigen ihn an in Wort und Ding; deshalb heißen sie Sakramente des Glaubens.« Dies kann nur gelingen, wenn die Gläubigen die sakramentalen Zeichen auch leicht erkennen können. In Art. 35,3 wird die Liturgiekatechese behandelt: »Auch die Pflicht der Unterweisung, die sich unmittelbar mit der Liturgie befaßt, ist in jeder Weise zu betonen. In den Riten selbst sollen, wo es notwendig ist, kurze Hinweise vorgesehen werden; sie sollen vom Priester oder von dem, der für diesen Dienst zuständig ist, jedoch nur im geeigneten Augenblick, nach vorgeschriebenem Text oder in freier Anlehnung an ihn gesprochen werden.« Auch wenn die Liturgie nicht vieler Erklärungen bedarf, muß doch gelegentlich den Gläubigen der Sinn der Riten erschlossen werden; dies müßte vor allem in der Predigt geschehen. Darüber hinaus besteht die Möglichkeit der sog. admonitiones, eines Kommentars zur Erläuterung des liturgischen Geschehens, z.B. bei der Priester- und Kirchweihe und in Kindergottesdiensten. Der Kommentar kann auch als Gebetseinleitung und als Hinführung zum besseren Verständnis der Lesungen vorgetragen werden. Der Art. 41 behandelt die »Förderung des liturgischen Lebens in Bistum und Pfarrei«, während die Art. 43-46 sich mit der »Förderung der pastoralliturgischen Bewegung« befassen.

Im Artikel 90, der sich mit dem Stundengebet beschäftigt, wird an die Priester und an alle anderen, die am Stundengebet teilnehmen, die »beschwörende Mahnung« gerichtet, »sich eine reichere liturgische und biblische Bildung« anzueignen, damit »das Herz mit der Stimme zusammenklingen.«

In der Erklärung über die christliche Erziehung (»Gravissimum educationis« vom 28.10.1963) wird von dieser gesagt, sie ziele darauf hin ab, »in die Erkenntnis des Heilsmysteriums eingeführt« zu werden. Die Christen sollen lernen, »vornehmlich durch die

Mitfeier der Liturgie« »Gott den Vater im Geist und in der Wahrheit ... anzubeten.« (Art. 2) Die katechetische Unterweisung »erleuchtet den Glauben und stärkt ihn, sie nährt das Leben im Geiste Christi, führt zum bewußten und aktiven Mitvollzug des Mysteriums der Liturgie« (Art. 4).

Im Dekret über Dienst und Leben der Priester (»Presbyterorum ordinis« vom 7.12.1965) wird die Feier der Eucharistie als »Quelle und Gipfel aller Evangelisation« und Ausgangspunkt »aller Erziehung zum Geist der Gemeinschaft« bezeichnet (Art. 5 und 6).

4.2 Nachkonziliare Dokumente

In der am 26.09.1964 promulgierten Ersten Instruktion zur Durchführung der Liturgiekonstitution »Inter Oecumenici« finden sich im ersten Kapitel Ausführungen zur liturgischen Ausbildung der Kleriker (11-13), zur liturgischen Formung des geistlichen Lebens der Kleriker (14-17), zur liturgischen Bildung in den religiösen Gemeinschaften (18) und zur liturgischen Bildung der Gläubigen. »Die Seelsorger sollen sich darum bemühen, die Vorschrift der Konstitution betreffend die liturgische Bildung und die tätige Teilnahme der Gläubigen, die innere und die äußere, je nach deren Alter, Verhältnissen, Art des Lebens und Grad der religiösen Entwicklung ... mit Eifer und Geduld durchzuführen. Ganz besonders aber sollen sie Sorge tragen für die liturgische Bildung und tätige Teilnahme der Mitglieder der religiösen Laienvereinigungen; denn diese haben die Verpflichtung, innigeren Anteil am Leben der Kirche zu nehmen und den Seelsorgern Hilfe zu leisten, auch bei der Förderung des liturgischen Lebens der Pfarrgemeinde.« (Art. 19)

Das Allgemeine Katechetische Direktorium vom 11.4.1971 enthält auch Aussagen über die Katechese und das liturgische Gebetsleben. Dazu führt es aus: »Daher muß die Katechese die tätige, bewußte und echte Teilnahme an der Liturgie der Kirche unterstützen, indem sie nicht nur die Bedeutung der Riten erklärt, sondern auch die Herzen der Gläubigen zum Gebet erzieht, zur Danksagung, zur Buße, zum Erfassen der Bedeutung der Symbole erzieht. Dies alles ist zum echten liturgischen Leben notwendig.«[5]

In dem am 1.11.1973 veröffentlichten »Direktorium für Kindermessen« finden sich einige bedenkenswerte Hinweise auf die liturgische und eucharistische Unterweisung der Kinder, auf die wir schon in einem anderen Zusammenhang eingegangen sind (vgl. das 3. Kapitel). Von besonderer Bedeutung ist die Aussage, daß die liturgische Unterweisung nicht von der gesamten menschlichen und christlichen Erziehung getrennt werden dürfe. Diese bildet die Grundlage für eine liturgische Unterweisung (Nr. 8). Die Kinder müssen die menschlichen Werte kennenlernen, die der Eucharistiefeier zugrunde liegen (Nr. 9). Diese Forderung gilt allerdings für jede liturgische Feier. In der allgemeinen Einführung in das Römische Meßbuch von 1975 wird für die besonderen Dienste am Altar eine gute Vorbereitung gefordert (Nr. 65-73). Gedacht ist hier an Lektoren, Kommunionhelfer, Kantoren und Ministranten.

Das Direktorium »Ecclesiae Imago« vom 22.2.1973 fordert die liturgische Bildung der Gläubigen durch ausgebildete Priester, Ordensleute und Laien (82).

In dem Apostolischen Schreiben Pauls VI. »Evangelii nuntiandi« vom 8.12.1975 weist der Papst auf die »innige Verbindung oder besser noch ... ununterbrochene Wechselwirkung zwischen Wort und Sakramenten« hin. »In einem bestimmten Sinn ist es irreführend, Verkündigung und Sakramente als Gegensätze zu sehen, wie es manchmal geschieht. Doch ist es durchaus wahr, daß ein Sakrament einen großen Teil seiner Wirkung verliert, wenn seiner Spendung nicht eine gründliche Unterweisung über die Sakramente und eine umfassende Katechese vorausgeht. Die Aufgabe der Evangelisierung besteht eben darin, den Glauben so zu lehren, daß jeder Christ dahin geführt wird, die Sakramente – statt sie passiv zu empfangen oder über sich ergehen zu lassen – als wahrhafte Gnadenmittel des Glaubens zu leben« (Art. 47). Darüber hinaus unterstreicht er die Notwendigkeit einer gediegenen Ausbildung für die Inhaber verschiedener Dienstämter, die in ihrer Erscheinungsform neu sind, z.B. für das Amt des Katecheten, des Vorbeters, des Vorsängers und des im Dienste der Wortverkündigung Stehenden. »Eine gediegene Vorbereitung wird in ihnen das Gefühl der Sicherheit, aber auch die Begeisterung für die Verkündigung Jesu Christi in unserer Zeit stärken.« (Art. 73)

In dem Apostolischen Schreiben Johannes Pauls II. »Catechesi tradendae« von 1979 äußert sich der Papst auch zu dem Verhältnis von Katechese und Sakramenten: »Die Katechese ist von ihrem Wesen her mit dem gesamten liturgischen und sakramentalen Handeln verbunden; denn gerade in den Sakramenten und zumal in der Eucharistie wirkt Jesus Christus aus der Fülle seiner Person, um die Menschen umzuwandeln. In der Urkirche waren Katechumenat und Vorbereitung auf die Taufe und die Eucharistie ein und dasselbe. ... In jedem Fall bleibt die Katechese immer auf die Sakramente bezogen. Einerseits ist eine sehr wichtige Form der Katechese die Vorbereitung auf den Empfang der Sakramente; jede Katechese führt notwendig zu den Sakramenten des Glaubens hin. Andererseits besitzt jede echte Sakramentenpraxis schon von sich aus einen katechetischen Aspekt. Mit anderen Worten: Das sakramentale Leben verarmt und wird sehr schnell zu einem bloßen Ritus, wenn es sich nicht auf eine vertiefte Kenntnis der Bedeutung der Sakramente gründet. Die Katechese hinwiederum wird einseitig intellektualisiert, wenn sie nicht in einer sakramentalen Praxis Leben gewinnt.«[6]

In der Instruktion »Inaestimabile Donum« von 1980 wird auf die Schwierigkeiten bei der Durchführung der Liturgiereform hingewiesen. Als Ursache wird das unzureichende Wissen der Priester und Gläubigen über die Gründe für die nachkonziliare Reform genannt. Daher müsse die liturgische Bildung in den Seminaren und an den Fakultäten gefördert werden.

Zum 25. Jahrestag des II. Vatikanischen Konzils hat Papst Johannes Paul II. 1989 einen Brief veröffentlicht, der sich unter anderem auch mit der liturgischen Bildungsaufgabe befaßt: »Dies ist eine Arbeit, die langen Atem braucht und die in den Seminaren und Bildungsstätten beginnen und durch das ganze priesterliche

Leben sich fortsetzen muß. Dieselbe Bildung, ihrem Stande angemessen, ist auch unentbehrlich für die Laien, um so mehr, als diese in vielen Regionen dazu aufgerufen werden, immer höhere Verantwortung in der Gemeinschaft zu übernehmen.« (Art. 15) Im 3. Kapitel des Apostolischen Schreibens »Vicesimus quintus annus« erklärt der Papst, die Liturgiepastoral stelle »ein ständiges Bemühen« dar. Mittels einer intensiven Erziehung solle die Vertiefung der Liturgie der Kirche und ihres geistigen Erbes angestrebt werden. Dem soll eine umfassende biblische und liturgische Bildung von Priester und Laien dienen (5. Kapitel, Nr. 15). Zu Recht kritisiert M. Klöckener, daß der Papst seinen Rundbrief ausschließlich an die Adresse aller Brüder im Bischofs- und Priesteramt gerichtet, dagegen das ganze Volk Gottes (Männer und Frauen) nicht angesprochen hat, die doch ebenfalls Träger der Liturgie sind.[7] Und am 20.3.1990 betonte der Papst in einer Ansprache an die brasilianischen Bischöfe der Region »Süden I«: »Ich möchte euch ... auf die Notwendigkeit aufmerksam machen, unter euren Gläubigen immer mehr die liturgische Bildung und den Geist des Gebetes zu fördern. Davon erhoffe ich einen Beitrag zum Wachstum des christlichen Lebens in den euch anvertrauten Ortskirchen.«[8]

Bei der Lektüre der zititerten kirchenamtlichen Dokumente fällt auf, daß stets die Dringlichkeit der liturgischen Bildung und Erziehung beschworen wird. Die Aussagen über Art und Umfang einer Befähigung zum Mitvollzug der Liturgie bleiben jedoch sehr allgemein gehalten. Nichts Konkretes erfährt man darüber, wie umfangreich diese Erziehung gedacht ist, noch werden Inhalte und Teilziele angegeben. Sie nähren den Verdacht, daß hier mehr an die herkömmliche Liturgiekatechese gedacht wird, die stark intellektuell geprägt war. Dieser Verdacht wird erhärtet, wenn im Schlußbericht der Bischofssynode von 1985 den Bischöfen der Vorschlag gemacht wird, sie »sollten ihrem Volk sowohl das theologische Fundament der Sakramentendisziplin wie auch der Liturgie deutlich erklären.« Mit Ausnahme des Direktoriums für Kindermessen gerät eine liturgische Propädeutik, geschweige denn das Projekt präkatechumenaler Gottesdienstformen, nicht in das

Blickfeld der Verfasser dieser Dokumente. Sie gehen von einem verengten Verständnis von liturgischer Bildung und Erziehung aus, das den traditionellen Rahmen nicht sprengt. Dieser Tatbestand scheint mir symptomatisch zu sein. Man verschwendet nicht allzu viele Gedanken auf diesen Bereich, vielleicht aus der Sorge heraus, der Gottesdienst könne verpädagogisiert und damit eine Spielwiese der Religionspädagogen und Katecheten werden, eine sicher nicht ganz abwegige Sorge. Aber der mögliche Mißbrauch darf uns nicht daran hindern, liturgische Bildung als eine unabdingbare Aufgabe anzusehen und deren Reichweite neu zu vermessen. Gerade dieses offensichtliche Defizit in den kirchlichen Dokumenten führt zu der Frage: Wie weit reicht eine umfassende ganzheitliche liturgischen Bildung, und wie weit werden davon die einzelnen Adressaten auf ihre Weise betroffen?

5. *Die Notwendigkeit einer liturgischen Propädeutik*

Studiert man die Programme liturgischer Bildung in den einzelnen Diözesen, dann drängt sich der Eindruck auf, daß eine verengte, pragmatische Sicht von liturgischer Bildung diesen Angeboten zugrunde liegt.[1] Der Adressatenkreis sind Inhaber liturgischer Dienste bzw. solche Personen, die sich für diesen Dienst qualifizieren wollen. Diese werden mit den Bauelementen, Gesetzen und den Gestaltungsmöglichkeiten der Liturgie vertraut gemacht, um ihren Dienst sachgerecht ausüben zu können. Das gleiche gilt auch für die liturgische Weiterbildung im Rahmen der Erwachsenenkatechese. Bei all diesen Angeboten geht man immer schon von einer vorhandenen oder angenommenen Liturgiefähigkeit der Teilnehmer aus, man setzt bei ihnen ein gewisses Interesse an der Liturgie und eine anfängliche Beheimatung in der Liturgie voraus. Insofern handelt es sich um Aus- und Fortbildungsmaßnahmen für sog. Insider. Völlig aus dem Gesichtskreis dieser »Anbieter« ist die große Schar der Getauften geschwunden, die nicht mehr im eigentlichen Sinne eine Beziehung zur Liturgie haben, die ihr mehr oder weniger fremd gegenüberstehen und daher erst an die Liturgie herangeführt werden müssen. Grundlegende Überlegungen zu einer liturgischen Bildung werden dabei nicht angestellt. Das gesamte Vorfeld der liturgischen Propädeutik bleibt in diesen Programmen ausgeblendet, es wird überhaupt nicht reflektiert. Dies gilt auch für das Projekt »Liturgie im Fernkurs«, das in Zusammenarbeit mit »Theologie im Fernkurs« der Domschule e.V. Würzburg und den Liturgischen Instituten Salzburg, Trier und Zürich entwickelt worden ist. Der aus 12 Lehrbriefen bestehende Kurs richtet sich an Frauen und Männer, die sich um ein tieferes Verständnis des Gottesdienstes der Kirche in Theorie und

Praxis bemühen. Er richtet sich im besonderen an solche, die in der Liturgie eine verantwortliche Aufgabe übernehmen wollen, bzw. ihre Befähigung für eine schon übernommene Aufgabe verbessern möchten.[2] Wenn auch im 2. Teil des 1. Lehrbriefes Grundhaltungen aufgezeigt werden, die für eine rechte Feier der Liturgie unverzichtbar sind, nämlich: »miteinander auf den Herrn hören wollen, miteinander dem Herrn danken und ihn loben wollen und miteinander und füreinander das Erbarmen des Herrn herabflehen wollen«, so liegt doch das Schwergewicht dieser Weiterbildungskurse eindeutig auf der direkten Hinführung zur Liturgie. Die Liturgie der Kirche soll besser verstanden und vertieft mitgefeiert werden.

Die Diskussion um die Liturgiefähigkeit des Menschen bzw. die Liturgiefähigkeit des post-modernen Menschen konnte uns dagegen die Augen dafür öffnen, daß wir bei der Mehrzahl der Getauften nicht mehr ohne weiteres ein Verständnis für die liturgischen Vollzüge voraussetzen dürfen, daß hier vielfältige Defizite vorliegen, die nicht nur den Glaubensbereich betreffen, sondern sich auch auf humane Grundvollzüge erstrecken. Wer die Liturgie mitfeiert, muß vorher schon bestimmte Verhaltensweisen erworben haben. Zu Recht bemerkt die Handreichung für den Pastoralen Dienst: »Die gottesdienstlichen Versammlungen der Gemeinde«: In manchen Gemeinden sei »ein nicht ganz geringer Teil der Gottesdienstbesucher eher als ›Katechumenen‹ anzusehen ..., deren Glaubensstand nicht dem liturgischen Handeln entspricht.«[3] Die Liturgie müsse daher dieser Tatsache Rechnung tragen. »Sie kann den ›betenden Menschen‹ nicht mehr einfach voraussetzen.«[4] Allerdings waren die Autoren der Meinung, die notwendige »Einweisungs- und Unterweisungsaufgabe muß dabei weniger durch Belehrung oder pädagogische Anleitungen als durch den Vollzug selbst geschehen.« Wird hier nicht ein allzu großes Vertrauen in eine »mystagogische Liturgie« gesetzt, die all das nicht leisten kann, was von ihr erwartet wird? »Wer in den gottesdienstlichen Versammlungen erlebt, wie ein Christ beten kann, wie er mit dem Wort Gottes umgeht, wie und wofür man dankt, der wird das auch in sein persönliches Leben übernehmen.«[5]

Dieser Ansatz ist meiner Ansicht nicht radikal genug. Vielmehr muß eine umfassend verstandene Bildung fundamentaler ansetzen, d.h. bei den anthropologischen und theologischen Fundamenten. Sie muß zunächst sich bemühen, menschliche Grundhaltungen und Verhaltensweisen einzuüben bzw. zu verstärken, ohne die das gottesdienstliche Geschehen seines anthropologischen Fundamentes entbehren würde. Die Liturgie wäre nicht mehr im Erdreich der menschlichen Seele eingewurzelt, sondern würde als bloßer Überbau empfunden; dies aber hätte einen puren Ritualismus zur Folge. Neben dem anthropologischen Fundament bedarf es auch einer theologischen Grundlegung, die erst den Gottesdienst als Dienst Gottes am Menschen und Dienst des Menschen für Gott möglich macht.

In Anbetracht der heute weit verbreiteten bzw. eingeschränkten Liturgieunfähigkeit müssen zunächst einmal die humanen und theologischen Voraussetzungen für eine aktive und fruchtbare Teilnahme an der Liturgie geschaffen werden, wie dies auch das römische Direktorium für Kindermessen gefordert hatte. An welche allgemeinen anthropologischen Voraussetzungen der Liturgie wäre hier zu denken?

5.1 Die humanen Voraussetzungen

5.1.1 Die Annahme der eigenen Schuld und die Bereitschaft zur Vergebung

In unserer gegenwärtigen Gesellschaft wirkt der Begriff Schuld anachronistisch; es wird behauptet, er sei den Menschen nur eingeredet worden, daher müssen sie von diesen unechten Schuldgefühlen befreit werden. Die Rede vom schuldig gewordenen Menschen paßt nicht in eine Erlebnisgesellschaft von Optimisten und Hedonisten, der die augenblickliche Glücksbefriedigung das höchste Lebensziel ist. Moderne Aufklärer wollen das Gerede von

Schuld und Sünde als illusionär erweisen und berufen sich dabei auf F. Nietzsche. Auch der christliche Glaube darf nur noch als Frohbotschaft verkündet werden, jegliche Drohgebärde, wie sie in der Predigt des Täufers verwendet wird, müsse unterbleiben. Desgleichen darf vom Gericht Gottes nicht mehr die Rede sein, vielmehr haben wir den menschenfreundlichen, verzeihenden Gott zu verkünden. Diesen Eindruck vermitteln auch die meisten Predigten, die den Hörer nicht beunruhigen, geschweige denn provozieren wollen.

Der Mensch, der in einer durch die »Sünde der Welt« imprägnierten Gesellschaft lebt, muß sich jedoch seiner unheilen Verfaßtheit bewußt werden, muß sie als gegeben annehmen und darf nicht dem »heimlichen Unschuldswahn unserer Zeit« verfallen. Dieser sucht den Grund für sein Versagen stets bei den anderen, der Gesellschaft oder seiner Veranlagung, der Natur und seinen Gegnern. Hier ist, wie der Synodenbeschluß »Unsere Hoffnung« zu Recht aufgedeckt hat, »ein unheimlicher Entschuldigungsmechanismus« am Werk, der »die Kunst der Verdrängung, der Verleugnung unserer Zuständigkeit kultiviert«.[6] Ohne falsche Sündengefühle zu wecken, die den Menschen krank und unfrei machen, sollen die Menschen bereit sein, die eigene Schuld anzunehmen. Gegenwärtig wird unser Blick geschärft für die strukturelle Schuldverstrickung des einzelnen als Glied der Menschheitsfamilie, wo das Handeln des einzelnen oder ganzer Gruppen sich auf das Leben anderer Menschengruppen und Völker unheilvoll auswirkt. Das Bewußtsein für diese universelle Schuldverstrickung muß ebenfalls geweckt werden. Nur in dem Bewußtsein, daß wir Menschen immer wieder in Schuld fallen, uns in schuldhafte Zusammenhänge verstricken lassen, ist auch Vergebung möglich. Menschen, die an der Liturgie teilnehmen wollen, müssen vorher schon erfahren haben, was es heißt, mir wird meine Schuld vergeben, ich kann einen neuen Anfang machen. Im zwischenmenschlichen Bereich, vor allem in der Familie, muß diese Vergebungsbereitschaft bereits praktiziert werden.

5.1.2 Wider den »Gotteskomplex«

»Gottes bedürfen, ist des Menschen höchste Vollkommenheit«, so lautet der Titel einer »Erbaulichen Rede« von S. A. Kierkegaard. Fühlt der neuzeitliche Mensch sich noch auf Gott, auf das ihn übersteigende absolute Geheimnis angewiesen? Ist die Gefahr nicht heute groß, daß der vom Fortschritt der Wissenschaft und Technik berauschte Mensch sich als Herr der Welt betrachtet und als Mittelpunkt der Welt sieht? H. E. Richter hat vom »Gotteskomplex« des modernen Menschen gesprochen, der sich auf den freigewordenen Thron Gottes gesetzt hat. Ein Jugendlicher bringt dieses Allmachtsgefühl auf den knappen Nenner, wenn er bekennt: »Ich glaube an mich selbst, an nichts Übernatürliches.« Folgerichtig behauptet ein anderer apodiktisch: »Das Gesetz bin ich.«[7] Der sich als autonom verstehende Zeitgenosse bedarf keiner Hilfe von außen, am wenigsten von »oben«, ist er doch seines eigenen Glückes (aber auch Unglückes) Schmied. Will er glücklich sein, so spielt die Eigeninitiative die entscheidende Rolle, dies gilt auch noch für die Sinnfindung seines Lebens. Sinn wird nicht mehr empfangen und entgegengenommen, sondern vom Menschen selbst hergestellt, er ist ein Gemächte des Menschen. Wer das Zentrum der Welt und der Dinge in das eigene Ich verlagert, der verlernt zu bitten und noch mehr zu danken, vom Loben und Preisen einmal ganz abgesehen. Wollen wir ihn von seinem Machbarkeitswahn befreien, dann müssen wir ihn an die Grenzen seiner Existenz führen, wo er sich seiner eigenen Endlichkeit und Hinfälligkeit deutlich bewußt wird. Schuld, Krankheit, Leid und Tod gehören zur conditio humana; wer ihnen entfliehen möchte mit Hilfe der Vergnügungsindustrie und der Sucht, oder wer sie mit einem Tabu belegt, verfehlt sein Menschsein und ist ihnen am Ende ausgeliefert, weil er nicht gelernt hat, sich darin einzuüben und ihre Herausforderung anzunehmen. »Der Tod ist ein eigener Mann. Er streift den Dingen ihre Regenbogenhaut ab und schließt das Auge zu Tränen und das Herz zur Nüchternheit auf«, sagte der »Wandsbecker Bote«, M. Claudius. Aber gerade diese Nüchternheit meidet der moderne Mensch, weil sie ihn seiner Illusion beraubt, ihm das wahre Antlitz seiner selbst enthüllt, das er nicht wahrhaben möchte; denn dann würde das von ihm zurechtgezimmerte Bild als gefährliche Selbsttäuschung entlarvt. H. E. Richter weist auf eine noch ungelöste Aufgabe unserer Gesellschaft hin: »Zu den noch am wenigsten gelösten Schlüsselproblemen unserer Zivilisation gehört der Umgang mit der Schwäche, mit der Zerbrechlichkeit, mit der Endlichkeit ... Die absolute Selbstsicherheit (erg. des modernen Menschen) als Rettung vor der verzweifelten Verlorenheit verlangt eine beständige Abwehr der Erfahrung der Brüchigkeit, der Vorsehbarkeit, des Sterbenmüssens.«[8] In Frankreich haben zu einem früheren Zeitpunkt Getaufte erneut einen Zugang zum Glauben gefunden – man nennt sie die »recommençants« – als Folge von biographischen Brüchen und Erfahrung von Leid.

Es wäre jedoch fatal, würden wir den Tiefengrund der Wirklichkeit nur an den Rändern menschlicher Existenz suchen, als ob Gott nur eine »Lückenbüßerfunktion« ausübt. Das »Herz der Dinge« oder der letzte Sinngrund menschlicher Existenz kann auch in beglückenden Augenblicken des Daseins erahnt werden, dazu bedarf es jedoch der »Mystik des Alltags«, für die K. Rahner und D. Bonhoeffer unsere Blicke geschärft haben. »Das Reden von den menschlichen Grenzen ist mir überhaupt fragwürdig geworden«, bekennt D. Bonhoeffer, daher möchte er von Gott »nicht an den Grenzen, sondern in der Mitte, ... im Leben und im Guten des Menschen sprechen«.[9] »... Gott ist mitten in unserem Leben jenseits«. Im Unterschied zu Bonhoeffer bin ich jedoch der Meinung, wir sollten beide Wege beschreiten, um den Menschen über sich hinaus zu führen, um mit ihm die »Spuren der Engel« (P. L. Berger) zu entdecken, damit er sich mit seinem Omnipotenzwahn versöhnt.

5.1.3 Verdankte Existenz

M. Claudius verdanken wir das schöne Gedicht »Täglich zu singen«, darin heißt es zu Beginn:

»Ich danke Gott und freue mich
Wie's Kind zur Weihnachtsgabe.
Daß ich bin, bin! und daß ich dich,
Schön Menschlich Antlitz' habe ...«

Wer entdeckt, daß er beschenkt ist, daß er sich einem Größeren verdankt, daß das Empfangen vor dem Tun kommt, ja, daß nach einem Wort R. M. Rilkes das Empfangen das höchste Tun des Menschen genannt werden kann, dieser Mensch ist auch zur Danksagung fähig. Daher kann nur der Mensch sein, der nicht seine Freiheit mit allen Klauen verteidigt, sondern die Größe hat, sich beschenken zu lassen. Ein Geschenk entgegennehmen zu können, ohne sogleich eine Gegengabe zu präsentieren, zeichnet den dankbaren Menschen aus. Wie schwer dies uns Menschen fällt, kommt in einem Diktum von D. Diderot treffend zum Ausdruck: »Die Dankbarkeit ist eine Last, und jede Last will abgeschüttelt werden.« Die Last besteht darin, daß ich dem anderen, der mich mit einem Geschenk bedacht hat, zur Dankbarkeit verpflichtet bin, es entsteht eine gewisse Abhängigkeit, die zu ertragen vielen Leuten schwerfällt, weil dadurch die eigene Freiheit eingeschränkt ist. Wie oft bekommt der Schenkende nicht aus dem Munde des Beschenkten zu hören: »Ich habe leider kein Geschenk für dich!« Als ob darin der Sinn des Schenkens besteht! Dankbar sein ist auch eine Kunst, die nicht andressiert werden darf im Sinne von »nun sag einmal schön danke!«, sie muß neu eingeübt werden. Hier können wir von Kindern viel lernen, die ihre leeren Hände gerne von anderen füllen lassen, ohne dabei ein schlechtes Gewissen zu haben. »Liebt doch Gott die leeren Hände und der Mangel wird Gewinn«, heißt es bei W. Bergengruen. Nicht ohne Grund treffen wir in unserer Wohlstands- und Konsumgesellschaft auf so wenig dankbare Menschen. Wer im Überfluß lebt, fühlt sich nicht dankbar gesinnt. Selbst die ursprüngliche Weihnachtsgratifikation wird nicht mehr »gratis« gegeben, sondern stellt mittlerweile ein einklagbares Recht dar. Wer an diesem »Recht« rüttelt, löst eine Lawine von Protesten und Gerichtsverfahren aus.

5.1.4 Die Bereitschaft zum Teilen

Wenn in der Eucharistiefeier Jesus Christus sein Leben für uns dahingibt, um das Brot mit uns zu teilen, dann muß der Eucharistie Feiernde zum Teilen bereit sein. In einer Gesellschaft von Egoisten[10], wo jeder sich selbst der Nächste ist, fällt das Teilen mit den Hilfsbedürftigen immer schwerer, darüber darf auch nicht das hohe Spendenaufkommen in der Bundesrepublik hinwegtäuschen. Solidarität mit den Armen ist zu einem Fremdwort geworden bei Menschen, die den Staat als Selbstbedienungsladen betrachten. Zum Teilenkönnen gehört auch die Gastfreundschaft, die in der Antike jedem Fremden gewährt wurde, da man auf Reisen auf Gastfreundschaft angewiesen war. Im Alten und Neuen Testament wird der Aufnahme eines Gastes eine religiöse Qualität zugesprochen (vgl. der Besuch der drei Männer bei Abraham, der Besuch Jesu bei Marta und Maria und die Emmausjünger). Der Fremde trägt den Segen Gottes in das Haus, im Namen Gottes wird er aufgenommen. Wer einen Gast zu sich einlädt, erhält nach der jüdischen Theologie die Möglichkeit, seine Sünden zu sühnen. Der Fremde, der an unsere Türe klopft, erinnert uns daran, daß wir Fremdlinge, Pilger auf Erden und aufeinander angewiesen sind. Gastfreundschaft ist ein Werk der Barmherzigkeit und bezeugt unseren Glauben an Jesus, der auf Erden keinen Platz gehabt hat, ein Fremdling geblieben ist. In dem Fremden bittet daher der Herr selbst um Einlaß (vgl. Mt 10,40; Mk 9,37).

Bei einem Besuch in afrikanischen, mittel- und südamerikanischen Ländern kann man eine nachdenklich machende Erfahrung machen: Dort, wo die Armut am weitesten verbreitet ist, schlägt einem überaus herzliche Gastfreundschaft entgegen. Not und

Entbehrung entbinden leichter helfende Kräfte als der angehäufte Besitz, den man mit allen Mitteln verteidigt und absichert. Uns fällt die Gastfreundschaft gegenüber einem Fremden, der nicht unser Blutsverwandter oder Nachbar ist, zunehmend schwerer; Gastfreund ist uns nur der Nahe, dessen Eigenart, Sprache und Herkunft uns vertraut ist. Vollends wird die Gastfreundschaft zu einem sozialen Problem, da gegenwärtig Hunderttausende von Fremden in Gestalt von Flüchtlingen, Asylbewerbern und Aussiedlern an die Tür des deutschen Hauses anklopfen. Ihr Anblick weckt bei vielen Ängste, sie fühlen sich in ihrer kulturellen Identität bedroht und reagieren darauf mit Fremdenfeindlichkeit und Gewalt. Hier sind die christlichen Gemeinden herausgefordert, Gaststätten zu sein, wo der Fremde sich angenommen und aufgehoben weiß. Viele unserer Gemeinden haben diese Aufgabe noch gar nicht erkannt, obwohl hier die Chance winkt, christliches Lebenswissen überzeugend der Welt vor Augen zu führen und stilbildend zu wirken.

Schon in der frühen Kindheit müssen Kinder durch das Beispiel der Eltern erfahren, daß mit anderen teilen das Leben reicher macht und die Seele mit Freude erfüllt. Sie können auf diesem Wege erkennen, daß, wer gibt, am Ende selbst reich beschenkt wird und sei es auch nur durch das dankbare Lächeln des Beschenkten. Moralische Appelle bewegen kaum zum Teilen, dagegen kann das Beispiel eher mitreißen und das Gebäude des angestammten Egoismus zum Einsturz bringen.

5.1.5 Die Hörbereitschaft

J. G. Herder hat das Gehör den mittleren der menschlichen Sinne genannt, es steht zwischen dem taktilen Nahsinn und dem Fernsinn. Der Mensch kann etwas hören, das noch nicht in seine Sichtweise gelangt ist. Das wirkliche Hören ereignet sich in unserem Herzen und Geiste. So hört das Kind im Mutterleib bereits nach der Hälfte der Schwangerschaft, worauf der Pariser Hals-Nasen-Ohrenarzt A. A. Tomatis aufmerksam gemacht hat. Der Fötus kann sogar unterscheiden, ob die Mutter liebevoll zu ihm spricht oder in anderer Weise ihre Stimme gebraucht. Hier wird bereits der Grund für die Dialog- und Liebesfähigkeit gelegt.[11] Die Sprache weist bereits auf den engen Zusammenhang zwischen Hören und Gehorchen hin. Es geht hier um die innere Bereitschaft, die vielfältigen Stimmen der Wirklichkeit zu vernehmen. Dazu ist ein aufmerksames, gesammeltes Hören erforderlich, das auch die feinen Zwischentöne vernimmt. Gegenwärtig steht das Gehorchen allerdings nicht hoch im Kurs, es verträgt sich nicht mit dem modernen Lebensgefühl, wonach jeder alles selbst bestimmen möchte; wenn man gehorcht, fühlt man sich abhängig und in seiner Freiheit eingeschränkt. So darf es uns nicht wundern, wenn das gesammelte Hinhorchen heute so schwerfällt.

Wenn der Gottesdienst vom Wort Gottes lebt, ja, wenn kein Sakrament ohne das Wort zustande kommt – »Es tritt das Wort zum Element, und es wird Sakrament«[12] – dann muß zuvor eine Hörbereitschaft geweckt worden sein, um das Wort zu vernehmen. Nach K. Rahner wirkt die Gnade Gottes »nicht nur und nicht erst, wenn das amtlich verkündigte Wort des Evangeliums an den Menschen herantritt. Sie läuft diesem Wort voraus, sie bereitet die Herzen für dieses Wort durch alles, was im Leben des Menschen an Erfahrung des Daseins vorkommen mag.« Zu diesen »humanen Voraussetzungen des Christentums« gehört seiner Ansicht nach auch die Dichtung.[13] »Wer die Botschaft des Christentums hören können will, der muß Ohren haben für das Wort, in dem unüberhörbar das schweigende Geheimnis als Grund des Daseins anwest.«[14] Daher ist »der Umgang mit der Dichtung ... auf jeden Fall ein Stück der Einübung in das Hörenkönnen des Wortes des Lebens und umgekehrt ...«[15] Dabei hatte er keineswegs nur die klassische Literatur im Auge, auch die zeitgenössische Dichtung vermag diese Propädeutik zu leiten, vor allem dann, wenn sie nicht den »Abgründen des Daseins« ausweicht. Hier wäre an Schriftsteller wie Th. Bernhard, S. Becket und J. Green zu denken, die das abgründige Geheimnis des Menschen eindringlich beschreiben und die Sinn- und Lebenskrise der Gegenwart schonungslos offenlegen. In seinem Theaterstück »Der Weltverbesserer« (1979) schildert Th. Bernhard plastisch einen namenlosen Menschen, der fast das ganze Stück über kaum beweglich auf einem Sessel sitzt, fast ohne den Boden mit den Füßen zu berühren. Von Zeit zu Zeit greift er nach dem Hörrohr, mit dem er aber niemandem zuhört, statt dessen monologisiert er unablässig und variationsreich über Banalstes wie Abgründigstes. Bernhard hat hier dem hörunfähigen und hörunwilligen Menschen unserer Zeit ein literarisches Denkmal gesetzt. Wer nicht zum Hören bereit ist, bleibt ohne Namen!

Schon früh sollte man Kinder und Jugendliche an die Dichtung heranführen; zunächst können Märchen, Sagen und Legenden dabei einen guten Dienst erweisen, später müßte die anspruchsvolle Kinder- und Jugendliteratur hinzutreten, die heute ein hohes Niveau aufweist. Die Lust am guten Buch könnte auch durch einen motivierenden Deutschunterricht geweckt werden, der mit der Person der Lehrkraft unlösbar verbunden ist. Wieviele Menschen verdanken ihre Liebe zum Lesen nicht ihrem Deutschunterricht! Die Gemeindepastoral könnte durch gezielte Angebote in Form von Literaturseminaren auch ihre Mitglieder für die Sprache der Dichtung aufschließen. Die Predigt würde an Anschaulichkeit und Gegenwartsnähe gewinnen, wenn sie auf literarische Beispiele zurückgriffe, dadurch würde die gute Literatur schrittweise in den Interessenhorizont der Gemeindemitglieder rücken. Die Pfarrbriefe könnten Leseempfehlungen von Zeit zu Zeit abdrucken. Jedes Jahr läßt der ev. lutherische Landesbischof von Hannover seine Mitarbeiter/innen in seinem Weihnachtsbrief an seinen Leseerlebnissen teilhaben. Briefe dieser Art wünschte ich mir auch von einem katholischen Bischof! Jeder Bischof und Theologe sollte in seine Gewissenserforschung die Frage aufnehmen: Wann habe ich zuletzt ein nichttheologisches Buch schöngeistiger Art gelesen?

Unsere Hörgewohnheiten sind heute sehr stark durch die Medien geprägt, wir werden dauernd »berieselt«, so daß es uns schwerfällt, gesammelt zuzuhören, zu horchen. Eine Höraskese wäre geboten, die uns befähigt, gelegentlich abzuschalten, nicht hinzuhören um des rechten Hörens willen.

5.1.6 Das Schweigenkönnen

Zum Hörenkönnen gehört auch das Schweigenkönnen, das Aushalten der Stille, die den Resonanzboden für die Aufnahme des Wortes darstellt. Zu Recht sagt J. Pieper: »Nur wer schweigt, hört.«[16] Als es rings um den jungen Samuel in der Nacht im Tempel stille geworden war, konnte er den Ruf Gottes vernehmen, der ihn zum Propheten berief. Und beim Propheten Jesaja stehen die Worte: »Nur Stille und Vertrauen verleihen euch Kraft.« Daraus ergibt sich die Notwendigkeit des Schweigenkönnens, die Stille einzuüben gerade auch im Hinblick auf die erstrebte Liturgiefähigkeit. R. Guardini unterstreicht diese Notwendigkeit: »Wenn mich jemand fragte, wo liturgisches Leben anfängt, würde ich ihm antworten: Damit, daß man in Stille lernt, ohne sie bleibt alles umsonst oder vergebens.«[17]

Schon früh müssen unsere Bemühungen ansetzen, der Geschäftigkeit und dem Aktionismus entgegenzutreten und die im Kinde vorhandene meditative Neigung zu unterstützen. M. Montessori hat für Vorschulkinder eine »Lektion des Schweigens« entwickelt. Damit will sie die »Liebe zur Stille« wecken. Die Kinder sollen das Schweigen genießen: Die Kinder sollen so bewegungslos wie möglich in bequemer Haltung sitzen und die Geräusche in ihrem Zimmer, die von draußen eindringen, wahrnehmen. Danach wird ein Kind nach dem anderen von der Erzieherin flüsternd bei seinem Namen gerufen. Es tritt zu ihr hin, ebenso leise gehen die Kinder auf ihre Plätze zurück. Der Meditation räumt M. Montessori einen großen Raum in ihrer Pädagogik und Religionspädagogik ein. »Dieses aktive, brennende, eingehende und dauernde Sichversenken in Liebe ist ein Merkmal des Kindesalters.«[18] In gleicher Weise können auch Erwachsene in der Meditation die Wohltat der Stille und des Schweigens erfahren. Exerzitien, sogenannte Wüstentage und das »Kloster auf Zeit« laden dazu ein, aus der Stille und dem Schweigen Kraft zu schöpfen.

Im Schweigen vernimmt der Mensch die Wirklichkeit. Auch der Gottesdienst muß »Oasen der Stille« aufweisen, sonst gelingt das gesammelte Hören nicht; eine pausenlose Abfolge von Worten

(Texten, Ansprachen) schwächt auf die Dauer die Aufnahmefähigkeit der Mitfeiernden. Der Rhythmus zwischen Schweigen und Reden muß den Gottesdienst prägen. W. Bergengruen hat die Bedeutung des Schweigens in die Verse gekleidet:

»Wir sind so sehr verraten,
von jedem Trost entblößt.
In all den schrillen Taten ist nichts,
das uns erlöst.
Wir sind des Fingerzeigens,
der plumpen Worte satt,
wir woll'n den Klang des Schweigens,
das uns erschaffen hat.
Gewalt und Gier und Wille
der Lärmenden zerschellt,
o komm, Gewalt der Stille,
und wandle durch die Welt.«

5.1.7 Die Sprachkultur

Zur Hörfähigkeit muß eine entfaltete Sprachkultur hinzutreten; denn die erneuerte Liturgie fordert aufgrund der Spannung zwischen Objektivität und Subjektivität ein Gleichgewicht zwischen festen und bekannten Texten und neugestalteten Texten, die sie vor der Gefahr der Erstarrung und Abnutzung bewahren. Die Erkenntnis der Kommunikationsforschung lassen sich auch auf die Liturgie übertragen, wonach ein ausgewogenes Verhältnis von Information (von Neuem) und Redundanz (von Wiederholtem) notwendig ist, um die Aufnahmebereitschaft der Hörer wachzuhalten.[19] Die Liturgen bzw. die mit der Gottesdienstvorbereitung Betrauten können sich nicht mehr auf ein überkommenes liturgisches Sprachrepertoire zurückziehen, sie werden immer auch im gewissen Maße sprachschöpferisch tätig werden müssen, z.B. im Kinder-, Jugend- und Familiengottesdienst, bei der Formulierung von Gebeten, besonders aber bei der Abfassung von Fürbitten.

Dazu bedarf es einer Sprachkultur. Zur religiösen Sprachfähigkeit muß erst wieder erzogen werden; denn weitgehend ist die Fähigkeit zur religiösen Sprache zurückgegangen, sie ist verstummt. Hölderlins Verse aus der Hymne »Mnemosyne« eignen sich gut zur Charakterisierung der religiösen Sprachkrise: »Ein Zeichen sind wir deutungslos. Schmerzlos sind wir und haben fast die Sprache in der Fremde verloren.«[20] Und noch direkter beschreibt M. L. Kaschnitz »das Verstummen der religiösen Sprache in dem »Tutzinger Gedichtkreis«: »Die Sprache, die einmal ausschwang, dich zu loben, zieht sich zusammen, singt nicht mehr in unserem Essigmund ...«[21] Wo wird heute noch in den Familien am Sonntag beim Mittagsmahl über die Sonntagspredigt gesprochen; wo tauscht man sich über Glaubenserfahrungen aus? Der moderne Mensch muß wieder religiös sprachmächtig werden, vor allem muß er die Scheu überwinden, seiner innersten Betroffenheit sprachlich Ausdruck zu verleihen.

5.1.7.1 Exkurs: Elemente einer zukunftsfähigen Verkündigung

D. Bonhoeffer gab in seinem Gefängnistagebuch »Widerstand und Ergebung« einen prophetischen Ausblick in die Zukunft: »Der Tag wird kommen, an dem wieder Menschen berufen werden, das Wort Gottes so auszusprechen, daß sich die Welt darunter verändert und erneuert. Es wird eine neue Sprache sein, vielleicht ganz unreligiös, aber befreiend und erlösend, wie die Sprache Jesu, daß sich die Menschen über sie entsetzen und doch von ihrer Gewalt überwunden werden.«[22]

Wie könnte diese zukunftsträchtige Sprache aussehen, die wieder das Ohr der Hörer trifft, die betroffen macht und aufhorchen läßt? Einige Elemente möchte ich benennen:

- Gefragt ist eine erfahrungsgesättigte Sprache, die auf das heutige Leben der Menschen bezogen ist. Dies setzt voraus, daß die mit der Verkündigung Betrauten einen engen Kontakt zu den Menschen ihrer Zeit pflegen, daß sie an deren Freuden und Leiden, Sorgen, Ängsten und Hoffnungen Anteil nehmen. Beispielhaft für eine geerdete Sprache ist das 1921 erschienene Buch des Kirchenhistorikers J. Wittig mit dem Titel: »Herrgottswissen. Geschichten von Webern, Zimmerleuten und Dorfjungen«, das 1921 erschienen ist.

– Diese Sprache muß sich gewissermaßen zwischen Skylla und Charybdis bewegen, zwischen der Sprache Kanaans – gemeint ist damit eine theologische Sondersprache – und dem Alltagsjargon. Nicht geringe Gefahr droht der Verkündigung von letzterer Seite. Dieser Gefahr, in den Alltagsjargon abzugleiten, sind nicht wenige Jugendseelsorger erlegen. Der österreichische Schriftsteller A. Brandstetter äußert Bedenken gegen »das Ungezwungene, das Formlose, das Lockere – das an sich, wenn es nicht aus beherrschter Leichtigkeit kommt, allemal zum Krampf wird –, das Schnoddrige auch in der Kirche.« Die Kirche und ihre Verkündiger sollten sich seiner Ansicht nach nicht »gehenlassen«, vielmehr sollten sie ein »alternativer Hort der Genauigkeit und der Form« sein. Er wünscht sich weder rigide Ritualität noch schnoddrige Formlosigkeit. »Der Gottesdienst und die Predigt sollten die Seele im Menschen ›animieren‹, seinen Geist bewegen, wenigstens leicht, wenn nicht schon beflügeln.«[23]

– Die Sprache sollte sich von der Metaphorik der Bibel inspirieren lassen, weil in der Bibel Sprachmuster für eine verantwortliche, die Herzen anrührende Rede von Gott und Jesus Christus bereit liegen. Welch belebende Wirkung von der Bildsprache der Bibel für die systematische Theologie ausgehen kann, zeigt die Gotteslehre von J. Werbick, deren Titel schon aufhorchen läßt: »Bilder sind Wege« (München 1992). Er macht sich die biblische Metaphorik zu eigen, um neue Zugänge zum Geheimnis Gottes zu erschließen.

– Diese Sprache wird keine vollmundige sein, sondern eher eine suchende, tastende, die zum Weiterfragen ermutigt und kein sicheres Bescheidwissen vortäuscht. Sie ermutigt zu eigenen sprachlichen Gehversuchen, die nicht nur den Professionellen vorbehalten bleiben dürfen.

– Diese Sprache muß in eine Kommunikationsgemeinschaft eingebettet sein, die sich wirklich als Communio versteht. In ihr ist jeder, wenn auch auf abgestufte Weise, Lehrender und Lernender. Jeder kann sich hier zu Wort melden, weil Gottes Geist über jedes Glied des Gottesvolkes ausgegossen ist; davon zeugen die Sakramente der Taufe und der Firmung. Dies gilt auch für die verschiedenen Generationen, die alle eine Stimme haben. Die religiöse Sprache darf nicht mehr nur das Privileg bestimmter Gruppen sein, auch wenn es Institutionen und Amtsträger geben muß, die für die Bewahrung der Tradition und für den Zusammenhalt der Glaubensgemeinschaft besondere Verantwortung tragen.

– Wenn heute eine narrative Theologie gefordert wird, dann hat dies auch Konsequenzen für deren Sprachgestalt. Im Erzählen spricht der Erzähler in der 1. Person. So wird der Anteil der sogenannten performativen, wirkenden Rede ungleich höher sein als der Anteil der feststellenden, informativen Rede. Wenn in der 1. Person gesprochen wird, steht der Sprechende mit dem eigenen Leben für das Erzählte ein. Der Redner kann nicht objektiv, nicht aus der Distanz sprechen, als ob er von der »Sache« persönlich nicht betroffen wäre. Sein eigenes Herzblut fließt in die Rede von Gott ein. Geht es um Gott selbst, so muß die Rede von Gott immer wieder in das Sprechen zu Gott einmünden; das ist die angemessene Weise, ist Gott doch kein Gegenstand, kein Es, sondern lebendiges Du, ja, die absolute Person (M. Buber).

– Bei allem Vorrang des Narrativen kann jedoch auf eine argumentierende Rede nicht verzichtet werden. Sie dient vor allem der Rechtfertigung des Glaubens, müssen wir doch von unserer Hoffnung Rechenschaft geben (1 Petr 3,15). Der Glaube ist nicht unvernünftig, er bedarf daher der Offenlegung seiner Gründe, dazu dient die feststellende, argumentierende Sprache.

– Unsere religiöse Sprachfähigkeit muß im Umgang mit der Poesie und Literatur erworben werden. Von der Dichtkunst können wir lernen, uns in Bildern auszudrücken, die oft gehaltvoller sind als Begriffe. Bilder sind offener, nicht festgelegt, sie lassen einen größeren Spielraum für Ausdeutungen zu. Dem niederländischen Theologen H. Oosterhuis ist eine Synthese von Theologie und Dichtung gelungen, ohne daß das eine dem anderen geopfert wird. Bei ihm erhält die Theologie eine neue dichterische Sprachqualität, die das Ohr des neuzeitlichen Menschen erreicht. Diese Sprache läßt aufhorchen und stimmt den Hörer bzw. Leser nachdenklich. Sie ist nicht abgehoben, sondern wirklichkeitsnah, in ihr kommt der Mensch unserer Tage mit seinen Sorgen, Nöten und Sehnsüchten zu Wort; zugleich erschließt er auf dichterische Weise das Hoffnungspotential des christlichen Glaubens. Als Beispiel verweise ich auf seine gesammelten Meditationen und Gebete, die er unter dem Titel »Du bist der Atem und die Glut« herausgegeben hat.[24]

– Schon früh muß eine religiöse Sprachkompetenz erworben werden, spätestens im Primarbereich, wenn nicht schon eher. Zu Recht hat H. Halbfas gefordert, der Religionsunterricht müsse sich von Anfang an »grundlegend als religiöse Sprachlehre verstehen lernen.« Dabei hätte die »Sprachbildung« »den methaphorischen Charakter der Glaubensdarstellung« zugänglich zu machen.[25] In der Konkretisierung dieser religionsdidaktischen Konzeption hat dies dazu geführt, daß vom 1. bis 10. Schuljahr in jedem Jahrgang ein Kapitel dem »Sprachverständnis« gewidmet ist. Auch andere neue Unterrichtswerke für den Religionsunterricht, wie z.B. »Exodus« für die Grundschule, verstehen den Religionsunterricht als Sprachschule. Die gemeindekatechetischen Bemühungen müssen sich gleichfalls um den Erwerb religiöser Sprachfähikeit bemühen, um so die

Sprachsklerose in den Kirchen zu überwinden, die es den Menschen unmöglich macht, ihre Erfahrungen mit dem Gott der christlichen Offenbarung in Verbindung zu bringen. Dazu bedarf es religiöser Sprachmuster, die nicht abgegriffen klingen, sondern lebendig und ausdrucksstark sind.[26]

– Schließlich muß unsere religiöse Sprache aus dem Schweigen und der Meditation erwachsen, andernfalls artet sie in Geschwätzigkeit aus. H. Böll gewann von der Theologie den Eindruck, daß sie »viel Sprache verbraucht und nicht viel sagt ... Sie ist ungeheuer wortreich und ausschweifend.«[27] Die Aussage von R. Kunze müßte den Predigern und Theologen zu denken geben: »Ich muß wieder schweigen, damit das Wort in mir wachse.«

5.1.8 Gemeinschaftsfähigkeit

Der Gottesdienst der Kirche als Gemeinschaft der Heiligen ist stets ein Gemeinschaftswerk, das den einzelnen eingliedert in die größere Gemeinschaft der Kirche als universales Heilssakrament. In der Eucharistie wird der einzelne nicht nur mit Jesus Christus eins, sondern auch mit den Schwestern und Brüdern im Glauben, ja die Gemeinschaft der Heiligen weitet den Raum der irdischen Kirche auf die Gemeinschaft der bei Gott Vollendeten aus. So setzt die Kunst, Gott zu feiern, den Gemeinschaftssinn voraus. Daraus ergibt sich angesichts des heute weit verbreiteten Individualismus und Egozentrismus als Aufgabe liturgischer Bildung: Sie soll zum religiösen Gemeinschaftsbewußtsein erziehen. Der Gläubige muß sein religiöses Bewußtsein, sein Gebets-Ich fortschreitend ausweiten. »Er muß die individualistische Absonderung, die ... Subjektivität überwinden und sich ... in die große Gemeinschaft der Kirche stellen.«[28] Hier wartet auf uns eine schwierige Aufgabe angesichts des heute so weit ausgeprägten individualistischen Bewußtseins, das immer unfähiger wird, dauerhafte, tragende Beziehungen aufzubauen. Die Familie müßte zunächst der Ort sein, wo der einzelne sich auf das Du und Wir hin öffnet und sich für den anderen verantwortlich fühlt. Die Schule kann nur begrenzt Gemeinschaftssinn stiften, wenngleich es auch hier hoffnungsvolle Versuche in Gestalt der »gerechten Gemeinschaft« in Amerika und bei uns nach den Vorstellungen von L. W. Kohlberg gibt. Mit Hilfe einer moralischen Atmosphäre gemeinschaftlichen Lebens soll Gerechtigkeit zum Leitprinzip erhoben werden. Nicht nur die Köpfe sondern auch die Herzen der Kinder und Jugendlichen sollen zum Handeln bewegt werden. Das Konzept der »gerechten Gemeinschaft« wurde auch in amerikanischen Gefängnissen im Zuge der Rehabilitation erfolgreich verwirklicht.[29]

Es sei auch an Versuche einer Selbsterziehung und Selbstverwaltung in den beiden Waisenhäusern von J. Korczak in Warschau erinnert. Hierzu zählten das Kameradschaftsgericht, dem sich auch Korczak selbst und andere Erzieher unterwerfen mußten. So lernten die Kleinen, sich für das Zusammenleben im Waisenhaus mitverantwortlich zu fühlen. Mit der Entwicklung von Selbstverwaltungsgremien verfolgte Korczak das Ziel, das Gemeinschaftsgefühl unter den Kindern zu entwickeln und verstärken. In seinen Lebensregeln formuliert er das Ziel so: »Schon jetzt, statt des lästigen und eigensüchtigen ›ich‹ – hört man das edelmütige ›wir‹ – statt des selbstsüchtigen Willens begegnen wir ... den Regeln.«[30] Die Selbstverwaltung hatte ein soziales und individuelles Ziel. Es sollte auf diesem Wege u.a. das Gemeinschaftsleben gefördert werden. Große Bedeutung für die Weckung des Gemeinschaftsbewußtseins kann die Jugendarbeit gewinnen; hier lernt der einzelne, sich an Regeln und Normen des gemeinsamen Lebens zu orientieren. Hier muß jeder seinen Beitrag zum Gelingen gemeinsamer Projekte und Veranstaltungen leisten. Kirchliche Jugendarbeit hat so für liturgische Bildung heute eine unverzichtbare Bedeutung, auch hier können Voraussetzungen für die Liturgiefähigkeit der Heranwachsenden geschaffen werden.

5.1.9 Das Spielenkönnen

F. Schiller zufolge ist der Mensch erst voll Mensch, wenn er spielt; er ist ein »homo ludens« (J. Huizenga). Das Spielen ist lebensnotwendig, nicht nur für Kinder, sondern vor allem auch für Erwachsene. Es wird als »Königsweg ins Leben« umschrieben. Aus theologischer Perspektive stellt das Spiel »eine Antizipation einer erhofften Form des Lebens« dar.[31] Wer im Spiel einen tieferen Lebenssinn entdeckt, dem kann auch die Bedeutung der Worte aus dem »Buch der Sprüche« aufgehen, wo die ewige Weisheit von sich sagt: »Ich war seine Freude Tag und Tag und spielte vor ihm allezeit. Ich spielte auf seinem Erdenrund, und meine Freude war es, bei den Menschen zu sein.« (Spr 8,30f.) Er hätte auch nicht die Nase gerümpft, als König David vor der Bundeslade tanzte, wie es seine Frau Michal tat (vgl. 2 Sam 6,20).

Wenn Liturgie ein heiliges Spiel vor Gott ist, wenn hier der Mensch sein Leben vor Gott spielend ausbreitet, dann setzt dies die Fähigkeit zum Spielen voraus. Zum Wesen des Spiels gehört es, daß der Mensch dabei keinen Zweck verfolgt, daß er nicht eine Handlung um eines außer ihm liegenden anderen Zieles willen vollzieht, sondern daß das Tun in sich sinnvoll ist. »Die Liturgie«, sagt R. Guardini, »hat keinen ›Zweck‹. [...] Sie ist kein Mittel, das angewandt wird, um eine bestimmte Wirkung zu erreichen, sondern – bis zu einem gewissen Grade mindestens – Selbstzweck.«[32]

Schon beim Säugling können wir beobachten, wie er über seinem Bett hängende Stofftiere immer wieder zum Schaukeln bringt. Das spielende Kind zeigt uns, wie man sich ganz dem Spiel überläßt, wie man um des Spieles willen spielen kann. Das Gefühl für die Zeit schwindet dahin, selbstvergessen geht das Kind im Spiel auf und ist doch mit seinem ganzen Wesen dabei. Für das Kind ist das Spiel nichts Fiktives, sondern unmittelbare Wirklichkeit. Die von Erwachsenen getroffene Unterscheidung zwischen wirklichem Ernst und bloßem Spiel ist daher höchst fragwürdig, es wird dem Spiel des Kindes nicht gerecht.[33] Nicht der Ernst, sondern das zweckgerichtete Tun ist der Widerpart des

Spiels. Zugleich lebt das Spiel von der Einhaltung bestimmter Regeln, die nicht unbeachtet bleiben dürfen. Auf diese Weise werden schon früh Voraussetzungen für den späteren Mitvollzug des religiösen Rituals geschaffen, das auch bestimmten Regeln unterliegt. So kann spielend eine erste liturgische Kompetenz erlangt werden.

Die Hingabe an das Spiel, das nicht um eines anderen Zweckes willen betrieben wird und auch keinem pädagogischen Ziel unterworfen werden darf, müssen wir neu lernen. Allzu leicht schleicht sich in unser Spielen ein zweckhaftes Denken ein, so daß die heitere Gelassenheit des Spiels dabei verlorengeht.

Die Spielzeugindustrie unserer Tage bedroht den angeborenen Spieltrieb des Kindes, indem sie ihm immer perfektere Produkte in die Hand gibt, die mit allen technischen Raffinessen ausgestattet sind. Dadurch werden jedoch Phantasie und Kreativität im Kinde blockiert. Die Auswahl des Spielzeuges für Kinder wird nicht ohne Folgen für die Entfaltung seines Spieltriebes sein.

5.1.10 Exkurs: Die Symbolerziehung

Gottesdienstliche Handlungen – insbesondere die Feier der Eucharistie und die Spendung der Sakramente – können wir als symbolische Kommunikationshandlungen verstehen, sie sind Handlungen, die entscheidend durch Symbole und Symbolhandlungen bestimmt sind. Ohne einen vertrauensvollen Umgang mit Symbolen ist eine aktive und fruchtbare Mitfeier der heiligen Geheimnisse nicht möglich. Daher setzt diese eine gewisse Symbolfähigkeit, ein Vertrautsein mit der Welt der Symbole voraus, die Fähigkeit, sein Leben mit Hilfe der sinnenfälligen Zeichen auszudrücken; ist doch der Mensch nach E. Cassirer ein »Homo symbolicus«. R. Guardini hatte angesichts des Siegeszuges der Technik und des zweckrationalen Denkens eine neue Symbolfähigkeit gefordert: »Damit zeichnet sich als erste Aufgabe der liturgischen Bildungspraxis ab: Der Mensch muß wieder symbolfähig werden.«[34] Guardini stellt zeitkritisch fest: »Die Fähigkeit, schaubar zu machen und zu schauen, auszudrücken und Ausgedrücktes zu verstehen, nimmt ab. Man verlernt das Bilden. Es verschwindet, was auf solchem musischen Können ruht: Bildhaftigkeit der Sprache, ausdrucksvolle Körperhaltungen ...«[35] Infolge der starken Betonung des Abstrakten und Begrifflichen findet das »Lebendig-Konkrete«, vor allem der menschliche Leib, zu wenig Beachtung. Der Leib aber als »natürliches Ausdrucksbild der Seele« ist für Guardini ein Symbol im vollen Sinn.[36] Lange vor ihm bereits hatte Goethe hellsichtig in »Dichtung und Wahrheit« erkannt: »Kein Christ kann es (gemeint ist das Sakrament) mit wahrer Freude, wozu es gegeben ist, genießen, wenn nicht der symbolische oder sakramentale Sinn in ihm genährt ist.«[37]

1. Das »präsentative« Symbol

Auch wenn das Symbol seinem Wesen nach nicht begrifflich definiert werden kann, so kann es doch von anderen Formen wie Zeichen und Allegorie unterschieden und seine spezifische Eigenart beschrieben werden. Im Anschluß an E. Cassirer und seine Schülerin S. Langer können wir zwischen »präsentativen« und »diskursiven« Symbolen unterscheiden. Repräsentation meint nach P. Biehl »nicht mehr Abbildung, sondern Vertretung ... meint stellvertretende Gegenwart.«[38] Dementsprechend läßt uns das Symbol an einer geistigen Wirklichkeit teilhaben, die es repräsentiert. Diese unsichtbare, geistige Wirklichkeit wird im Symbol unmittelbar anschaulich. Guardini beschreibt diesen Vorgang so: »Ein Symbol entsteht, wenn etwas Innerliches, Geistiges, seinen Ausdruck im Äußerlichen, Körperlichen, findet. Nicht also, wenn – wie in der Allegorie – irgendein geistiger Inhalt durch Übereinkunft an etwas Körperliches geknüpft wird, wie z.B. die Gerechtigkeit an das Bild der Waage. Das Innerliche muß sich vielmehr lebendig, mit Wesensnotwendigkeit ins Äußerliche umsetzen.«[39] Darüber hinaus stiftet das Symbol zwischen den Menschen Gemeinschaft, es drückt nicht nur einmalige seelische Gehalte aus, sondern besitzt weitgehend Allgemeingültigkeit, wenn es auch sehr oft kulturgebunden ist. Das Symbol steht in Beziehung zum Menschen und seiner Deutung. So drückt eine

Gruppe bzw. Gemeinschaft das gemeinsame Erleben, die gemeinsame Überzeugung in einem Symbol aus. Zum Verständnis des Symbols gehört daher die Kommunikationsbasis einer menschlichen Gemeinschaft. So ist, um ein Beispiel heranzuziehen, die zum Gottesdienst versammelte Gemeinde das grundlegende liturgische Symbol, sie verweist auf den, der sie zusammenruft und in ihrer Mitte präsent ist. In der Eucharistiefeier ist das Mahl das eigentliche eucharistische Symbol.

Auf diesem Hintergrund können wir Überlegungen anstellen, wie der heutige Mensch symbolfähig gemacht werden kann, wie in ihm der symbolische Sinn neu erweckt werden kann.

2. Der/die religiöse Erzieher/in als Symbol

Wenn wir einmal davon absehen, daß das eigentliche Symbol des Glaubens kein anderes als Jesus Christus selbst ist, der das unsichtbare geheimnisvolle Wesen Gottes vor unseren Augen sichtbar enthüllt hat, dann stellt der Mensch ein lebendiges Symbol dar, als »verleiblichter Geist« (R. Guardini). Im besonderen Maße gilt dies für die in der Glaubensunterweisung und in der Seelsorge Tätigen, sie müssen ein Verhältnis zum Leib und zu ihren Sinneswerkzeugen gewinnen; denn »im Leib übersetzt sich die Seele ins Körperliche als in ihr lebendiges Symbol«.[40] Wie wollen aber Katecheten, Religionslehrer und Seelsorger andere für den Umgang mit den Symbolen sensibilisieren, wenn sie selbst kein unverkrampftes, natürliches Verhältnis zu ihrem eigenen Leib haben, wenn sie keine sinnlichen Menschen sind, wenn sie ihre Sinne nicht pflegen und entfalten? Sinn, Sinne und Sinnlichkeit haben dieselbe sprachliche Wurzel. Ein prüder oder ein verkopfter Mensch vermag nicht, sein Leben zu symbolisieren. Zur Annahme seiner selbst gehört ganz entscheidend die Annahme seiner eigenen Leiblichkeit, weil wir Geist-Leibwesen sind.

3. Der Vorrang des Symbolerlebens

Symbolerziehung darf nicht mit Symbolerklärung verwechselt werden. Ein Symbol, das mühsam erklärt werden muß, hört auf, ein authentisches Symbol zu sein. Während Zeichen willkürlich gesetzt werden und auf menschlicher Übereinkunft beruhen und daher auch der Erklärung bedürfen, entzieht sich das Symbol der rationalen Verdeutlichung. Nach P. Tillich werden Symbole nicht gemacht, sondern geboren, sie können allerdings auch wieder sterben, dann nämlich, wenn sie sich nicht mehr mit den Erfahrungen der Menschen in der Gegenwart in Deckung bringen lassen. Symbole müssen erlebt werden, von daher steht am Anfang der Symbolerziehung das Symbolerleben. Zunächst muß gehört, gesehen, ertastet, gerochen und geschmeckt werden, damit die sichtbare Wirklichkeit transparent werden kann. Dafür hat M. Montessori in ihrer Kindergartenpädagogik eine Reihe von Übungen vorgeschlagen, die heute Eingang in Kindergärten, aber auch in den Unterricht der Schule gefunden haben. Ihr geht es dabei nicht um bestimmte Techniken, sondern um eine bestimmte Einstellung zum Leben. Die Kinder sollen schon früh aufmerksam dafür werden, daß die Welt voll staunenswerter Dinge ist, daß die alltäglichen Dinge Anlaß zum Verwundern und zum Danken sein können. Kinder können sich noch eher wundern als die Erwachsenen. Im Grashalm oder in einem Schmetterling kann ihnen die Tiefe der Wirklichkeit aufscheinen; dies setzt eine gesammelte aufmerksame Wahrnehmung voraus, die geschärft werden muß. Sie dringt durch die Oberfläche der Dinge hindurch und gewahrt den Tiefengrund des Lebens; dann werden die Dinge durchscheinend. Gerade weil heute unsere Wahrnehmungsfähigkeiten eingeschränkt sind, müssen wir wieder lernen, hinter die Dinge zu schauen, gewissermaßen mit dem »dritten Auge« der Mystiker die Dinge und Menschen wahrzunehmen. Wenn wir beispielsweise das Wasser bewußt erleben, mit all unseren Sinnen verkosten, dann kann uns auch aufgehen, daß Wasser Symbol für das Leben ist.

M. Montessori spricht in diesem Zusammenhang von der »Schaukraft der Liebe«, die in allem das Walten des guten Schöpfergottes vernimmt.[41] Mit Hilfe von Stille- und Konzentrationsübungen sollen die Kinder zur Sammlung und Stille fähig werden. Andernfalls werden sie nicht vom »Sinnstrahl der Dinge« (R. Guardini) getroffen, sondern bleiben an der Oberfläche hängen.

Was wäre das für eine eigentümliche Sensibilisierung für Symbole, wenn wir beispielsweise Schülern/innen eine Diaserie über das Brot vorführen würden, um im Anschluß daran über das Gesehene zu sprechen? Letztes geschieht immer noch zu häufig. Hier wird lediglich über das Symbol gesprochen, es käme aber nicht zu einem Symbolerlebnis, d.h. zu einer originären Begegnung mit dem Symbol; auch würde eine Eigentätigkeit der Schüler und Schülerinnen verhindert werden. Diese originäre Begegnung könnte sich beim Schüler einstellen, wenn man z.B. mit den Schüler/innen ein Getreidefeld anlegt und aus dem geernteten Korn mit den Schülern Brot backen würde. Dies läßt sich allerdings nur selten realisieren, statt dessen könnte man frisches Brot mitbringen und jedem/r Schüler/in eine Scheibe Brot in die Hand geben. Diese würde er/sie zunächst betrachten und dann in Stille essen, damit alle Sinne das Brot verkosten können, der Geruchs-, der Gesichts-, der Geschmacks- sowie der Tastsinn. Erst dann sollten die Schüler sich über das austauschen, was sie bei dieser Übung erlebt haben. Im Anschluß daran könnte auch ein Gottesdienst zum Thema Brot gefeiert werden.

Auf den ostfriesischen Inseln bieten Seelsorger und das sie unterstützende Team im Rahmen des sommerlichen Ferienprogramms meditative Wanderungen am Strand und durch die Dünen an, gemeinsam erlebt man den Sonnenaufgang bzw. den Sonnenuntergang oder betrachtet nachts den Sternenhimmel. Auf diesem Wege werden den Urlaubern die Sinne für die Spuren Gottes in der Schöpfung geöffnet und ihre Wahrnehmungsfähigkeiten gefördert. Dieses Angebot wird von vielen dankbar angenommen. Auf diese Weise erfolgt eine Art Symbolerziehung.

Beim bloßen Erlebnis dürfen wir jedoch nicht stehenbleiben, es muß über einen Sinndeutungsprozeß zu einer echten Erfahrung überführt werden. Bei dieser Sinndeutung können Geschichten, eigene Erfahrungen und nicht zuletzt auch biblische Geschichten eine Hilfe leisten (z.B. Brotvermehrungsgeschichten, Einsetzung des Abendmahls ...).

P. Ricoeurs Satz: »Das Symbol gibt zu denken«, ist eine fundamentale Aussage für eine verantwortliche Symboldidaktik, die gelegentlich den Verdacht aufkommen läßt, einem Antiintellektualismus zu frönen. Wir können heute nicht mehr wie in früheren Zeiten intuitiv mit Symbolen umgehen, dafür ist die Gefahr zu groß, daß aus dem Symbol ein Klischee wird.

4. Die Notwendigkeit kreativer und aktiver Tätigkeit

Eigenes Tun der Schüler/innen ist ein unverzichtbares Merkmal der Symboldidaktik. Die Schüler/innen sollen Symbole im Sinne der konstruktivistischen Erkenntnistheorie (E. Cassirer und S.L. Langer) aktiv hervorbringen und nicht nur passiv Eindrücke erleiden. So sollen die Schüler/innen zum Malen, Zeichnen, Anfertigen einer Collage, zur Zubereitung eines Frühstücks, das man gemeinsam einnimmt, angeleitet werden. Handelnd erschließt sich ihnen die Welt des Symbole. So wird auch die Motorik der (namentlich Grund- und Sonder-)Schüler/innen angesprochen, die oft in unserem Unterricht zu kurz kommt.

Eine breite Palette an Möglichkeiten bietet sich auch in der Katechese und im Religionsunterricht dafür an, Schüler/innen kreativ werden zu lassen, um so symbolische Kommunikation einzuüben:

- kommunikative Arbeitsformen
- kreative Methoden: Modellieren, Zeichnen, Malen, Skizzieren, mit Farben arbeiten
- Spiele aller Art
- ein Bibliodrama einüben, wodurch der biblische Text in den Erfahrungshorizont der Schüler/innen hineingenommen und Identifizierung ermöglicht wird.
- Lieder und Musikstücke einüben
- mit Schüler/innen Brot backen
- mit Schüler/innen im Garten ein Labyrinth anlegen
- für den Gottesdienst einen Tanz einüben
- Feiern mit Herz und Hand vorbereiten (dafür bieten sich besondere Schulanlässe und Zeiten des Kirchenjahres an).

Wir sollten der Bitte eines zehnjährigen Sonderschülers unser Gehör schenken: »Sprich nicht zu viel, sondern laß uns Dinge tun, die an Gott denken machen«.

Vieles von dem hier mit Blick auf den Religionsunterricht und die Katechese Gesagten hat auch für die Erwachsenen Geltung, auch sie müssen auf kreative Weise mit den Symbolen umgehen lernen.

5. Die Forderung nach einer »narrativen Lehrkultur«

P. Ricoeur unterstreicht die Verschränkung von Symbol und Sprache: Die Symbole stellen eine Sprachform dar und sind nicht neben der Sprache angesiedelt. Wegen der unabschließbaren Mehrdeutigkeit der Symbole sind sie auf Deutung angewiesen, daher sind Symbole unauflöslich mit der Sprache verbunden. Aus diesem Grunde gibt es auch kein Symbol ohne einen Anfang von Interpretation (was nicht mit Kommentar gleichbedeutend ist). Da sich im Symbol oft grundlegende Erfahrungen des Menschen niederschlagen und verdichten, müssen diese zur Sprache gebracht werden; dies geschieht am besten durch Erzählen. Darin ist uns die Bibel ein Vorbild, hier werden vornehmlich die Glaubenserfahrungen Israels und der jungen Kirche anschaulich erzählt. Und Jesus hat die Nähe des Reiches Gottes nicht theologisch expliziert, sondern in Gleichnissen angesagt und erzählt. Die Gleichnisse Jesu sind aber nicht, wie es oft dargestellt wird, eine Konzession an die einfache Auffassungsgabe seiner Hörer, die einer abstrakten Rede nicht hätten folgen können. Im Gegenteil, die Botschaft vom Reiche Gottes läßt sich angemessen nur in der Form einer metaphorischen Rede ausrichten. Im Bild ist das Gemeinte selbst bereits anwesend, daher bedarf es keiner Übertragung der Bildhälfte auf die sog. Sachhälfte. Der Gleichniserzählung eignet aber auch eine kommunikative Gestalt, sie will den Hörer zur Identifizierung (oder Opposition) mit einer seiner Figuren einladen (z.B. mit dem jüngeren oder älteren Bruder bzw. mit dem gütigen Vater im bekannten lukanischen Gleichnis (Lk 15,11-32).

Allerdings müssen die Hörer der Gleichnisse Jesu bereit sein, sich auf diese die Wirklichkeit neu beschreibende Weise einzulassen und den offenen Schluß für sich selbst zu vollziehen.

Auch die Märchen bedienen sich bekanntlich der Symbolsprache; diese Tatsache macht sich E. Drewermann mit großem Erfolg in seiner Märcheninterpretation zunutze. Hier treten uns allgemeine Menschheitserfahrungen symbolisch verschlüsselt entgegen. So findet im Märchen eine frühe Begegnung des Kindes mit der Welt der Symbole statt. Über die symbolischen Bilder und Geschichten des Märchens treten die Zuhörer in Bezug zum Ganzen der Wirklichkeit und finden Zugang zum Geheimnisgrund der Dinge, bewegen sich doch die Märchen im »Vorhof des Glaubens«. Zugleich sind Märchen Übungsfelder einer narrativen Sprachlehre, die zugleich eine religiöse Sprachlehre ist (im weitesten Sinn des Wortes). Die Symbolsprache der Mythen, Riten, Märchen, Sagen und Legenden ist die Sprache der Religion. An der Bibel und an dem Märchen können wir unsere Sprache schulen und so eine poetische und narrative Sprachkultur und -kompetenz gewinnen, die ein unerläßlicher Bestandteil der Symboldidaktik ist.

Beim Erzählen kommt es nicht primär auf den Inhalt, sondern auf das Wie des Erzählens an, d.h. auf die Person des Erzählers; nach G. Stachel ist der Erzähler selber ein »präsentatives Symbol«.[42]

6. Der Ansatz bei den Alltagssymbolen junger Menschen

Bittet man Jugendliche, Gegenstände zu benennen oder mitzubringen, die für sie bedeutsam sind, die in ihren Augen ein »Heiligtum« darstellen, dann kommt man aus dem Staunen nicht heraus: Wie viele Dinge gibt es nicht in ihrer Lebenswelt, »die es wert sind, ›heilig‹ zu sein«, wie sich ein Mädchen ausdrückte. Diese Alltagssymbole können religiösen bzw. quasireligiösen Charakter besitzen, so wenn dem als Schmuckstück getragenen Kreuz zugleich eine Schutzfunktion zugesprochen wird.

Daneben gibt es religiöse Symbole, d.h. Symbole, die ihren Alltag religiös aufladen, so wenn beispielsweise Motorradfahrer beim Aufheulenlassen des Motors Lebensfreude ausdrücken. Zu den religiösen Symbolen zählen auch Symbole, die Erscheinungen des Heiligen darstellen (z.B. Licht, Wasser, Berg, Weg ...). Das Verstehen christlicher Symbole setzt den Umgang mit religiösen Symbolen voraus.

Vornehmlich bei Sonder-, Haupt- und Berufsschülern sollten wir bei ihren Alltagssymbolen ansetzen, z.B. beim Walkman, dem Statussymbol der jungen Generation, oder bei der Isomatte, die Jugendliche auf ihren Reisen begleitet; denn in diesen von ihnen heute bevorzugten Symbolen verdichten sich Alltags- und Grunderfahrungen. Darüber hinaus sollten wir auch religiöse Symbole aufgreifen. Alltagssymbole und religiöse Symbole müßten sodann mit christlichen Symbolen konfrontiert werden, weil sich christliche Symbole nicht bruchlos in die Alltagserfahrungen der Jugendlichen integrieren lassen, sie überbieten sie und verweisen auf Alternativerfahrungen und verfremden so die oft entfremdete Alltagswelt der jungen Menschen.[43]

Die meisten symbolischen Zeichen, die wir heute in der Verkündigung und Liturgie verwenden, sind in einer anderen Zeit und Kulturepoche entstanden und an diese gebunden. Sie lassen sich nicht ohne weiteres auf unsere kulturelle und gesellschaftliche Epoche übertragen und können daher leicht zum »Klischee« werden. Daher müssen diese Symbole neu zum Sprechen gebracht werden, sofern sie überhaupt noch revitalisierbar sind. Am Beispiel der Wallfahrt läßt sich ablesen, wie eine überkommene Symbolhandlung heute wiederentdeckt, aber auch mit neuem Sinn und Leben erfüllt worden ist und auf einmal wieder sprechend geworden ist (vgl. etwa die alljährliche Studentenwallfahrt nach Chartres am Palmsonntag, aber auch die Pilgerreisen nach Santiago di Compostella, an der sich Jung und Alt beteiligen). Auch neuen Symbolen muß im Gottesdienst Raum gegeben werden, wie sie vor allem in Jugend- und Familiengottesdiensten bereits entwickelt worden sind (z.B. das Knüpfen eines Friedensnetzes über die ganze Kirche hinweg).

7. Die Verwendung von technischen Symbolen

Wie würde heute Jesus seine Botschaft vom Reich Gottes verkünden? Würde er auch zu den heutigen Zuhörern noch vom

Brotbrechen und von Fischfang reden oder nicht eher Bilder aus dem Erfahrungsschatz des modernen Menschen aufgreifen, etwa die Bilder vom Computer, vom Motorrad, vom ICE? Wirft man einen Blick in die Materialien für Symbolerziehung, so begegnen einem hier ausschließlich elementare bzw. naturale Symbole und Sinnzeichen des christlichen Glaubens. Vergebens wird man auf Symbole stoßen, die der Welt der modernen Technik entnommen sind. Allzu groß scheinen die Berührungsängste zwischen Verkündigung und Technik zu sein. Legt man dagegen den von E. Cassirer entwickelten weiten Symbolbegriff zugrunde, dann brauchen wir uns nicht nur mit Kunst, Wissenschaft und Religion zu begnügen, dann können wir auch in der Technik eine symbolische Form erblicken.[44] Hier wird uns jedoch R. Guardini die Gefolgschaft verweigern, durchzieht doch eine Technikfeindlichkeit sein ganzes Werk. Im Gegensatz zu P. Ricoeur, der behauptet, technische Zeichen seien eindeutig, behaupte ich, daß dies nicht für alle technischen Gebilde zutrifft. Dem französischen Semiotiker R. Barthes verdanken wir beispielsweise eine facettenreiche Phänomenologie des Eiffelturms, den er als ein mehrdeutiges Symbol interpretiert. Dieser steht für ihn nicht nur für die Stadt Paris, auch nicht nur für die französische Aufklärung, sondern zugleich für den Aufstieg und das Luftige, ja schließlich für das Symbol des Todes. Letztere Interpretation legt sich nahe, wenn man an die mehreren hundert Todessprünge vom Eiffelturm denkt.[45] Während technische Zeichen nur eine Bedeutung zulassen, z.B. das Grün der Verkehrsampel, zeichnen sich technische Symbole durch eine Vielfalt von Deutungsmöglichkeiten aus, die sich jeweils aus dem persönlichen und sozialen Kontext ergeben. An technischen Gebilden wie Telefon, dem ICE und dem Motorrad kann man ablesen, daß nach einem Wort P. Claudels alles Hinweis ist: »Was können wir von der Eisenbahn lernen?«, fragte ein Chassid. »Daß man um eines Augenblicks willen alles versäumen kann. Und vom Telegraphen? Daß jedes Wort gezählt und angerechnet wird. Und vom Telefon? Daß man dort hört, was wir hier reden.« An anderer Stelle habe ich versucht, einige Phänomene der technischen Welt auf ein »Mehr an Sinn« hin zu befragen.[46]

8. Der kritische Umgang mit den Symbolen

P. Tillich hat eindringlich uns darauf hingewiesen, daß der Umgang mit Symbolen nicht ungefährlich ist. Symbole sind für Irrationalismus, Funktionalisierung und Ideologisierung besonders anfällig. Dies gilt auch für die christlichen Symbole, z.B. für das Symbol vom Auge Gottes im Rahmen der Erziehung, selbst noch für das Kreuz, das immer wieder für politische, aber auch für kirchenpolitische Zwecke mißbraucht worden ist. Gerade die Werbung hat die Suggestivkraft der Symbole entdeckt und für ihre eigenen Zwecke genutzt, z.B.: Ein Plakat zeigt eine Frau, die auf einem schönen Boot oder auf einer paradiesischen Insel liegt, natürlich unter einem blauen, wolkenlosen Himmel. Gleichzeitig hält sie eine Zigarette in der Hand. Hier sollen Assoziationen zum wiedergefundenen Paradies symbolisch beim Betrachter geweckt werden. Auch er möchte mit dieser Welt kommunizieren, d.h. die Zigarette kaufen. Oder denken wir an die Welt der Comics, die ja auch bereits in den Religionsunterricht Eingang gefunden haben.

Aus diesem Grund benötigen wir eine kritische Symboldidaktik. Zum Umgang mit Symbolen im Religionsunterricht gehören daher auch die Reflexion und die Kritik des Umgangs mit Symbolen. Dem evangelischen Religionspädagogen P. Biehl verdanken wir eine ausgearbeitete symbolkritische Konzeption einer für Gemeinde und Schule bestimmten Symboldidaktik, die er an einigen Beispielen veranschaulicht hat.[47] Biehl weist eindringlich auf die Anfälligkeit gesellschaftlich vermittelter gegenwärtiger Alltagssymbole hin; denn in jedem Symbol steckt auch ein Antibol, es enthält immer auch diabolische Elemente. So kann das Symbol Gemeinschaft zwischen den Menschen stiften, es kann den einzelnen aber auch isolieren, es kann Hoffnung wecken oder Ängste erzeugen. Daher kann eine verantwortete Symbolerziehung nicht auf eine kritische Symbolkunde verzichten, nur so können Menschen gegen Manipulation und Ideologisierung mit Hilfe symbolischer Ausdrucksmittel gefeit sein. Die heute im Alltagsleben verwendeten Symbole müssen mit biblischen Symbolen konfrontiert werden, um die in ihrer Verwendung entfremdende Tendenz aufzuzeigen und zu überwinden. Nur so kann ein Weg zur Transzendenz geebnet werden.

5.1.11 Ästhetische Kompetenz

Wenn Gottesdienst ein heiliges Drama ist, in dem Leben und Tod als Heilsgeschehen gefeiert werden, dann bildet nach F. Schleiermacher das »darstellende Handeln« die anthropologische Mitte des Gottesdienstes.[48] Mit P. Brunner können wir behaupten: »Die Kunst im Gottesdienst gehört zu den Pfeilern, die auf die unsagbare Schönheit des kommenden Reiches der Auferstehung hinweisen.«[49] Setzt dieses Verständnis von Gottesdienst als einem unter heiligen Zeichen gefeierten Kultdrama nicht auf seiten aller Feiernden eine ästhetische Kompetenz voraus? Wieweit können wir diese noch als selbstverständlich voraussetzen? Verfügen Geistliche wie die übrigen Gläubigen über dieses Vermögen, die Herrlichkeit Gottes im Antlitz des Schönen aufleuchten zu lassen, ist für sie das Schöne der Glanz der Wahrheit wie in der Scholastik oder wie bei Hegel das anschauliche Erscheinen des unendlich Absoluten? Im Christentum hat man immer wieder den Versuch unternommen, das Schöne zu denunzieren; das beginnt mit Tertullian, der auf die Frage »Was hat Athen mit Jerusalem gemeinsam?« geantwortet hat: »Gar nichts!« bis hin zu S. A. Kierkegaards Abqualifizierung des »ästhetischen Stadiums«. Wer »ästhetisch lebt, der wählt nicht ...« Denn »eine ästhetische Wahl ist keine Wahl.«[50] Auch in der Gegenwart erhält in den beiden westlichen Kirchen im Unterschied zur orthodoxen Kirche das Ethische gegenüber dem Ästhetischen den Vorrang. Dagegen hat H. U. v. Balthasar zu Recht gefordert, »die christliche Theologie unter dem Licht des dritten Transzendentale zu entfalten: die Sicht des Verum und des Bonum zu ergänzen durch die des Pulchrum«.[51] Einem Mißverständnis muß jedoch entgegengetreten werden, weil auch in kirchlichen Kreisen weit verbreitet ist, als sei schön dasjenige, was gefällt, was unseren Sinnen schmeichelt und uns zum Genießen einlädt. Gegenwärtig werden wir mit den »nicht mehr schönen

Künsten« konfrontiert[52], ihr Auftreten löst eine »Krise« und »Verlegenheit der philosophischen Ästhetik« aus. Wenn wir es wagen dürfen, Gott schön zu nennen, ja für Augustinus ist er die »immer alte und immer neue Schönheit«, dann zeigt sich seine ganze Schönheit am Kreuz im Antlitz des geschundenen und schmerzverzerrten Jesus von Nazaret. Auch das Häßliche kann den Rang eines Kunstwerkes annehmen, wenn es authentisch und wahrhaftig ist, andernfalls hätten P. Picassos Gemälde »Guernica« oder B. A. Zimmermanns »Requiem für einen jungen Dichter« und einige vom Dunkel überschattete Symphonien von G. Mahler und D. Schostakowitsch keinen ästhetischen Wert. Vornehmlich in der gegenwärtigen Kunst begegnet uns das Schöne oft »sub contrario« (H. Schwebel), gerade die Nachtseiten des Lebens und der menschlichen Seele werden hier künstlerisch gestaltet und stellen unsere bisherigen Seh- und Hörgewohnheiten in Frage. Auch das Häßliche kann im Dienst der Wahrheit stehen und diese aufleuchten lassen.

Die Engführung des Ästhetischen auf das Schöne bzw. auf die schönen Künste erfolgt bei Hegel. In der Einführung in seine Ästhetik formuliert er: »Diese Vorlesungen sind der Ästhetik gewidmet, ihr Gegenstand ist das weite Reich des Schönen, und näher ist die Kunst, und zwar die schöne Kunst, ihr Gebiet.«[53] Weiter faßt dagegen A. Baumgarten (1714-1763) den Gegenstandsbereich der Ästhetik in seiner Schrift »Aesthetica« aus dem Jahre 1750, sie inauguriert die neue philosophische Disziplin der Ästhetik.[54] Er definiert sie als »die Wissenschaft der sinnlichen Erkenntnis«; im Gegensatz zu Platon und Aristoteles spricht er ihr den Modus einer eigenständigen Erkenntnis zu, die sich von der strengen logischen Erkenntnis abhebt, die auf ihr aufbaut. Die Ästhetik bezieht sich auf das Konkrete und Individuelle in seiner ganzen Fülle; sie ist unmittelbar an die Sinnesorgane gebunden. Das zentrale Anliegen seiner Ästhetik erblickt er in der Aufgabe, die Sinne zu schulen und zu schärfen, dabei unterscheidet er nicht zwischen dem inneren und dem äußeren Sinn, vielmehr müssen beide gebildet werden. Dazu ist eine genaue Wahrnehmung der Dinge und Ereignisse erforderlich. Bezeichnenderweise greifen später die Philosophen des Symbolismus, E. Cassirer und S.

Langer, auf Baumgartens Ästhetik zurück; auch sie erblicken im Einzelnen und Konkreten Bedeutsamkeiten, die sie als »symbolisch« bezeichnen. Daher braucht es uns nicht zu verwundern, wenn bald nach Baumgartens Tod der Symbolbegriff zum Schlüsselbegriff der Ästhetik erhoben wurde.[55]

Philosophen wie der junge Schelling, Hegel, Nietzsche, Heidegger, Marcuse, Gadamer und Adorno erachteten die ästhetische Erfahrung als einen hochbedeutsamen Modus der Erkenntnis. Der Ort der Wahrheit liegt für sie im gelungenen Kunstwerk. Die Kunst schafft aber nicht die Wahrheit, sondern deckt sie auf, bringt sie zur Erscheinung, sie selbst bleibt dem menschlichen Zugriff entzogen. Das Evangelium verliert seinen Resonanzboden, wenn es nicht im Zusammenhang mit Kunst und Mythos gesehen wird, darauf hat der Religionsphilosoph G. Picht in seinem Buch »Kunst und Mythos« eindringlich hingewiesen.[56]

Vom Zelebranten wird eine besondere Kunst des Zelebrierens (ars celebrandi) verlangt, die anzueignen er während seiner priesterlichen Ausbildung kaum Gelegenheit gehabt hat. Dies wirkt sich dann fatal auf die Feier der heiligen Geheimnisse aus: Es fehlt weitgehend das Gespür dafür, daß die heiligen Handlungen auch formgerecht, schön vollzogen werden müssen. Dazu bedarf es aber eines Gestaltungsvermögens, man muß schreiten, verweilen, anblicken können (Gestik der Augen), die Stimme kultiviert erklingen lassen, die Gebärden beseelt vollziehen.

R. Guardini hatte in seiner »Liturgischen Bildung« zu Recht darauf hingewiesen: »Lebendig empfundene Frömmigkeit vergißt nur zu gern, daß sie die Kultur braucht ... Echte Kultur gibt der Religion die Mittel, sich auszudrücken; das ganze Leben zu ergreifen; zu schaffen und zu gestalten.«[57]

Wenn ich auf meine eigene Vorbereitung auf den Priesterdienst zurückblicke, dann kann ich mich nur daran erinnern, daß uns im Seminar gezeigt wurde, wie wir den Riten entsprechend die Messe zu zelebrieren bzw. die Sakramente gültig zu spenden hatten. Auf die beseelte Form, auf das »darstellende Handeln« wurde nicht geachtet. Der Priester als Dramaturg eines heiligen Dramas war nicht Gegenstand der Unterweisung und Einübung.

Das Augenmerk wurde darauf gerichtet, daß wir gültig, rubrikengemäß die gottesdienstlichen Handlungen vollzogen! Von Ästhetik oder gar einer theologischen Ästhetik war mit keinem Wort die Rede; diese fand auch in dogmatischen Vorlesungen und Seminaren keine Beachtung. Die Behandlung der Transzendentalien, der überkategorialen Bestimmungen, die sich notwendig aus dem Wesen des Seins ergeben und dessen innere Selbstauslegung und Darstellung bezeichnen, begnügte sich mit dem Aufweis des unum, bonum und verum; das pulchrum, das Schöne, fand dagegen keine Erwähnung. Unsere theologische Ausbildung stand ganz im Zeichen der Neuscholastik mit der stark kognitiven Ausrichtung, die der Sinnesfreude und der Sinnlichkeit keinen Eigenwert zuerkannte, sie diente höchstens als Veranschaulichung des unsichtbaren Geistes. So ist es auch nicht verwunderlich, daß H. U. von Balthasars mehrbändige theologische Ästhetik mit dem Titel »Die Herrlichkeit« in der deutschsprachigen Theologie auf keine große Resonanz gestoßen ist, während sein Werk in der französischen Theologie eine breite Rezeption erfahren hat. Vom »Schönwerden Gottes« (R. Bohren) habe ich während meines ganzen Studiums keine Silbe gehört, auch nicht von seiner Zärtlichkeit, und so wie mir ist es vielen Generationen von Priesteramtskandidaten ergangen. So wurde ein Heer von klerikalen Banausen herangezogen, die dann später über den Bau von Kirchen, die Ausgestaltung gottesdienstlicher Räume und die Gestaltung von Gottesdiensten das entscheidende Wort gesprochen haben und immer noch sprechen. Die Auswirkungen dieses Defizits an Kompetenz in Kunstfragen ist bis heute mit Händen zu greifen. Unsere Kirchen sind mit Kunsthandwerk vollgestopft; nach dem Krieg hat man schmucklose Betonklötze errichtet und diese als Kirchen deklariert. Die moderne Kunst hat vor den Kirchen haltgemacht und ist ihren eigenen Weg gegangen, so daß wir heute uns einer autonomen Ästhetik gegenübergestellt sehen. Bei seinem ersten Deutschlandbesuch 1980 wies Papst Johannes Paul II. darauf hin, die Kirche brauche die Kunst in vielfältiger Weise, sie bedürfe des Wortes, des Bildes, des Raumes und der Musik. Die Künstler hätten eine enge Verbindung zur Religion, auch wenn diese sich seit Beginn der Aufklärung gelockert habe, aber nie gänzlich verlorengegangen sei. Und das Zweite Vatikanische Konzil hat in der Liturgiekonstitution davon gesprochen, daß »die lebenspendende Mutter Kirche immer eine Freundin der schönen Künste war.«[58] In einem Schreiben der Päpstlichen Kommission für die Kulturgüter der Kirche von Oktober 1992 mußte leider festgestellt werden, »daß in den letzten Jahren in vielen Fällen die Vorbereitung des Klerus zur Ausführung dieses Auftrages (zu ergänzen zu einem beständigen Dialog zwischen Kirche und den Künsten) ziemlich mangelhaft gewesen war, wenn sie nicht sogar ganz gefehlt hat, wie aus einer Umfrage hervorgeht ...« Daher sei es notwendig, daß die Verantwortlichen in den Gemeinden die Kompetenz zur Einschätzung der Werte erwerben, mit denen sie täglich umgehen.«[59] Es bedarf einer Sensibilisierung in den unterschiedlichen ästhetischen Bereichen. Dahinter verbirgt sich allerdings eine tiefere Krise, die Paul VI. in seinem Apostolischen Schreiben »Evangelii Nuntiandi« als radikalen Bruch zwischen Evangelium und moderner Kultur konstatiert hat (Nr. 20). Diese Entfremdung zwischen Kirche und moderner weltlicher Kultur hält bis heute an.

Die säkulare Kunst versteht sich nicht mehr wie im Mittelalter als »ancilla theologiae«, sondern als autonome, eigenen Gesetzen gehorchende Kunst, sie will nicht mehr Abbild der ewigen göttlichen Wahrheit sein. Das Schöne wird nun Ausdruck der subjektiven Empfindung des Künstlers. Erst spät hat auch die katholische Theologie diese Wende zum Subjekt in der Theologie K. Rahners und anderer vollzogen. Dennoch bereitet der Kirche der Dialog mit der modernen Kunst trotz aller wohlgemeinten Absichtserklärungen große Schwierigkeiten. Auf der untersten Ebene der Gemeinde trifft dieser Dialog weitgehend auf Ablehnung; unsere Gemeinden sind nicht auf diesen Dialog vorbereitet und die Verantwortlichen sowie die in der Seelsorge Tätigen mühen sich auch nicht um die Eröffnung dieses vom Papst und Konzil geforderten Dialoges. Die ästhetische Sichtweise von Priestern und Gemeinden ist immer noch am Kanon der herkömmlichen Kunst ausgerichtet. Gegenüber der Provokation durch die Gegenwartskunst sperren sich die Gemeinden, und so kommt es immer wieder zum Konflikt zwischen Künstlern, die für einen Gottesdienstraum ein Kunstwerk auftragsmäßig gestaltet haben, und der auftraggebenden Gemeinde, die sich nicht aus ihren alten Sehgewohnheiten herauslocken läßt, sich dafür mit Kunstgewerbeartikeln bzw. mit Devotionalienkitsch zufriedengibt. H. Maier formulierte dies im Januar 1995 auf dem Kongreß der Deutschen Bischofskonferenz und des Zentralkomitees deutscher Katholiken, der dem Thema »Autonomie und Verantwortung – Religion und Künste am Ende des 20. Jahrhunderts« gewidmet war: »Wir hängen am alten, auch in unserer Frömmigkeit.« An der Basis herrscht eine restaurative Geisteshaltung; hier gibt man das Geld lieber für soziale Zwecke aus als für die Anschaffung eines modernen Kunstwerkes, weil dieses neue Sehgewohnheiten fordert, dagegen aber sperren sich Geistliche und Gemeinden. Der in der Österreichischen Bischofskonferenz für Kultur und Liturgie zuständige Bischof E. Kapellari, Graz, hat einmal seinen Priestern den Rat erteilt, »sie sollten sich nicht mit aufgezogenen Kunstdruckikonen usw. als Raumschmuck begnügen. Sie sollten Werkstattbesuche machen bei jungen und alten Künstlern und für ein Original sparen oder sich etwas schenken lassen. Anders wird jemand, dem später vielleicht eine schöne alte Kirche oder ein baulich bedeutsames Pfarrhaus, ein Kloster anvertraut sind, der bauen oder umbauen muß, nicht dafür vorbereitet werden.«[60] Er selbst hat sich erst zwei moderne Kunstwerke leisten können!

Von dem der Kirche sehr kritisch gegenüberstehenden spanischen Filmregisseur L. Bunuel wird überliefert, er habe kurz vor seinem Tod beklagt: »Ich habe ständig nach dem Dialog mit der Theologie gesucht, gefunden habe ich nur Besserwisser oder Zensoren.« Dies gilt auch für das Verhältnis der Kirche zur modernen Musik des 20. Jahrhunderts. So beklagte der österreichische Musiker Th. D. Schlee auf derselben Berliner Veranstaltung: Die moderne Musik sei eine »verlorene Tochter«, die Kirche lebe im musikalischen Getto. So braucht es uns nicht zu wundern, wenn neue künstlerische Formen, die Menschen zur Meditation anregen wollen, kaum noch in den Kirchen gesucht werden, sondern in anderen Gemeinschaften und pseudoreligiösen Gruppierungen. Dagegen hat die Liturgiekonstitution hervorgehoben, daß die Kirche und ihre Liturgie für jeden Stil offen ist: »Auch die Kunst unserer Zeiten und aller Völker und Länder soll in der Kirche Freiheit der Ausübung haben, sofern sie nur den Gotteshäusern und den heiligen Riten mit der gebührenden Ehrfurcht und Ehrerbietung dienen ...«[61] Welches sind aber die Kriterien, was entspricht der Ehrfurcht vor dem Gotteshaus und dem Gottesdienst und was nicht? Eine nicht leicht zu beantwortende Frage.

Soll der so wortreich beschworene Dialog zwischen (moderner) Kultur und Kirche gelingen, muß der Kunst in der theologischen Ausbildung mehr Raum gewährt werden, um die für die Seelsorge, Katechese und Religionsunterricht Verantwortlichen mit einer gewissen ästhetischen Kompetenz auszustatten. Wie dringend erforderlich die Sensibilisierung der Theologiestudenten für die Welt der Kunst ist, macht der Bericht des Direktors eines Diözesanmuseums von einer Museumsführung offenkundig, die er für Theologiestudenten – Priesteramtskandidaten wie Laientheologen – hielt. Er versammelte seine Zuhörer und Zuhörerinnen vor einem Gemälde, auf dem in der herkömmlichen Figurenverteilung die Verkündigung an Maria dargestellt ist, und fragte nach dem Bildinhalt. Erste Antwort: »Ein junger Mann mit Flügeln im Gespräch mit einer jungen Frau.« Erst auf Nachfragen meldete sich eine Religionslehrerin und nannte das Stichwort »Verkündigung an Maria«. Vor einer Darstellung des Sündenfalls wiederholte sich die Szene ähnlich, vor einem sogenannten Gnadenstuhl aus dem späten Mittelalter kam gar keine Antwort mehr.«[62]

Schon 1975 hatte die »Rahmenordnung Studium Katholische Theologie« den Blick auf die Glaubensästhetik gelenkt. »Sobald theologische Theorie und Praxis sich auf das Gelingen der Vollzüge des Glaubens besinnt, kommen spezifische Fähigkeiten methodisch-didaktischer Art in den Blick, die man im Sinne einer ›ästhetischen Kompetenz‹ verstehen könnte.«[63] Dazu hat die Deutsche Bischofskonferenz am 5.10.1993 eine Handreichung vorgelegt unter dem Titel: »Kunst und Kultur in der theologischen Aus-

und Fortbildung«. Dort wird eine Grundausbildung für jeden Theologen, Religionslehrer und Katecheten/in auf diesem Sektor gefordert; sie weist Studieninhalte auf und institutionelle Modelle der Durchführung sowie konkrete Beispiele. Es bleibt zu hoffen, daß die sehr konkret geratenen Vorschläge die notwendige Beachtung finden und in die Praxis umgesetzt werden. Die Durchführung wird entscheidend von den Dozenten abhängen, die mit dieser Aufgabe während der Aus- und Fortbildung betraut werden. Über die so ausgebildeten und für die Kunst stärker sensibilisierten Theologen können dann auch die Gemeinden eine erste ästhetische Kompetenz erlangen. Darüber hinaus sollten die in diesem Dokument angesprochenen Personenkreise sich persönlich mit moderner Kunst auseinandersetzen und hier individuelle Schwerpunkte setzen, je nach der Affinität des einzelnen zu einer bestimmten Kunstform, sei es die Literatur, die Architektur, die bildende Kunst, die Musik oder der Film. Die Studieninhalte der Handreichung sparen leider den Film völlig aus; er wird lediglich bei der Weiterbildung erwähnt, obgleich doch gerade der Film elementare Fragen des heutigen Menschen auf symbolträchtige Weise anspricht und oft auch sehr gelungen darstellt. Nicht wenige bedeutsame Filme stellen die religiöse Problematik ausdrücklich in den Mittelpunkt. Leider nehmen Theologie und Verkündigung dies viel zu wenig zur Kenntnis und vergeben so eine große Chance, die Kunst zum Medium der Glaubensvermittlung zu machen.

Ein »kultivierter« Seelsorger wird auf andere Weise Gottesdienst feiern als einer, der sich von der Kunst nicht inspirieren läßt. Er wird mehr Wert auf die sprachliche Form der Verkündigung legen, wird die Dramaturgie des heiligen Spiels besser gestalten, wird offener sein für moderne Kunstrichtungen und sensibler für die Ausgestaltung des Kirchenraumes. Eine solche auf die Kunst hin geöffnete Aus- und Weiterbildung der Verantwortlichen für die Seelsorge, Katechese und Religionsunterricht wird auch den übrigen Gläubigen zugute kommen; sie werden sie aufschließen können für den Gottesdienst als Gesamtkunstwerk. Ästhetische Kompetenz hat nichts mit Ästhetizismus zu tun, sondern ist eine entscheidende Vorbedingung für die Kunst, gemeinsam Gott zu feiern. Die hier beschworene Gefahr kann dadurch abgemildert werden, daß die Autonomie der Kunst immer wieder in Frage gestellt wird und der Dienstcharakter der Kunst gegenüber dem Gottesdienst betont wird. »Die Kirche stellt schon durch ihr Dasein jede autonome Kultur ständig in Frage«, betonte R. Guardini,[64] ein in dieser Frage unverdächtiger Zeuge.

5.1.12 Die Kunst, ein Fest zu feiern

»Aus apostolischer Überlieferung, die ihren Ursprung auf den Auferstehungstag Christi zurückführt, feiert die Kirche das Pascha-Mysterium jeweils am achten Tag, der deshalb mit Recht Tag des Herrn oder Herrentag genannt wird ... Deshalb ist der Herrentag der Ur-Feiertag.« Dieser Herrentag »ist Fundament und Kern des ganzen liturgischen Jahres.«[65] So stellt es die Liturgiekonstitution fest. Wenn die Liturgie als Gesamtkunstwerk Gott feiert, dann setzt diese Feier eine Festkultur bei allen Beteiligten voraus. Können wir heute selbstverständlich davon ausgehen, daß diese urmenschliche Fähigkeit, ein Fest sinnvoll zu begehen, noch vorhanden ist? Schon bei Kindern und Jugendlichen kann man ein offensichtliches Defizit an Festkultur beobachten. Sie brauchen künstliche Stimulantia, um sich in eine entsprechende Stimmung zu versetzen. Die Erwachsenen liefern ihnen keine Modelle gelungener Feste. Unsere Feste sind weitgehend zu Feten oder Partys verkommen, die einen schalen Nachgeschmack hinterlassen. Die mit dem Fest unlösbar verbundene heitere Stimmung will sich nicht einstellen. Zu Recht hatte F. Nietzsche schon vor 100 Jahren notiert: »Nicht das ist das Kunststück, ein Fest zu veranstalten, sondern solche zu finden, welche sich an ihm freuen.« Genügend Feste werden bei uns heute »veranstaltet«, der Erfindungsreichtum kennt dabei keine Grenzen; schon Oberprimaner veranstalten Monate vor dem Abitur sog. Abi-Feten, aber oft sucht man vergeblich bei diesen »Festen« Menschen, welche sich an diesen festlichen Zusammenkünften von Herzen freuen.

In der gegenwärtigen Kunstdiskussion rückt das Fest wieder in den Mittelpunkt des Interesses, weil damit der Alltag und die Routine unterbrochen werden. Auch die Kultursoziologen entdekken neu die Bedeutung des Festes. In der evangelischen Gemeindepädagogik gewinnt das Einüben von Festen an Bedeutung, und Theologen und die Theologie widmen ihre Aufmerksamkeit stärker als bisher dem Fest (vgl. H. Cox und J. Moltmann).

Was aber macht ein Fest zu einem Fest? Zunächst macht uns die deutsche Sprache im Unterschied zur französischen auf die Unterscheidung zwischen Fest und Feier aufmerksam; auch wenn im Alltagsgebrauch oft zwischen beiden nicht deutlich unterschieden wird. Immerhin spricht keiner von einem Totenfest, sondern stets von einer Totenfeier. Die lateinische Sprache trifft ebenfalls eine Unterscheidung zwischen feria (Feiertag) und dies festivus (Festtag). Das Fest ist das Umfassendere, während die Feier eine zeitlich begrenzte Veranstaltung bezeichnet, die ausdrücklich gestaltet wird (siehe Unterschied zwischen Weihnachtsfest und Weihnachtsfeier). Zur Feier gehört das Ritual, das eingehalten werden muß. Man feiert etwas Bestimmtes, begeht eine Gedächtnisfeier, in der historische Ereignisse oder persönliche Einschnitte im Leben, z.B. ein Examen, eine Eheschließung, herausgehoben werden. Dabei bedient man sich einer feierlichen Sprache, bis hin zum Pathos, und lauscht einer feierlichen, getragenen Musik. Im Unterschied zur Feier löst ein freudiger Anlaß ein Fest aus. Eine gelöste, heitere Stimmung herrscht beim Fest vor, in der Lebensfreude zum Ausdruck kommt. Leichtigkeit und Gelöstheit sind die Kennzeichen des Festes. Spontaneität ist das Markenzeichen des Festes. Dem Unvorhergesehenen, dem Nichterwarteten wird Raum gegeben, das Neue hat hier seinen Platz. Gleichwohl darf der Unterschied zwischen Feier und Fest nicht überbetont werden, auch das Fest kann feierliche Elemente in sich aufnehmen und oft ist es wünschenswert, wenn eine Feier sich auf das Fest hin ausweitet.

Das tiefere Wesen des Festes erschließt sich uns, wenn wir an seinen Ursprung denken, der im Kult, in der Verehrung der Götter oder der Gottheit liegt. J. Pieper beantwortet die Frage nach dem

Wesen des Festes kurz und prägnant: »Ein Fest feiern heißt, die Zustimmung zur Welt im Ganzen auf unalltägliche Weise zum Ausdruck zu bringen. Wer die Wirklichkeit nicht im Grunde für ›gut‹ und ›in Ordnung‹ hält, kann kein Fest feiern.«[66] Die radikalste Zustimmung zum Ganzen der Wirklichkeit ist das Gotteslob, das in kultischer Form vollzogen wird. Hier findet der Lobpreis des Schöpfers und Erlösers der Welt seinen adäquaten, durch nichts zu überbietenden Ausdruck. Aber gerade das Loben und Preisen des Allerhöchsten bereitet dem heutigen Menschen, auch dem Christen, größte Schwierigkeiten. So löste in einer Studentengemeinde der Hinweis, wir Menschen seien zum Lob der Herrlichkeit Gottes geschaffen, ungläubiges Befremden aus und stieß teilweise auf heftigen Widerstand. Diese Tatsache war für sie völlig neu, und dies waren immerhin Studenten, die an der Bibelarbeit noch Interesse zeigten![67] Mag hier der tiefere Grund dafür liegen, daß die Festfeier uns so selten gelingt? Wenn es keinen Grund zur Dankbarkeit und zum Lobpreis Gottes mehr gibt, dann entziehen wir dem Fest sein Fundament. Fällt in einem nachmetaphysischen Zeitalter die Dimension der großen Transzendenz aus, begnügt man sich statt dessen mit dem »heiligen Diesseits«, dem der Mensch allein seine Züge aufprägt, dann schwindet auch der Sinn für den Festtag des Lebens, dann muß auf die Dauer das Lied »Unser Leben sei ein Fest« auf unseren Lippen verstummen. Auch das gottesdienstliche Fest wird von dieser mangelnden Sensibilität für Lob und Anbetung bedroht.

Welches sind die Elemente eines Festes?

- Musik, Tanz, Spiel, Umzug, Opfer, Gespräch, reiche Mahlzeit und eine besondere Kleidung gehören zum Bestandteil eines Festes, auf die nicht verzichtet werden kann.
- An einem Fest ruht die Arbeit, es wird auf den Nutzwert der Arbeit verzichtet; statt zu verdienen, wird verschenkt. So gehört zum Fest die Arbeitsruhe.
- Im Fest tritt der Mensch aus seinen gewohnten alltäglichen Lebensformen und Beziehungen heraus, er nimmt einen ge-

wissen Abstand zum Alltag und überhöht ihn. Gleichwohl darf das Fest den Bezug zum Alltag nicht ganz verlieren, sonst spaltet sich das Fest vom Alltag ab und kann ihn nicht mehr bereichern und verändern. Denn vom gefeierten Leben sollen wiederum Impulse ausgehen, die das alltägliche Leben intensiver gestalten und verändern helfen.

– Zum Fest gehört die Gemeinschaft, der einzelne kann nicht für sich ein Fest begehen; denn sonst kann sich keine gemeinsame Freude einstellen. Das Fest wird von einer Gruppe und von einem Volk getragen. Für den Soziologen E. Dürkheim ist jede soziale Gruppe zur Erhaltung ihrer Identität auf Feste angewiesen und für die liturgische Feier gilt das Wort Jesu: »Wo zwei oder drei in meinem Namen versammelt sind, da bin ich mitten unter ihnen« (Mt 18,20). Hier in der Versammlung der Gläubigen wird, wie wir sahen, Jesus gegenwärtig.

– Dem Fest eignet ein gewisser Exzeß, ihm haftet etwas Verschwenderisches an. Die Festteilnehmer geraten gelegentlich in Ekstase, ganz besonders beim festlichen Tanz.

– Schon F. Nietzsche hat auf die Freude als Grundstimmung des Festes hingewiesen. Weil wir Beschenkte sind, weil uns etwas zuteil geworden ist, das uns bereichert, haben wir Grund zur Freude, die wir festlich begehen wollen. Letztlich gründet diese Freude im unbegrenzten Ja- und Amen-Sagen, wie Nietzsche meint: »Um Freude irgendworan zu haben, muß man *alles* gutheißen.«[68] Alles im Grunde gutzuheißen, fällt den Menschen angesichts des vielen Elends in der Welt und im eigenen Leben zunehmend schwerer. Mit dieser Freude als Grundstimmung ist jedoch keine vordergründige Allotriastimmung gemeint, sondern eine Freude, die das Leid nicht verdrängt, sondern sich mit ihm auseinandersetzt und doch am Ende daran nicht scheitert. Eine tiefere Freude ist gemeint, die aus einer Betroffenheit erwächst, ein Humor, der trotz allem Ja zum Leben und zum Schöpfer allen Lebens sagt.

– Mit dem Fest verbinden wir eine neue Form der Zeitlichkeit; die meßbare Zeit wird aufgehoben in der ewigen Gegenwart. Vergangenheit und Zukunft werden im Augenblick des Festes zusammengefaßt. Diese Aufhebung der Zeitabschnitte läßt sich am anschaulichsten an der Feier der Eucharistie aufzeigen. Wir gedenken des Todes und der Auferstehung Jesu Christi, diese Heilsereignisse werden in die Gegenwart hineingeholt und vergegenwärtigt. Zugleich wird die noch ausstehende Vollendung, das himmlische Hochzeitsmahl, bereits im Zeichen vorweggenommen. So eignet dem Fest ein eschatologischer Charakter, es steht im Zeichen der Hoffnung, die über das irdische Leben weit hinausreicht.

Unsere Gemeinden müssen Orte sein, wo eine echte Festkultur gepflegt wird. Wenn Gemeindefeste kein anderes Gesicht tragen als anderswo, dann ist die Gemeinde keine Alternative zu anderen Gemeinschaftsformen. Eine Gemeinde bzw. eine Kirche, »die keine Feste mehr feiern kann, hat das Evangelium verloren«, meint J. Moltmann. Durch ihre ausgeprägte Kultur der Festfeier kann die Gemeinde der Welt einen unschätzbaren Dienst leisten, damit auch andere Menschen wieder zu Festfeiern fähig werden. Die Gemeindefeste, besonders auch die gottesdienstlichen Feste, bieten Gelegenheit, die Kultur, ein Fest zu feiern, einzuüben, eine Gaststätte des Festes zu werden, wo alle willkommen sind. Wir westlichen, aufgeklärten Christen sollten in die Schule der afrikanischen und mittel- bzw. südamerikanischen Kirchen gehen, wo der Gottesdienst als ein echtes Fest begangen wird, welches den ganzen Menschen mit all seinen Kräften und Sinnen anspricht und der Lebensfreude ausstrahlt; er zieht jeden in seinen Bann. Hier spielt die Zeit keine Rolle mehr, der Gottesdienst kann ruhig zwei Stunden dauern, keiner stößt sich daran. Hier gibt es auch keine passiven Zuhörer und Zuschauer, alle sind vollgültige Festteilnehmer, wenn auch in unterschiedlichen Rollen. Den gleichen Eindruck vermitteln dort auch die sog. weltlichen Feste, die vor Lebensfreude sprühen.

5.2 Die theologischen Voraussetzungen

5.2.1 Exkurs: Die Vermittlung eines tragfähigen Gottesbildes

Im Verlauf unserer Ausführungen wurden wir immer wieder gewahr, daß die jeweiligen Einstellungen zum Gottesdienst bzw. die Erwartungen an ihn nicht zu trennen sind von den dahinter sich verbergenden Gottesvorstellungen. Je nachdem, ob ich einen »Gott der Menschen« (P. M. Zulehner) als Garant meines Glückes und Helfer in meinen Schwierigkeiten vor Augen habe bzw. einen »lieben Gott«, der zu allem Ja und Amen sagt, oder ob ich an einen befreienden, herausführenden, uns zur Umkehr aufrufenden Gott der biblischen Überlieferung glaube, wird auch mein Verständnis von Liturgie sich verändern. Wie will man einstimmen in das Gotteslob der »Gemeinschaft der Heiligen«, wenn Gott für den Menschen nur eine Funktion besitzt, z.B. zur Stabilisierung seines eigenen bedrohten Ichs, wenn Gott lediglich als Halt für den orientierungslos gewordenen Menschen gebraucht wird? Was drängt mich dazu, Gott in Verbindung mit Jesus Christus und seiner Kirche um seiner selbst willen zu loben und anzubeten? Wer sich nicht Gott als seinem Schöpfer verdankt fühlt, wird seine Stimme nicht zur Danksagung erheben können. »Es ist eine Situation heraufgekommen, in der nicht einmal mehr von einer Allgemeinheit der Frage nach Gott (in welchem Verständnis von Gott auch immer) die Rede sein kann.«[69] Viele Menschen haben heute den Eindruck gewonnen, daß sie nichts entbehren, wenn die Frage nach Gott verstummt, ja, gelegentlich bedauern sie sogar die Frommen, die immer noch von Gott abhängig sind, der ihnen Heil und Schutz gewährt. In ihren Augen sind dies ichschwache, lebensuntüchtige Menschen; auf der anderen Seite gibt es eine Religiosität ohne Gott, die sich in der New-Age-Bewegung, in der Esoterik und Anthroposophie manifestiert. Gelingt es uns nicht, ein tragfähiges Bild von Gott in Jesus Christus zu vermitteln, werden die Weichen für die Liturgieunfähigkeit gestellt. Daher gehört zu einer liturgischen Propädeutik das Bemühen um eine Rede von Gott und Jesus Christus, die den Boden für den fruchtbaren Mitvollzug der Liturgie bereitet und so einen bloßen Ritualismus verhindert. Eine Untersuchung über die seelsorgliche Situation in der Großstadt Frankfurt a. M. kommt unter Berufung auf eine Allensbacher Studie zu dem Schluß: »Bei Menschen, die nur ein diffuses und abstraktes Gottesbild haben, wird der Kirchenbesuch leichter entarten in eine Form des Ritualismus oder konsequenterweise entfallen. Letzteres ist vor allem unter großstädtischen Bedingungen die Regel.«[70] Daraus können wir die pastorale und religionspädagogische Verpflichtung ableiten, ein personales, an der biblischen Überlieferung orientiertes Bild von Gott zu vermitteln, das die Gefahr des Ritualismus und der Gottesferne bannt und hilft, eine persönliche Gottesbeziehung anzubahnen. Zugleich müssen wir die Verstehensmöglichkeiten des heutigen Menschen bedenken und auf seine Schwierigkeiten eingehen, eine Beziehung zu Gott aufzunehmen. Einige Elemente einer verantwortlichen Gottesrede sollen hier aufgezeigt werden, erschöpfend will diese Darstellung nicht sein, das würde den Rahmen sprengen.

1. Die Beziehungsfähigkeit ermöglichen

In der Vergangenheit – prototypisch im Katechismusunterricht – legte man das Schwergewicht auf die intellektuelle Unterweisung. Ausführlich wurde dargelegt, wer Gott sei, welche Eigenschaften ihn auszeichnen und wodurch er sich vom Menschen unterscheide. So unverzichtbar eine theologische Rede von Gott auch ist – schon zur Unterscheidung der Geister in einer pluralen Gesellschaft ist sie erforderlich –, dennoch vermag sie keinen persönlichen Gottesglauben zu initiieren. Dieser Rede von Gott muß beim Kind die Erfahrung gelungener Beziehungen in der Familie zwischen Vater, Mutter und Kind (und Geschwistern) vorausgehen. Alles, was dem Kind von Gott gesagt wird, muß seinen Widerhall in den Beziehungen finden, die zwischen Eltern (bzw. Erziehern) und Kindern bestehen. Nichts prägt so sehr Kinder und Jugendliche, auch in ihrer Gottesbeziehung, wie die

Gesamtatmosphäre, die sie zu Hause (oder auch im Heim) umfängt. Hier wird weniger durch Appelle erzogen, sondern durch das Erlebnis gelungener (bzw. mißlungener) Beziehungen zwischen den Familiengliedern (oder den Bewohnern eines Kinder- und Jugendheimes). Amerikanische und neuere niederländische Untersuchungen erhärten den engen Zusammenhang von elterlichen Partnerbeziehungen und religiöser Sozialisation. Aus ihnen ergibt sich, »daß Eltern, die von der Kirche distanziert sind, die Messe nicht besuchen und nicht in regelmäßigen Kontakt mit der Institution kommen, durch die Mechanismen ihrer guten gegenseitigen Beziehungen ihren Kindern immer noch religiöse Werte vermitteln und sie für die Religion ansprechbar machen können.«[71] Das affektive Klima innerhalb einer Familie wirkt sich positiv auf die Gottesbeziehungen der Heranwachsenden aus. Daher muß unser Reden von Gott eingebettet sein in positive, affektive Beziehungen.

2. Vertrauen wecken

Für den Aufbau einer tragfähigen Gottesbeziehung ist es unerläßlich, daß das im Kind bereits keimende Vertrauen in das Dasein – eine Art »Ur-Mitgift« im menschlichen Leben, wie es E. H. Erikson nennt –, gestärkt wird. Dies geschieht dadurch, daß dem Kind Gefühle wie Angenommensein, Wertschätzung und Geborgenheit entgegengebracht werden. Die Soziologen und Psychologen sprechen hier vom Ur-Vertrauen. Die Religionspsychologie erblickt in diesen frühkindlichen Erfahrungen die »vorreligiösen Bedingungen« für das spätere Entstehen religiöser Einstellungen und Handlungen.[72] Die Rede vom guten Gott, dem wir uns anvertrauen dürfen und in dessen Händen wir uns geborgen wissen, findet so beim Heranwachsenden einen günstigen Resonanzboden. Ein klassisches literarisches Dokument für dieses früh gestärkte Vertrauen in das »Leben in Fülle« (Joh 10,10) durch die eigenen verständnisvollen Eltern ist die Autobiographie des Franzosen J. Lusseyran, »Das wiedergefundene Licht«. In ihr stattet er seinen Eltern seinen Dank ab: »Meine Eltern; das war der Himmel. ... Ich wußte es (und zwar recht früh), denn dessen bin ich sicher, daß sich in ihnen ein anderes Wesen meiner annahm, mich ansprach. Ja, hinter meinen Eltern stand jemand, und Papa und Mama waren nur beauftragt, mir dieses Geschenk aus erster Hand weiterzugeben. Es war der Anfang meines Glaubens.«[73] Ein 10jähriger hat das Bild einer Familie, in der Zuneigung, Gesprächsfähigkeit und Partnerschaft herrschen, in einem Bild mit Begleittext zum Ausdruck gebracht: Das Bild zeigt einen großen Fisch mit der Unterschrift: »Gott«, daneben kleine Fische, Vater, Mutter, die Geschwister und der Zeichner selbst. Der Begleittext lautet: »Vater, Mutter, Kinder, alle Fische, Menschen und Tiere sollen zusammenhalten. Ich glaube, daß Gott überall mitschwimmt, und uns aus der Klemme hilft. Wir müssen anderen aber auch aus der Klemme helfen.« Hier ist das Fundament für einen positiven Gottesglauben gelegt, der sich auch auf die Mitfeier der Liturgie förderlich auswirken wird.

3. Erfahrungsbezogenes Sprechen von Gott

Unser Sprechen von Gott darf nicht losgelöst von der Lebens- und Alltagswelt der Menschen erfolgen. Im alltäglichen Leben muß sich die Relevanz unserer Gottesrede erweisen, andernfalls verkommt sie zu einer bloßen Ideologie. Die traditionelle Rede von Gott klang – oft klingt sie immer noch – abgehoben und weltfremd. Menschen, die an Gott und am Glauben interessiert sind, möchten mit diesem Gott in ihrem Leben eine Erfahrung machen. Ein ausländischer Berufsschüler beklagt, daß es ihm nicht gelingt, in seinem Leben Gott zu begegnen, und er steht mit dieser Klage nicht allein: »Gott ist der Herr im Himmel, das steht fest, das glaube ich sehr ernst, nur ich möchte ihm einmal begegnen! Bitte, hilf mir !!!«[74] Unausgesprochen begegnet uns dieser Hilfeschrei allerorten, ihn müßte die kirchliche Verkündigung viel ernster nehmen und nicht gleich dabei die Gefahr des Subjektivismus beschwören.

Wo kann uns Gott im Alltag begegnen? Ein Gedicht mit dem Titel »Alltäglich Gott erfahren« kann uns erste Hinweise geben:

»Wo bist du, Gott?

Die einen sagen: Du bist tot.
Die anderen sagen: Du lebst,
aber nicht in unserem Alltag.
Wo bist du, Gott?

Für einige ist das keine Frage:
Du scheinst ihnen gleichgültig zu sein.
Für einige ist das keine Frage:
Sie sind sich deiner so sicher.
Wo bist du, Gott?

Ich kenne deine Stimme nicht
und nicht dein Gesicht.
Manchmal bist du so weit weg.
Manchmal bist du so ganz nah.
Ich höre deine Stimme
in den Schreien der
Hungernden,
Heimatlosen,
Ausgebeuteten,
Entrechteten.
In Enttäuschten,
in Suchenden,
in Aggressiven.

Ich sehe dein Gesicht in
Heranwachsenden und Erwachsenen,
in Gesunden und Kranken,
in Fragenden und Wissenden,
in Gleichgültigen und Engagierten.

Ich höre deine Stimme
alltäglich –
wenn ich höre.
Ich sehe dein Gesicht
jeden Tag –
wenn ich sehe.
Alltäglich Gott erfahren
ist unendlich schwer.«

Die Begegnung mit Gott im Alltag ist jedoch an Vorbedingungen geknüpft. Dazu zählen: 1. Die ernste Suche nach ihm, die Aufmerksamkeit für die Spuren Gottes in der Natur, in der Kunst und im menschlichen Leben. 2. Die Stille; denn »nur in der Stille spricht Gott sein ewiges Wort in der Seele«, sagt Meister Eckhart. 3. Wollen wir Gott begegnen, dann dürfen wir nicht aus der Welt auswandern, sondern müssen unsere Augen öffnen für seine Spur, die er im Alltag hinterlassen hat; denn alles ist voll von ihm, spricht von ihm. Der Alltag kann zum Ort der Gottesbegegnung werden. Wir müssen unseren Blick wieder für die »Mystik des Alltags« schärfen, wo Gott sich antreffen läßt. »Gott kommt früher als der Missionar«, sagt L. Boff.

Eine Vielfalt von Begegnungsmöglichkeiten im Alltag bietet sich an. Der einzelne wird aufgrund seiner Biographie und seiner Wesensart die eine oder andere herausgreifen und bevorzugen. Im Laufe des Lebens kann der Schwerpunkt der Gotteserfahrung sich verlagern.

– Gott im Nächsten und Fremden

Die zwischenmenschliche Liebe ist für viele Menschen der Ort, wo sie sich vom Geheimnis des Göttlichen angerührt fühlen. In der Liebe zwischen zwei Menschen spiegelt sich für sie die noch größere Liebe Gottes wider, deren schwacher Abglanz die irdische Liebe ist.

Wer dem anderen und dem Fremden begegnet, findet dabei Gott (vgl. Mt 10,41); mit dem Gast wird Gott selbst aufgenommen, der selbst unter uns fremd gewesen ist und sich mit dem Fremden identifiziert hat. In dem philosophischen Werk des in Litauen geborenen und heute in Frankreich lebenden Philosophen E. Levinas begegnet uns der gleiche Gedanke, den er im Zusammenhang mit seiner »Philosophie des Anderen« entwickelt hat, die für ihn die Erste Philosophie darstellt. In einem Gespräch bemerkte er: »In der Andersheit des Anderen liegt der Anfang der Liebe ... Wie fällt er (gemeint ist Gott) ein? Ich deduziere ihn nicht aus der Kausalität oder aus dem ersten Grund des Seins, dem Ursprung des Seins, sondern aus dem Angesicht des Anderen. Er fällt mir ein, wenn ich ihm begegne.«[75] Und in seinem Buch »Wenn Gott ins Denken einfällt« fragt er: »Hat die Transzendenz zu Gott ... sich nicht bereits durch die ethische Transzendenz ereignet ...?«[76] Für junge Menschen ist die zwischenmenschliche Liebe oft der einzige Ort, wo sie mit Gott Erfahrungen machen können, hier drängt sich ihnen – wenn überhaupt noch – am ehesten die Nähe des ganz Anderen auf.

Allerdings breitet sich in der sog. Postmoderne als Folge des Traditionsabbruchs und der gesellschaftlichen Individualisierung die »irdische Religion der Liebe« aus, zu deren Anwalt sich der bekannte Soziologe U. Beck macht.[77] Beispiele für diese Hinwendung zu einer irdischen Religion der Liebe kann man den Texten der Rock- und Popmusik unserer Tage entnehmen.

– Gott in der Natur erfahren

E. Cardenal notiert als Novize in der Trappisten-Abtei Gethsemani in Kentucky: »Nur die Natur ist voller Symbole, die zu uns von Gott sprechen. Wir müssen sie verstehen zu lesen ... So kann die Natur für uns zu einem Liebesbrief Gottes werden, vorausgesetzt, unsere Sinne sind dafür geschärft.« Den im Banne der Technik Lebenden müssen die Augen für Gottes Spuren in seiner Schöpfung geöffnet werden, dann können sie auch in den Schöpfungshymnus der Liturgie mit dankbarem Herzen einstimmen. Bei Goethe lesen wir die beherzigenswerten Worte: »Was ist das Schwerste von allem? Was dir das Leichteste dünket. Mit den Augen zu sehen, was vor den Augen dir liegt.«

– Das Schöne als Abglanz der Wahrheit

Wie wir bereits gesehen haben, besteht eine enge Beziehung zwischen Kunst und Religion. Das Schöne als eine Seinsbestimmung (Transzendentale) überschreitet alle kategorialen Bestimmungen und stellt einen Bezug zum Ganzen der Wirklichkeit her, es läßt die Tiefendimension der Wirklichkeit in sinnenhaften Gestaltungen aufleuchten. Das ekstatische Erleben von Kunst kann Menschen zu Gott führen. So notiert J. Green in seinem Tagebuch am 2. Oktober 1979: »Die Musik ist die große Trösterin. Sie erzählt mir von der Welt, die der absoluten, unwandelbaren Schönheit zustrebt, derjenigen, die der Mensch weder berühren noch zerstören kann, sowenig wie er die Höhenluft zerstören kann. Er kann sie nicht mit den Händen berühren, unerreichbar schwebt sie um uns herum, sie singt einen göttlichen Gesang.« Die Dichterin M. L. Kaschnitz erinnert den von Gott sich verlassen dünkenden Menschen an die Herrlichkeit des von ihm in Natur und Kunst Geschaffenen: »Das ist Deine Verwirrung. Daß Du das Schöne nicht fortnimmst von unseren Augen.«[78] Befragt man Studierende und Religionslehrer/Innen nach ihren persönlichen Gotteserfahrungen, so gerät die Kunst und das Schöne nicht in ihr Blickfeld. Es will ihnen nicht in den Sinn kommen, daß auch die Kunst ein Weg zu Gott sein kann. Gelegentlich nimmt die Kunst in den Augen einiger Menschen sogar die Gestalt einer Ersatzreligion an, beispielhaft sei auf P. Handke verwiesen, der Kunst als Religion versteht.

– Das Gewissen als das »schöpferische Prinzip der Religion«
Für J. H. Newman ist das Gewissen der erfahrungsmächtigste und existentiell plausibelste Zugang zur Existenz Gottes; hier erfährt jeder Mensch ganz persönlich einen Sollensanspruch, er fühlt sich zur Verantwortung aufgerufen. In welchem Kulturkreis der einzelne auch immer aufgewachsen sein mag, »in jedem Fall hat er in seiner Brust eine bestimmte befehlende Richtschnur, nicht ein bloßes Gefühl, nicht eine bloße Meinung oder einen Eindruck oder eine Ansicht von etwas, sondern ein Gesetz, die autoritative Stimme, die ihm befiehlt, bestimmte Dinge zu tun oder andere zu unterlassen. Ich sage nicht, daß ihre einzelnen Gebote immer klar sind oder miteinander übereinstimmen, aber worauf ich Wert lege, ist, daß sie befiehlt.« Diese absolute Richterinstanz kann für Newman nur personaler Natur sein und kein kosmisches Allprinzip, weil der Mensch sich nur vor einer Person verantworten, d.h. ihr antworten kann. Das Gewissen ist für den einzelnen der »innere Zeuge sowohl für das Dasein Gottes als auch für seine Weisungen.«[79] Es soll nicht verschwiegen werden, daß der Aufweis Gottes aus den Regungen des menschlichen Gewissens heute auf starken

Widerstand stößt und nicht selbstverständlich angenommen wird. Man verweist auf die gesellschaftlich vermittelten Gewissensinhalte, auf das »irrige Gewissen«; auch wirkt immer noch Freuds verhängnisvolle Gleichsetzung von Über-Ich und Gewissen nach. Andererseits gehört das Gewissen zur humanen Grundausstattung, es läßt sich nicht hinreichend mit gesellschaftlichen Mechanismen erklären. »Das Gewissen aber ruht nicht in sich selbst, sondern langt in vager Weise vor zu etwas jenseits seiner selbst und erkennt undeutlich eine Billigung seiner Handlungen, die höher ist als es selbst und bewiesen ist in jenem durchdringenden Sinn für Verpflichtung und Verantwortung, der sie belehrt. Daher kommt es, daß wir gewohnt sind, vom Gewissen zu sprechen als einer Stimme ... oder das Echo einer Stimme, herrisch und nötigend wie kein anderer Befehl im ganzen Bereich unserer Erfahrung.«[80] Schon vor Newman hatte Schelling das Gewissen als den einzig offenen Punkt für den Himmel in uns genannt.

– Gott im Kind

Auf die Frage, »Haben Sie schon einmal Gott in ihrem Leben erfahren?« antwortete eine Studentin zum Erstaunen ihrer Kommilitonen: »In meinem Kind.« Sie war soeben Mutter geworden und stand noch ganz im Bann dieses unaussprechlichen Ereignisses. Die Geburt ihres Kindes ließ sie erahnen, wo der eigentliche Ursprung des neuen Lebens zu suchen ist. Von diesem Geheimnis fühlte sie sich im Innersten angerührt. Jedes Neugeborene ist ein neuer Anfang, gewissermaßen eine neue Schöpfung, vor der der Mensch nur staunend verweilen kann: »Und jedem Anfang«, sagt H. Hesse, »wohnt ein Zauber inne, der uns beschützt, der uns hilft zu leben.« So umweht das Kind ein göttlicher Glanz; daher träumten die Menschen der Antike »vom goldenen Zeitalter des Kindes«. Eine große Verheißung liegt über jedem Kind, welches das Licht der Welt erblickt. Für den polnischen Pädagogen J. Korczak ist der geheimnisvolle Gott im Kind gegenwärtig: »In ihm ist etwas, das empfindet, untersucht, duldet, begehrt, sich freut, liebt, vertraut, haßt, glaubt, zweifelt, an sich zieht und abstößt. Dieses Stäubchen umfaßt mit seinen Gedanken alles:

Sterne und Ozeane, Berge und Abgründe. Und was ist der Inhalt der Seele anders als das All, nur ohne Dimensionen. Das ist nun der Widerspruch im menschlichen, aus vergänglichem Staub entstandenen Wesen, in dem Gott Wohnung genommen hat.«[81]

4. Das bildhafte Reden von Gott

Auch wenn Gott in keinem Bild einzufangen ist und keine bildhafte Vorstellung ausreicht, um sein Geheimnis auch nur annähernd auszudrücken, so können wir als sinnenhafte Wesen dennoch nicht darauf verzichten, auf dem Wege über Bilder (und Namen) diesem letztlich bildlosen unsagbaren Geheimnis uns zu nähern. Dem steht auch nicht das alttestamentliche Bilderverbot im Wege, das im Dienste der Bewahrung der Transzendenz Jahwes steht. Auch die Israeliten konnten nicht auf Bilder verzichten, wenn sie von ihrem Gott Zeugnis ablegen wollten. Sie haben auf Bilder zurückgegriffen, die sie ihrem Lebensbereich und Kulturraum entnahmen und auf Gott übertrugen, bei allem Wissen um die Unzulänglichkeit dieser Bemühungen. Auch die Liturgie spricht auf bildhafte Weise vom göttlichen Geheimnis, das sich uns anders nicht erschließt. Unter vielfältigen Bildern wird der Heilige angerufen: Herr, König, Allmächtiger, Hirte, Vater, Mutter, Lamm, Knecht, Adler, Berg, Feuer, Hand, Auge ... Solange wir uns des anthropomorphen Charakters unserer bildhaften Rede von Gott bewußt sind, ist dieses Verfahren legitim. Die von uns gewählten bevorzugten Gottesbilder müssen jedoch offenbleiben für andere, weil kein Bild Gott erfassen kann. So wird eine gefährliche Fixierung auf ein bestimmtes Gottesbild, z.B. auf das Bild des Vaters oder des Allmächtigen, verhindert. Schon bei Kindern muß sorgsam darauf geachtet werden, daß es zu keiner Verfestigung des anfänglichen Gottesbildes kommt. Die Warnung R. M. Rilkes sollte jedem religiösen Erzieher stets gegenwärtig sein: »Viele, die dich suchen, versuchen dich. Und die, die dich finden, binden dich an Bild und Gebäude.« Dieser Gefahr entgehen wir dann, wenn wir möglichst früh schon anhand biblischer Erzählungen Kindern tragfähige Gottesbilder vermitteln, dabei sollten die alttestamentlichen Gotteserzählungen die ihnen gebührende Bedeutung und Beachtung finden; denn hier wird auf existentielle Weise plastisch vom Ringen des Menschen um das angemessene Gottesbild erzählt. Immer noch behindern jedoch Vorurteile und kritiklos übernommene Klischees das tiefere Verständnis der alttestamentlichen Schriften auf seiten der Theologie, sie sind vorwiegend unter feministischen Theologinnen und unter Religionspädagogen verbreitet. Die beliebte schematische Gegenüberstellung vom alttestamentlichen Gottesgesetz und dem neutestamentlichen Gebot der Liebe ist nicht auszurotten. Neuerdings sitzt der gewalttätige Gott des Alten Testamentes auf der Anklagebank. Das Bild des rachsüchtigen, Israels Feinde vernichtenden Gottes löst vehement Widerspruch aus.[82] Bei dieser Bibelinterpretation werden die inkriminierten Texte nicht im Kontext des gesamten Ersten Testamentes gelesen, so daß die Gefahr einer fundamentalistischen Deutung dieser Textabschnitte droht. Dabei wird übersehen, daß neben den Gewalttexten andere stehen, »die Gewalt als Reaktion auf Gewalt bekämpfen, von Gewaltverzicht als Weg zur Überwindung von Gewalt reden, ja sogar von einem Ende der Feindschaft durch das Kommen des Gottesreiches der Gerechtigkeit und des Friedens träumen. Solche ›Anti-Gewalt-Texte‹ finden sich nicht nur im Neuen Testament, sondern besonders zahlreich gerade im ›Alten/Ersten Testament‹«.[83] Auch das Neue Testament ist nicht frei von gewalttätigen Texten, von Gewaltaussagen aus dem Munde Jesu, die wir nicht als jüdische Übermalung der eigentlichen jesuanischen Botschaft interpretieren dürfen. Unsere Gottesrede würde verarmen und an Plastizität erheblich einbüßen, wenn wir das Erste Testament übergehen. Es muß in der Verkündigung seinen Platz haben, wie anders wollen wir Jesu Gottesrede verstehen, die den Gott des Alten Testamentes voraussetzt.

Die religiöse Frauenbewegung in unserem Jahrhundert hat die lange Zeit übermalten oder an den Rand gedrängten weiblichen Züge im Gottesbild freigelegt und bemüht sich in ihren gemäßigten Vertreterinnen, die weiblichen Aspekte in das Gottesbild zu integrieren, auch wenn letztlich Gott jenseits aller sexuellen Differenzen existiert und sie unendlich übersteigt. In einem Religionsbuch für die Grundschule ist ein Gebet abgedruckt, das versucht, beide Aspekte in Gott zu entdecken. »Gott, du bist wie eine gute Mutter – anders als alle Mütter sonst, lege deine Hand auf mich. Gott, du bist wie ein guter Vater – anders als alle Väter sonst, lege deine Hand auf mich. Gott, ich möchte ganz bei dir sein. Ich weiß, ich kann dich nicht sehen. Aber sei mit mir, Gott. Amen.«[84]

Für die liturgische Sprache ergeben sich hier Probleme, weil sie traditionsgemäß eine inklusive Sprache bevorzugt, die sich dem Vorwurf des sog. Sexismus gefallen lassen muß. Kleine kosmetische Veränderungen – statt ausschließlich von Brüdern jetzt von Schwestern und Brüdern zu sprechen – reichen nicht aus, um dem berechtigten Anliegen der feministischen Liturgiewissenschaftlerinnen Rechnung zu tragen. Gott als Vater ist weithin der alleinige Adressat liturgischer Gebete, auch wenn in den neuen überarbeiteten Schweizer Hochgebeten zum ersten Mal offiziell die Rede vom »guten Vater und einer liebenden Mutter« ist. Dieses dominierend männliche Gottesbild, das in der Liturgie vermittelt wird, bereitet vielen theologisch aufgeschlossenen Frauen erhebliche Schwierigkeiten, ihr Gebet läßt sich von diesem Bild nicht mehr inspirieren. Bei der feministischen Kritik an dem überkommenen, männlich geprägten Gottesbild geht es auch um die Funktion, die es in Gesellschaft und Kirche ausgeübt hat. Das dominierend männliche Gottesbild habe zum Verbot der Frauenordination und zum Ausschluß von Frauen von Leitungsämtern in Gesellschaft und Kirche geführt, wenden sie ein. Hier setzt die Kritik der feministischen Theologie an.

5. Die dialektische Rede von Gott

Seit der Aufklärung bis in unsere Tage hinein erfreut sich die Rede vom »lieben Gott« einer ungebrochenen Beliebtheit, obwohl sie keinen Anhalt in der Heiligen Schrift hat. Der Gott der Liebe, wie ihn das Johannesevangelium und die johanneischen Schriften zeichnen, reicht in tiefere Schichten unserer Existenz und läßt Raum für das Leid. Die blutleere, halbierte Rede vom lieben Gott löst keine Betroffenheit aus, sie verkürzt den großen, anderen Gott auf Menschenmaß. Dieser auf Menschenmaß reduzierte und domestizierte Gott hat keine verändernde und befreiende Kraft für das Leben der Menschen. Zu Recht bemerkt H. von Hentig zu dieser verharmlosenden, eindimensionalen Gottesrede: »Nichts hat der christlichen Religion mehr geschadet als dieser wohlmeindende Mißbrauch des Schöpfers zur Zähmung des Menschen. Daß Gott den Kindern als der ›liebe Gott‹ dargestellt wird, mag seinen guten pädagogischen Sinn haben. Die meisten Menschen freilich behalten diese Vorstellung auch als Erwachsene bei, und das hat seinen Preis. Wenn Gott nur der ›liebe Gott‹ ist und wer dieses ›lieb-sein‹ dann auch noch nach seinem eigenen Maß deutet, dem muß die Welt bald unverständlich und gottverlassen vorkommen. Die Vorstellung, die eine Religion von Gott lehrt, sollte das ihnen böse, grausam, widersinnig Scheinende nicht von diesem ausschließen. Ich nenne das: eine Gottesvorstellung nach Hiob.«[85] Im Unterschied zum Autor würde ich auch den pädagogischen Sinn dieser verfälschenden Rede bei Kindern in Frage stellen, sie hat zuviel Unheil angerichtet; spätestens im Jugend- und Erwachsenenalter wirkt sich dieses undialektische Gottesbild verheerend aus. Ein Gott, der keine heilige Scheu, keine Furcht bei Menschen auslöst, wird am Ende bedeutungslos, es lohnt sich nicht, für ihn zu leben, geschweige denn zu sterben. Dieser »halbierte Gott« (D. Funke) stirbt im Menschen den Tod der Bedeutungslosigkeit, er hält den Stürmen des Lebens nicht stand.

Es ist bezeichnend, daß ein dem Judentum eng verbundener und aus dessen Tradition schöpfenden Denker wie M. Buber den Ausgangspunkt der Rede von Gott nicht in der Liebe, sondern in der Furcht des Menschen, in seiner Hauslosigkeit erblickt. »Wer mit der Liebe beginnt, ohne zuvor die Furcht erfahren zu haben, liebt einen Götzen, den er sich zurechtgemacht hat und den es leicht ist zu lieben, nicht aber den wirklichen Gott, der zunächst furchtbar und unverständlich ist.«[86] Der Glaube beginnt für ihn »mit dem Unbegreiflichwerden und Unheimlichwerden des Daseins zwischen Geburt und Tod, mit der Erschütterung aller Sicherheiten durch das Geheimnis, ... zu dessen Wesen seine Unerforschlichkeit gehört: das Unerkennbare.«[87]

Schon kleinen Kindern kann man eine Ahnung vom Anders- und Größersein des unbegreiflichen Gottes vermitteln, der sich nicht in das Kalkül menschlicher Planung einordnen läßt, der all unsere Schemata sprengt und in keine Kategorie einzuordnen ist. Das Ringen Jakobs am Jabbok-Fluß mit Jahwe bzw. mit dem Engel Gottes läßt sich durchaus schon in jungen Jahren vermitteln, es bereitet den Weg für ein dialektisches, spannungsreiches Gottesbild. H. Halbfas wagt es im Religionsunterricht der 4. Klasse, Schülern das mystische Bild vom »dunklen Licht« zuzumuten: »Wenn hell die Sonne scheint, ist's leicht, dem guten Gott zu singen. Wenn aber Dunkelheit und Angst den Lebensmut verschlingen: Wer traut dann noch dem lieben Gott in all den argen Dingen, daß trotz Zusammenbruch und Not das Leben wird gelingen?« Unter anderem wird den Viertklässlern die Geschichte vom Ringen Jakobs mit Jahwe zugemutet: »An Gott glauben heißt auch: mit Gott ringen.« Der Bogen zur Gegenwart wird durch die Einbeziehung von W. Borcherts Theaterstück »Draußen vor der Tür« geschlagen. Sie enthält die anklagende Frage: »Bist du der liebe Gott, der meinen kleinen Jungen von einer brüllenden Bombe zerreißen ließ? Warst du lieb, als du ihn ermorden ließt, lieber Gott, ja? Wann bist du eigentlich lieb, lieber Gott?« Das sind Fragen, die Schüler am Ende ihrer Grundschulzeit durchaus schon bewegen, für die oft aber im Unterricht kein Platz ist, weil sie ausgespart bleiben. Aber gerade der Religionsunterricht müßte dazu Gelegenheit geben, sich mit diesen Fragen offen auseinanderzusetzen und sollte dabei auch die dunkle Seite Gottes nicht verschweigen.[88] Wer so bereit ist, von Gott zu sprechen, ohne das Schreckenerregende und Verschlingende zu verschweigen, der läßt seine Schüler/innen aufhorchen, macht sie auf Gott neugierig und bewahrt seine Rede vor dem Projektionsverdacht; denn dieser, nicht von seinen dunklen und furchterregenden Zügen gereinigte Gott ist alles andere als eine Wunschprojektion menschlicher Phantasie, die das eigene Elend nicht ertragen kann. Wer als Schüler auf diese Weise mit Gott in Kontakt getreten ist, kann auch im Gottesdienst die Klagelieder Jeremias und die anklagenden Reden aus dem Buch Ijob verstehen. Auch der oft beschworene

Gegensatz zwischen dem Gott der Gerechtigkeit und dem Gott der Barmherzigkeit muß dialektisch verstanden werden. Der Gott, der Gerechtigkeit walten läßt, steht in einem spannungsvollen Verhältnis zum barmherzigen Gott, auch wenn in der Bibel am Ende die Barmherzigkeit Gottes sich als siegreich erweist. So entzieht am Ende der biblischen Urgeschichte Gott dem Menschen nicht seine Barmherzigkeit; dies wird im Symbol des Regenbogens ausgedrückt (Gen 9,15).

Für die systematische Theologie stellt sich die Aufgabe, sich neu mit der mittelalterlichen Mystik auseinanderzusetzen, um dem spannungsreichen Geheimnis Gottes ein wenig auf die Spur zu kommen. In der mittelalterlichen Mystik begegnet uns die Gedankenfigur von der »fernen Nähe«, die ihren Niederschlag in der Beginenmystik bei Mechthild von Magdeburg und bei Marguerite Porete gefunden hat. Sie hat die Metapher »Loingprès« geprägt. Ihre biblischen Wurzeln reichen zurück in das Alte Testament, wo im Hohenlied der Liebe der Geliebte für die Liebende stets zwischen Ferne und Nähe wechselt. Die Mystiker empfanden die unendliche Erhabenheit des Göttlichen und zugleich dessen liebenden Ansturm auf das Herz des Menschen. Bei Meister Eckhart trägt die Erfahrung der Nähe Gottes zugleich die Erfahrung seiner Ferne in sich.[89] Wie selten hört man Predigten, welche die dunkle Seite Gottes nicht verschweigen, wo der Prediger wie Jakob am Fluß Jabbok mit Gott ringt, bis er den Menschen segnet (Gen 32,23-33). Die Erwachsenenkatechese und die Predigt sollten diese spekulativen und zugleich erfahrungsgesättigten Gedankengänge der Mystiker aufgreifen und didaktisch entfalten. Auf diese Weise teilt sich den Teilnehmern bzw. den Hörern eine Ahnung vom Geheimnis des liebend nahen und zugleich entzogenen Gottes mit. Dabei kann man heute mit einem wachsenden Interesse an der Mystik rechnen, auch bei solchen Menschen, die der religiösen Institution fremd gegenüberstehen. Das Mysterium tremendum und Mysterium fascinosum sollten den Mittelpunkt der Gottesverkündigung bilden.

6. Gott im Leid?

Die gegenwärtige Rede von Gott kann nur Anspruch auf Glaubwürdigkeit erheben, wenn sie die Herausforderung der »Shoa« animmt und ihr nicht ausweicht. Das umfangreiche literarische Werk des jüdischen Schriftstellers E. Wiesel kreist einzig und allein um diese Frage: Wie kann heute Gott gedacht werden, wenn Menschen anderen so unsägliches Leid zufügen, wenn sechs Millionen Juden auf bestialische Weise umgebracht werden? Er hält die bleibende Erinnerung an Auschwitz wach und zwingt uns, uns dieser Frage immer neu zu stellen. Wir werden so gezwungen, den Glauben an Gott im Angesicht des unvorstellbaren, Menschenmaß übersteigenden Leids neu durchzubuchstabieren, und dürfen auch nicht versuchen, unsere Zuflucht in frommen Vertröstungen zu suchen. Der Prüfstein der Theologie ist das Leid. Für viele Menschen ist das Leid nicht mit Gott zusammenzubringen, daher ist für G. Büchner das Leid »der Fels des Atheismus«. Sie fragen, wo ist der allmächtige, gütige und gerechte Gott, der uns in der Kindheit verkündigt worden ist? Stellt das Leiden nicht eine Bankrotterklärung dieses Gottes dar, der die Liebe ist, der unendlich gütig und barmherzig ist und der zugleich tatenlos zuschaut, wie unschuldige Menschen elendig zugrunde gehen, wie die Henker über ihre hilflosen Opfer triumphieren? All die in der Vergangenheit entwickelten und bis heute tradierten Erklärungs- und Entschuldigungsmodelle haben sich als fragwürdig erwiesen; sie halten einer kritischen Prüfung nicht stand. Auch wenn sie immer wieder herangezogen werden, z.B. das Leid als Strafe Gottes für begangenes Unrecht, so können sie dennoch nicht befriedigen. Eher werfen sie einen noch dunkleren Schatten auf Gott, den sie entlasten wollen. Die Redlichkeit des Denkens zwingt uns zum Abschied von diesen fragwürdigen Erklärungsmodellen der Theodizeediskussion, wozu uns schon I. Kant aufgerufen hatte. Die Verkündigung trennt sich immer noch ungern von diesen beliebten Argumentationsmustern, wie die Debatte um AIDS entlarvend gezeigt hat: AIDS – die Geißel Gottes!

Auch wenn die Frage nach der Herkunft und dem Ziel des Leidens letztlich rational nicht beantwortet werden kann, weil das

Leid auf die Unbegreiflichkeit Gottes verweist, so kann doch der gläubige Blick auf Jesus Christus eine Hilfe sein, um nicht am Leid zu zerbrechen; denn nach einem Wort von P. Claudel ist »Jesus Christus nicht gekommen, das Leid abzuschaffen. Er ist nicht gekommen, um es zu erklären, Er ist gekommen, um es mit Seiner Gegenwart zu erfüllen.« Wer daher daran glaubt, daß in dem Menschen Jesus von Nazaret Gott selbst unsere Erde betreten und unter uns gelebt hat, ja unseren Schicksalsweg gegangen ist, der erblickt in ihm nicht mehr, wie A. Camus ihm vorgeworfen hat, den ewigen Zuschauer, der den Menschen sein Antlitz abgewandt habe, für ihn schweigt der Himmel nicht angesichts des himmelschreienden Elends, vielmehr macht die Geschichte dieses einzigartigen Menschen offenkundig, daß Gott mit uns leidet, daß er ein sympathischer, besser noch ein sympathetischer Gott ist. Die traditionelle Theologie hat sich gegen diese nicht neuen Deutungsversuche mit dem Verweis auf die Unveränderlichkeit und Leidensunfähigkeit Gottes gesperrt und dadurch ihre Abhängigkeit von der antiken Metaphysik (Aristoteles; Lehre vom unbewegten Beweger) unterstrichen. Dagegen interpretieren gegenwärtig die Alttestamentler Gottes Unveränderlichkeit als seine durchgehaltene Treue zu seinem einmal ergangenen Heilsratschluß. Sie sprechen von einer »dem Menschen zugewandten Affektivität Gottes« (J. Galot). In keiner anderen Religion wird wie hier Gott mit dem Leiden des Menschen unmittelbar in Zusammenhang gebracht, so daß man von einem »Schmerz Gottes« sprechen kann. Freilich erwächst dieser Schmerz aus dem souveränen Entschluß, »daß Gott gern und mit und für uns leidet« (Meister Eckhart, »liber benedictionis«).

Mit dem Hinweis auf den »gekreuzigten Gott«, der mit dem Menschen den Leidensweg bis zum bitteren Ende geht, lichtet sich das Dunkel der Sinnfrage nicht, der Schleier läßt sich nicht lüften; dieser Glaube ermutigt aber den leidenden Menschen und gibt ihm Kraft zur Hoffnung, weil er sich im Leid nicht allein weiß.

Zwingt ein Denken, das im Zeichen der Erniedrigung Gottes steht (vgl. Phil 2,5-11), nicht zur Absage an die Vorstellung vom allmächtigen Gott? Vor allem feministische Theologinnen, aber auch viele ihrer männlichen Kollegen vertreten diese Meinung kategorisch (z.B. D. Sölle, E. Jüngel ...). Dabei wird jedoch die Analogie im Sprechen vom allmächtigen Gott übersehen; diese hindert uns gerade daran, die uns vertrauten Begriffe von Allmacht einfach auf Gott zu übertragen, und daher übersehen sie die Unähnlichkeit. Gerade das Kreuzesgeschehen nötigt uns, auch von Gottes Allmacht, besser von Gottes Übermacht, zu sprechen; denn erst vom Kreuz her klärt sich, wer und wie Gott ist, es ist der Ort der Selbstoffenbarung Gottes, wie es der Evangelist Markus in seinem Evangelium uns nahebringt. Im Leben, Leiden und Sterben Jesu Christi begibt sich Gott seiner Macht, aus Liebe zu uns Menschen entäußert er sich, verzichtet er freiwillig auf die Insignien seiner Macht und nimmt den letzten Platz ein, er nimmt Knechtsgestalt an. Diese Selbstentäußerung ist wie die Schöpfung Ausfluß seiner grenzenlosen Liebe, die gerade darin ihre eigene geheime Mächtigkeit erweist. Daher kann S. A. Kierkegaard zu Recht behaupten: »Gottes Allmacht ist darum seine Güte.« Damit erfährt der uns geläufige Begriff von Allmacht eine entscheidende Korrektur: Gottes Macht gelangt erst in der solidarischen, bis zum Tode gehenden Liebe zu allen Menschen in ihr eigentliches Wesen. Am Ende (Auferstehung) erweist sich seine hingebungsvolle Liebe als mächtiger denn die Gewalten von Sünde und Tod.

Läßt man sich glaubend auf diese theologischen Überlegungen ein, dann bereitet einem auch die in der Liturgie geläufige Anrede vom allmächtigen Gott keine Schwierigkeiten; doch was hören die meisten Zuhörer heraus, wenn Gott mit diesem Namen angerufen wird? Vergleichen sie nicht doch Gottes Macht mit der ihnen bekannten Ausübung irdischer Macht, die selten Ausdruck von Liebe und Hingabe ist, sondern eher an tyrannische Herrscher und Willkürausübung denken läßt. So bedarf der Nachvollzug der liturgischen Gebetssprache einer vorausgehenden Klärung der Theodizeefrage.

7. Jesus Christus – »eine Spur Gottes in der Welt«

E. Ionesco hat sich zeit seines Lebens mit Gott beschäftigt, die Frage hat ihn nicht losgelassen. Auf die Frage, ob Gott existiere, antwortete er: »Er existiert nicht. Er ist. Dennoch existiert er, aber wir haben nur einen Zugang zu ihm durch die Existenz Jesu Christi. Er ist in unserer Reichweite, weil er ein Mensch geworden ist. Ansonsten ist er eine Einheit, er hat keinen Namen, er ist endlich – und unendlich. Unbeschreibbar. Konkret existiert er nur in seinem Sohn, der Fleisch geworden ist.«[90] Suchen wir eine »Spur Gottes« in unserer Welt, dann drängt sich die Gestalt Jesu von Nazaret auf. »Jesus ist eine Spur Gottes in der Welt«, sagte ein Kind und hatte damit in einfacher Sprache das tiefste Geheimnis der Liebe Gottes zu uns Menschen ausgesprochen. Gerade weil heute die Gefahr wächst, daß das Bild vom Nazarener aus dem kollektiven Gedächtnis der Menschen immer mehr zu verschwinden droht, bedarf es vieler christlicher Spurensucher und Spurenleser, um Gott hier auf Erden auf die Spur zu kommen. Im Mittelpunkt der Eucharistie steht bekanntlich das Pascha-Mysterium, das Gedächtnis der Heilszuwendung Gottes in Jesus Christus. Die Mitfeiernden können die heiligen Geheimnisse nur mit geistlichem Gewinn mitfeiern, wenn für sie Jesus Christus nicht eine historische Gestalt der Vergangenheit ist, sondern als für den einzelnen gegenwärtig und bedeutsam erfahren wird. Auf der Basis einer persönlichen Jesusbeziehung kann die anamnetische Feier das Glaubensleben des einzelnen befruchten und vertiefen.

Paulus zeigt uns, daß Jesus Christus das Bild, die Ikone Gottes schlechthin ist, während wir Menschen nur das Bild des Bildes Gottes sind. In seinem Antlitz hat Gott sein eigenes Wesen sichtbar erscheinen lassen. Wer ihn schaut, seinen Worten lauscht, kann etwas vom Geheimnis Gottes erahnen, der selbst im unzugänglichen Licht wohnt (1 Tim 6,16). So kann uns Jesus von Nazaret auf die Spur Gottes, seines und unseres Vaters, bringen. Als Philippus fragte: »Herr, zeige uns den Vater!«, erhielt er zur Antwort: »Philippus, ... wer mich gesehen hat, hat den Vater gesehen. Wie kannst du da sagen: Zeige uns den Vater? Glaubst du denn nicht, daß ich im Vater bin und der Vater in mir? Die Worte, die ich euch sage, rede ich nicht von mir selbst aus. Der Vater, der in mir bleibt, tut seine Werke selbst. Glaubt mir doch, daß ich im Vater bin und der Vater in mir; wo nicht, so glaubt doch wenigstens um jener Werke willen!« (Joh 14,9-11). In seinem Leben, Leiden, Sterben und Auferstehen leuchtet etwas vom abgründigen Geheimnis Gottes auf. Seine Gleichniserzählungen, aber auch seine Zeichenhandlungen künden von Gottes Güte und vorbehaltloser Zuwendung zu den Menschen, von seiner Zuwendung zu den Kleinen, Armen und Sündern. Er zeigt, für wen Gottes Herz besonders schlägt. Er ist das verweisende Zeichen auf den anderen, den größeren Gott, der all unser Sehnen und Denken übersteigt, der sich in all unseren Begriffen und Vorstellungen nicht einfangen läßt. Als der jüdische Dichter F. Kafka nach seinem Verhältnis zu Christus gefragt wurde, antwortete er: »Das ist ein lichterfüllter Abgrund. Man muß die Augen schließen, um nicht abzustürzen.« Tiefer hätte kein Christ das Geheimnis dieser unvergleichlichen Person umschreiben können.

Wie aber kann uns das heute noch gelingen, die Aufmerksamkeit der Menschen auf Jesus Christus zu richten, der vielen so fremd geworden ist. Auch wenn in letzter Zeit eine Vielzahl von Büchern sich mit dem Mann aus Nazaret auseinandergesetzt und damit seine Gegenwartsnähe bekundet haben, auch wenn der Gekreuzigte ein beliebtes Motiv der bildenden Kunst der Gegenwart darstellt, eine Christusnachfolge wird in seltenen Fällen dadurch ausgelöst. Jesus Christus braucht nicht Bewunderer, sondern Nachfolger. Wo Menschen in seinen Bann geraten sind und in seine Fußstapfen treten wollen, kann der zündende Funke auch auf andere überspringen. Die Biographie von Christussuchern kann andere motivieren, sich auf den gleichen Weg zu begeben. Glaubwürdige Christen sind die besten Verkünder des Evangeliums. Die lebendige Gemeinschaft von Christen kann anziehend auf suchende Menschen werden; hier können sie spüren, daß der Glaube an den Erlöser das menschliche Leben reicher macht und die Menschen mit einer großen Hoffnung erfüllt, die über das Grab weit hinausreicht. Christen sollten eine Spur Gottes in der

Welt sein, durch ihr schlichtes, unaufdringliches Lebenszeugnis sollten sie andere neugierig machen, sie zum Fragen nach dem Grund ihrer Freude anstacheln.

8. Die Unbegreiflichkeit Gottes

Die gegenwärtige Theologie ist bescheiden geworden, sie maßt sich nicht mehr an, über Gott genau Bescheid zu wissen. Im Gegensatz dazu wußte die traditionelle Theologie zuviel über Gott, sie wußte genau, was in Gott vor- und nachgeordnet ist, welche Eigenschaften ihn auszeichnen. Beim gegenwärtigen Nachsinnen über Gott stößt man sehr bald an Grenzen. Für B. Welte ist Gott das »Licht des Nichts« und für K. Rahner »das unsichtbare heilige Geheimnis«, dessen Unbegreiflichkeit nicht eine unter den vielen Eigenschaften Gottes ist, sondern die ihn auszeichnende Wesenseigentümlichkeit. Das Nachdenken über Gott im Horizont der epochalen »Gottesfinsternis« (M. Buber) knüpft an die Tradition der »negativen Theologie« an, die das Geheimnis Gottes nur umschreiben kann, sie kann nur sagen, was Gott nicht ist, die aber auch nicht völlig verstummt. Auch in der gegenwärtigen Philosophie nähert man sich dieser Erkenntnis; so arbeitet M. Theunissen an einer »Negativen Theologie«, und selbst J. Habermas äußert die Vermutung, angesichts »einer mit sich zerfallenden Moderne« sei es angebracht, »Philosophie ... in der Art einer negativen Theologie zu betreiben.« Von bleibender Aktualität ist die Lehre des N. von Kues über das Zusammenfallen der Gegensätze in Gott: Gerechtigkeit und Barmherzigkeit, Abwesenheit und Anwesenheit, Licht und Dunkel, Macht und Ohnmacht, Transzendenz und Immanenz bilden in Gott keine Gegensätze, sondern eine komplementäre Einheit.

In Fragen der Gotteserkenntnis werden wir stets Suchende, auf dem Weg Befindliche bleiben, wir können höchstens einen Zipfel seines Gewandes berühren, ihn aber nicht festhalten; denn Gott läßt nicht über sich verfügen. Mit R. M. Rilke müssen wir bekennen: »Wir kreisen um Gott, dem uralten Turm, wir kreisen Jahrtausende lang.« Das so belastete und mißbrauchte Wort Gott, auf das wir trotz allem nicht verzichten können, ist das letzte

Wort, bevor der Mensch anbetend verstummt vor dem unbegreiflichen Geheimnis. Daher muß unser Sprechen von Gott am Ende immer wieder in das Schweigen einmünden. Etwas von dieser Scheu, in das Geheimnis Gottes eindringen zu wollen, durchzieht auch das Buch »Hallo Mister Gott, hier spricht Anna«, das lange Zeit auf der Bestsellerliste stand.[91]

Im deutlichen Unterschied zu dieser zurückhaltenden, ja fast scheu zu nennenden Weise der »Theo-logie« erweist sich die aus der Tradition zu uns gekommene Liturgie als wortreich. Unbekümmert und ungeachtet der Krise des Gottesglaubens wird in einer Eucharistiefeier unzählige Male Gott angerufen, als ob er das Selbstverständlichste der Welt sei. Droht hier nicht die Gefahr, daß dieses so gefährdete und vielfach mißbrauchte Wort immer mehr an Bedeutungstiefe einbüßt und der Beliebigkeit anheimfällt? Wäre nicht eine theologische Wortaskese heilsamer, auch wenn wir dieses Wort nicht aus unserem Sprachschatz streichen können. Die Prediger machen sich auch nicht viele Gedanken, wenn sie das Wort Gott in den Mund nehmen. Wie soll es dann aber eine Betroffenheit beim Hörer auslösen? Sie sollten sich eher an den Dichterpfarrer K. Marti halten, der einen Gedichtband mit dem Titel »Mein barfüßig Lob« veröffentlicht hat. Ein Gedicht trägt die Überschrift: »Barfuß, dann halt«. Es lautet: »Dennoch bitten mein barfüßig lob in kaltluft oder läuft sich auf asphalt wund, oder stolpert in fragefallen. Die wörter bleiben, schuhe für uns zu groß. Barfuß dann halt.«[92] In Sachen der Gotteserkenntnis bleiben wir stets Fragende, haben wir den Mut, auch dann noch Fragen zu stellen, wo andere schon längst es aufgegeben haben zu fragen. Vor Kindern sollten wir unser Nichtwissen in bezug auf Gott eingestehen, vielleicht ahnen sie dann früh schon etwas von dem unbegreiflichen Geheimnis, das wir Gott nennen.

5.2.2 Exkurs: Gebetserziehung im Vorfeld der Liturgie

Das Sprechen von Gott ist nicht der Sache gemäß, um die es hier geht und verfehlt sein Ziel, wenn es nicht einmündet in das Sprechen mit Gott, in das Gebet. Die Theologie erliegt immer wieder der Gefahr, über Gott wie über einen Gegenstand objektiv zu sprechen. Von Gott kann man aber nicht distanziert sprechen, weil er der Seinsgrund meiner eigenen Existenz ist. Wo es um den größeren und anderen Gott geht, bin ich immer zugleich mitgemeint; denn nur wer Gott kennt, kennt auch den Menschen in seiner ganzen Tiefe und Abgründigkeit. Statt über Gott zu reden, müssen wir von ihm reden; in diese Rede ist immer die eigene Persönlichkeit als betroffene mit eingeschlossen. Aber kehrt sich nicht der ursächliche Zusammenhang von Sprechen von Gott und Sprechen zu Gott eher um, wenn wir mit J. B. Metz fragen, »woher stammt eigentlich die Rede von Gott?« Seine Antwort lautet: »Die Rede von Gott stammt allemal aus der Rede zu Gott, sie stammt aus der Sprache der Gebete.« Und er fügt zeitkritisch mit Blick auf die Kirche hinzu: »Es gibt keine Gebete mehr (Gebete sind selbst für viele Christen nicht einmal mehr Privatsache).« Dabei hatte er die »allzu sehr vertraute Gebetssprache und die vertrauten Gebetsrituale« vor Augen. Dagegen ist die Gebetssprache viel universeller, sie ist »die Gebetssprache der Menschenkinder«; diese ist viel spannender und dramatischer und weniger harmonisch als die offizielle Gebetssprache der Theologie und der Kirche, in ihr gibt es kein »Sprechverbot, auch Klage und Anklage haben hier ihren Platz, ja selbst der eigene Unglaube kann noch zum Inhalt des Gebetes werden: Ich glaube Herr, hilf meinem Unglauben!«[93]

Das Gebet nimmt im Gottesdienst eine zentrale Stellung ein, der Gottesdienst lebt vom Sprechen zu Gott. Die Eucharistiefeier erhält den Charakter eines großen Dank- (Eucharistia) und Lobgebetes. Betend tritt hier der Mensch vor Gott: bittend, klagend, dankend und preisend. Die ganze Skala des Betens wird hier ausgebreitet. Daher bedarf es einer Einübung in das Gebet, wenn einer im Gottesdienst sich in die Schar der betenden Menschen einreihen will.

Gebetserziehung und Erschließung der Gottesfrage hängen untrennbar zusammen. Die Vermittlung eines tragfähigen, an der Bibel orientierten Gottesbildes im Horizont der gegenwärtigen Theologie bildet die Voraussetzung für die Gebetserziehung, ist doch das Gebet der Ernstfall des Glaubens an ein dem Menschen gegenüberstehendes Du, das ihn anruft, und dem er antworten kann. Beten heißt nach F. Ebner: »seine Existenz in Gott konzentrieren, den Mittelpunkt seiner Existenz in Gott suchen.«[94] Im Blick auf die liturgische Propädeutik sollen hier einige Elemente einer Einübung in das Gebet beschrieben werden.

1. Das Vorbild betender Menschen

Beten lernt man nicht durch Unterweisung und Belehrung, sondern durch Tun. So hat ein Elternpaar von Anbeginn an die eigenen Kinder in ihr Gebetsleben mit einbezogen: »Wir haben mit unseren Kindern gebetet, sobald sie da waren, sie auf diese Weise in die Familie einbezogen. Daß sie nicht ›sprechen‹ und am Anfang nichts ›verstehen‹ können, hat uns nie gestört. Wir waren uns darüber klar, daß es sich hier um einen Übergang handelt wie bei vielen anderen Entwicklungen auch.«[95] Man könnte sogar das Kind im Mutterleib schon in das eigene Gebet mit hineinnehmen. Wie prägend und wirksam das Vorbild der betenden Mutter sich auf die Gebets- und damit Glaubenserziehung eines Kindes auswirken kann, können wir den Tagebuchaufzeichnungen J. Greens entnehmen. Darin erinnert er sich an seine Kindheit in Paris: »Wenn sie [meine Mutter] mir gute Nacht sagen kam, stellte ich mich aufrecht in mein Bett und legte ihr die Arme um den Hals. Als ich noch kaum Worte zu formen imstande war, ließ sie mich das Vaterunser auf englisch sprechen. Den Kopf an ihre Schulter gelehnt, wiederholte ich die Worte, die sie mir in dem nur matt durch einen vom Salon her einfallenden Lichtschein erhellten Zimmer ernst und langsam vorsprach ... Ich verstümmelte die Wörter, die ich nicht verstand, dennoch übertrug sich mit diesem gemurmelten Gebet von meiner Mutter etwas auf mich. Das

Wesentliche meines Glaubens von heute wurde mir damals in jenem Halbdunkel geschenkt, aus dem die größte Liebe zu mir sprach.«[96] Die Eltern, die in den Augen des kleinen Kindes fast göttliche Züge annehmen und denen es blind vertraut, machen sich vor einem Größeren klein, sie beugen sich vor einem Mächtigeren, von dem sie sich abhängig fühlen. Auch wenn das Kind die Worte der Eltern noch nicht versteht, so wird es dennoch von der Gebetsatmosphäre innerlich berührt und fühlt sich dadurch in seinem Unterbewußtsein angesprochen. Es ahnt, daß hier etwas Wichtiges geschieht. Wie viele Kinder erleben heute noch daheim diese Gebetsatmosphäre? Eine vor gut 10 Jahren durchgeführte katholische Umfrage ergab, daß etwa 10-20 % der Familien noch das Morgen- und Tischgebet pflegen, 40 % beten mit ihren Kindern am Abend. Immer mehr Kindern und Jugendlichen wird die Möglichkeit vorenthalten, auf diese Weise in das Gebetsleben hineinzuwachsen.

Auch die Gemeinde oder eine Jugendgruppe bieten Möglichkeiten, am gemeinsamen Gebet teilzunehmen und so Erfahrungen mit dem Gebet zu sammeln. Wenn Jugendliche und Erwachsene nach Taizé pilgern, dann nehmen sie bereitwillig das Angebot gemeinsamen Betens an. Dreimal am Tag stimmen sie ein in das gesungene und gesprochene Dank-, Bitt- und Lobgebet. Wie viele mögen hier zum ersten Mal erfahren haben, was es bedeutet, wenn Menschen gemeinsam als Betende vor Gott hintreten! Sie lassen sich hineinnehmen in den Gebetsstrom und tauchen in die Gemeinschaft der Beter ein.

2. Das Gebet aus der Tiefe des Schweigens

Weit verbreitet ist die Definiton: Beten ist Sprechen des Menschen mit Gott. Und dieses Verständnis kennzeichnet auch die meisten Gebete. Menschen wenden sich in Worten an Gott, sei es bittend, klagend, dankend oder preisend. Diese Art zu beten ist für den westlichen Menschen bezeichnend, der dem Wort, dem Logos vertraut. Was ist das für ein eigentümliches Gespräch, bei dem immer nur einer redet, immer der Mensch am Sprechen ist, er aber scheinbar niemals eine Antwort erhält? Viele Menschen haben deswegen auch das Beten aufgegeben, weil sie den Eindruck gewonnen haben, sie würden ins Leere hinein sprechen, ihre Worte würden echolos verhallen. Eine Einbahnkommunikation ist für das Gespräch tödlich. Bei dieser einseitig auf den Menschen ausgerichteten Betrachtungsweise wird übersehen, daß, bevor der Mensch anfängt, seine Stimme zu erheben, Gott schon zu ihm gesprochen hat in den Dingen, Ereignissen und Menschen, denen er begegnet. Es bedarf dazu einer Aufmerksamkeit und Hörbereitschaft für Gottes Ruf aus allen Dingen und Personen. Wir müssen horchen und hinsehen können. Dazu müssen wir stille werden. Dies ist dem dänischen Theologen und Religionsphilosophen S. A. Kierkegaard nach einem längeren Lernprozeß aufgegangen: »Als mein Gebet immer andächtiger und innerlicher wurde, da hatte ich immer weniger zu sagen. Zuletzt wurde ich ganz still. Ich wurde, was womöglich noch ein größerer Gegensatz zum Reden ist, ich wurde ein Hörer. Ich meinte erst, Beten sei Reden. Ich lernte aber, daß Beten nicht bloß Schweigen ist, sondern Hören. So ist es. Beten heißt nicht sich selbst reden hören, beten heißt still werden und still sein und warten, bis der Betende Gott hört.« Im Alten Testament wird uns von dem jungen Samuel im Tempel und von Elija am Gottesberg Horeb erzählt, die Gott in der nächtlichen Stille bzw. im »sanften Säuseln des Windes« vernommen haben (1 Kön 19,11 f.). Gottes leise, aber eindringliche Stimme läuft heute Gefahr, im Lärm und Getöse unserer so lauten und hektischen Welt unterzugehen, so daß sie nicht mehr vernehmbar wird. Dies führt bei vielen Menschen dann zu der Überzeugung, Gott gäbe es nicht mehr oder seine Stimme sei zu leise für unsere lärmerfüllte Welt.

Wir müssen das Schweigen neu lernen, dazu können uns die Meditation oder die meditative Schweigemeditation des englischen Benediktiners J. Main verhelfen, die uns zum Zentrum führen, wo Gott auf uns wartet. Bei der meditativen Schweigemeditation wird ein Wort oder ein kurzer Satz (auch Mantra genannt) in die Gruppe hineingegeben. Mit Hilfe dieses Mantras soll der Meditierende sich von den eigenen Gedanken, Worten und Sorgen lösen und einen neuen Weg einschlagen.[97] Wir haben schon auf die Stille- und Konzentrationsübungen hingewiesen, die in der Pädagogik von M. Montessori und ihrer Schülerin H. Lubienska de Lanval eine beherrschende Rolle spielen. E. J. Korherr hat gebetspädagogische Übungen zur Konzentration, Sammlung und Stille in der Grund- und Hauptschule in seinem »Grundkurs der Gebetspädagogik« abgedruckt.[98] Von Zeit zu Zeit sollten wir dem Lärm und der Betriebsamkeit des Alltags entfliehen und uns in eine Umgebung begeben, wo uns Stille und Beschaulichkeit umfangen. Das braucht nicht immer ein Kloster oder ein Exerzitienhaus zu sein, auch die Natur lädt uns zur Sammlung ein, ebenfalls kann dazu auch die Betrachtung eines Kunstwerkes oder das Anhören der Musik dienen. Wenn in der Schule Stilleübungen mit Kindern abgehalten werden, findet das Kind den Weg zur Mitte. Ein achtjähriger Schüler schaut zurück auf diese Stilleübungen: »Ich hab die Stilleübung gemacht. Jeder hat seine Augen zugemacht. Es ist schön gewesen. Mein Herz war leise. Ich war ganz ruhig. Es war für die Ohren gut.«

Am Anfang unseres Betens sollte die Stille stehen. Bevor wir anheben zu sprechen, sollte alles um uns herum, aber auch in uns zur Ruhe kommen, damit sich nichts zwischen Gott und uns schieben kann. Das stille Verweilen vor Gott schafft den Raum, in dem der Mensch Gott gegenübertreten kann.

Das Gebet erwächst nicht nur aus der Tiefe des Schweigens, es mündet am Ende auch in das Schweigen. Wer anbetend vor Gott kniet, hat nichts mehr zu sagen, ihm wollen keine Worte mehr über die Lippen kommen, weil sie als leer und nichtssagend empfunden werden angesichts des heiligen Gottes. Als der Pfarrer von Ars eines Morgens seine Pfarrkirche betrat, fiel sein Blick auf einen Bauern, der in der Bank kniete und unverrückt zum Altar blickte. Als der Pfarrer am Mittag wieder in seine Kirche einkehrte, bot sich ihm der gleiche Anblick dar. Neugierig geworden, fragte er das Bäuerlein: »Guter Mann, was machst du denn so lange?« Darauf erhielt er zur Antwort: »Ich schaue den lieben Gott an, und der liebe Gott schaut mich an.« Einfacher und prägnanter kann man es nicht ausdrücken, was es heißt, betend vor Gott zu stehen. Das gleiche hat D. Hammerskjöld gemeint, wenn er sagte: »Das Beste und Herrlichste, wozu man in diesem Leben gelangen mag, ist, daß Du schweigst und Gott da wirken und sprechen läßt.«[99]

3. Die vielfältigen Gebetsformen

Auf vielfältige Weise können wir unsere Seele erheben, um uns im Gebet Gott zuzuwenden. Die Elemente des Bittens, Klagens, Dankens und des Lobpreisens bieten sich dafür an, aber auch die Meditation, in ihr öffnet sich der Betende für die Tiefe seines Daseins, wo er Gott begegnet. In der Anbetung Gottes vollendet sich das Gebet. »Anbetung ist das innerste Gebet, zugleich Ursprung, Ziel und Vollendung des Lebens, ja des Betens ... Anbetung und Lob sind nicht nur höchster Ausdruck unseres Menschseins in der Gegenwart. Sie sind schließlich Vorausnahme und Einübung in die Vollendung, in die vollkommene Freiheit.«[100]

Es gibt Gebetsvollzüge, die dem heutigen Menschen, wenn er noch Vertrauen in die Kraft des Gebetes besitzt, mehr zusagen, während andere ihm nicht geringe Schwierigkeiten bereiten. Zu den ersteren zählt auch das Bittgebet, an das sich jedoch oft Erwartungen richten, die nicht der Intention Jesu entsprechen. Dieser hat uns den Geist als Erfüllung all unserer Bitten zugesagt, bitten wir um ihn, dann wird uns »alles andere dazugegeben« (Mt 6,33; Lk 12,31). Dies wollte D. Bonhoeffer zum Ausdruck bringen, als er schrieb: »Gott erfüllt nicht alle unsere Bitten, aber alle seine Verheißungen.« Zu diesen Verheißungen gehören das Reich, das Kreuz, das Heil, die Barmherzigkeit, die Treue und seine grenzenlose Liebe. Weil das Bitten und Danken noch leichter über unsere Lippen geht als der Lobpreis und die Anbetung, werden wir unser Augenmerk auf die Anbetung, aber auch auf das vernachlässigte Klagegebet richten, weil gerade letzteres bei uns keine Tradition mehr besitzt. Wir lassen das Dank- und Bittgebet beiseite, obgleich letzteres viele Fragen aufwirft. Es wird oft mit fragwürdigen Erwartungen belastet und ruft Enttäuschungen hervor. Wer Gott vor den Karren der eigenen Wünsche und Erwartungen spannen möchte, und nicht bereit ist, sich zu lassen, sich verändern zu lassen, dessen Bitten werden nicht erfüllt.

– Das lobpreisende Gebet

Zu den unerläßlichen Grundhaltungen des Gottesdienstes gehört der Lobpreis Gottes, der aus dem Dank erwächst, diesen aber noch übersteigt, weil hier Gott ganz im Mittelpunkt steht, weil er um seiner selbst willen angebetet wird. »Der Lobpreis denkt mehr an Gott selbst als an seine Gaben, ist theozentrischer, geht mehr in Gott auf, steht der Anbetung näher und ist auf dem Weg zur Ekstase.«[101] Dieses selbstvergessene Loben und Preisen richtet sich vornehmlich an den Vater, aber auch Sohn und Heiliger Geist sind anbetungswürdig, auch ihnen gebührt der Lobpreis, wenn dies auch seltener vorkommt. Noch ausgeprägter als in der westlichen Liturgie beherrscht die Doxologie den Gottesdienst der östlichen Kirchen, dort wird wirklich die »Göttliche Liturgie« gefeiert. So singt der Chor zu Beginn im Cherubim-Hymnus: »Wir bilden die Cherubim geheimnisvoll ab und singen der lebenschaffenden Dreieinigkeit den Lobgesang des Dreimal-Heilig, laßt uns nun alle irdischen Sorgen ablegen, um den König des Alls aufzunehmen, den Heerscharen von Engeln unsichtbar geleiten. Alleluja, Alleluja, Alleluja!«

Sind wir zu dieser Gebetshaltung noch fähig? Stehen bei uns nicht Menschen und Welt viel beherrschender im Vordergrund, so daß Gott und seine Verherrlichung dagegen zurücktreten müssen? Im Gefolge der anthropozentrischen Wende, welche den Menschen und seine Erwartungen, Sehnsüchte und Bedürfnisse in den Mittelpunkt gerückt haben, gerät Gott immer mehr aus dem Blickfeld der Menschen. Die Diakonie verdrängt das Gotteslob, obgleich zwischen beiden kein Gegensatz besteht, das eine ist ohne das andere nicht denkbar. Kein Geringerer als A. Delp schrieb in seiner Zelle in Plötzensee in der Neujahrsnacht 1945 hellsichtig: »Brot ist wichtig. Freiheit ist wichtiger. Am wichtigsten ist die ungebrochene Treue und die unverratene Anbetung.« Sie muß wieder Platz in unserem Leben haben. In der Erklärung des II. Vatikanischen Konzil über die christliche Erziehung wird als ein anzustrebendes Ziel genannt, daß die Getauften »lernen, Gott den Vater im Geist und in der Wahrheit (vgl. Joh 4,23) vornehmlich durch die Mitfeier der Liturgie anzubeten.«[102] Am Anfang dieses

Lernprozesses muß das Staunen über das Geheimnis des Lebens und der Dinge stehen. Anhand biblischer Texte, vor allem der Psalmen und Hymnen, können uns die Augen dafür aufgehen, daß nichts selbstverständlich ist, nichts von ihm selbst her sich versteht, daß in allem eine größere Macht und Güte am Werk ist, wovor der Mensch sich nur ehrfürchtig verneigen kann. Der französische Romancier J. Green hat dafür sich noch ein Gespür bewahrt, wenn er in seinem Tagebuch 1954 vermerkt: »Viel an die Schönheit des Lebens gedacht. Das Feuer ansehen, ein Buch aufschlagen, Musik hören, das alles ist ein Geschenk, das alles ist heilig. Es ist das Geschenk, das uns Gott täglich macht, vor allem liebt.«[103] Nicht ohne Grund verwendet das Neue Testament für »anbeten« das Zeitwort »proskynein«, sich vor Gott hinwerfen. Der Mensch muß seinen Stolz überwinden, sich kleinmachen, wenn er vor dem »göttlichen Gott« steht, besser kniet oder vor ihm liegt, um ihm so die Ehre zu erweisen. Darin erweist sich letztlich die Bestimmung des Menschen, der für Gott geschaffen ist und in ihm sein Ziel erblickt. Die großen Beter zeigen uns, wie befreiend und frohmachend ein Beten ist, in dem der Mensch ganz auf Gott hin ausgerichtet ist, in dem Gott beherrschend im Mittelpunkt steht.

Wo die Ehrfurcht vor Gott schwindet, da erscheint auch der Mensch nicht mehr für den anderen Menschen ehrfurchtgebietend, und schließlich versagt er damit auch der nichtmenschlichen Schöpfung die Ehre. Die Ehrfurcht vor Gott ist Quellgrund jeglicher Ehrfurcht auf Erden. Sie garantiert das Zusammenleben auf Erden mit allen Kreaturen. Zu einer Zeit, da Menschen für ökologische Probleme und Gefahren überaus sensibel sind, müßte dieser Zusammenhang aufgezeigt werden, das eine bedingt das andere. Das ehrfürchtige Staunen vor dem geheimnisvollen dreifaltigen Gott entbindet die Kräfte zum ehrfürchtigen Umgang mit den Mitmenschen und den übrigen Kreaturen. Der fromme Heide Goethe hatte ein untrügliches Gespür für diesen inneren Zusammenhang, er forderte eine dreifache Ehrfurcht: vor dem, was über uns ist, vor dem, was neben uns ist, und vor dem, was unter uns ist.

Um das anbetende Gotteslob anzubahnen, ist eine lebendige Gottesbeziehung von fundamentaler Bedeutung, die Gott Gott sein und ihn nicht in funktionalen Bezügen aufgehen läßt, ihn aber auch nicht pantheistisch einebnet in kosmische Erlebnisse, bei denen Gott, Mensch und Welt in eins fallen. Auf dem Feld der Gotteserfahrung werden die entscheidenden Weichen für das »Gott allein genügt« der Th. von Avila gestellt (vgl. das vorausgehende Kapitel).

– Das Klagegebet

Die Tradition des Klagegebetes ist im Christentum weitgehend abgebrochen, die Christen haben es verlernt, in »der dunklen Nacht der Seele« zu Gott zu schreien, wie es ein Johannes vom Kreuz vermochte. Das ist der Tribut, den man für ein eindimensionales, spannungsarmes Gottesbild zahlen muß. Auch die offizielle Liturgie kennt nur an wenigen Stellen noch die Klage, so in der Karliturgie und neuerdings in den Texten zur Feier der Krankensalbung. In dem pastoralliturgischen Handbuch von A. Adam/R. Berger sucht man vergeblich nach dem Stichwort »Klage«. Das gleiche gilt auch für das Register der Liturgiekonstitution.

Der biblische Beter, vor allem im Alten Testament, hatte keine Scheu, aus der Tiefe seiner Not heraus zu protestieren und Anklage zu erheben. Dabei bleibt Gott nicht ausgespart. So rechnet der Prophet Jeremia mit seinem Gott ab (Jer 12,1-4); er verflucht den Tag seiner Geburt und macht Gott zum Vorwurf, daß er ihn ins Dasein gerufen und zum Propheten auserwählt habe. Der arg gebeutelte und schwer heimgesuchte Ijob läßt sich nicht durch das fromme Theologengeschwätz seiner Freunde davon abhalten, mit Gott ins Gericht zu gehen (Ijob 3,1-26); dafür wird er von Gott nicht getadelt. Der alttestamentliche Psalter besteht zu 40 % aus Klageliedern, und Jesus selbst greift auf einen Klagepsalm (Ps 22) in der Stunde seiner äußersten Erniedrigung zurück. In den Klageliedern klagt ein Beter vor Gott: »Er hat mich getrieben und gedrängt in Finsternis, nicht ins Licht ... Er hat mich ummauert, ich kann nicht entrinnen. Er hat mich in schwere Fesseln gelegt. Wenn ich auch schrie und flehte, er blieb stumm bei meinem

Gebet. Mit Qualen hat er mir den Weg verriegelt, meine Pfade irregeleitet. Ein lauernder Bär war er mir, ein Löwe im Versteck. Er hat mich vom Weg vertrieben, mich zerfleischt und zerrissen ...« (Kgl 3,1-11). In der Gegenwart stimmen jüdische Dichter wie P. Celan und N. Sachs ergreifende Klagegesänge an, und E. Wiesel wird nicht müde, seine Klage gegen Gott anzustimmen: »Ich hatte zu beten aufgehört, wie ich Ijob verstand«, heißt es in seinem autobiographischen Roman »Die Nacht«. »Ich leugnete zwar nicht Gottes Existenz, zweifelte aber an seiner unbedingten Gerechtigkeit.« So kann nur ein jüdischer Gläubiger sich äußern.

Immer noch ist unter Christen die Meinung verbreitet, wer klagt, ja gar es wagt, Gott zur Rechenschaft zu ziehen, drücke darin ein mangelndes Vertrauen in die Führung Gottes aus. Ganz im Gegenteil! Solange ein Mensch noch die Kraft zur Klage findet, rechnet er mit Gott; erinnert er Gott an seine gegebenen Verheißungen, gerade in der Klage drückt sich ein großes Vertrauen in Gott aus. Der Klagende rechnet mit Gott, er hat Gott noch nicht abgeschrieben. Er wendet sich an seine Adresse, weil er von ihm die Einlösung seiner Versprechungen erwartet.

Daher müssen wir zur Kultur der Klage zurückfinden. Wir sollten es Kindern nicht verwehren, sich klagend an Gott zu wenden, wenn großes Leid über sie hereinbricht, z.B. wenn ein ihnen nahestehender Verwandter gestorben ist. Auf diese Weise können sich Verhärtungen lösen, können sie Befreiung von ihrem so ausgedrückten Schmerz erfahren. Darin liegt die therapeutische Funktion des Klagegebetes. Mit Hilfe von Klagepsalmen können sie mit diesem Gebetselement vertraut gemacht werden. Den Heranwachsenden erschließen sich über die Gedichte von P. Celan und N. Sachs am ehesten der tiefere Sinn der Klage. Sie sollten zu dieser Gebetsform ermutigt werden; denn im Gebet gibt es keine Sprachverbote, alle Stimmungen sind erlaubt und Gott wohlgefällig.

4. Ganzheitliches Beten

Liturgisches Beten ist keine einseitige Angelegenheit des menschlichen Geistes, daher ist auch die Umschreibung, Beten sei Erhebung der Seele zu Gott, höchst problematisch. Im Gottesdienst öffnet der ganze Mensch sich vor Gott, Leib, Seele und Geist sind dabei beteiligt, ist doch der Leib die Ausdrucksgestalt der Geistseele. Bei G. von Nazianz können wir lesen: »Allein, wenn du schon tanzen mußt, als Liebhaber der Panegyres und der Feste, so tanze nur – aber nicht den Tanz der Herodias, den ausgeschämten Tanz, der dem Täufer den Tod brachte, nein, tanze den Tanz des Davids vor der ruhenden Gotteslade. Denn ich möchte meinen, solcher Tanz sei das Mysterium eines Wandels vor Gott, der da ist schon in der Bewegung und reich in der Geste.«[104] Es ist nicht unerheblich, in welcher Haltung der Mensch betet; auch das Äußere wirkt sich auf die innere Haltung aus. Das aufrechte Stehen oder das entspannte ruhige Sitzen beeinflußen die Denkvorgänge und Gefühlsreaktionen. Warum legen wir beim Kreuzzeichen die Hand auf den Kopf, die Brust und das Herz, warum knien wir vor dem Allerheiligsten, warum sitzen wir bei der Lesung? Die indischen Meister können uns die Augen öffnen für die Bedeutung des Leibes beim Gebet und bei der Meditation (vgl. das Sitzen, den Lotussitz, und die Atemtechnik). Wir müssen der typischen Gebetshaltung wieder vermehrte Aufmerksamkeit zuwenden und sie bewußter vollziehen: stehen, knien, sitzen, schauen, horchen, gehen, tanzen, an die Brust schlagen, die Hände falten, sich verneigen ... . All diese Gebärden sind nicht rein Äußerliches, auf das man verzichten könnte. Sie gehören unlösbar zur Gebetssprache. Das Gebet als »sprechender Glaube« (O. H. Pesch) verlangt nach Verleiblichung. Diese Ausdrucksform muß dem heutigen Menschen neu erschlossen werden, so wie das vor fast 70 Jahren R. Guardini meisterhaft verstanden hat. Der verkopfte Mensch tut sich schwer mit der Körpersprache und mit der Sprache der Gebärden. Er benötigt dazu Hilfen.

Gegenwärtig entdecken wir wieder den Tanz als Symbol des Menschen, der im Kult beheimatet war. Weil der Tanz mit Formen heidnischer Gottesdienste identifiziert wurde, verschwand er aus der offiziellen christlichen Liturgie. Erst allmählich erhält der Tanz auch wieder im Gottesdienst, zumindest in bestimmten festlichen Gottesdiensten, sein Heimatrecht. Als Linzer Schülerinnen und Schüler beim Papstbesuch in Österreich 1988 im Emms-Lurd das Lob Gottes tanzten, sagte Johannes Paul II: »Das ist ein Sprechen mit Leib und Seele.«[105] Bis in die Zehenspitzen muß sich unser Beten erstrecken, damit der ganze Mensch vom Gebet erfaßt wird. Im »Gotteslob« findet sich ein anschauliches Beispiel, wie Kinder mit Gebärden Gott loben können: »Großer Gott, wir verneigen uns vor dir.« – Dabei neigen wir tief den Kopf. »Zu Dir erhebe ich mein Herz.« – Wir öffnen unsere Hände wie eine Schale und heben sie empor. »Vater unser, du bist bei uns.« – Wir beten mit ausgebreiteten Armen.«[106]

5. Das ganze Leben vor Gott ausbreiten

Aus der engen Verbindung von Beten und Weltverantwortung ergibt sich die Notwendigkeit, alles zum Inhalt unseres Gebetes werden zu lassen, alles, was auf der Tagesordnung steht, auch die Welt der Technik und der Politik. P. Leppich hat einmal den bedenkenswerten Versuch gemacht, mit der Tageszeitung zu beten. Das mag auf den ersten Blick den frommen Beter schockieren, aber bei weiterem Nachdenken müssen wir ihm recht geben und ihn nachahmen. Warum sollte die neueste Tagesnachricht für mich nicht zum Anlaß betenden Nachdenkens werden? Warum sollte ich nicht den tödlich Verunglückten in mein Gebet einbeziehen? Auf diese Weise wird das Gebet geerdet und wirklichkeitsnäher. So können wir die Gefahr bannen, zu schnell im Gebet abzuheben und den Kontakt zur Welt zu verlieren. Wenn der Glaube eingewurzelt, inkulturiert werden soll, dann darf es keinen Lebensbereich geben, der nicht Eingang in unser Beten findet.

Wie bereits Kinder auf welthafte Weise beten bzw. in das Gebet eingeführt werden können, zeigt sehr ansprechend E. Groß in seinem Gebetbuch »Mein-Drei-Zeiten-Buch«. Er verbindet hier die menschliche Lebenswelt mit der Sorge Gottes für uns Menschen.

»Gott, es wird jetzt Abend und Nacht. Die Menschen gehen schlafen. Vorher machen sie ihre Lichter aus. Bei einigen aber bleiben die Lichter an: In der Markthalle werden Lebensmittel sortiert. In der Druckerei wird die Zeitung von morgen gemacht. Der Notarzt ist wach und kann helfen. Die Polizei gibt acht und kann schützen. Wir danken Dir, guter Gott. Es gibt Menschen, die sorgen in dieser Nacht schon für unseren Tag morgen. Das kommt von dir, guter Gott: die Sorge um uns, die Hilfe für uns. Das kommt von dir und macht uns froh. Das läßt uns ruhig schlafen.«[107]

So sollte unsere Gebetserziehung von Anbeginn an den Akzent auf ein welthaltiges Beten legen, das die ganze Welt vor Gott trägt und unter seinen Schutz stellt. Auf diese Weise wird später das Fürbittgebet in der Liturgie seinen weltweiten Atem erhalten und vor einer egozentrischen Engführung bewahrt.

6. Beten und Handeln

Immer wieder begegnet uns der Vorwurf, das Gebet sei eine Flucht aus der Welt, ihm hafte eine weltverneinende Tendenz an. Im Marxismus steigerte sich die Anklage bis zu der Behauptung: Religion sei Opium des Volkes (K. Marx) oder Opium für das Volk (W.I. Lenin). B. Brecht meinte sogar: Beten sei ein Alibi für unterlassenes Handeln. In seinem Bühnenstück »Mutter Courage« nimmt dieser Vorwurf in der Figur der stummen Katrin anschauliche Gestalt an. Sie warnt durch ihr Trommeln die evangelische Stadt Halle vor dem Anrücken der kaiserlichen Truppen, während die anderen ihre Hilfe ausschließlich im Gebet suchen: »Hör uns, denn nur du kannst helfen«. Die Stadt wird gerettet, aber nicht wegen des inständigen Gebetes, sondern durch die Tat des stummen Mädchens. Wenn auch hier eine falsche Alternative aufgezeigt wird, so bleibt doch die Mahnung drängend, das Gebet darf nicht als Ersatz für gebotenes Handeln betrachtet werden. Gerade der »im Namen Jesu« Betende muß sich gedrängt fühlen, seiner Weltverantwortung gerecht zu werden. Das rechte Beten entbindet gerade die Kräfte, die nötig sind, um im Geiste Jesu tätig zu werden. Auch darin kann uns Jesus Vorbild sein, er hat

Beten und Handeln miteinander verbunden. Mystik und Politik (z.B. J. B. Metz), Kampf und Kontemplation (R. Schutz, Taizé) bilden keine Gegensätze, sondern bedingen einander. Aus der Kraft des Gebetes kann der Betende sich anderen Menschen und der Welt zuwenden und für sie eintreten. »Unser Christsein wird heute nur in zweierlei bestehen: Im Beten und im Tun des Gerechten unter den Menschen«, schrieb D. Bonhoeffer in sein Gefängnistagebuch.[108] Eine verantwortliche Gebetserziehung sollte von Anbeginn an auf diese enge Verflechtung von Mystik und Politik hinweisen, wie es auf beeindruckende Weise die Diözesansynode von Rottenburg/Stuttgart 1985/86 getan hatte, indem sie die einprägsame Kurzformel geprägt hat, die seitdem in aller Munde ist: »Je mystischer wir Christen sind, um so politischer werden wir sein. Durch die Menschwerdung Gottes in Jesus Christus führt jede Zuwendung zu Gott unweigerlich auch zu den Menschen.« Auf diese Weise werde das Gebot der Gottes- und Nächstenliebe verwirklicht.[109]

5.2.3 Exkurs: Vertrautmachen mit der Kirche

Die 1980 veröffentlichte Instruktion: »Inaestimabile Donum« fordert von den Priestern, sie müßten ein »klares Bild von der Kirche vermitteln, deren lebendiger Ausdruck die Liturgie ist.« Die Liturgie bezeichnet, wie wir bereits sahen, einen wesentlichen Lebensvollzug der Kirche; letztere wird in der neueren Theologie als Grundsakrament verstanden, das sich in die sieben Einzelsakramente an den Knotenpunkten menschlicher Existenz entfaltet. Besonders deutlich läßt die Eucharistie, die im Mittelalter als »das Sakrament der Sakramente« bezeichnet wurde, den ekklesiologischen Bezug der Sakramente hervortreten. Kirche als »Leib Christi« ereignet sich immer dort, wo Eucharistie gefeiert wird. Aus diesem Grunde verwendeten die Kirchenväter den Begriff »wahrer Leib Christi« für die Kirche und den Begriff »mystischer Leib Christi« für die Eucharistie. Umgekehrt bezeichnete die hochmittelalterliche Kirche mit dem Begriff »mystischer Leib Christi« die

Kirche und mit dem Begriff »wahrer Leib Christi« die Eucharistie.[110] Wie auch immer die beiden Begriffe zugeordnet werden, stets verweist hier das biblische Bildwort vom Leib Christi auf Eucharistie und Kirche. W. v. Saint Thierry hat diesen Zusammenhang auf die klassische Formel gebracht: »Den Leib Christi essen heißt Leib Christi werden.« Auf diesem theologischen Hintergrund wird einsichtig, warum das II. Vatikanische Konzil darauf verweist: »Die liturgischen Handlungen sind nicht privater Natur, sondern Feiern der Kirche, die das ›Sakrament der Einheit‹ ist.«[111]

Aber genau dieser unlösbare Zusammenhang zwischen Sakrament bzw. Gottesdienst und Kirche schwindet immer mehr aus dem allgemeinen Bewußtsein. Symptomatisch dafür ist daher die Frage eines Brautpaares: »Warum muß ich dazu in der Kirche sein?« Sie verlangten für sich einen Ritus, um ihren Ehebund feierlich zu überhöhen, wollten aber keine Beziehung zur kirchlichen Gemeinschaft aufnehmen. In Japan kann man eine ähnliche Beobachtung machen: Nichtchristliche Brautpaare äußern den Wunsch, in einer katholischen Kirche getraut zu werden, dabei leitet sie nicht das Verlangen nach dem Sakrament, geschweige denn nach Beheimatung in der Kirche. Für diese Menschen ist ein eigener, nichtsakramentaler Ritus entwickelt worden, der versucht, ihren Bedürfnissen entgegenzukommen.

So erkennen wir, wie dringlich es ist, Menschen mit der Kirche vertraut zu machen, sie an die Kirche heranzuführen. Es genügt jedoch nicht, wie es die oben zitierte Instructio nahelegt, auf intellektuelle Weise ein klares, rechtgläubiges Bild von Kirche zu vermitteln, wenn nicht auch die emotionalen Tiefenschichten angesprochen werden. Wer die Kirche lediglich mit seinem Verstand zur Kenntnis nimmt, wer über ihr Selbstverständnis Bescheid weiß, fühlt sich noch nicht zu ihr hingezogen, verspürt noch keinen Drang, ihr lebendiges Glied zu werden. Die Begegnung mit der Kirche muß daher umfassender und ganzheitlicher erfolgen. Angesichts des schlechten Erscheinungsbildes der Kirche in der Öffentlichkeit, das durch kirchenpolitische Maßnahmen noch verstärkt wird, und der allgemeinen Institutionenfeindlichkeit wartet hier auf uns keine leichte Aufgabe.

1. Option für die Communio-Theologie

Zunächst stellt sich die Frage, welches Bild von Kirche soll vermittelt werden, damit der heute lebende Mensch sich davon angesprochen fühlt. Welches Kirchenbild kommt seinem Lebensgefühl am nächsten? Hier bietet sich die schon in einem anderen Zusammenhang erwähnte Communio-Ekklesiologie an[112], sie kommt der modernen demokratischen Rechtskultur entgegen, wenn auch eine totale Demokratisierung der Kirche ihrem Wesen widersprechen würde. Will die Kirche nicht aus der neuzeitlichen Gesellschaft auswandern und sich in ein Getto zurückziehen, dann muß sie dem berechtigten Verlangen der Gläubigen nach Partizipation Rechnung tragen; dies würde auch den Aussagen des II. Vatikanischen Konzils über den »Glaubenssinn des gläubigen Volkes« Rechnung tragen. Die Communio-Theologie hat biblische Wurzeln. Im ersten Korintherbrief 10,16f. spricht Paulus von der Gemeinschaft durch Teilhabe. Nach Paulus stellt das Abendmahl nicht nur eine Verbindung des einzelnen Gläubigen mit Christus her, sondern durch den Anteil am Leib und Blut Christi entsteht auch unter den Gläubigen ein Gemeinschaftsverhältnis. Daraus ergibt sich für Paulus die Notwendigkeit der Solidarität mit den verschiedenen Ortsgemeinden (vgl. Röm 12,13). Dieses Verständnis von Kirche als Communio wird für die Patristik zu einem zentralen Gedanken; er wird theologisch weiterentfaltet und in seinen strukturellen Konsequenzen ausgestaltet. Die Communio hat eine vertikale und horizontale Dimension. Im Glauben an das Evangelium und im Brotbrechen vollzieht sich die Gemeinschaft mit Jesus Christus, dem auferstandenen Gekreuzigten, und durch ihn mit dem Vater. Diese Communio erhält ihre greifbare Gestalt in der Ortskirche, wenn sie sich mit dem Bischof zur Feier der Eucharistie versammelt. Aber zugleich weitet sich der Blick auf die Gesamtkirche, die universale Kirche ist die Gemeinschaft der Ortskirchen. Orts- und Gesamtkirche bilden eine Einheit, das eine darf nicht gegen das andere ausgespielt werden.[113] Diese patristische Sicht von der Kirche als Communio in ihren vielfältigen Dimensionen wird ab dem 5. Jahrhundert und vor allem im Hochmittelalter immer mehr zurückgedrängt und gerät in Vergessenheit. Der Jurisdiktionsprimat des Papstes prägt fortan das Kirchenbild und läßt kaum noch Raum für synodale Strukturen und kommuniales Denken. Durch die Biblische und Liturgische Bewegung vorbereitet, besinnt sich das II. Vatikanische Konzil, wenn auch nicht in der gewünschten Eindeutigkeit und Konsequenz, auf das patristische Verständnis von Kirche als Communio. Nach W. Kasper ist das Verständnis von Kirche als Communio »eine der Leitideen der Ekklesiologie des II. Vatikanums, vielleicht sogar die Leitidee des letzten Konzils.«[114]

Diese ekklesiologische Neubesinnung auf den alten Communiobegriff findet seinen Niederschlag in der Definition der Kirche als »Sakrament, d.h. Zeichen und Werkzeug für die innigste Vereinigung mit Gott wie für die Einheit der ganzen Menschheit.«[115] Dieses sakramentale Verständnis von Kirche umfaßt die verschiedenen Beziehungsebenen: die Communio mit Gott, die Communio unter den Gläubigen, die Communio mit Bischof und Papst und die Communio der Kirchen untereinander. So erweist sich dieses alte Kirchenbild auch als fruchtbar für den ökumenischen Dialog, dessen Ziel in der »einen Kirche in versöhnter Verschiedenheit« zu suchen ist. Gleichwohl bleiben noch viele Fragen unbeantwortet, vor allem das Verhältnis zwischen Bischofskollegium und Petrusamt, die Rechtsstellung der Bischofskonferenzen, die Frage der Bischofswahl in der Kirche. Gerade auf dem Hintergrund des Communio-Charakters der Kirche müssen hier neue Wege beschritten werden bis hin zur Beteiligung des gläubigen Volkes an der Wahl der Ortsbischöfe, was in der Frühzeit gang und gäbe war. Dieses berechtigte Anliegen kommt in dem Votum des BDKJ im Erzbistum Köln für das Anfang Januar 1996 zu Ende gegangene Kölner Pastoralgespräch zum Ausdruck: »Das Selbstverständnis der Kirche als Communio muß sich auch ausdrücken in der Veränderung ihrer Strukturen; denn um als Volk Gottes evangelisatorisch zu wirken, braucht es auch Strukturen und Gestaltungselemente. Das II. Vatikanische Konzil hat das synodale Prinzip für die Kirche betont ... und synodale Strukturen sind eingerichtet; in der Praxis aber sind diese Formen demokratischer Mitverantwortung wenig eingeübt und manchmal auch nicht gewollt.« M. Kehl ist nur beizupflichten, wenn er resümiert: »Was rund 1000 Jahre in Vergessenheit geraten war, kann nicht in 30 Jahren wieder zur vollen Blüte gelangen. Wir stehen in der Tat erst ganz am Anfang eines neuen geschichtlichen Abschnittes der Communio, der vermutlich die nächsten Jahrhunderte des 3. Jahrtausends prägen wird. Dabei dürfen wir zuversichtlich hoffen, daß die Weichen unwiderruflich in einer Richtung gestellt sind, in die der Hl. Geist die Kirche (wenn schon nicht gradlinig, so aber doch zielstrebig) zu einer ökumenischen Communio-Gestalt führen wird, die sowohl dem biblisch-patristischen Ursprung wie auch der Vision Johannes XXIII. und des 2. Vatikanischen Konzils mehr entspricht.«[116]

2. Die Bedeutung der Ortskirche und überschaubarer Gemeinschaften

Dem II. Vatikanischen Konzil verdanken wir es, daß die Ortskirchen wieder neu theologischen Rang und Würde erhalten; sie sind nicht eine Filiale der römischen Zentrale und auch nicht ein Teil der Gesamtkirche, sondern eigenständige Kirchen, wenn auch in lebendiger Verbindung mit der Universalkirche. »In ihnen [den Einzelkirchen] und aus ihnen besteht (existit) die eine und einzige katholische Kirche.«[117] Beide, die Orts- und Universalkirche, sind wechselseitig aufeinander bezogen; auch die Einzel- oder Ortskirche kann ihr Wesen nur in der Gemeinschaft mit allen anderen Einzelkirchen und mit der Gesamtkirche vollziehen. Die Universalkirche ist nicht die Summe der Teilkirchen, sondern eine ihr gegenüberstehende Größe. Die Balance zwischen Orts- und Gesamtkirche ist eine immer wieder neu gestellte Aufgabe, die nicht leicht zu verwirklichen ist, sie ist aber das Gebot der Stunde. Im Verlauf der Kirchengeschichte ist diese Spannung nie völlig ausgehalten worden, sondern meistens zugunsten eines Poles aufgelöst worden; einmal dominierte die synodale Verfaßtheit der Kirche, ein anderes Mal drängte das hierarchisch-universale Amt das Eigengewicht der Ortskirchen zurück. Bis zum II. Vatikanischen Konzil wurde in der Neuzeit einseitig der Jurisdiktionsprimat des Papstes betont, sichtbarer Höhepunkt dieser Entwicklung war die Dogmatisierung der päpstlichen Unfehlbarkeit auf dem I. Vatikanischen Konzil 1870. Bis in die Mitte unseres Jahrhunderts wurde die katholische Identität begründet mit der Treue zum Inhaber des Petrusamtes; man war römisch-katholisch und grenzte sich auf diese Weise von den nichtkatholischen Christen und Kirchen ab. Diese betont ultramontane Einstellung kommt in dem Wunsch eines englischen Katholiken aus dem 19. Jahrhundert zum Ausdruck, jeden Morgen in der »Times« einen Abdruck einer päpstlichen Enzyklika zu lesen. Seit den Reformbemühungen des II. Vatikanischen Konzils und der Wiederentdeckung des Communio-Gedankens und seiner biblisch-patristischen Tradition haben die Ortskirchen verstärkt an Gewicht zugenommen, zumindest in der Wertschätzung durch das gläubige Volk. Dieser Einstellungswandel geht einher mit einer wachsenden Distanzierung von der Universalkirche und deren Vertreter, die als sog. Amtskirche distanziert betrachtet und oft auch kritisch beargwöhnt wird. Eine Kluft tut sich auf zwischen dem Leben an der Basis und der amtlichen Verkündigung, so daß man schon von einem vertikalen Schisma gesprochen hat. Die weit verbreitete Kirchenkritik, die manchmal schon krankhafte Züge annimmt, richtet sich weitgehend, wenn nicht ausschließlich an die Adresse der Amtskirche und hier verschärft an die Adresse der römischen Instanzen, für die der Inhaber des Petrusamtes in den Augen der westlichen Gläubigen repräsentativ ist. Neue Befragungen haben dagegen eine durchaus positive Wertschätzung der Pfarrgemeinde hervortreten lassen. Sie spiegelt sich in dem Votum einer Kölner Pfarrgemeinde für das oben erwähnte Pastoralgespräch der Erzdiözese Köln wider: »Viele aktive Christen in unserer Gemeinde verstehen unter dem Begriff ›Kirche‹ die Kirche vor Ort, das sind hauptsächlich Menschen, die man kennt und man verbindet damit das Leben in der Pfarrgemeinde, die Gestaltung des Gottesdienstes und die Begegnungen. Der Zuspruch zur Pfarrgemeinde ist in unserer Pfarrei erstaunlich groß.« In der Gemeinde vor Ort fühlen sich die Christen geborgen, mit ihr sind viele Hoffnungen verbunden, hier stärkt einer den anderen im Glauben. Wer Kirche konkret erfahren will, ist an die Ortsgemeinde verwiesen, wenn man einmal von Großveranstaltungen wie Katholikentagen und Kirchentagen absieht. Im Rahmen der überschaubaren Gemeinde sind Menschen auch bereit, sich für ihre Mitmenschen und für die Kirche zu engagieren.

Nicht jede Gemeinde wird jedoch auf diese positive Weise als Ort erfahren, wo der Glaube lebt und wächst, wo die Gemeinschaft der Gläubigen sichtbare Gestalt annimmt. Daher schließen sich engagierte oder auch suchende Christen anderen Formen von kirchlichen Gemeinschaften an, Basisgemeinden oder geistlichen Gemeinschaften wie z.B. der Laiengemeinschaft von Sant' Egidio, die im »St. Ägidien« in Würzburg einen deutschen Ableger hat; zu ihr zählen insgesamt weltweit 15.000 Mitglieder. Um Klöster herum entstehen sog. Oasen, Begegnungsstätten, die junge Menschen stark anziehen. Auch hier kann Kirche erfahren werden im Gespräch, im Gebet und im gemeinsamen Gottesdienst. Der Vorteil dieser Gruppierungen liegt darin, daß der Kreis ihrer Mitglieder überschaubar ist, so daß auf den einzelnen intensiver eingegangen werden und er auch stärker seinen Beitrag zum gemeinsamen Leben leisten kann. Hier feiert man gemeinsam Gottesdienste, die stark vom Leben der Gruppen ihrer Mitglieder geprägt sind. Wenn Nichtchristen das Verlangen verspüren, Glieder der Kirche zu werden, durchlaufen sie ein mehrjähriges Katechumenat nach altchristlichem Vorbild. Die Katechumenen werden von einer Gruppe von Christen aufgenommen, die sie auf ihrem Glaubensweg begleiten und für sie Ansprechpartner in Glaubensfragen sind. Auf diese Weise wachsen sie schrittweise in das Leben und in die Liturgie der Kirche hinein.

So wertvoll auch die Erfahrung einer kleinen, überschaubaren Gemeinschaft für das Vertrautsein mit der Kirche ist, die damit verbundene Gefahr darf jedoch nicht übersehen werden: Die Teilkirche kann eine solche Eigendynamik entwickeln, daß die Integration in die Gesamtkirche nicht mehr gelingt; daher müssen die Ortskirche und andere überschaubare religiöse Gemeinschaften sich immer wieder für die größere Einheit öffnen und dürfen nicht in Partikularismus abgleiten; denn gerade die Balance zwischen

Ortskirche und Universalkirche macht das Wesen der Kirche aus.[118]

3. Das ansteckende Zeugnis

Werfen wir einen Blick zurück zu den Anfängen des Christentums, so werden wir konfrontiert mit der Tatsache, daß die ersten Christen durch ihr glaubwürdiges Leben auf die Umwelt ansteckend gewirkt haben. In einem Brief des römischen Statthalters Plinius des Jüngeren an Kaiser Trajan aus dem Jahre 112 gibt er auf die Frage, wie der christliche Glaube verbreitet wird, die Antwort, »durch Ansteckung«. Sie »überzeugten durch ihren einfachen, solidarischen Lebensstil, durch die Bereitschaft, für ihren Christusglauben den Tod auf sich zu nehmen. Die Christen und die christlichen Gemeinden mußten eine Glaubensgewißheit ausgestrahlt haben, die für ihre Mitbürger unwiderstehlich war.«[119] In einem Brief an Diognet aus dem 3. Jahrhundert heißt es: »Die Christen sind Menschen wie die übrigen: Sie bewohnen keine eigene Stadt; sprechen keine eigene Mundart, und ihre Lebensweise hat nichts Ungewöhnliches ... Sie wohnen vielmehr in den Städten der Griechen und Barbaren, wie es einem jeden das Los beschieden hat, und folgen den jeweils einheimischen Gesetzen in Kleidung, Nahrung und im ganzen übrigen Leben. Wie sie jedoch zu ihrem Leben als solchem stehen und es gestalten, darin zeigen sie eine erstaunliche und, wie alle zugeben, unglaubliche Besonderheit.« Die ersten Christen sorgten sich um ihre Mitmenschen, z.B. in der Krankenbetreuung, weil für sie Gottes- und Nächstenliebe eins waren, eine für das damalige Heidentum unbekannte Gleichsetzung. Religion und Leben stellten für die frühen Christen eine Einheit dar. Dies alles erklärt, warum der christliche Glaube sich so schnell ausbreitete und die anfängliche kleine Christenschar zu einer großen Kirche heranwuchs. Die erstaunlichen Missionserfolge der jungen Kirche haben darin ihre Ursache.

Bis heute hat sich daran wenig geändert. Auch heute wird der Glaube nicht so sehr durch Bücher (Katechismen) und Unterweisung vermittelt, obgleich die Verantwortlichen in der Kirche immer noch auf diese traditionellen Medien ihre Hoffnung setzen, sondern durch das mitreißende Zeugnis von glaubwürdigen Frauen und Männern, die in der Spur Jesu Christi zu wandeln versuchen. Wenn heute Menschen den Weg in die christliche Gemeinschaft finden, dann verdanken sie diesen Weg dem ansteckenden Zeugnis eines gelebten Christusglaubens. Einige Beispiele mögen dies verdeutlichen: In unserem Kinder- und Jugendheim äußerte ein 15jähriger Junge, der mit seinen Eltern aus der ehemaligen DDR geflohen war und jetzt bei uns aufwächst, den Wunsch, getauft und katholisch zu werden. Auf die erstaunte Frage seiner Erzieherinnen gab er zur Antwort: »Ich mache immer wieder Mist, immer wieder enttäusche ich euch, und dennoch laßt ihr mich nicht fallen. Immer wieder nehmt ihr mich an. Da muß es doch Einen da oben geben!« Man hatte ihn bewußt nicht gedrängt, ihm nicht die Taufe nahegelegt. Von selbst äußerte er diesen ernsthaften Wunsch. Noch ein anderes aktuelles Beispiel: In München gibt es ein »Haus Hagar«, einen Zufluchtsort für Frauen in Not, das von »Schwestern vom Guten Hirten« geleitet wird. In diesem Haus leben Frauen mit ihren Kindern, denen physische, psychische und sexuelle Gewalt von Männern angetan worden ist, sie gehören verschiedenen Nationalitäten und Religionsgemeinschaften an. Selbst die Frauen, die getauft sind, wissen meist wenig von Gott oder haben sich von ihm und der Kirche abgewandt. In diesem Haus umgibt die Frauen eine Atmosphäre der Geborgenheit, hier können sie sich wohlfühlen und leben wieder auf, kein Zwang wird ausgeübt, auch nicht in religiöser Hinsicht. Zwei Schwestern aus diesem Haus berichten: »Immer wieder erleben wir es in unserer Einrichtung, daß Anfragen an uns kommen wegen Kinder- und Erwachsenentaufen ... Und wir haben es erlebt, daß Frauen, nachdem sie ausgezogen waren, uns plötzlich die Taufe ihrer Kinder mitteilten ... Immer wieder werden wir im gemeinsamen Zusammensein von den Frauen gefragt, warum wir das tun, warum wir im Orden sind ... Immer wieder wird uns gesagt, wie gut es ist, daß ›Kirche‹ sich in diesem Bereich einsetzt, daß dies echtes Zeugnis sei. Zeugnis wollen wir geben durch unser Leben, durch unser Mitleben ...«[120]

Wollen wir Menschen mit dem Geheimnis der Kirche vertraut

machen, so daß sie in ihr heimisch werden möchten, dann ist das eigene Lebenszeugnis von uns gefordert. Wenn wir als Glieder der Kirche glaubwürdig leben, wenn wir selbstlos uns dem Nächsten zuwenden und auch bereit sind, von unserer Hoffnung Rechenschaft abzulegen, dann können vielleicht andere den Wunsch verspüren, sich der Kirche als Gemeinschaft der Glaubenden anzuschließen. Erst später muß dann auch die theologische Reflexion über die Kirche hinzutreten, die jetzt auf fruchtbaren Boden fallen kann.

4. Die Bibel als Buch der Kirche

Die schon einmal herangezogene Instructio »Inaestimabile Donum« von 1980 erachtet die Kenntnis der Heiligen Schrift als notwendig für die liturgische Bildung. Dabei greift sie auf Aussagen der Liturgiekonstitution zurück, wonach das Wort Gottes zum Wesen der Liturgie gehört. In Art. 7 heißt es: »Gegenwärtig ist er (gemeint ist Christus) in seinem Wort, das er selbst spricht, wenn die Heiligen Schriften der Kirche gelesen werden.« Im Art. 24 wird die Förderung des biblischen Geistes und der biblischen Frömmigkeit ausdrücklich gefordert: »Von größtem Gewicht für die Liturgiefeier ist die Heilige Schrift. Aus ihr werden nämlich Lesungen vorgetragen und in der Homilie ausgedeutet, aus ihr werden Psalmen gesungen, unter ihrem Anhauch und Antrieb sind liturgische Gebete, Orationen und Gesänge geschaffen worden, und aus ihr empfangen Handlungen und Zeichen ihre Bedeutung. Um daher Erneuerung, Fortschritt und Anpassung der heiligen Liturgie voranzutreiben, muß jenes innige und lebendige Ergriffensein von der Heiligen Schrift gefördert werden, von dem die ehrwürdige Überlieferung östlicher und westlicher Riten zeugt.«

Wenn die biblischen Schriften für den Gottesdienst von grundlegender Bedeutung sind, dann gehört die Einführung in das rechte Verständnis der alt- und neutestamentlichen Schriften zum Aufgabenbereich liturgischer Bildung und Erziehung. Dies scheint sich aber immer noch nicht bei uns herumgesprochen zu haben, sonst dürfte diese Thematik in der liturgischen Bildungsarbeit der westdeutschen Diözesen nicht fehlen. Studiert man daraufhin einmal die 1990 herausgegebene Dokumentation: »Liturgische Bildung in deutschen Diözesen«, so begegnet man nur einmal der ausdrücklichen Erwähnung der Einführung in die Heilige Schrift. Der Kurs für Gottesdiensthelfer/innen der Diözese Passau dauert 12 bis 14 Tage und umfaßt vier Lehreinheiten für die Einführung in die Heilige Schrift und fünf weitere Lehreinheiten für die übrige liturgische Bildung.[121]

Wer dem Wort Gottes in der Liturgie begegnet, muß wissen, wie dieses Wort zu verstehen ist. Er/sie muß über die Entstehung der einzelnen Bücher und ihre Aussageabsicht (»Sitz im Leben«) informiert sein. Ein wortwörtliches Verständnis oder die Betrachtung der Texte unter dem Gesichtspunkt historischer Wahrheit würden ihm/ihr den Zugang zum Gotteswort im Menschenwort versperren. Die Lektüre mancher alt- und neutestamentlicher Texte wirft freilich Fragen auf, die einer vorherigen Klärung bedürfen. Besondere Schwierigkeiten erwachsen dem heutigen Hörer der Heiligen Schrift aus dem alttestamentlichen Gottesbild, das gelegentlich, wie wir gesehen haben, gewalttätige Züge enthält, es stößt bei Psychologen bzw. Psycho-Theologen (F. E. von Gagern und E. Drewermann) und Religionspädagogen (H. Jaschke und G. Baudler) auf Ablehnung; sie stellen ihm das angeblich radikal Neue der Gottesbotschaft Jesu, seine Abba-Beziehung zu Gott gegenüber. Wenn beispielsweise in der Osternacht in der dritten Lesung aus dem Buch Exodus (14,15-15,1) der Durchzug des Mosestammes durch das Schilfmeer vorgetragen wird, und der Text in einem Loblied auf den befreienden Gott Israels endet, dann regt sich heute bei vielen Hörern Unbehagen; denn die Befreiung der geknechteten Israeliten aus dem Sklavenhaus Ägyptens ist mit dem Untergang der nachrückenden Ägypter erkauft worden, die ein Opfer der Wassermassen geworden sind. Sie fragen sich, was ist das für ein Gott, der Israels Gegner in den Fluten umkommen läßt, um sein Volk zu retten? Zum Verständnis dieser für die Liturgie zentralen Texte ist vorgängig eine Auseinandersetzung mit dem Gottesbild des Ersten Testamentes geboten; dabei kann man den Veröffentlichungen von E. Zenger hilfreiche Hinweise entnehmen.[122] Schon diese wenigen Beispiele erhellen die Dringlichkeit einer intensiven Beschäftigung mit der Bibel, wobei dem Alten Testament besondere Aufmerksamkeit geschenkt werden sollte, weil es für die meisten Gottesdienstteilnehmer – dies gilt auch für viele Vorsteher des Gottesdienstes – immer noch ein weitgehend unbekanntes Buch ist, dem sie mit vielen Vorurteilen und klischeehaften Vorstellungen gegenüberstehen. Hier müßte der Religionsunterricht, die Predigt und die Erwachsenenkatechese noch viel Aufklärungsarbeit und Verstehenshilfe leisten.[123]

5.3 Lernorte der liturgischen Propädeutik

Wo bieten sich Lernräume für die liturgische Vorfeldarbeit an? Am ehesten könnten die humanen Grundhaltungen im Elternhaus eingeübt werden, dort könnte auch eine dem Kind angemessene Gottesbeziehung angebahnt werden, die ein Sprechen mit Gott einschließt. Wir können heute jedoch nicht mehr davon ausgehen, daß in den meisten Elternhäusern die Voraussetzungen für eine fruchtbare Mitfeier des Gottesdienstes geschaffen werden. Immer mehr Kinder werden eingeschult, die nichts von Gott und Jesus Christus gehört haben, kein Gebet kennen und noch nie eine Kirche von innen gesehen haben. Die Zahl der Eltern, die eine religiöse Kindererziehung für hilfreich und geboten erachten, wird zunehmend geringer. Sie delegieren diese Aufgabe an andere Erziehungsträger, an den Kindergarten, die Pfarrgemeinde und die Schule. Einiges an liturgischer Propädeutik in dem von uns vorgeschlagenen Sinn kann der Kindergarten leisten, doch dürfen wir die Erzieherinnen dabei nicht überfordern.

Angesichts der Tatsache, daß im Elternhaus weitgehend nicht mehr die Grundlagen für die Gottesdienstfähigkeit gelegt werden, sind Pfarreien dazu übergegangen, der Hinführung zu den Sakramenten einen sogenannten katechetischen Grundkurs vorauszuschikken. Andere sprechen von einem »Kinderkatechumenat«, von

»Kontaktstunden« oder von katechetischen Nachmittagen. Katechetische Nachmittage »sind regelmäßige Nachmittage für Kinder – in der Regel ohne feste Verpflichtung. Unabhängig von der Vorbereitung auf ein Sakrament bietet die offene Form zahlreiche Möglichkeiten, miteinander Gemeinschaft zu erleben, verschiedene Zeiten im Jahreskreis miteinander zu gestalten, miteinander Feste zu feiern. Katechetische Nachmittage bieten Kindern die Chance, konkret ein Stück Gemeinde zu erleben und mitzugestalten.«[124] In diesem Rahmen können die nötigen Voraussetzungen für die anschließende Sakramentenkatechese geschaffen werden, die so ein wenig entlastet wird. Ehrenamtliche Katecheten/innen, oft Mütter bzw. Väter dieser Kinder, übernehmen die Arbeit mit den Kindern, die vornehmlich in Kleingruppen von fünf bis sechs Kindern geleistet wird; von Zeit zu Zeit treffen sie sich in der Großgruppe. Der Kurs kann sich über ein bis zwei Jahre erstrecken. So sind in der Pfarrei Herz-Jesu in Bocholt sechs Themen dafür vorgesehen:

1. Gemeinschaft erfahren – Feiern
2. Sich angenommen fühlen – Vertrauen
3. Den anderen sehen – Teilen
4. Die Welt sehen – Staunen
5. Bedürftigkeit erfahren – Grenzen sehen
6. Wir werden beschenkt – Wir schenken – Dankbarkeit

Eine andere Pfarrgemeinde in Münster-Nordost legt den Grundkurs in das zweite Schuljahr. Er sieht zwei Einheiten von jeweils vier Stunden vor: 1. Einheit: 1. Stunde: Was es alles wirklich gibt (Schöpfung), 2. Stunde: Schöpfung – Schöpfer, 3. Stunde: Frage nach Gott, 4. Stunde: Ein Besuch in der Kirche. Die 2. Einheit besteht ebenfalls aus vier Stunden: 1. Stunde: Ich lebe (Gotteskindschaft und Taufe), 2. Stunde: Werden und Vergehen, 3. Stunde: Auferstehung und Leben, 4. Stunde: Dank-Wortgottesdienst in der Kirche mit allen Kleingruppen.

In einer Südoldenburger Gemeinde erstrecken sich die katechetischen Nachmittage für Kinder auf die ersten vier Schuljahre.

Einmal im Monat trifft man sich an einem Nachmittag; das jeweilige Thema orientiert sich am Kirchenjahr. In diese vier Jahre fällt auch die Hinführung zur Eucharistie und Buße.

In einigen Pfarreien Süddeutschlands werden die Eltern der Schulanfänger vierteljährlich eingeladen, um ihnen Hilfen für die religiöse Erziehung ihrer Kinder zu geben. Hier wird u.a. über tragfähige und krankmachende Gottesbilder gesprochen. So wird die Vorbereitung auf die Kommunion entlastet, und die Eltern werden an ihre Verantwortung als erste religiöse Erzieher ihrer Kinder erinnert.

Kinderbibelwochen werden heute in vielen Gemeinden während der Ferienzeit angeboten, zum Teil auch als ökumenische Kinderbibelwochen gemeinsam gestaltet. Auf spielerische und meditative Weise werden hier Kinder mit der Bibel vertraut gemacht.

In der ehemaligen DDR wurden seit 1962 die sog. Religiösen Kinderwochen (RKW) in den großen Ferien durchgeführt, sie haben sich bis heute erhalten können und sollten in der westdeutschen Katechetik stärkere Beachtung finden. Ein ähnlicher Versuch lohnt sich auch hier. In einer Woche beschäftigen sich die Kinder unter Anleitung von Katecheten mit einer religiösen Thematik. Einige Themen lauten: Wir sind Gottes Volk. Laß ziehen uns deine Straße. Christus für uns – wir für einander. Unterwegs mit Elisabeth. Ein Leben unterm Regenbogen. Gott macht kleine Leute groß. Kleines Senfkorn Hoffnung. Alle Dingen erzählen von Gott.

Dieser kurze Überblick über das inhaltliche Angebot der katechetischen Kinderarbeit läßt erkennen, daß in diesem Rahmen einige Elemente der liturgischen Propädeutik zur Sprache kommen, wenn auch der Blick stärker auf die Sakramentenvorbereitung und nicht auf die fruchtbare Mitfeier des Gottesdienstes gerichtet ist.

Was kann der Religionsunterricht leisten? Im Rahmen einer Symbolerziehung können die Sinne der Schüler/innen geweckt und geschärft werden. Sie können für die heiligen Zeichen Gottes sensibilisiert werden; Stille- und Konzentrationsübungen stehen ebenfalls auf seinem Programm, er läßt Raum für Meditation und Gebet, Feste und Feiern werden hier begangen. Wo der Religionsunterricht sich der Montessoripädagogik verbunden fühlt, kann er die Weichen für den Mitvollzug der Liturgie stellen. Die Gottesfrage gehört ebenfalls zu seinen Themen; in diesem Rahmen können tragfähige, dem Alter angemessene Gottesbilder vermittelt werden. Nicht zuletzt wird im Religionsunterricht ein Verstehen der Heiligen Schriften angezielt und ihre Bedeutung für das Leben des heutigen Schülers aufgezeigt. Dagegen können Gotteserfahrungen kaum innerhalb des schulischen Unterrichts angebahnt werden; hier bieten sich eher Möglichkeiten für die Schulpastoral und Gemeindekatechese an.

Im Rahmen der Erwachsenenkatechese bietet sich die Möglichkeit an, die theologischen Voraussetzungen für die Feier der heiligen Geheimnisse zu schaffen: Die Vermittlung eines tragfähigen Gottesbildes, die Hinführung zum Gebet als »sprechendem Glauben«, das Vertrautmachen mit der Communio-Ekklesiologie des II. Vatikanischen Konzils und die Weckung der Liebe zur Bibel als dem Buch der Kirche, aus deren reichen Schatz die Liturgie schöpft. Ferner könnte die so dringend notwendige ästhetische Kompetenz in der Begegnung mit Kunstwerken und Künstlern angebahnt werden, wobei nicht nur an die sakrale Kunst zu denken wäre. Einige kirchliche Bildungshäuser verfügen über Referenten, deren Schwerpunkt der künstlerische Bereich ist.

Die verschiedenen religiösen Lernorte können nur Teilaspekte einer umfassenden liturgischen Propädeutik behandeln, sie müssen daher einander ergänzen; das bewahrt die einzelnen religiösen Lernfelder vor einer Überforderung. So wäre eine konzertierte Aktion zwischen Elternhaus, Kindergarten, kirchlicher Jugendarbeit, Pfarrgemeinde, Schule und Bildungshäusern bzw. Bildungswerken geboten, um die Voraussetzungen für eine aktive und fruchtbare Mitfeier der im Gottesdienst vergegenwärtigten Geheimnisse zu schaffen.

6. *Die direkte liturgische Bildung und Unterweisung*

Hier bewegen wir uns auf vertrauterem Terrain; denn die unmittelbare Hinführung zur Liturgie kann auf eine lange Tradition zurückblicken, die bis in die Anfänge des Christentums reicht. Dies gilt in besonderem Maße für die Katechese, »die von ihrem Wesen her mit dem gesamten liturgischen und sakramentalen Handeln verbunden (ist); denn gerade in den Sakramenten und in der Eucharistie wirkt Jesus Christus aus der Fülle seiner Person, um die Menschen umzuwandeln.« So waren in der Urkirche »Katechumenat und Vorbereitung auf die Taufe und die Eucharistie ein und dasselbe ... In jedem Fall bleibt die Katechese immer auf die Sakramente bezogen ... Jede Katechese führt notwendig zu den Sakramenten des Glaubens hin«.[1] Diese Hinordnung auf die liturgische und sakramentale Praxis bewahrt die Katechese vor einer Intellektualisierung. Auch die Würzburger Synode unterstreicht den engen Zusammenhang von Katechese und Liturgie: »Als katechetisch erweist sich eine Tätigkeit durch ihren hinführenden, einübenden und weiterführenden Charakter. Zum Aufgabenfeld der Katechese gehört z.B. die Hinführung zur Liturgie und die Anleitung zum Gebet.«[2] An der direkten liturgischen Bildung sind Elternhaus, Kindergarten, Gemeinde, Schule, Jugendarbeit und Erwachsenenbildung zu beteiligen, wobei jeweils unterschiedliche Akzente gesetzt werden können. Folgende Aufgabenfelder schälen sich heraus, die hier nur knapp beschrieben werden sollen.

6.1 Vertrautmachen mit dem Kirchenjahr

Das Kirchenjahr gehört zu den Elementen der Liturgie. Im Verlauf des liturgischen Jahres feiern wir die entscheidenden Ereignisse unseres Heiles, indem wir sie vergegenwärtigen (vgl. das Heute in der Liturgie). Es erstreckt sich vom 1. Adventssonntag bis zum Christkönigsfest am letzten Sonntag im Kirchenjahr und erreicht zu Ostern (Pascha-Mysterium Christi) seinen Höhepunkt. Letztlich geht es bei allen Festen und Zeiten des Kirchenjahres um das Gedächtnis des in Jesus Christus geschichtlich ergangenen Heiles. Eng verbunden mit der Feier des Kirchenjahres ist ein religiöses Brauchtum, das die Festgeheimnisse im Leben des Volkes verwurzelt. Es bewahrt die Botschaft des Festes vor Blutleere und ist die »Liturgie des Volksglaubens« (V. von Geramb); dabei darf nicht übersehen werden, daß sich auch magische Elemente ins Brauchtum eingeschlichen haben. Der Glaube, der in der Liturgie gefeiert wird, erfährt so eine sinnenfällige Gestalt. »Glaube kann im Brauchtum gesehen, gehört, geschmeckt, gefühlt, kurz: begriffen werden. So rückt im Brauchtum eine verkopfte Theologie wieder in Blutnähe, die Emotionen erhalten ihren (rechtmäßigen) Sitz neben der Ratio zurück. Dazu überbrückt das Brauchtum die Kluft, die das pro-fanum vom fanum trennt, das ›Weltliche‹ vom ›Heiligen‹ ... Das Brauchtum holt Gott in den Alltag zurück, macht ihn für eine Volkstheologie wieder in unserem Leben heimisch.«[3]

Im Unterschied zum bürgerlichen Jahr hat das liturgische Jahr seine erlebnismäßige Verankerung im Leben der heutigen Menschen weitgehend eingebüßt, mit Ausnahme des Weihnachtsfestes, das aber nicht mehr als liturgisches, sondern weitgehend als säkularisiertes Fest begangen wird. Lediglich die Schulferien orientieren sich noch kalendarisch an einigen kirchlichen Festen. Der überwiegende Teil der westlichen Bevölkerung lebt nicht mehr mit dem Kirchenjahr, es strukturiert nicht mehr ihr Leben. Kindern und Jugendlichen kann man am ehesten noch über das volkstümliche und kirchliche Brauchtum einen Zugang zu den Festen des Kirchenjahres erschließen; auf diese Weise kann der

Lebensbezug des Kirchenjahres für das Leben der Christen unterstrichen werden. Zur Zeit erleben wir eine Renaissance des Brauchtums, dies sollten wir uns zunutze machen, um den religiös-kirchlichen Ursprung des Brauchtums ins Licht des Bewußtseins zu heben. So erfreut sich der Martins- und Nikolaustag über die Konfessionsgrenzen hinweg großer Beliebtheit und führt viele Kinder mit ihren Eltern in die Kirchen. Die Palmprozession am Palmsonntag übt auf Kinder einen großen Anreiz aus, dem sie sich nicht entziehen können.

In der Familienliturgie könnte das Kirchenjahr einen Widerhall finden. Im Unterschied zum Judentum blieb im Christentum der Kult dem Kirchenraum vorbehalten und war ausschließlich Sache des Priesters; die eigentlichen familiären Feste wie Taufe, Erstkommunion, Hochzeit und Beerdigung finden in der Kirche statt. Dagegen wird der Familie die Vor- und Nachbereitung der Liturgie der Kirche überlassen. Zu Recht meldet gegen diese Praxis P. Ranvez seine Bedenken an: »Wenn die verschiedenen Zeiten und Feste des Kirchenjahres im Familienleben nie ein Echo finden, wird das Kind, wenn es im Schulalter anfängt, eine Kirche zu besuchen und an der Liturgie teilzunehmen, einige Mühe haben, die reiche Bedeutung der Symbole wahrzunehmen.«[4] Zur Vorbereitung der Palmprozession am Palmsonntag werden in vielen Familien Palmbüsche, bestehend aus Buchszweigen, Palmkätzchen und Stechpalmzweigen, festlich geschmückt, die dann von den Kindern in der Prozession getragen werden. Zur Vorbereitung auf die Osterliturgie können mit Kindern Osterkerzen gestaltet werden; das gleiche gilt für das gemeinsame Binden eines Adventskranzes und das Gießen von Adventskerzen. Dieser Vorgang sollte von einem Gespräch über den Sinn des Palmsonntags, der Adventszeit und von Ostern begleitet werden. Am Fest Epiphanie kann eine Haussegnung mit den Kindern vollzogen werden, dazu werden Weihrauch und geweihte Kreide verwandt.[5] Neuere Rahmenrichtlinien und Unterrichtsmaterialien für den Religionsunterricht in der Grundschule orientieren sich am Ablauf des Kirchenjahres, sie wollen deren Bedeutung für das Leben der Christen herausstellen.

Über das Kirchenjahr hinaus gibt es in der Familie Anlässe zu feiern, bei denen getrennt lebende Familienmitglieder wieder einmal zusammenkommen und das Ereignis gemeinsam begehen. Ich denke hier an den Geburtstag, den Hochzeitstag, das bestandene Examen und den Neubezug eines Hauses oder einer Wohnung. Wir würden ihnen nicht gerecht werden, wenn wir sie nur als ein profanes Fest betrachten; auch bei diesen Anlässen werden Tiefenschichten im menschlichen Leben angesprochen. Der Geburtstag erinnert an das Geheimnis des Lebens, das ein Geschenk ist, das der Mensch nicht selbst herstellen kann. Das Haus oder die Wohnung sind ein Symbol für Geborgenheit und Beisammensein, wonach sich jeder Mensch sehnt. Diese Familienfeste können ein nicht unbedeutender Baustein für die große Liturgie sein, in deren Mitte Jesus Christus steht.

6.2 Hinführung zu den Sakramenten und Sakramentalien

Während die traditionelle Sakramententheologie Sakramente als Gnaden- oder Heilsmittel verstand, welche die heiligmachende Gnade mitteilen, und zwar vornehmlich dem einzelnen Gläubigen, vollzieht die neuere Theologie eine Wende, die sich schon vor dem II. Vatikanischen Konzil abgezeichnet hat. Eine sehr dinghafte und heilsindividualistische Sichtweise wird aufgegeben zugunsten einer dialogischen und symbolischen. Sakramente sind nun der Ort, wo Jesus Christus den Gläubigen begegnet und wo die Gemeinschaft der Gläubigen untereinander sich vollzieht. »In den sakramentalen Zeichen, die aus dem Lebensbereich des Menschen genommen sind, begegnet uns Christus und schenkt uns sein Heil ... Der Empfang eines Sakramentes ist deshalb nicht ein Vorgang, in dem man nur ›etwas‹ bekommt, eine Sache von noch so hoher Qualität, sondern das Sakrament zeigt eine persönliche Beziehung an und schafft sie ... Die Sakramente sind Handlungen, in denen Gott dem Menschen begegnet ...«[6] Sie sind kommunikative Handlungen der Kirche, die im Heilsgeschehen von Leben, Tod und Auferstehen Jesu Christi gründen. Deutlich tritt jetzt der ekklesiologische Charakter hervor. Das II. Vatikanische Konzil betont den Zeichencharakter. »Die Sakramente sind hingeordnet auf die Heiligung der Menschen, den Aufbau des Leibes Christi und schließlich auf die Gott geschuldete Verehrung; als Zeichen haben sie auch die Aufgabe der Unterweisung. Den Glauben setzen sie nicht nur voraus, sondern durch Wort und Ding nähren sie ihn auch, stärken ihn und zeigen ihn an; deshalb heißen sie Sakramente des Glaubens.«[7] Die Sakramente als kommunikative Symbolhandlungen verweisen nicht nur auf eine religiöse Wirklichkeit, sie setzen diese auch gegenwärtig (Real-Symbol). So kann A. Schilson behaupten: »Vom Symbol muß die Rede sein, wenn das Sakrament in angemessener Weise zur Sprache gebracht werden soll.«[8] In diesem Sinn erschließt der französiche Theologe L.-M. Chauvet in seinem Buch »Les sacraments« den Sinngehalt der einzelnen Sakramente von der Symbolgestalt her.[9] Das neuere, oder sollte man besser sagen, das ältere, wieder in Erinnerung gerufene Verständnis der Sakramente als »Zeichen des Glaubens, als symbolisch geprägte Vollzüge, in denen sich das christliche Heil zugleich versinnbildet und vermittelt«[10], erweist sich für die Sakramentenkatechese als überaus fruchtbar, hat doch, wie wir sahen, die Religionspädagogik Anfang der 80er Jahre das Symbol als die eigentliche Sprache der Religion wiederentdeckt. Neuere Entwürfe der Sakramentendidaktik von P. Biehl und D. Emeis entfalten die Sakramentenkatechese als Symboldidaktik.[11] Mit Hilfe einer Mystagogie soll die tiefere Bedeutung der sakramentalen Zeichen erschlossen werden; dies geschieht dadurch, daß ihr Symbolcharakter aufgezeigt wird. Nicht nur im Bereich der Wissenschaften zeichnet sich eine Renaissance des Symbols ab, auch innerhalb der modernen Jugendkultur gewinnt das Symbol an Aussagekraft, in ihm verdichtet sich das gemeinsame Lebensgefühl einer Gruppe.

Gerade dieses neu erwachte Interesse an Zeichenhandlungen erleichtert dem modernen Menschen einen Zugang zur Welt der Sakramente, deren Wertschätzung in vielen europäischen Ländern jedoch zurückgeht, ein Zeichen für die Krise des Sakramentenverständnisses. Es empfiehlt sich daher in der Sakramentendidaktik, das einzelne Symbol zum Ausgangspunkt zu nehmen, um von dorther den Sinngehalt der Sakramente zu erschließen. Ein erster Lernschritt besteht daher in der Erschließung der naturalen Symbole. So könnte am Anfang einer Eucharistiekatechese ein gemeinsames festliches Mahl stehen, bei dem die Kinder bzw. Jugendlichen sinnenhaft erleben, was es bedeutet, wenn Menschen sich an einen festlich gedeckten Tisch mit nahrhaften Speisen zusammensetzen und in Freude ein Mahl einnehmen. Zur Erschließung des Sakramentes der Firmung würde man von dem Gestus der Handauflegung ausgehen. Das Auflegen der Hände ist ein Zeichen der Zuwendung, der Übertragung von Kraft und Macht, und eine Geste der Beauftragung. Dieser Aufweis darf sich jedoch nicht mit kognitiven Erklärungen zufriedengeben. Darüber hinaus sollte ein ganzheitliches, sinnenhaftes Erleben angestrebt werden. In einem zweiten Lernschritt geht es dann um die christologische Dimension, sind doch die Einzelsakramente Entfaltung und Konkretisierung der Kirche als Grundsakrament, die ihrerseits ihren Daseinsgrund in Jesus Christus, dem Ursakrament und Ursymbol hat. Mit Hilfe biblischer Texte sollten die Sakramente als Orte der Begegnung mit Jesus Christus nahegebracht werden. Daran würde sich als dritter Lernschritt der Hinweis auf den Gemeinschaftsaspekt des Sakramentes und dessen ekklesiologischer Bedeutung anschließen. Dieser Schritt wird sich aufgrund der Kirchenferne vieler junger Christen als nicht einfach erweisen, er läßt sich oft nur über das persönliche Zeugnis vermitteln. Schließlich sollte auch die soziale und politische Verantwortung aufgezeigt werden, die sich aus der sakramentalen Begegnung mit Jesus Christus im Sinne Dom Helder Camaras ergibt, der die Eucharistie als »Eucharistie der Armen« in seinem eigenen Leben entdeckt hat: Das Brot, das für uns gebrochen wird, das der Herr mit uns teilt, sollen auch wir mit anderen teilen.

»Gebt ihnen zu essen!« (Lk 9,13a). In diesem Zusammenhang erweist sich das Brot als Symbol für die soziale Gerechtigkeit.

An einem Beispiel aus der Eucharistiekatechese möchte ich verdeutlichen, wie der symboldidaktische Ansatz sich für die Hinführung zu den Sakramenten hilfreich auswirken kann. Eine Betrachtung über das Brot will Kinder für den symbolischen und sakramentalen Bedeutungsgehalt des eucharistischen Brotes aufschließen.

Jedes Kind erhält eine Scheibe frisch gebackenen Brotes, die es während der Betrachtung in der Hand hält: »Schaut euch einmal das Brot in eurer Hand an, fühlt es an, zieht einmal den Duft des Brotes mit der Nase ein. Denkt daran, wie dieses Brot entstanden ist. Am Anfang steht das kleine gelbe Weizenkorn, das in die Erde gesenkt wird. Es braucht Wasser und Licht, damit es wachsen kann. Es muß sterben, damit daraus eine Pflanze wird, die nach oben wächst. Jesus hat einmal gesagt: ›Wenn das Weizenkorn nicht in die Erde fällt und stirbt, bleibt es allein. Wenn es aber stirbt, bringt es viele Frucht.‹ Dann kommt die Zeit der Ernte. Aus den vielen Weizenkörnern, die gemahlen werden, wird Mehl. Wasser muß hinzukommen, damit daraus ein Teig wird, der geknetet und in den Backofen geschoben wird. Nach einiger Zeit ist das Brot fertig und kann gegessen werden. Was wir essen, ist die Frucht der Erde und unserer menschlichen Arbeit. Wir denken an die vielen Menschen, die durch ihre Arbeit dazu beigetragen haben, daß wir dieses Stück Brot in Händen halten können, um es zu essen. Himmel und Erde, göttliche und menschliche Kräfte verbinden sich, damit daraus für uns Nahrung wird, die uns sättigt und stärkt.

Brot ist aber auch ein Zeichen für die menschliche Gemeinschaft. Wie aus den vielen Körnern das eine Brot wird, so verbindet das gemeinsame Essen von Brot die Menschen. Mit wem ich mein Brot teile, dem bin ich zugetan, der kann mir nicht mehr gleichgültig sein. Gemeinsam genossenes Brot schafft Gemeinschaft unter den Menschen. So ist Brot mehr als nur Nahrung für den Leib, es schlägt Brücken zwischen Menschen, es wird zum Zeichen für Freundschaft. Jesus hat beim Letzten Abendmahl Brot genommen, darüber das Segensgebet gesprochen und es seinen Jüngern gereicht. Dabei hat er gesagt: ›Nehmt und eßt. Dieses Brot, das bin ich. Ich gebe euch das Brot des Lebens, damit ihr nicht mehr zu hungern braucht. Wer von diesem Brot ißt, wird leben, auch wenn er gestorben ist. Denn ich habe das Leben in mir, das durch den Tod nicht mehr von mir genommen werden kann.‹ Bei diesen Worten dachte er an seinen Tod am Kreuz, aber auch an das neue Leben beim Vater. Nun versteht ihr vielleicht, warum Jesus am Gründonnerstag gerade Brot genommen und es seinen Jüngern gereicht hat. Er will uns mit diesem Brot nähren auf unserem Lebensweg. Durch dieses Brot will er aber auch unter uns Menschen die Verbundenheit stärken und festigen. Daher schreibt der Apostel Paulus in seinem Brief an die Christen in Korinth: ›Ist der Kelch des Segens, über den wir den Segen sprechen, nicht Teilhabe am Blut Christi? Ist das Brot, das wir brechen, nicht Teihabe am Leib Christi? Ein Brot ist es. Darum sind wir viele ein Leib; denn wir alle haben teil an dem einen Brot.‹ Für dieses kostbare Geschenk des scheidenden Herrn sollten wir dankbar sein und immer wieder hinzutreten, um es zu empfangen.

Nicht überall auf der Welt können Menschen sich satt essen, haben sie genügend Brot oder andere Grundnahrungsmittel, die sie zum Leben brauchen. Menschen in Dürre- und Hungergebieten oder Menschen in Elendsgebieten haben nicht einmal das Lebensnotwendige. Sie können sich selbst nicht helfen, sie brauchen unsere Hilfe. Wir sollen unser Brot mit ihnen teilen, ihnen von dem abgeben, was wir haben. Als einmal 5.000 Menschen Jesu Predigt vom Reich Gottes hörten, nahm Jesus fünf Brote und zwei Fische, er sprach darüber ein Segensgebet; dann sagte er zu seinen Jüngern: ›Gebt ihnen zu essen!‹ Sie teilten die Brote und Fische aus und alle wurden satt. Das Brot des Lebens, das Jesus Christus uns in der Eucharistie reicht, will uns die Kraft schenken, mit allen Menschen zu teilen, die sich selbst nicht mehr helfen können. – Wir wollen jetzt die Scheibe Brot essen. Dabei denken wir daran, wie lebenswichtig Brot für den Menschen ist und daran, daß Jesus das Brot des Lebens ist. In diesem Brot schenkt er sich uns. Dieses Brot will mit anderen geteilt werden.«

Die Sakramente dürfen nicht eine vom übrigen Leben abgetrennte Welt, keine Sonderwelt darstellen, sie müssen einen Bezug zum alltäglichen Leben aufweisen. Es muß aufgezeigt werden, wie aus der Feier der Sakramente Kraft für die Bewältigung des Alltags erwächst. Sakramente müssen als Lebens-Mittel erfahren werden. Dieser Lebensbezug müßte schon in den liturgischen Texten deutlich zum Ausdruck kommen. Wenn im »Lauda Sion« des Thomas von Aquin die Eucharistie als »panis angelorum«, als Engelsspeise, besungen wird, dann verrät diese Sprache eine Spiritualität, die den Menschen als sinnenhaftes erdverbundenes Wesen nicht ernst nimmt. Die Eucharistie als »Brot des Lebens« ist vielmehr ein Wegbegleiter durch das Leben, sie ist Nahrung und Medizin für den Menschen, der nicht allein vom irdischen Brot lebt, der noch unterwegs ist, dem verheißenen Ziel entgegengeht, und zwar nicht als isoliert einzelner, sondern in der Gemeinschaft der anderen Erdenpilger.

Die Hinführung zu den Sakramenten ist primär eine Aufgabe der Gemeinde, der Schule fällt dabei nur eine ergänzende und vertiefende Funktion zu. Seit der Einführung der Gemeindekatechese fühlt sich die Pfarrei verantwortlich für die Sakramentenkatechese. In ihren Dienst stellen sich haupt-, neben- und ehrenamtliche Katecheten, die überschaubare Gruppen von Kindern und Jugendlichen in die Sakramente einführen. Das vorwiegend ehrenamtliche Engagement von gläubigen Christen in der Sakramentenkatechese kann in den Augen der Heranwachsenden eine Zeugenfunktion annehmen. Es macht sie stutzig, daß z.B. ein angesehener Kaufmann einer Stadt eine Firmgruppe übernommen hat. Die Jugendlichen fragen sich, warum übernimmt dieser Mann diese ehrenamtliche Aufgabe? »Das haben Sie doch gar nicht nötig!« Das selbstlose Engagement eines Ehrenamtlichen läßt sie vielleicht erahnen, welche Bedeutung das Sakrament der Firmung für diesen Christen hat.

Die ehrenamtlichen Mitarbeiter in der Gemeindekatechese werden durch ihren katechetischen Dienst auch selbst tiefer in das gefeierte Geheimnis eingeführt, ihr sakramentaler Glaube erfährt eine Bereicherung und Verlebendigung. Ihnen wird auf diesem

Wege ein neuer Zugang zur Welt der Sakramente erschlossen, die sie jetzt fruchtbarer und mit größerem geistlichen Gewinn mitfeiern können.

Neben der Gemeinde beteiligt sich auch der schulische Religionsunterricht an der Hinführung zu den Sakramenten der Buße, Eucharistie, Firmung und Ehe; zugleich kann er aber auch die Ersteinführung in späteren Jahren vertiefen. Im Rahmen des schulischen Religionsunterrichts sind der Sakramentendidaktik jedoch Grenzen gesetzt, das einzelne Sakrament kann hier kaum ganzheitlich erlebt werden, der Schwerpunkt wird daher auf dem Verstehen des sakramentalen Geschehens liegen. Zwischen Gemeinde und Schule muß beim Sakramentenunterricht eine enge Kooperation erfolgen; dabei müssen die jeweiligen Schwerpunkte abgesprochen werden, damit es zu keinen Überschneidungen oder unterschiedlichen Darstellungen kommt. Der Religionsunterricht in der Schule könnte die biblischen Kontexte für das Verständnis der Einzelsakramente aufzeigen und mit den Schülern bedenken, z.B. die alttestamentliche Mahltypologie, die neutestamentliche Erzählung von Jesu Sündermählern sowie die verschiedenen Einsetzungsberichte des Abendmahls und die paulinischen Aussagen über die Eucharistie. Ihm fällt eine eher systematische Darstellung der Sakramente zu, er kann den Zusammenhang zwischen den einzelnen Sakramenten und der Kirche Jesu Christi erhellen. Als Beispiel dafür sei das Unterrichtswerk für das 7./8. Schuljahr »Wege des Glaubens« genannt. Es enthält ein eigenes Kapitel zu den sieben Sakramenten und trägt die Überschrift: »Geheimnisvolle Zeichen«.[12]

Neben den eigentlichen sieben Sakramenten kennen wir noch andere gottesdienstliche Zeichen, die wir »Sakramentalien« nennen, sie können verstanden werden »als Vorfeld und Ausweitung der Sakramente auf die gesamte menschliche Wirklichkeit hin«.[13] Sie sind nach dem Konzil »heilige Zeichen, durch die in einer gewissen Nachahmung der Sakramente Wirkungen, besonders geistlicher Art, bezeichnet und kraft der Fürbitte der Kirche erlangt werden. Durch diese Zeichen werden die Menschen bereitet, die eigentliche Wirkung der Sakramente aufzunehmen.«[14] Zu diesen

Sakramentalien zählen Segnungen und Weihen, aber auch die Zeremonien, welche die Sakramente umgeben. Auch sie sind Zeichen des Heilshandelns Gottes und stellen eine Antwort des Menschen dar. Auf diese Zeichen kann die Liturgie nicht verzichten, zumal von ihnen oft die Gläubigen am unmittelbarsten berührt werden; sie dringen in das alltägliche und häusliche Leben der Gläubigen ein.

Seit den 70er Jahren bemerkt man eine Revitalisierung des religiösen Brauchtums, nicht nur in Südamerika, sondern auch in unseren Breitengraden. So kommt der Weihrauch wieder im Gottesdienst zu Ehren, junge Menschen betreiben fast schon einen Kerzenkult. Vergessene Segnungen (wie die Kräuterweihe) und andere Bräuche erfahren eine Renaissance, z.B. Wallfahrten, Prozessionen, Bittgänge, Sternsingen mit Häuserweihe, Martinsumzüge und vieles andere mehr, das schon totgesagt war, feiert fröhliche Wiederauferstehung. Fronleichnamsprozessionen, die in manchen Pfarreien schon abgeschafft worden waren, werden neu belebt.

Auf der einen Seite drückt sich darin ein gläubiges Vertrauen in die Segensmacht Gottes aus; allzu leicht erliegen sie aber auch der Gefahr des magischen Mißbrauchs. Dieser Gefahr können wir dadurch entgehen, daß wir sie als Ausdrucksformen des Glaubens interpretieren. Bedeutsam ist der Hinweis der Würzburger Synode, »daß alle Sakramente, Sakramentalien, Weihen und Segnungen ihre Kraft aus dem österlichen Geheimnis des Todes und der Auferstehung Christi schöpfen.«[15] Die Sakramentalien sprechen stärker die emotionale Schicht des Menschen an und bewahren so die Frömmigkeitsübung vor einer zu starken Intellektualisierung. Auf diese Weise gewinnen Liturgie und Glaube einen konkreten Sitz im Leben, sie werden stärker geerdet. Das ganze Leben der Menschen und nicht nur die sog. Knotenpunkte menschlicher Existenz werden so unter die Segensmacht Gottes in der Kirche gestellt; sie schließen alle Bereiche der Welt ein und sparen auch nicht die modernen technischen Erfindungen aus; auf diese Weise wird »das Leben in seinen verschiedenen Gegebenheiten geheiligt.«[16]

6.3 Vorbereitung eines Schulgottesdienstes

H. Rupp definiert den Schulgottesdienst so: »Als Schulgottesdienst sollen hinfort Gottesdienste verstanden werden, die in Verantwortung der Schule als schulische Veranstaltung durchgeführt werden. Sie sollen in der Regel für alle Schüler einer Schule angeboten werden. Im Einzelfall sollen Schulgottesdienste auch für einzelne Klassenstufen und einzelne Klassen durchgeführt werden. Die Teilnahme muß auf jeden Fall freiwillig sein. Die Schule ist auf jeden Fall aufsichtspflichtig. Dies soll unabhängig von dem Ort des Gottesdienstes sein. Die inhaltliche Verantwortung soll bei den Religionslehrern einer Schule, die organisatorische bei der Schulleitung liegen.«[17]

Im 18. und 19. Jahrhundert entwickelte sich im Zusammenhang mit der Einführung der allgemeinen Schulpflicht der Schulgottesdienst, und zwar zunächst in kirchlichen Internatsschulen. Eine kurze Andacht stand am Beginn des Unterrichtes. Der gegenwärtige Schulgottesdienst hat seine rechtliche Grundlage in Runderlassen einiger Bundesländer, die sich auf das Reichskonkordat von 1933 und den Artikel 7 des Grundgesetzes stützen. In der Regel wird er in die erste Unterrichtsstunde gelegt und häufig klassen-, jahrgangs- oder stufenweise gefeiert. Dabei soll der ganze Formenreichtum des Gottesdienstes ausgeschöpft und für die Schüler/innen erlebbar gemacht werden; so kann eine einseitige Fixierung auf die Eucharistie vermieden werden. Oft wird dieser Gottesdienst im Rahmen des Religionsunterrichts abgehalten, was nicht unproblematisch ist; denn die freiwillige Teilnahme der Schüler/innen ist hier nicht mehr gewährleistet, auch werden die Schüler/innen mit sehr unterschiedlichen Einstellungen und Motivationen an diesem Gottesdienst teilnehmen. Weniger problematisch dagegen ist der Schulgottesdienst, der innerhalb der Schulseelsorge stattfindet, er stellt ein freiwilliges Angebot an Schüler/innen dar, die über den Religionsunterricht hinaus an einem Austausch über religiöse Fragen und am Vollzug des Glaubens interessiert sind.

Ich möchte in diesem Zusammenhang nicht näher auf die gegenwärtige Situation und Problematik dieser Einrichtung in der modernen, pluralen Schule eingehen, dazu habe ich mich bereits an anderer Stelle geäußert.[18] Vielmehr möchte ich die Aufmerksamkeit auf die Phase der Vorbereitung von Schulgottesdiensten richten, weil hier Schüler/innen für den gottesdienstlichen Vollzug sensibilisiert werden können, eine Chance, die oft noch viel zu wenig genutzt wird.

Wenn Schüler/innen einen Gottesdienst selbst vorbereiten dürfen, dann gewinnen sie eine andere Beziehung zum Gottesdienst; denn er trägt ihre Handschrift, es ist ihr Gottesdienst. Im allgemeinen haben sie den Eindruck, daß ihnen im Gottesdienst etwas vorgesetzt wird, das andere sich für sie ausgedacht haben und daher auch ihre Lebensprobleme nicht aufgreift. Hier im Schulgottesdienst aber kommen sie in dem von ihnen vorbereiteten und gestalteten Gottesdienst selbst vor. Daher ist auch ein Teil der Schüler/innen bereit, sich an der Vorbereitung aktiv zu beteiligen. Diese Phase ist für die allgemeine religiöse Erziehung und speziell für die liturgische Bildung und Erziehung bedeutsam. So mancher Jugendlicher hat durch die Vorbereitung von Gottesdiensten einen Zugang zum gottesdienstlichen Geschehen gefunden und ist in ihm heimisch geworden. Bei der Auswahl der biblischen Texte, aber auch bei der Formulierung der Gebete einschließlich der Fürbitten bieten sich Anlässe, über Gott und den eigenen Glauben zu sprechen. Dabei wird die Verbindung zwischen dem Gottesglauben und dem eigenen Leben im Vordergrund stehen. Bei der Vorbereitung eines Schulgottesdienstes haben die Kinder und Jugendlichen die Möglichkeit, den Gottesdienst und ihr eigenes Leben in Beziehung zu setzen, eine Forderung, die sie immer wieder an den offiziellen Gottesdienst stellen. Darüber hinaus können sie dem Gottesdienst eine ganzheitliche Note verleihen und ihn vor kognitiver Einseitigkeit bewahren. Die emotionalen Kräfte und Sinne können so stärker angesprochen und aktiviert werden. Bei der Durchführung von Schulgottesdiensten, wenn diese nicht in einer Kirche oder Kapelle stattfinden, ist sorgsam auf die Raumgestaltung und Ausschmükkung zu achten. Auch der Raum trägt zur liturgischen Sensibilisierung bei. Die Atmosphäre eines Raumes wirkt sich auf die Mitfeier des Gottesdienstes aus. Besonders sterile Klassenräume – das gleiche gilt auch für die Pausenhalle oder Aula der Schulen – müssen mit viel Phantasie ein wenig festlich hergerichtet werden, damit der Festcharakter des Gottesdienstes erfahren werden kann. Nicht weniger bedeutsam ist die Art und Weise, wie der Vorsteher des Gottesdienstes agiert, zelebriert und die anderen Rollenträger im Gottesdienst sich verhalten. Bei der Frage nach der Verlaufsplanung des Gottesdienstes werden sie vertraut gemacht mit dem Aufbau des Gottesdienstes, sei es eines Wortgottesdienstes oder einer Eucharistiefeier. Die Strukturelemente der eucharistischen Feier oder des Wortgottesdienstes und der Aufbau eines priesterlichen Amtsgebetes können ihnen auf diese Weise nahegebracht werden. Bei der Formulierung der Fürbitten müssen deren Formgesetze beachtet werden, dies gilt auch für die Verteilung der verschiedenen Rollen im Gottesdienst: Welche Rolle übernimmt der Priester als Vorsteher im eucharistischen Gottesdienst, welche der Lektor, der Kantor, und welche Rolle können die Schüler selbst übernehmen? Im Gespräch über die ausgewählten Perikopen leuchtet die Bedeutung der Heiligen Schrift im Gottesdienst auf, die nicht durch nichtbiblische Lesungen ersetzt, wohl aber ergänzt werden kann. In der vorbereitenden Phase werden den Kindern und Jugendlichen die Augen aufgehen für die Spannung zwischen den vorgegebenen Elementen des Gottesdienstes und den Möglichkeiten eigener kreativer Gestaltung. Wenn sich Schüler/innen auf diesen Prozeß der Gottesdienstvorbereitung einlassen, dann wächst ihr Verständnis für die Eigenart und den Anspruch des Gottesdienstes als Dialog zwischen Gott und Mensch.

Schüler/innen neigen heute allerdings dazu, den Gottesdienst zu verzwecken; das zeigt sich in ihrer Vorliebe für sog. thematische Gottesdienste, deren Themen aus ihrem Leben gewählt werden und in den Mittelpunkt rücken. Diese Themen werden nach aktuellen Gesichtspunkten ausgesucht, z.B. Krieg und Frieden, Tierversuche, Arbeitslosigkeit, Schulstreß, Angst, Selbstmord,

Freundschaft usw.; sie eignen sich oft nicht für einen Gottesdienst, am wenigsten für einen eucharistischen Gottesdienst, sondern eher für eine Diskussion. Bei diesem Ansatz ist die Gefahr der Kopflastigkeit und des Moralisierens sehr groß. Dagegen rückt das Evangelium in den Hintergrund und steht oft kaum in Beziehung zu den gewählten Themen. Bei diesem Ansatz kann der Gottesdienst nicht als Fest und heiliges Spiel vor Gott erlebt werden, eher droht die Gefahr, daß der Mensch sich selbst feiert, sich selbst und seine Probleme in den Mittelpunkt rückt. Gott wird nur benötigt zur Lösung der menschlichen Probleme. Es dürfte nicht leicht sein, den Blick der Schüler/innen zu schärfen für die kultische Dimension des Gottesdienstes, wo Gott und seine Verehrung im Mittelpunkt steht. Sie müssen sensibilisiert werden für das Dankgebet und das Gotteslob. So kann die gemeinsame Vorbereitung des Schulgottesdienstes zum Anlaß werden, über grundlegende Fragen des Gottesdienstes ins Gespräch zu kommen: Wer dient wem? Wer und was wird gefeiert? Wer und was stehen im Mittelpunkt des Gottesdienstes? Der Mensch mit seinen Sorgen, Ängsten und Sehnsüchten oder das Heilsgeschehen (Pascha-Mysterium)? Wie kann beides miteinander in Beziehung gesetzt werden?

Der Religionslehrer wird für dieses Gespräch bei der Vorbereitung eines Schulgottesdienstes eine erhebliche liturgische Kompetenz besitzen müssen, die aufgrund seiner religionspädagogischen Ausbildung im allgemeinen nicht vorhanden sein dürfte. Oft hat er selbst Schwierigkeiten mit der Liturgie und steht ihr fremd gegenüber. Der Religionslehrerstudent ist während seines Theologiestudiums nicht oder kaum mit der Liturgik in Berührung gekommen. Chr. Bizer beklagt auf evangelischer Seite das gleiche didaktische Defizit: »Unser didaktisches Denken zuckt vor dieser Schwelle liturgischen Handelns für gewöhnlich zurück und spart diesen im strikten Sinn als kirchlich empfundenen Bereich des Umgangs mit dem Heiligen aus, um nicht selber dem Verdikt kirchlicher Enge zu verfallen.«[19] Gleichwohl sollte der Religionslehrer die Chance nutzen, über die Vorbereitung von Schulgottesdiensten Kinder und Jugendliche näher an die

Liturgie heranzuführen. Zuvor muß er sich selbst aber kundig gemacht haben.

Viele unserer Schüler/innen sind noch nicht eucharistiefähig, für sie würde die Mitfeier einer Schulmesse eine Überforderung bedeuten, außerdem sind hier die Gestaltungsmöglichkeiten eingeschränkt und würden den Schüler/innen bei der Gestaltung Fesseln anlegen. Daher verdienen nichteucharistische Gottesdienste den Vorzug, weil hier die Schüler/innen über einen größeren Freiraum verfügen, auch kann hier ihre eigene Lebens- und Glaubenssituation noch deutlicher zur Sprache kommen. Diese Form legt sich schon aus dem Grunde nahe, da über die Hälfte der Schulgottesdienste ökumenisch ausgerichtet sind.[20] Zu diesen nichteucharistischen Gottesdiensten zählen u.a.: Wortgottesdienst, Bußgottesdienst, Meditationsgottesdienst, Taizé-Gebet, Frühschicht, 5-Minuten-Gebet, Liturgische Nacht, Friedensgebet.[21] Diese Gottesdienstformen können die Voraussetzungen für die spätere Mitfeier der Eucharistie schaffen.

Aber nicht nur Schülerinnen und Schüler beteiligen sich an der Vorbereitung und Gestaltung von Gottesdiensten; in den Gemeinden haben sich vorbereitende Teams von Erwachsenen gebildet, die einen Kinder- bzw. Familiengottesdienst im Wechsel vorbereiten. Das ist für die Gemeinde wie auch für die Beteiligten ein Gewinn; denn jetzt werden sie mit dem Geheimnis der Liturgie und deren Baugesetzen vertrauter. Diese Vorbereitung auf den Gottesdienst ist eine Art Vorschule der Liturgie, sie leistet einen Beitrag zur liturgischen Bildung von Gemeindemitgliedern.

6.4 Liturgie und Didaktik

Die Begriffe »Liturgie« und »Didaktik« beschreiben ein spannungsreiches Verhältnis, das von Abwehrmechanismen und Abgrenzungsversuchen nicht ganz frei ist. Die Liturgik wehrt sich gegen eine pädagogisch-katechetische Verzweckung. Es ist nicht zu leugnen, daß viele religiöse Erzieher die Liturgie als religionspädagogische bzw. katechetische Spielwiese betrachten. Religiöse Lernprozesse werden in die Liturgie hineingetragen, gelegentlich wird sie zu einem rein katechetischen Lernfeld, so daß ihr eigentliches Wesen nicht mehr zum Vorschein kommt. Unübersehbar sind auch die Berührungsängste zwischen den Vertretern beider wissenschaftlicher Disziplinen, denen es offensichtlich schwerfällt, in einen fruchtbaren Gedankenaustausch einzutreten. Im deutschen Sprachraum sind zwei Begegnungen (1981 und 1983) durchgeführt worden, die bezeichnenderweise keine Fortführung gefunden haben, obwohl hinreichend Gesprächsbedarf besteht. Der schulische Religionsunterricht grenzt sich von der Katechese dadurch ab, daß dieser die Einübung in religiöse und gottesdienstliche Vollzüge zugeordnet wird, während der Unterricht in der Schule im Zeichen von Information und Verstehen steht. Diese arg schematische Aufgabenverteilung – ein Erbe des 19. Jahrhunderts – ist jedoch höchst fragwürdig und nicht befriedigend, sie wird weder der Katechese noch dem Religionsunterricht gerecht. Die Didaktik kann sich nicht mit der rationalen Durchdringung des Unterrichtsgegenstandes begnügen, das würde zu einer Rationalisierung und Blutleere des Unterrichts führen. Besinnt sich die Schule auf die Impulse der Reformpädagogik, dann haben Erfahrung, Gestalt und Ganzheitlichkeit des Lernens durchaus hier ihren legitimen Ort.[22] Man fordert heute wieder eine Schulkultur, zu der auch Feste und Feiern gehören. Es wäre daher paradox, wollte der Religionsunterricht sich diesem Verlangen verschließen mit dem Verweis auf seinen Wissenschaftscharakter; gerade von ihm kann ein hilfreicher Beitrag zum Schulleben erwartet werden. Immer wieder drängt der Religionsunterricht zum Vollzug dessen, was gemeinsam bedacht worden ist, daher haben meditiative Elemente, die Feier, das Gebet und gottesdienstliche Vollzüge auch Platz in der Schule, vorausgesetzt, es gibt auf seiten der Schüler/innen eine gewisse Offenheit dafür. Der schulische Religionsunterricht darf das Thema »Gottesdienst« nicht aus seinem Programm streichen, weil dieser ein wesentlicher Lebensvollzug der Kirche, eine Ausdrucksform des Glaubens ist, die nicht auf den Kirchenraum beschränkt bleiben sollte. Die gottesdienstlichen Vollzüge müssen daher im Religionsunterricht unterrichtlich behandelt werden. Dazu zählen u.a.: die heiligen Zeichen, die katechetischen Feiern, die Musik als Form des gemeinsamen Gotteslobes und die unterrichtliche Behandlung der Liturgie.

Die Notwendigkeit einer liturgischen Unterweisung unterstreicht die Liturgiekonstitution. So heißt es in Nr. 14: »Diese volle und tätige Teilnahme des ganzen Volkes ist bei der Erneuerung und Förderung der heiligen Liturgie aufs stärkste zu beachten, ist sie doch die erste und unentbehrliche Quelle, aus der die Christen wahrhaft christlichen Geist schöpfen sollen. Darum ist sie in der ganzen seelsorglichen Arbeit durch gebührende Unterweisung von den Seelsorgern gewissenhaft anzustreben.«[23] Um diese Unterweisung ist es jedoch in Gemeinde und Schule schlecht bestellt. In einer Leserzuschrift vom 17.3.1985 in der Zeitschrift »Christ in der Gegenwart« wird gefragt: »Seit der Religionsunterricht kein Verkündigungsunterricht mehr ist, kommt dort Liturgie kaum noch vor. In der Gemeindekatechese wird zumeist nur über die Hinführung zu den Sakramenten gesprochen. In der Predigt steht die Schriftauslegung obenan, auch da kommt eine Hinführung zur Liturgie nur selten vor. Wo also erfährt ein Kind, ein Jugendlicher, ein älteres Gemeindemitglied noch etwas über Sinn und Gehalt liturgischer Vollzüge?« Ein Blick in Rahmenrichtlinien und Unterrichtswerke für den Religionsunterricht legt dieses Defizit offen. Der Gottesdienst wird nur im Zusammenhang mit den Sakramenten und hier vor allem mit der Eucharistiefeier thematisiert. Dabei finden in der Regel die anderen Gottesdienstformen keine Beachtung. Eine Ausnahme bildet das Unterrichtswerk »Religion in der Hauptschule« für das 7. Schuljahr. Hier weitet sich der Blick für die reiche Vielfalt gottesdienstlicher Feiern der Kirche.[24] Das von H. Halbfas konzipierte »Religionsbuch für das 5./6. Schuljahr«[25] erwähnt den Gottesdienst nur mit wenigen Zeilen. Dagegen wird das soziale und politische Engagement der Gemeinde ausführlich dargestellt, mit einer eindeutigen Option für die Diakonie. Zwar ist im Schülerbuch die Rede vom »innersten Punkt«, von der »Mitte, aus der die Gemeinde (hoffentlich) lebt«, aber wo diese Mitte zu suchen ist, wird nicht eigens gesagt, diese Suche bleibt Lehrern und Schülern überlassen. Auch das Lehrerhandbuch schweigt sich über die Mitte kirchlichen Lebens aus. Die nachfolgenden Texte weisen jedoch auf die Bibel und »Hilfsbereitschaft und Barmherzigkeit gegenüber sozial Schwachen« hin. Wenn auch dieses Unterrichtswerk nicht repräsentativ ist, zumindest signalisiert es ein weit verbreitetes religionspädagogisches Defizit an liturgischer Unterweisung, das sich auch allerorten in der gegenwärtigen Religionspädagogik feststellen läßt. Wenn die Autoren von Religionsbüchern so wenig Interesse am gottesdienstlichen Geschehen zeigen, was dürfen wir dann von den Religionslehrer/innen und ihren Schüler/innen erwarten? In keinem mir zugänglichen Unterrichtswerk wird der Versuch unternommen, den Gottesdienst als solchen zu beleuchten, der sich ja nicht in der Eucharistiefeier und in den Sakramenten erschöpft; auch finden die Sakramentalien kaum Erwähnung.

Die Schwierigkeiten einer Behandlung der Liturgie im Religionsunterricht erwachsen aus der Tatsache, daß die überwiegende Zahl der Kinder und Jugendlichen über keine Erfahrungen mit dem Gottesdienst mehr verfügen, daß für sie der Gottesdienst eine terra incognita ist. Daher rangiert auch die Gottesdienstthematik in der untersten Hälfte der beliebten Themen bei den Schülern. Einen ersten Zugang zur Welt des Gottesdienstes kann über die Behandlung des Rituals erfolgen, das den Schülern vertraut ist; es begegnet ihnen bei Pop- und Rockkonzerten und bei Sportveranstaltungen (insbesondere bei der Olympiade). Mit Hilfe einer Didaktik des Rituals kann ein erster Zugang zur Liturgie angebahnt werden, die ein rituelles Geschehen besonderer Art ist. Eine solche Didaktik ist ein religionspädagogisches Desiderat und bedarf noch der Ausarbeitung. Sie kann heutige Menschen wieder für die Kunst, Gott zu feiern, sensibilisieren.

Eine Liturgiekatechese als Aufgabe von Gemeinde, Schule und Erwachsenenbildung muß zunächst den Gottesdienst in seiner dialogischen, personalen und ekklesiologischen Dimension zum Thema machen, sie müßte mit dem konziliaren und nachkonziliaren Verständnis vom Gottesdienst vertraut machen. Wenn die Kirche bzw. die Gemeinde unterrichtlich behandelt wird, liegt es nahe, ausführlich den Gottesdienst als zentralen Lebensvollzug der Kirche zu beleuchten, ihn aber nicht auf Sakramente und Eucharistie zu beschränken. Zur Liturgie zählen darüber hinaus: die Sakramentalien, das Kirchenjahr, das Stundengebet, Wortgottesdienste, Andachten und Prozessionen, sofern sie öffentlichen Charakter haben. Nicht alle Formen müssen gleichgewichtig und ausführlich behandelt werden, aber der ganze Umfang der Liturgie sollte ins Bewußtsein gehoben werden. Heranwachsende sollten mit neuen Gottesdienstformen bekannt gemacht werden, möglichst sollten diese mit ihnen auch praktiziert werden: Früh- und Spätschicht, Laudes, Jugendkreuzweg, Jugendwallfahrten, liturgische Nacht und Emmausgang. In diesem Zusammenhang verdient auch das neue geistliche Liedgut besondere Beachtung, auch wenn es auf vehemente Kritik von seiten der Kirchenmusiker und moderner Komponisten (z.B. H. Zender) gestoßen ist, mit der man sich ernsthaft auseinandersetzen muß. Dieses Liedgut findet bei jungen Menschen breite Zustimmung. Über diese Lieder finden sie gelegentlich auch Zugang zum Gottesdienst. Dieser Musik liegen nicht selten gehaltvolle Texte aus der Feder namhafter christlicher Autoren zugrunde, mit denen zu beschäftigen sich lohnt (W. Willms, L. Zenetti, A. Albrecht, J. Klepper, D. Bonhoeffer, R. O. Wimmer).

Der Erwachsenenbildung fällt die Aufgabe zu, zunächst das neue konziliare und nachkonziliare Verständnis von Liturgie interessierten Teilnehmern zu vermitteln; darüber hinaus müßte sie auch den Blick schärfen für die Krise des Gottesdienstes, der von vielen aufmerksamen Zeitgenossen als »kulturelle Verhaltensanomalie« (G. Aeschbacher) empfunden wird (Verkündigungssprache, klischeehaft gewordene Symbole, fehlender Lebensbezug, klerikalistische Liturgie, Wortüberflutung ...). Katholische Akademien könnten zu einem Ort werden, wo darüber nachgedacht wird, wie im dritten Jahrtausend Gott ansprechend und glaubwürdig gefeiert werden kann, damit der moderne Mensch mit seiner Wahrheit im Gottesdienst stehen kann. Auch dies gehört zu den Aufgaben liturgischer Bildung und Erziehung, daß man sich nicht mit der gewachsenen und erneuerten Liturgie zufriedengibt, sondern auch die Zukunft der Liturgie bedenkt und vorbereitet. Diese Aufgabe sollte nicht allein den Fachleuten überlassen bleiben; denn der Gottesdienst geht alle Getauften an; sind sie doch Träger und Subjekte des Gottesdienstes.

6.4.1 Katechetische Feiern

Der französischen Katechetik verdanken wir die katechetischen Feiern, auch »célébrations« genannt. 1951 ist in französischer Sprache das Buch von F. Lelubre und A. Laurentin »Einführung der Kinder in die Liturgie« erschienen, das 1965 in die deutsche Sprache übersetzt wurde.[26] Einige Jahre später veröffentlichten J. Orchampt und A. Polaert das Buch »Liturgie mit Kindern. Wortgottesdienste zur Einführung«.[27] Es stellt eine Weiterentwicklung der von Lelubre und Laurentin praktizierten Methode dar, Kinder in die Welt der Liturgie einzuführen. Die diesen beiden Publikationen zugrundeliegende liturgisch-katechetische Methode wurde 1951 in Paris am »Institut supérieur de Pastorale catéchétique« (ISPC) von P. Coudreau entwickelt und ist vor allem in Frankreich und Holland unter dem Begriff »katechetische Zelebration« weit verbreitet. Bei den Bemühungen, Kinder auf die Mitfeier der Eucharistie vorzubereiten, stieß man in Frankreich auf das Problem, daß ungefähr die Hälfte der Kinder, die am Religionsunterricht bzw. an der Katechese teilnahmen, noch nie etwas von Gott, geschweige denn von Jesus Christus gehört hatten, Dreiviertel von ihnen hatte noch nie gebetet. Der größte Teil der an der Pfarrkatechese teilnehmenden Kinder stand der Kirche fern; auf die Hilfe ihrer Eltern bei der Hinführung zur Liturgie konnte daher nicht gerechnet werden. Die Situation mag in Frankreich noch dramatischer sein als in Deutschland, allmählich nähern wir uns auch den französischen Verhältnissen, was jede Grundschullehrerin bestätigen kann, die es mit Erstklässlern zu tun hat, auch sie begegnet immer mehr Kindern ohne jegliche religiöse Praxis. Diese Situation hat zur Entwicklung der sog. Zelebrationen geführt. Sie sollen zum Verständnis und vor allem zur Mitfeier der Gemeindeliturgie, insbesondere der Eucharistiefeier, hinführen. Dabei soll im Unterschied zum Religionsunterricht die Atmosphäre der Liturgie gewahrt bleiben; so ist etwa bei der Verkündigung des Gotteswortes eine Prozession mit dem Evangeliar vorgesehen, an der sich die Kinder beteiligen. Die Kinder sind keine stummen Zuschauer, sondern Mitfeiernde. Die katechetischen Feiern bilden eine Brücke zwischen Religionsunterricht und Gemeindegottesdienst. Dem Religionsunterricht entnehmen sie die Themen und die Sprache, der Liturgie die Zeichen, Formeln und Handlungen. In jeder Zelebration soll die Aufmerksamkeit der Kinder auf ein einziges Element der Liturgie gelenkt werden, das handelnd erschlossen wird, z.B. das Kreuzzeichen, das Weihwasser, das Licht (Kerze), Brot und Wein, der Segen ... . Einen besonderen Rang erhält dabei die Bibel, in jeder katechetischen Feier wird eine biblische Lesung vorgetragen und ausgelegt. Folgende Elemente begegnen uns in der katechetischen Feier: Gebet, Lesung und Ansprache, Geste, Lied, Prozession und Segen.

Der schulische Rahmen des Religionsunterrichts eignet sich nicht für diese Form der Hinführung zur Liturgie, weil die dafür erforderliche Atmosphäre fehlt. Sie hat daher ihren Platz in der Gemeindekatechese für jüngere Kinder bei der Vorbereitung auf die Erstkommunion, z.B. im Rahmen der sog. katechetischen Nachmittage; aber auch Parallelgottesdienste für kleinere Kinder am Sonntag bieten sich hierfür an. Für die Zelebrationen benötigt man einen gottesdienstlichen Raum, eine Kapelle oder eine Kirche, hier können Kinder etwas von der Atmosphäre wahrnehmen, die den Gottesdienst prägt; auf diese Weise werden sie mit dem Raum vertraut, in dem die Gemeindeliturgie gefeiert wird.

6.4.2 Heilige Zeichen

Die Liturgie stellt einen Kosmos heiliger Zeichen dar, in sichtbaren Zeichen und Zeichenhandlungen wird das Heilsmysterium gefeiert. Eine Liturgie ohne Zeichen, Gebärden und zeichenhafte Handlungen wäre ein Unding. Die Körperhaltung beeinflußt ganz entscheidend die innere Haltung, daher ist es nicht gleichgültig, in welcher Weise die Zeichen vollzogen werden. Eine nachlässige äußere Haltung beim Beten hat Auswirkungen auf das Gebet, sie beeinträchtigt die Öffnung des Menschen zu Gott hin; denn es ist der ganze Mensch, der betend seinem Glauben Ausdruck verleiht.

Zum fruchtbaren Mitvollzug der Liturgie gehört daher eine gewisse Vertrautheit mit den in der Liturgie verwendeten Zeichen und Zeichenhandlungen. Diese können wir aber heute nicht mehr voraussetzen. Sie werden vielmehr oft als Äußerlichkeiten und »Fitness-Übung« diskreditiert und finden so nicht mehr die nötige Aufmerksamkeit. Die Kniebeuge wird nur noch in Gestalt eines Knickses angedeutet, das Kreuzzeichen hastig vollzogen, statt zu schreiten, läuft man zum Altar und verzehrt die Hostie auf dem Rückweg in die Bank. Die tiefere Sinnhaftigkeit dieser Zeichen muß aufgezeigt und ihr Vollzug eingeübt werden; durch das Bewußtmachen des Sinngehaltes der Zeichen kann der Erlebnisgehalt vertieft werden. Dafür stehen uns Erschließungshilfen in reichem Ausmaß zur Verfügung; sie alle verdanken entscheidende Impulse dem kleinen Büchlein von R. Guardini »Von heiligen Zeichen«, das ein Klassiker geworden und bis heute unübertroffen geblieben ist. Mit großem Einfühlungsvermögen werden hier die heiligen Zeichen aufgeschlüsselt. Guardini hilft uns, »an der leibhaftigen Gestalt das Innere abzulesen; am Leib die Seele; am irdischen Vorgang das Geistlich-Verborgene. [...] Es gilt also vor allem, jenen lebendigen Akt zu lernen, mit dem der glaubende

Mensch die ›heiligen, sichtbaren Zeichen unsichtbarer Gnade‹ auffaßt, empfängt, vollzieht. Um ›liturgische Bildung‹ handelt es sich in erster Linie, nicht um – davon natürlich nicht zu trennende – liturgische Belehrung. Um eine Anweisung, um eine Anregung wenigstens, zu lebendigem Schauen und Vollziehen der ›heiligen Zeichen‹«.[28] Wir dürfen uns allerdings nicht damit begnügen, die Bedeutung der einzelnen Zeichen und Gebärden aufzuzeigen, die lebendige Anschauung muß hinzutreten. Die mit liturgischen Aufgaben Betrauten müssen erkennen lassen, wie man schreitet, die Arme erhebt, die Knie beugt, aufrecht steht, sich an die Brust schlägt usw. Wir brauchen lebendige Modelle für den ehrfürchtigen Umgang mit den heiligen Zeichen und Handlungen.

7. *Die Liturgie als Ort des Feiernlernens*

7.1 Die mystagogische Liturgie

Wenn von liturgischer Bildung und Erziehung die Rede ist, dann verbindet man damit vornehmlich all die Bemühungen, die zu einem besseren und tieferen Verständnis der Liturgie hinführen wollen; dabei wird nicht selten außer acht gelassen, daß die Liturgie selbst ein vorzüglicher Ort des Glaubenlernens ist, daß Menschen immer wieder durch den Vollzug eines lebendigen Gottesdienstes zum Glauben geführt worden sind. Sie haben dadurch gelernt, den Gottesdienst mitzufeiern und sind so im Gottesdienst heimisch geworden. »Mehr als ein Pfarrer erzieht das gottesdienstliche Leben«, bemerkte der Münchener Religionspädagoge Th. Kampmann. Aus diesem Grunde fragen wir uns jetzt, welche bildnerischen und erzieherischen Kräfte birgt die Liturgie in sich, die es zu entdecken gilt. Zunächst soll uns ein Beispiel die Augen öffnen für diesen Aspekt liturgischer Bildung.

Als der damalige Bischof von Berlin, Kardinal J. Meisner, in einer Gemeinde seines Bistums das Sakrament der Firmung spendete, fiel ihm ein junger Mann auf, der sich unter den Firmlingen befand. Im Gespräch mit ihm erfuhr der Bischof, daß jener erst seit einem Jahr Christ war und die Taufe empfangen hatte. Den Weg zum christlichen Glauben schilderte er ihm: Im Schulunterricht, der ganz im Zeichen des staatlich verordneten Atheismus gestanden hatte, hätten die Lehrer sich nur abfällig über Gott, Christus und die Kirchen geäußert. Keine Gelegenheit ließen sie aus, um ihre Abneigung gegenüber dem Glauben zu bekunden. Da sagte er sich: Wenn soviel Aggression im Lehrer und in der

Schule gegen Christus und die Kirche zu spüren sei, dann müsse doch etwas dahinterstecken. Und so machte er sich an einem Sonntagmorgen auf den Weg, in der Hoffnung, irgendwo mit der Kirche in Berührung kommen zu können; denn wer am Sonntagmorgen in aller Frühe unterwegs ist, der wolle sicherlich an einem Gottesdienst teilnehmen. Auf der Straße begegnete er zwei jungen Leuten, denen er nachging. Dabei landete er mit ihnen in einer Friedhofskapelle, wo die heilige Messe gefeiert wurde. Nach dem Gottesdienst ging er in die Sakristei und sagte spontan: »Ich muß katholisch werden!« Diese beiden jungen Leute – »Sonntagsleute« nannte ein Berliner Steppke die Christen, die am Sonntagmorgen auf dem Weg zur Kirche anzutreffen waren – haben vermutlich kaum bemerkt, welches Zeugnis von ihnen ausging. Aber ihre wegweisende Funktion in diesem Glaubensprozeß kann unseren Blick schärfen für die zeichenhafte Bedeutung der Versammlung der Mitfeiernden im Rahmen des Gottesdienstes. Das Sich-Versammeln von Christen zum Gotteslob ist ja ein konstitutives Element des Gottesdienstes und kann so einen nicht unerheblichen Beitrag zur Begegnung mit dem Glaubensgeheimnis leisten. Der Gottesdienst selbst muß bei diesem suchenden jungen Mann einen nachhaltigen Eindruck hinterlassen haben, so daß in ihm der Wunsch geweckt wurde, auch dieser Gottesdienstgemeinde anzugehören. Das Glaubenszeugnis der beiden jungen Männer und die schlichte Feier der Eucharistie haben hier einen Prozeß in Gang gebracht, der zunächst zur Aufnahme in die Kirche durch die Taufe und später zum Empfang der Firmung führte.

Ergänzen möchte ich dieses Beispiel noch durch die Aussage eines Katechumenen, der in einer fernöstlichen Religion groß geworden war. Er sagte: »Es genügt mir nicht, zu glauben, daß Gott existiert. Ich will wissen, welche Beziehung ich zu ihm haben kann. Die Eucharistiefeier hat diese Sehnsucht in mir geweckt, ein Christ zu sein.«[1]

7.2 Die Liturgie – (k)ein Ort der Glaubensvermittlung?

Wenn heute unter Religionspädagogen und Pastoraltheologen die nicht zu leugnende fundamentale Krise der Glaubensvermittlung diskutiert und nach dem Beitrag der verschiedenen Lernorte des Glaubens zu deren Überwindung gefragt wird, dann richtet sich der Blick vornehmlich auf die Familie, den Kindergarten, die Gemeindekatechese, die kirchliche Jugendarbeit, den Religionsunterricht und die Erwachsenenbildung. Ein Lernort wird von vornherein ausgeklammert: die Liturgie; von ihr erwartet man offensichtlich keinen hilfreichen Beitrag zur Behebung dieser Krise. Das jüngste Beispiel für diesen blinden Fleck der gegenwärtigen Religionspädagogik kann man dem Leitfaden »Religionspädagogik« von N. Mette entnehmen. Ausführlich werden hier zentrale »Lernorte des Glaubens« beschrieben und deren stärkere Vernetzung untereinander gefordert. Zu diesen zentralen Lernorten zählen für ihn: Elternhaus und Familie, Kindergarten, Religionsunterricht in der Schule, Kirchliche Jugendarbeit, Gemeindekatechese und kirchliche Erwachsenenbildung. Auch wenn die Einschränkung gemacht wird, nicht »alle möglichen ›Lernorte des Glaubens‹ erfaßt zu haben«, so fällt doch ins Gewicht, daß offensichtlich für Mette die Liturgie nicht zu den zentralen Lernorten des Glaubens zählt.[2]

Im Zeichen der anthropozentrischen Wende in Pastoral und Religionspädagogik (Katechetik) hat sich das diakonische Engagement in den Vordergrund geschoben (Solidarität mit den Armen, Befreiung aus entfremdenden Verhältnissen, Dienst der Kirche an der Gesellschaft in Gestalt des RU an der Schule), so daß die Diakonie zum Schlüsselbegriff der Pastoral geworden ist. Wie beherrschend die Diakonie als konstitutiver Bestandteil der Seelsorgstätigkeit heute erachtet wird, geht aus einer Erklärung des Beirats der Konferenz der deutschsprachigen Pastoraltheologen von 1993 hervor. Danach wird Pastoral als »Sozialpastoral« definiert, die im Dienst des Menschen, vornehmlich im »Einsatz für ... die Geringsten steht.« Diakonie ist nicht ein beliebiger Teil von ihr (gemeint ist die Kirche), sondern ihr »durchgehendes Kennzeichen«, diese erweist sich im gesellschaftlich-politischen Engagement. Sicher sprechen gewichtige Gründe für diese unübersehbare Akzentverschiebung in den Pastoralkonzepten, wenn man sich die gegenwärtige geistige Großwetterlage anschaut, in der sich die Kirche befindet. Hatte man in der Vergangenheit den Blick zu sehr auf das Jenseits gerichtet und die irdische Realität abgewertet, so daß Religion und Glaube in den Verdacht gerieten, die Funktion eines Opiates zu erfüllen, so möchte man jetzt durch die betonte Hinwendung zu den Armen, Schwachen und Kleinen diesem Verdacht entgegentreten. Wo das Interesse sich jedoch vornehmlich auf den Menschen und die Gesellschaft konzentriert, kann leicht die Verherrlichung Gottes aus dem Auge verlorengehen, Gott wird dann zum Instrument für eine menschenwürdige Gesellschaft, er wird benötigt, damit das Leben des Menschen gelingt. K. Rahner hat diese Gefahr hellsichtig erkannt und daher seiner Sorge Ausdruck verliehen: »Wenn Sie mich fragen, was ist denn meine größte Sorge, dann würde ich von einem theologischen Aspekt und von einer konkreten Erfahrung aus sagen: Die Sorge darum, daß Gott angebetet und geliebt wird, daß die Kirche nicht in anderen Sorgen untergeht.« Erstaunliche Aussagen aus dem Munde eines Theologen, der doch als Vater der anthropozentrischen Wende in der Theologie gilt. Die Nichtbeachtung des Gottesdienstes findet sogar seinen Niederschlag in einem offiziellen und umfangreichen Dokument des Zentralkomitees der deutschen Katholiken zur »Glaubensvermittlung heute«, das 1982 veröffentlicht wurde.[3] Bezeichnenderweise wird hier die Vermittlung des Glaubens auf Lesung, Gebet und Gesang beschränkt, aber nicht auf das gesamte gottesdienstliche Geschehen ausgeweitet. Bei der »Weitergabe des Glaubens« finden hier nur Predigt, Katechese, Familie, Schule und Erwachsenenbildung Erwähnung.[4]

Auch auf evangelischer Seite verspüren einige ein Unbehagen angesichts der Dominanz der Diakonie in der gegenwärtigen Pastoral und fordern ein Umdenken. Mehr Begegnung mit dem heiligen Gott reklamiert der Hauptpastor in Hamburg, H. Adolphsen, in seinem Beitrag zum Reformationstag in der »Welt am Sonntag« am 29.10.1995: »Konzentriert euch auf das Heilige! Lange war die Diakonie das wichtigste Werbemittel der Kirche. Mit ihren vielen sozialen Einrichtungen versuchte sie ihren Bestand zu halten und Austritte zu verhindern. Aber mit Werken wird kein Mensch vor Gott gerecht, auch die Kirche nicht. Man muß uns wieder abspüren, daß wir zuerst Gott und dann den Menschen verpflichtet sind. Sozial-religiöser Kundendienst ist zu wenig. Mehr Transzendenz, Kontemplation, Meditation, Spiritualität, Tröstung der Bedrängten, Begegnung der Suchenden mit Gott – das kann zu direkten Begegnungen mit dem ganz anderen Gott, dem Heiligen, dem Herrn der Herzen, Hände und der Welt führen. Aus der Anbetung und Verehrung Gottes folgt das Ehren von Menschen. Trachtet am ersten nach Gottes Gerechtigkeit (und Heiligkeit), so wird euch alles andere, das Tun des Rechten und Gerechten zufallen.« Darauf darf die Kirche bauen. Aber es kommt auf die Priorität an!

Aber diese Ausblendung der Glaubensvermittlung durch den gesamten Gottesdienst kann auf eine lange Tradition zurückblicken, die bis in das 16. Jahrhundert zurückreicht. Hier wäre M. Cano mit seinem bahnbrechenden Werk »De locis theologicis« zu nennen, das für die theologische Prinzipienlehre von epochemachender Bedeutung geworden ist. Als Quellen der Orte der Theologie benannte er nach der Schrift und der Tradition die autoritativen Entscheidungen des kirchlichen Lehramtes, die Begründung durch Rückverweis auf die Kirchenväter, die Aussagen allgemein anerkannter Theologen und schließlich den Beweis durch das Vernunftargument. In der Folge hat sich bis zur Gegenwart in der theologischen Erkenntnislehre der Dreischritt: Schrift, Tradition, Lehramt durchgesetzt, von der Liturgie ist hier nicht mehr die Rede. Darin spiegelt sich eine Verselbständigung der theologischen Reflexion gegenüber der Praxis des kirchlichen Lebens wider, man könnte auch von einer »Theoretisierung« der Theologie sprechen; demzufolge wird der Liturgie – wie übrigens auch der Katechese – lediglich die Umsetzung des zuvor festgelegten Lehrsystems in die Praxis zugebilligt.[5] Erst das II. Vatikanische Konzil hat mit der Promulgation der Liturgiekonstitution die Liturgie wieder als authentische Quelle für das Selbstverständnis der Kirche und als Ort der Glaubenserschließung anerkannt, wenn es die Liturgie als Quelle und Höhepunkt kirchlichen Lebens beschreibt.[6] Damit wird der Liturgie ihr ursprünglicher Status als Quelle der Glaubensvermittlung zurückgegeben, der ihr seit neutestamentlichen Zeiten zu eigen war. Sie wird als theologische Erkenntnisquelle anerkannt.

Ganz andere Wertschätzung hat von Anfang an die Liturgie in der orthodoxen Theologie erfahren. Die östliche Theologie, die vom Geist der Patristik geprägt ist, versteht sich als eine liturgische Theologie, sie kennt daher keine Trennung zwischen Theologie und Spiritualität, sondern ist eine existentielle Begegnung mit Gott, die im Gottesdienst gefeiert wird. Der Glaube als Erfahrung ist die Quelle der Liturgie. Daher erreicht auch das theologische Denken seinen Höhepunkt in der Doxologie. Dieses Denken hat sich nie von der Liturgie gelöst wie im Westen, sondern weiß sich ihr zuinnerst verbunden. »In ihrer genuinen Gestalt ist sie nicht rationalistisch, sondern pneumatisch, und in ihrem Ausdruck nicht rein logisch, sondern doxologisch. In der Doxologie äußert sich der Dank für die gewonnene Erkenntnis als Erfahrung göttlicher Realitäten.«[7]

7.3 Die Liturgie als normativer Selbstvollzug der Kirche

Schon im Neuen Testament begegnen uns Formeln, deren Ursprung im Gottesdienst zu suchen ist, so etwa der Christushymnus im Philipperbrief (Phil 2,6-11) oder die Taufformel in Mt 28,19 mit ihrer trinitarischen Doxologie. Das in der römischen Meßfeier gebrauchte Credo, das sog. Nicäno-Konstantinopolitanische Glaubensbekenntnis, ist dem Taufbekenntnis entnommen, es enthält die wesentlichen Aussagen unseres Glaubens. Auch die neueren Mariendogmen von der Unbefleckten Empfängnis Marias und der Aufnahme Mariae in den Himmel reichen weit zurück in den Glauben der Alten Kirche, wie er sich im liturgischen Vollzug der beiden Feste am 8. Dezember und 15. August ausgedrückt hat.

Die Überzeugung vom normgebenden Charakter der Liturgie für den Glauben der gesamten Kirche findet dann im 5. Jahrhundert ihren klassischen Niederschlag im sogenannten Indiculus de gratia, einem Verzeichnis päpstlicher Urteile zur Gnadenlehre, dessen vermutlicher Redaktor Tiro Prosper von Aquitanien ist, ein Schüler des hl. Augustinus († 455). Dort findet sich die Formel »ut legem credendi lex statuat supplicandi.« (»Das Gesetz des Betens soll das Gesetz des Glaubens bestimmen«. NR 774) Auch wenn hier ursprünglich an die Problematik des Semipelagianismus gedacht war, so läßt sich der Indiculus doch ohne große Schwierigkeiten auf die Liturgie anwenden. Die liturgische Praxis der Kirche hat Glaubensaussagen formuliert, die später von der Gesamtkirche übernommen wurden. So hat Pius IX. bei der Definition der Unbefleckten Empfängnis Marias sich auf die Liturgie als den Ort des sensus ecclesiae berufen, desgleichen Pius XII. bei der Definition der leiblichen Aufnahme Marias in den Himmel. Derselbe Papst hatte zuvor in der Enzyklika »Mediator Dei« erklärt: »Der Kult, der von ihr (gemeint ist die Kirche) Gott dem Herrn erwiesen wird, ist, wie Augustin sehr bezeichnend bemerkte, ein fortgesetztes Bekenntnis des katholischen Glaubens ... Die Liturgie als Ganzes enthält daher den katholischen Glauben, insofern sie den Glauben der Kirche öffentlich bezeugt.« (Nr. 46) Er bekräftigt die Gültigkeit des bekannten Satzes: »Das Gesetz des Glaubens soll bestimmt werden durch das Gesetz des Betens«[8]; zugleich unterstreicht er aber auch die Unterordnung der Liturgie unter das Lehramt.

Die neueren kirchenamtlichen Verlautbarungen betonen wieder deutlicher den verkündigenden Charakter der Liturgie; so betont die »Pastorale Einführung in die Leseordnung der Messe«: »Der Gottesdienst ist an sich nicht selbst eine Form der Katechese, aber er hat eine wichtige erzieherische Wirkung«[9]. Von den Sakramenten heißt es in der Liturgiekonstitution: »Den Glauben setzen sie nicht nur voraus, sondern sie nähren ihn auch, stärken ihn und zeigen ihn an in Wort und Ding; deshalb heißen sie Sakramente des Glaubens.« (SC 59) Und in einem Dokument der italienischen Bischofskonferenz heißt es von der Liturgie, sie sei »die unersetzliche Quelle einer Katechese in actu«[10]. In dem Vorwort zur »Kleinen täglichen Liturgie« der Schwestern von Pomeyrol heißt es: »Das liturgische Gebet ... unterweist und verkündet, es wiederholt ohne Ende von Jahrhundert zu Jahrhundert das Lob, die Anbetung, den Glauben, die Liebe und die Hoffnung des Gottesvolkes.« Und im Nachwort heißt es: »Das Gotteslob ist die wahre Katechese, die das Volk Gottes nährt und lehrt. Es ist zugleich Predigt und Zeugnis.«[11]

Für die meisten praktizierenden Gläubigen ist der sonntägliche Gottesdienst die einzige Gelegenheit, in ihrem Glauben gestärkt und ermutigt zu werden. Dies gilt in noch höherem Maße für die Diasporagemeinden, wo kaum Verbandsarbeit und Erwachsenenbildung möglich sind. Daher kommt der Feier der Liturgie für das Glaubensleben der Gläubigen eine fundamentale Bedeutung zu. Die orthodoxe Kirche in den vergangenen 70 Jahren und die mit Rom verbundene griechisch-katholische Kirche in Osteuropa in den letzten 44 Jahren haben geistlich überlebt dank der gefeierten Liturgie, die dort einen viel höheren Stellenwert besitzt als in den westlichen Kirchen.

7.4 Forderungen an eine mystagogische Liturgie

Vergleicht man jedoch die offiziellen Aussagen der Kirche über die Liturgie als »Didaskalie der Kirche«, d.h. als »Schule des Glaubens« (J. A. Jungmann), derzufolge liturgische Bildung auch durch die Liturgie selbst geschieht, mit dem realen Erscheinungsbild der in unseren Gemeinden an Werk- und Sonntagen gefeierten Liturgie, dann wird man arg ernüchtert, und Zweifel kommen auf, ob unsere normale Gemeindeliturgie diesen hohen Anspruch überhaupt noch einlösen kann, ob hier nicht eher der Zugang zum Glauben versperrt als ermöglicht wird. Viel eher drängt sich der Eindruck auf, daß diese Liturgie zu einem »Verlernort des Glaubens« geworden ist, um einen Begriff von R. Zerfaß aufzugreifen, den dieser mit Blick auf die Gemeinde ganz allgemein geprägt hat. Eine wortreiche, von Unruhe und Aktivismus geprägte Veranstaltung, die wenig vom gefeierten Mysterium verspüren läßt und weitgehend auch den Bezug zum alltäglichen Leben der Gemeinde verloren hat, eignet sich kaum dazu, Ort des Glaubensvollzuges zu sein. Wen wundert es, daß aus dem Munde der Jugendlichen immer wieder die Klage zu hören ist: »Die Sonntagsmesse ist für mich eher langweilig. Ich gehe meistens hin, weil ich muß«[12]. Oder ein anderer Jugendlicher aus Südtirol gesteht: »Mich ödet der Meßbesuch an. Vor allem die Sprüche, die der Priester jedesmal von A bis Z herunterleiert, sagen mir nichts. Für mich wirken die auswendig gelernten Gebete kalt und nichtssagend. Die Lieder aus dem Gotteslob bleiben auch ständig dieselben. Die Predigten kreisen auch ständig um dieselben Themen. Während der Predigt hat der Meßbesucher nur die Chance, zuzuhören. Ich freue mich eigentlich kaum auf eine Messe im Jahr. Für mich ist die Messe zu einem Kollegentreff geworden (nach der Messe). Das ist wahrscheinlich das Schönste dabei.«[13]

Wir alle kennen hinlänglich die gegenwärtig geäußerten Klagen, denen wir ihre Berechtigung nicht absprechen können. Ich möchte daher nicht lange dabei verweilen, sondern vielmehr der

Frage nachgehen, welche Gestalt müßte eine gottesdienstliche Feier annehmen, die wirklich ihren Namen »mystagogische Liturgie« verdient?

Was wird hier unter einer mystagogischen Liturgie verstanden? An einem Gottesdienst in Saint-Gervais im Herzen von Paris, wo die Fraternités de Jérusalem ihr Zentrum haben, möchte ich dies verdeutlichen: Wer am Sonntag am Hochamt um elf Uhr in St. Gervais teilnehmen will, muß sich schon rechtzeitig auf den Weg machen; denn früh füllt sich die Kirche mit Gottesdienstbesuchern; zu Beginn des Gottesdienstes sind Mittel- und Seitenschiffe bereits voll besetzt. Die meisten hocken sich auf den mit einem Teppichboden ausgelegten Fußboden und nehmen am Gottesdienst in einer gesammelten Haltung teil. Dabei dauert das Hochamt länger als anderthalb Stunden! Aber man bemerkt die Länge überhaupt nicht; denn der Gottesdienst verläuft im steten Wechsel zwischen Stille, Gesang und Gebet. Er läßt dabei viel Raum für Meditation; der Gesang ist mit ostkirchlichen Elementen angereichert, wird aber französisch vorgetragen und vollzieht sich im Wechsel zwischen Vorsängerinnen oder Chor und Gemeinde. Es mag den Fremden zunächst überraschen, daß unter den Liturgen sich auch Frauen befinden, die gleichfalls mit einem liturgischen Gewand bekleidet sind, nur unterscheiden sie sich von den männlichen Liturgen dadurch, daß sie ihr Haupt mit einer Kapuze bedeckt haben. Die Evangelien- und Gabenprozession werden feierlich ausgestaltet, dabei kommt der Weihrauch wieder zu Ehren. Die Predigt orientiert sich an der Schrift, schlägt zugleich aber die Brücke zur Gegenwart, so daß diesem Gottesdienst nichts Weltflüchtiges anhaftet. Für den Weltbezug bürgen die Fürbitten, in denen die Nöte und Probleme unserer Gegenwart anklingen.

Das ganze Geschehen atmet Ruhe und Frieden, so daß man sich in der Gemeinschaft der Beter geborgen fühlt. Die Beteiligung der Gläubigen an diesem festlichen Gottesdienst ist intensiv, keiner schließt sich vom gemeinsamen Gesang aus. Beim Friedensgruß werden nicht nur die Verwandten und Bekannten mit einer Geste bedacht, auch der Fremde wird selbstverständlich mit einbezogen. Hier hat sich wirklich eine Gemeinschaft von Christen um den

Altar geschart und ißt von dem einen Brot. Eine festliche Atmosphäre breitet sich hier aus.

Hier wie in Taizé erweist sich die Bedeutsamkeit einer kleinen Gemeinschaft von Schwestern und Brüdern, die den Gottesdienst trägt und inspiriert und zugleich sich für die größere Gemeinde öffnet. Brauchen wir nicht auch in unseren Gemeinden solche Gruppen, kleine Zellen, die das Ganze tragen und etwas ausstrahlen, so daß andere mitgerissen werden, mögen dies nun Familienkreise oder andere Gruppen sein? Der einzelne Priester wäre überfordert, sollte alle Inspiration und Animation von ihm ausgehen. Er ist angewiesen auf einen Kreis von Gemeindemitgliedern, die sich mit ihm für das Gotteslob der Gemeinde verantwortlich fühlen.

Ich möchte nun versuchen, mit wenigen Strichen die Konturen einer mystagogischen Liturgie zu entwerfen.

7.4.1 Die Gemeinde als Subjekt und Träger des liturgischen Tuns

Diese Liturgie will keine klerikale Domäne sein, sondern wird von der Gemeinde als deren Subjekt getragen. Die Gestaltung liegt jetzt nicht mehr allein in den Händen des geweihten Amtsträgers, vielmehr sind viele Gemeindemitglieder bzw. Gruppen der Gemeinde an der Vorbereitung und Durchführung aktiv beteiligt, sie fühlen sich als Träger des Gottesdienstes und prägen das Gesicht der Liturgie mit. Dieses Verständnis vom Gottesdienst setzt allerdings ein verändertes Verständnis von Kirche voraus, die primär als Volk Gottes betrachtet wird. Die Gläubigen möchten an der Gestaltung des Gotteslobes aktiv beteiligt sein. So schreibt ein Südtiroler Jugendlicher: »Ich fände es richtig, wenn die Gemeinde am Gottesdienst aktiver mitarbeiten würde; persönliche Beiträge würden sicherlich eine Bereicherung für die Gemeinschaft darstellen und viel mehr Leute zum Kirchenbesuch anregen«[14]. Die Einbeziehung möglichst vieler Personen und Gruppen bei der Gestaltung des Gottesdienstes schließt nicht aus, daß ein kleiner

Kreis von Seelsorgern und Gemeindemitgliedern das inspirierende, verantwortliche Zentrum bildet. In Taizé ist es die ökumenische Brüderschaft unter Leitung ihres Priors R. Schutz, in Saint-Gervais sind es die »Fraternités de Jerusalem« oder in Leipzig das Oratorium.

7.4.2 Gottesdienst als Fest

Der Gottesdienst muß als Fest-Versammlung erlebt werden, in deren Mittelpunkt das befreiende Handeln Gottes an uns Menschen steht, sollte aber auch sein Handeln im Alltag der Feiernden miteinbeziehen. Auf die notwendige Verbindung von Gottesdienst und Alltag macht G. Lohfink aufmerksam: »Wenn unser Lobpreis das Gequälte und Gekünstelte verlieren und aus dem bloßen Lippengebet ein Herzensgebet werden soll, so muß es einen Sitz im Leben bekommen. Es muß zurückgebunden werden an konkrete, leibhafte Erfahrungen unseres Lebens ... , in denen wir das Handeln Gottes an uns erfahren haben. ... Zu Beginn des sonntäglichen Gottesdienstes oder im Zusammenhang mit ihm müßte es nicht nur ein Überdenken unserer Sünden geben ..., sondern ein Zurückerinnern ... an all die Taten, die er eine Woche lang an uns getan hat. Höchstwahrscheinlich würden uns dann das Gloria und das Sanctus, diese beiden herrlichen Lobgebete der Messe, leichter fallen. Sie würden einen Sitz im Leben bekommen. Sie wären zurückgebunden an die guten Erfahrungen der vergangenen Woche ...«[15] »Ein Vorbild für die Kirche sollten hier die Gottesdienste der Schwarzen sein, bei denen jeder Gottesdienst eine Art Fest darstellt« meinte ein 17jähriger Gymnasiast aus Bayern[16]. Zu einem Fest, wenn es diesen Namen wirklich verdienen will, gehört auch eine fröhliche Grundstimmung, die alle Sinne anspricht und zur Entfaltung kommen läßt.

Wie aber soll ein festlicher Gottesdienst am Sonntag gelingen, wenn ein Geistlicher drei- bis viermal zelebrieren muß, ja wenn am Wochenende in einer Pfarrei sieben heilige Messen angesetzt werden? Bezeichnenderweise beschränkt man sich daher auch in

Saint-Gervais auf einen Gottesdienst am Sonntag, der zu einem günstigen Zeitpunkt gelegen ist und daher auf sehr starke Resonanz stößt. Er kann in aller Ruhe und intensiv vorbereitet werden und ist nicht in ein zeitlich enges Korsett eingeschnürt. Darüber hinaus versammeln sich hier dreimal am Tag viele Gläubige der Gemeinde zusammen mit der Communauté zum Stundengebet.

7.4.3 Die Sprache der liturgischen Texte

Immer wieder werden Klagen über die langweiligen Predigten und über die veralteten Gebetstexte geführt, und nicht nur junge Christen äußern diese Kritik. Man betrachte daraufhin einmal die Orationen im Meßbuch, die sowohl unter theologischen als auch unter semantischen Gesichtspunkten einer verflossenen Zeit angehören und so Sprachbarrieren errichten. Wenn schon Theologiestudenten und Priester größte Schwierigkeiten mit den Texten des römischen Meßbuches haben, was dürfen wir denn dann von den anderen Christen erwarten? Das Bild, das der Erfurter Bischof J. Wanke für die Glaubenssprache in der DDR geprägt hat, können wir mit der gleichen Berechtigung auf die Kultsprache insgesamt anwenden: »Verkaufen wir nicht Brillen an Höhlenbewohner?«[17]. Gemeinsames Beten und Singen verlangt, daß die Texte von heute sind. Die Texte müssen ehrlich und nachvollziehbar sein, sie müssen mein Leben betreffen. Sie sollen mehr suchendes Tasten verraten als vorschnelle Antworten, die eine vermeintliche Sicherheit vortäuschen. Andererseits dürfen wir aber auch nicht der Versuchung erliegen, modischen Sprachtrends nachzulaufen, sonst sinkt das Heilige zum Banalen ab.

Die besorgte Anfrage des bekannten deutschen Conferenciers Loriot sollte uns hellhörig machen und könnte uns vor Modetorheiten bewahren: »Es ist gut, daß man versucht, eine moderne Sprache zu finden. Die Frage ist aber: Möchte das gläubige Publikum vielleicht doch einen Pastor haben, der in einer abgehobenen Form spricht und gar nicht so sehr das tägliche Umgangsdeutsch benutzt – der ein bißchen von einer anderen Welt ist? Soll er Ausdrücke der Jugend verwenden wie ›ungeheuer stark‹, ›ätzend‹ und ›tierisch‹ –, nur um den Leuten nahe zu sein? Oder soll er sagen: Es gibt noch eine andere Sprache, dies hier ist eine andere Welt, zu der ihr herzlich eingeladen seid? Die katholische Kirche gibt da sehr verschiedene Beispiele: Soll der Papst herumreisen oder soll er wie Pius XII. doch so eine Zwischenstufe zum lieben Gott sein, den man nicht so leicht anfassen kann?«[18]

7.4.4 Die Homilie – Katechese und Mystagogie

Nirgendwo tritt die katechetische Dimension der Liturgie so deutlich hervor wie in der Homilie, das verführt die meisten Prediger jedoch dazu, sich mit der Form einer Katechese zu begnügen und die mystagogischen Möglichkeiten der Predigt nicht auszuschöpfen. R. Guardini hat die mystagogische Predigt so beschrieben: »Zugleich muß eine Art des deutenden und bildenden Sprechens gefunden werden, die nicht erklärt und ermahnt, sondern die inneren Sinne löst, den Menschen in das heilige Geschehen hineinführt und den Vollzug in Bewegung bringt.«[19] Blättert man die Predigthilfen für Kinder-, Jugend- aber auch Erwachsenengottesdienste durch, so trifft man entweder auf themenbezogene Predigten oder auf Schriftauslegungen. Dagegen wird die Chance einer mystagogischen Predigt nicht genutzt. Wann erschließt eine Predigt schon einmal den Gottesdienst, und wann wird in der thematischen Predigt oder im Rahmen einer Schriftauslegung die Brücke vom Wortgottesdienst zur Eucharistiefeier im engeren Sinne des Wortes geschlagen? Geschieht dies aber nicht, dann stehen beide Teile unverbunden nebeneinander, was zu Lasten des zweiten Teiles geht, der wie ein Anhängsel empfunden und entsprechend vom Zelebranten behandelt wird. Daher sollte den mystagogischen Predigten mehr Raum in unseren Gottesdiensten gegeben werden, das wäre ein hilfreicher Beitrag zur nötigen liturgischen Bildung. Die Liturgie selbst enthält ein reiches Anschauungsmaterial für eine liturgische Predigt und sollte daher auch mehr Beachtung in der Homilie finden. Dazu bieten sich Einzel- und zyklische Predigten an. Was könnte Inhalt einer die Liturgie aufschließenden Predigt im Sinne von R. Guardini sein?

- Heilige Zeichen: Altar, Ambo, Taufbecken, Kreuz, Orgel ...
- Gesten und Gebärden: Knien, Stehen, Sitzen, Kreuzzeichen, Prozession, Wallfahrt ...
- Elemente der Eucharistiefeier: Kyrie, eucharistisches Hochgebet, Vater unser, Friedensgruß, Segen ...[20]
- die Sakramente, besonders Taufe, Buße und Eucharistie
- das Kirchenjahr
- die Sakramentalien: Weihwasser, Haussegnung ...
- das Stundengebet: Laudes und Vesper
- geistliche Lieder und Gebete.

7.4.5 Die Hinführung zum Mysterium des Glaubens

Das aus der frühen Kirche stammende Wort »Mystagogie« meint die Ein- und Hinführung der Eingeweihten (Getauften) zum Mysterium des dreifaltigen Gottes. Sein Lobpreis und seine Anbetung müssen das Zentrum des Gottesdienstes bilden; zu seiner Ehre und Verherrlichung versammelt sich die Gemeinde. Ein mystagogisch gestalteter Gottesdienst müßte etwas von seiner verborgenen Gegenwart unter dem Wort und den symbolträchtigen Zeichen erfahrbar machen. Gerade angesichts dieser Zielbestimmung des Kultus erwachsen dem neuzeitlichen Menschen aber große Schwierigkeiten, der so sehr auf seine Probleme und Anliegen fixiert ist, daß sie ihm den Blick auf die Herrlichkeit und Schönheit Gottes zu versperren drohen. Ein Hinweis dafür sind die vielen Zwecksonntage im Verlauf des Kirchenjahres, an denen z.B. das gute Buch, der Straßenverkehr, der Muttertag, die Arbeit und vieles andere mehr thematisiert werden. Die Gefahr droht, daß der Mensch sich selbst feiert, anstatt dem größeren Gott die Ehre zu geben. Am Ende ist der Gottesdienst seines Geheimnischarakters entkleidet und zu einer rein profanen

Angelegenheit geworden. Auf diese Weise werden wir den Sonntag nicht retten können! Zur Anbetung gehören Stille, die in Würde vollzogenen Gesten und auch eine entsprechende ästhetische Gestaltung des Raumes, aber nicht weniger eine stilvolle, dem Anlaß angemessene musikalische Sprache.

Im 6. Kapitel des Propheten Jesaja wird in Form einer Berufungsvision ein Gottesdienst geschildert, der ganz im Zeichen der Heiligkeit Jahwes steht, er ist das Zentrum der Anbetung: »[1]Im Todesjahr des Königs Usija sah ich den Herrn. Er saß auf einem hohen und erhabenen Thron. Der Saum seines Gewandes füllte den Tempel aus. [2]Serafim standen über ihm. Jeder hatte sechs Flügel: Mit zwei Flügeln bedeckten sie ihr Gesicht, mit zwei bedeckten sie ihre Füße, und mit zwei flogen sie. [3]Sie riefen einander zu: Heilig, heilig, heilig ist der Herr der Heere. Von seiner Herrlichkeit ist die ganze Erde erfüllt. [4]Die Türschwellen bebten bei ihrem lauten Ruf, und der Tempel füllte sich mit Rauch. [5]Da sagte ich: Weh mir, ich bin verloren. Denn ich bin ein Mann mit unreinen Lippen und lebe mitten in einem Volk mit unreinen Lippen, und meine Augen haben den König, den Herrn der Heere, gesehen. [6]Da flog einer der Serafim zu mir; er trug in seiner Hand eine glühende Kohle, die er mit einer Zange vom Altar genommen hatte. [7]Er berührte damit meinen Mund und sagte: Das hier hat deine Lippen berührt: Deine Schuld ist getilgt, deine Sünde gesühnt« (Jes 6,1-7).

7.4.6 Sprechende authentische Zeichen

Gottesdienst ist eine »symbolische Kommunikation«, die hier verwendeten Zeichen zeigen nicht nur das unsichtbare Geheimnis an, sie enthalten es auch. Wenn der Gottesdienst eine Zeichenhandlung ist, dann kann er das in ihm gefeierte Heilsgeschehen nur dann erfahrbar machen, wenn seine Zeichensprache nachvollziehbar ist. Oft erweisen sich aber gerade die im Gottesdienst verwendeten Zeichen heute als nicht mehr sprechend, sie sind nicht selten zum Klischee erstarrt, so daß der heutige Mensch mit seiner Wahrheit nicht mehr in ihnen sich ausdrücken kann. Welche Botschaft vermittelt dem Zeitgenossen z.B. die Händewaschung oder der Ritus des Brotbrechens in einer großen Gottesdienstversammlung? Ein gottesdienstliches Symbol spricht nicht mehr an und kann nicht mehr seine heilende Wirkung ausüben, wenn zu seinem Verständnis längere theoretische Erklärungen notwendig sind. Eine mystagogische Liturgie lebt von authentischen, lebendigen Zeichen, in denen die Gläubigen ihr Leben symbolisieren können. Viel hängt für die mystagogische Qualität eines Gottesdienstes davon ab, wie der Vorsteher und die anderen »Rollenträger« die Zeichen vollziehen, wieweit sie die Wahrheit der Zeichen realisieren. Dies betrifft aber auch die Gesten und die Art und Weise des Sprechens; auch ist auf die Gestaltung des Altarraumes zu achten, der oft mit allem möglichen vollgestopft ist und so den Blick auf die Mitte, den Altartisch, verstellt. Nur wo die Zeichen stimmen, kann auch der Mensch zustimmen, kann er mit seinem Herzen ein-stimmen in den gemeinsam gefeierten Lobpreis.

7.4.7 Eine auf die Diakonie hin geöffnete Liturgie

Die Diözesansynode Rottenburg-Stuttgart aus dem Jahre 1985/86 hatte – wir haben bereits darauf verwiesen – die plakative, aber höchst eingängige Formel geprägt: »Je mystischer wir sind, desto politischer werden wir sein.« Wenn es stimmt, daß aus der Verwurzelung in Gott die Bereitschaft zum Dienst am Not leidenden, hilfsbedürftigen Menschen erwächst, dann sollten von einer mystagogischen Liturgie Impulse und Kraftströme für ein caritatives und politisches Engagement ausgehen. Das Brot, das in der Eucharistiefeier gebrochen wird, sollten wir mit den Schwestern und Brüdern teilen, denen dieses Brot vorenthalten wird, die dadurch für uns zum Nächsten werden. Die Messe des Altares muß sich in der Messe des Lebens fortsetzen, wie umgekehrt die Messe des Lebens aber auch der Messe des Altares vorausgehen muß. Ohne einer Politisierung des Gottesdienstes das Wort reden zu wollen, wie es im »Politischen Nachtgebet« geschah, muß der Gottesdienst sich jedoch für die Diakonie öffnen; beide stehen in einer fruchtbaren Spannung, wie umgekehrt auch das diakonische Tun seine Kraft aus der Begegnung mit Gott in der Liturgie schöpft. Zwischen Kampf und Kontemplation, zwischen Mystik und Politik bewegt sich das Leben der Jünger Jesu. Taizé ist dafür ein lebendiges Beispiel; wieweit die vielen Taizé-Gebetskreise auch bereit sind, in dieser Spannung zu leben, müßte genauer untersucht werden. Bei der vorgestellten Gemeinschaft in Paris drängt sich jedoch der Verdacht auf, daß die Feier des Gottesdienstes und die Pflege der Spiritualität so zentral im Mittelpunkt stehen, daß dahinter das diakonische Engagement bewußt zurücktritt; man möchte sich nicht zu sehr mit der Welt und den in ihr lauernden Gefahren einlassen. So wollen die Jerusalemer Gemeinschaften »mitten in dieser Welt ... den Bruch mit ihr leben.« Ihr Gründer, P.-M. Delfieux, sagte in einem Interview mit der Herder-Korrespondenz: »Unsere vorrangige Aufgabe ist nicht, die Welt zu verbessern, sondern bezieht sich auf die Frage, wie wir der Welt das Wort der Hoffnung, des Lichtes und der Liebe erschließen können, das unserem Leben Sinn gibt. Hierbei sind wir zuerst Beter und Fürsprecher. Das ist unsere Art, die Welt zu lieben ...«[21]

Wie eine authentisch gefeierte Liturgie die Teilnehmer für diakonisches Handeln sensibilisieren kann, zeigt M. Raske in seinem anschaulichen Bericht von den Gottesdiensten der Dessauerhaus-Gemeinde, einer Frankfurter Basisgemeinde, deren Kern ehemalige Studierende der Frankfurter Universität bilden. Gottesdienstliches Tun und soziales Engagement bilden hier eine Einheit, wie sie auch uns vorschwebt.[22]

7.5 Schlußbemerkungen

Unsere Ausführungen zur »mystagogischen Liturgie« lenkten den Blick auf die Liturgie als zweite Erkenntnisquelle neben der Heiligen Schrift für den Glauben. Die Liturgie selbst ist ein Ort der Erziehung zum Glauben und befähigt die Teilnehmer, fruchtbar an der Liturgie teilzunehmen, vorausgesetzt, daß die gefeierte Liturgie einladend, glaubwürdig, auf das Leben bezogen und vom Volk Gottes getragen wird. Dieser Anspruch nimmt Seelsorger und Gemeinden gemeinsam in die Pflicht, den Gottesdienst so zu gestalten, daß ihm eine bildnerische und erzieherische Funktion zuwächst. Durch die Feier der Liturgie gebildet zu werden, ist ein anspruchsvolles Programm, das bisher die wenigsten Gemeinden auch nur im Ansatz eingelöst haben.

8. *Liturgische Bildung im Rahmen der Ministrantenarbeit*

Der Dienst am Altar kann Mädchen und Jungen aufschließen für das Geheimnis, das hier gefeiert wird; dies gilt in besonderem Maße für die Feier der Eucharistie, »die Quelle und Höhepunkt aller Evangelisation« ist.[1] Der Bischof von Metz, F. P. Raffin OP, legt dafür ein Zeugnis ab: »Seit 30 Jahren bin ich Priester, und es erfüllt mich mit tiefer Freude, durch die tägliche Feier der Eucharistie in der Gegenwart des Herrn zu dienen ... Lange habe ich mich auf die Feier der Eucharistie vorbereitet, schon als Junge im Dienst am Altar ... Gott, so kann ich sagen, hat mich in der Kindheit und Jugend durch den Dienst am Altar erfreut und hat mich geführt, sein Priester zu werden ... Deshalb wünsche ich, daß viele junge Menschen durch den Dienst am Altar die Begeisterung entdecken, ein Leben lang Christ zu sein.«[2] Aus diesen sehr persönlichen Worten spricht eine tiefe Liebe zur Eucharistie, die durch den Altardienst geweckt worden ist und im Laufe der Zeit vertieft wurde. Wir wissen freilich auch, daß bei vielen ehemaligen Ministranten diese Zeit anscheinend keine tieferen Spuren hinterlassen hat. Nicht selten haben sie spätestens mit dem Ende der Kindheit ihren Dienst aufgegeben und sich zugleich damit von der Kirche verabschiedet. Der Ministrantendienst allein wird nicht verhindern können, daß sie der Kirche und dem Glauben den Rücken zukehren, ohne diesen Schritt zu bedauern. Wir können daher nicht einfach nur darauf vertrauen, daß die Nähe zum gefeierten Mysterium die Liebe zum Gottesdienst schon entzündet. Es müssen noch andere, stützende Maßnahmen hinzutreten, damit der Dienst nicht zur bloßen Routine entartet bzw. lediglich als Beschäftigungstherapie während des Gottesdienstes aufgefaßt wird. Muß es uns nicht nachdenklich machen, daß viele Meßdiener/innen den sonntäglichen Gottesdienst nur dann mitfeiern, wenn sie zum Dienen aufgestellt sind? Eine Meßdienerarbeit ohne eine intensive liturgische Bildung und Erziehung ist somit zum Scheitern verurteilt. Wie sieht es aber in unseren Gemeinden mit der liturgischen Bildung von Jungen und Mädchen aus, die zum Altardienst bereit sind?

8.1 Die gegenwärtige Situation

Wenn ich die gegenwärtige Situation der Ministrantenpastoral unter dem Aspekt liturgischer Bildung in den Blick nehme, dann geschieht dies nur aus einer begrenzten Perspektive, die sich auf Erfahrungen in zwei norddeutschen Diözesen stützt. Ein Gesamtüberblick fehlt mir, so daß leicht der Eindruck einer einseitigen subjektiven Bestandsaufnahme entstehen kann, die sicher ergänzungsbedürftig ist. Mir ist nur ein Beispiel intensiver liturgischer Bildung von Ministranten/innen auf Diözesanebene bekannt; sieht man einmal von den Aktivitäten des Ministrantenreferates im Jugendhaus Düsseldorf ab; hier stellt sich aber die Frage, wieweit die von dort ausgehenden Impulse wirklich die Basis erreichen und die Arbeit vor Ort inspirieren. In der Diözese Passau gibt es ein eigenes Zentrum St. Maximilian für die Ministrantenarbeit mit hauptamtlichen Priestern und Laienmitarbeitern, die im Dienst der liturgischen Bildung der Meßdiener/innen steht. Im Laufe der Zeit ist eine Fülle an Material für die Befähigung der Meßdiener/innen für den liturgischen Dienst entstanden. Das Zentrum gibt auch eine eigene Ministrantenzeitschrift »Der Ministrant« heraus, sie erscheint zweimal im Jahr.[3]

Wenn ich an die Gemeinden zurückdenke, in denen ich zehn Jahre lang als Vikar oder Kaplan seelsorglich tätig war und meine gegenwärtigen Erfahrungen mit Ministranten einer Pfarrgemeinde mit ca. 4.400 Katholiken hinzufüge, wo etwa 280 Ministrantinnen und Ministranten den Altardienst versehen, dann gewinne ich den Eindruck, daß liturgische Bildung nur in Ansätzen erfolgt und auch diese nicht einmal überall geschieht. Wie sieht hier konkret die Ministrantenarbeit aus? 15- bis 18jährige Gruppenleiter und Gruppenleiterinnen halten mit den jüngeren Ministranten/innen Gruppenstunden ab, in denen u.a. auch der liturgische Dienst eingeübt wird; ansonsten verlaufen die Gruppenstunden jedoch wie in den anderen Jugendverbänden. Vielleicht wird gelegentlich auch einmal über die entsprechende Zeit des Kirchenjahres oder über den Tagesheiligen gesprochen. Aber das wär's dann auch schon! Eine vertiefte Einführung in den Sinn und Gehalt des Gottesdienstes findet nicht statt.

Wie sollten auch die 15- bis 18jährigen und älteren Gruppenleiter bzw. Oberministranten in der Lage sein, die heiligen Zeichen und Zeiten den Ministranten zu erschließen oder ihnen helfen können, daß sie verstehen, warum sie ihren Dienst tun und in welchem Zusammenhang die einzelne liturgische Handlung mit der gesamten Feier des Gottesdienstes steht? Dazu fehlt es ihnen in der Regel an dem nötigen Wissen; auch sie selbst sind oft darin nicht eingeführt worden. Im allgemeinen bleibt es bei der konkreten Übung liturgischer Dienste, die von den Ministranten erwartet werden, eine vertiefte Begleitung ihrer Tätigkeit erfolgt nicht, obwohl dies von dem Freiburger und Münsteraner Orientierungsrahmen für die Ministrantenarbeit ausdrücklich gefordert wird. Eine große Hilfe können sie auch nicht von ihren Seelsorgern erwarten, weil, wie wir noch zeigen werden, die liturgische Bildung ein Stiefkind der Priester-, Theologen- und Religionslehreraus- und -fortbildung bis heute ist.

8.2 Liturgische Bildung als unverzichtbarer Bestandteil der Ministrantenarbeit

Schaut man sich Orientierungsrahmen für die Ministrantenarbeit in einigen Bistümern an, dann gewinnt man den Eindruck, die liturgische Bildungsarbeit erschöpfe sich in der Befähigung zum Dienst am Altar und in der Erschließung der Liturgie. So definiert der Freiburger Orientierungsrahmen die Ministrantenarbeit als »aufgabenorientiertes Tun«; dazu gehören:

a) die Befähigung zum Dienst: »Die neuen Ministranten ... sollten von ihrem Gruppenleiter oder einer anderen Person (Pfarrer, Kaplan, Diakon, Pastoralassistent, Gemeindereferent) zur Vertiefung theologischer Aspekte und zum liturgischen Verständnis in die Dienste eingeführt werden.«

b) Erschließung der Liturgie: »Wichtig ist, daß die Ministranten nicht nur lernen, wie sie ihren Dienst zu tun haben, sondern auch begreifen und verstehen, warum sie es tun und in welchem Zusammenhang ihr Dienst mit der Feier des Gottesdienstes steht.« (3.11)

A. Streib, der neun Jahre im Jugendhaus Düsseldorf des BDKJ in der Arbeitsstelle Jugendseelsorge das Referat Ministrantenarbeit betreut hat, schreibt in einem Artikel »Ministrantenseelsorge heute«: »Liturgischer Dienst kann nicht ohne eine gewisse Einführung und Bildung dessen geschehen, der regelmäßig diesen Dienst übernehmen will. ... Für Kinder und jugendliche Ministranten wird anfangs eine praktische und theoretische Einübung in bestimmte Formen liturgischen Vollzugs, eine Erläuterung der Gesten, Zeichen und Symbole im Vordergrund stehen. Aufbau des Kirchenjahres, Kirchengeschichte und Elemente spiritueller Bildung werden den weiteren Verlauf des Ausbildungsplanes bestimmen. ... Im Vordergrund der Bemühungen steht eine zeitgemäße liturgische Bildung aller, die einen Dienst bei einer gottesdienstlichen Versammlung übernehmen wollen.«[4] All diese Ausagen klingen noch sehr allgemein, oft entdeckt man in ihnen auch eine gewisse

Engführung liturgischer Bildung, wenn als Ziele erklärt werden: die Befähigung zum Dienst am Altar und Erschließung der Liturgie. Um es auf eine kurze Formel zu bringen: Liturgische Bildung von Ministranten/innen darf nicht auf die Liturgiekatechse reduziert werden, auch wenn deren Notwendigkeit nicht bestritten werden soll. Sie muß umfassender verstanden werden in dem Sinne, wie wir es bereits ausgeführt haben. Der weit gefaßte Begriff von liturgischer Bildung hat auch für die Ministrantenarbeit seine Gültigkeit.

8.3 Die Notwendigkeit einer liturgischen Propädeutik

Auch für die Arbeit mit Ministranten/innen ergibt sich die Notwendigkeit einer liturgischen Propädeutik, wie sie im 5. Kapitel ausführlich beschrieben worden ist. Dazu zählen die Einübung menschlicher Grundfähigkeiten und christlicher Grundhaltungen. Diese dürfen und können wir nicht einfach als gegeben voraussetzen. Ein Schwerpunkt im Umgang mit Meßdiener/innen sollte auf der Sensibilisierung für die Welt der naturalen Symbole liegen. Dazu könnten in der Ministrantenstunde Übungen zur Sinnenschulung, Stille- und Konzentrationsübungen, aber auch naturale Meditationen dienen. Eine Meditation über das Brot, die Kerze, die Hand, den Weg, den Berg, das Labyrinth und das Haus bieten sich in diesem Rahmen an. Das in den meisten Gemeinden alljährlich durchgeführte Ministrantenlager sollte für diese Übungen hinreichend Raum lassen. Die räumliche Umgebung lädt dazu ein, z.B. zu einer Steinmeditation oder zu einer Meditation über den Weg oder über den Berg.

8.4 Aufgaben einer direkten liturgischen Bildung

Auf dieser Grundlage baut dann die direkte und unmittelbare liturgische Bildung und Erziehung auf.

8.4.1 Gebetsschulung

Zu ihr zählt die Gebetsschule, weil das Gebet ein Eckpfeiler der Gottesverehrung ist; wer nicht gelernt hat, betend vor Gott zu treten, der kann auch nicht in der Gemeinschaft der Glaubenden einstimmen in das gemeinsame Gotteslob. Daher gehört die Pflege des Gebetslebens in das Programm einer Ministrantenpädagogik. Dabei sollten die vielfältigen Ausdrucksformen des »sprechenden Glaubens« (O. H. Pesch) abwechselnd gepflegt werden. Es würde eine Verkümmerung unseres Glaubenslebens bedeuten, wenn man sich nur mit dem Bitt- und Dankgebet begnügte. Auch das Klagegebet sollte wieder nach dem Vorbild der Psalmen geübt werden. Ganz in den Hintergrund getreten ist heute – besonders in Kinder- und Jugendgottesdiensten – das lobpreisende Gebet, das Gott um seiner selbst willen anbetet und verherrlicht; davon lebt doch vor allem die Liturgie. Wird in den Gruppenstunden mit den Ministranten/innen überhaupt noch gebetet? Eine, wie ich meine, bedrängende Frage. Allerdings darf das Gebet auch keine bloße Pflichtübung sein, die den Rahmen für die Meßdienerstunde bildet, dies würde dem Gebet mehr schaden, als daß auf diese Weise Mädchen und Jungen am Gebet Gefallen finden könnten. Gute Erfahrungen hat man bei älteren Ministranten/innen, insbesondere bei Gruppenleitern, mit dem sog. »Ruhe-Gebet« gemacht, hier können tiefere Gebetserfahrungen erworben, das Schweigen eingeübt werden.

8.4.2 Beschäftigung mit der Bibel

Papst Johannes Paul II. hat einmal gesagt: »Meßdiener sollen die Bibel besonders gut kennen. Sie wissen ja, daß der Herr selbst darin zu ihnen spricht.« Die Liturgie lebt vom Gotteswort, in ihm ist Gott unter uns gegenwärtig, wenn auch durch das menschliche Wort des biblischen Autors vermittelt: Psalmengesang und Schriftlesung sind in der Eucharistiefeier und bei der Spendung der anderen Sakramente ein wesentlicher Bestandteil des Gottesdienstes. Der Wortgottesdienst steht ganz im Zeichen der Verkündigung und Auslegung des Gotteswortes. Das Hören auf das Wort der Schrift muß jedoch geübt werden; denn die Bibel erschließt sich dem heutigen Menschen keineswegs von selbst. Das soll jedoch nicht heißen, daß mit den Ministranten/innen biblische Exegese betrieben werden müßte. Wichtiger ist, daß sie lernen, die Bibel in Beziehung zu ihrem Leben zu setzen. Sie müssen sich persönlich von einem Wort, von einem Bild der Schrift – auch besonders des Alten Testamentes – angesprochen, betroffen fühlen. Mit Hilfe neuerer Methoden der Bibelarbeit kann dies gelingen, sie sprechen den ganzen Menschen an, z.B. das Modell »Mit Rucksack und Bibel unterwegs«, »Bibelimagination« (eine biblische Geschichte von Jesus wird mit eigenen Bildern, die sich bereits im »Kopf« befinden, verbunden) oder »Bibel-Partys«; zu denken wäre auch an Jugendbibeltage oder Jugendbibelwochen.

Mit älteren Jugendlichen könnte man das »Bibel-teilen« ausprobieren. Es hat den Vorteil, daß hier keine großen exegetischen Kenntnisse verlangt werden, vielmehr wird der biblische Text unmittelbar auf das Leben des einzelnen bezogen, er erhält einen Sitz im Leben des Jugendlichen. Die Kluft zwischen dem Damals der biblischen Ereignisse und religiösen Erfahrungen der heutigen Zeit werden mit Hilfe dieser Methode überbrückt. Auf diese Weise wird die von der Hermeneutik geforderte Verschmelzung der beiden Horizonte herbeigeführt.

Nicht weniger hilfreich erweist sich das Bibliodrama, das gegenwärtig Hochkonjunktur hat. Es hat »das Ineinander und die Untrennbarkeit von religiöser Tiefendimension und Lebensgeschichte zum Ausgangspunkt, Inhalt und Ziel des Prozesses. Ihm geht es um die wechselseitige Erschließung und Auslegung von biblischen Texten (als verdichtete Erfahrung der Menschen mit Gott) und der individuellen oder kollektiven Lebensgeschichte der am Bibliodrama Beteiligten«.[5] Diese Methode kommt dem Verlangen junger Menschen nach Entfaltung ihrer Kreativität und Phantasie im Umgang mit biblischen Texten entgegen und ermöglicht ganzheitliches Glaubenlernen, bei dem das Kognitive, Emotionale und Spirituelle miteinander verbunden werden.[6]

Eine gute Hilfe für die persönliche Beschäftigung mit der Bibel stellt die »Jugendbibel« dar, die 1995 neu aufgelegt worden ist. Sie enthält biblische Erschließungshilfen für die jugendlichen Leser; im Anhang werden biblische Namen erklärt.[7]

8.4.3 Vertrautmachen mit dem Kirchenjahr

Der Gottesdienst ist eingebettet in das Kirchenjahr oder, wie es auch heißt, in das liturgische Jahr. Im Laufe des Kirchenjahres werden die entscheidenden Ereignisse unseres Heils in vielfacher Brechung vergegenwärtigt. Durch ihren Ministrantendienst treten die Mädchen und Jungen am Altar in Kontakt mit den im Laufe eines Jahres gefeierten Heiligen- und Herrenfesten. Auf der anderen Seite erleben auch sie, daß das Kirchenjahr heute auf den Binnenraum der Kirche mit wenigen Ausnahmen beschränkt bleibt und im sogenannten bürgerlichen Jahr kaum ein Echo findet, d.h. auch ihr Alltag wird davon kaum berührt. Auch den Meßdienern/innen muß immer wieder ein Zugang zu den Festen des Kirchenjahres eröffnet werden. Als Zugang dafür bietet sich, wie wir schon sahen, das volkstümliche und kirchliche Brauchtum an. Auf diese Weise kann für sie der Lebensbezug des Kirchenjahres hergestellt werden. Die Kirchenjahrskatechese wird am besten situativ erfolgen, d.h. sie wird sich an der jeweiligen Festzeit bzw. an den jeweiligen Heiligenfesten orientieren.

8.4.4 Erschließung liturgischer Zeichen

Auch den Ministranten/innen müssen die heiligen Zeichen erst erschlossen werden, denn wir können nicht mehr davon ausgehen, daß diese für sich sprechend sind, daß deren Sinngehalt ihnen vertraut ist. Wir müssen diese Zeichen davor bewahren, zum Klischee herabzusinken, daher muß ihnen der Lebensbezug dieser gottesdienstlichen Symbole und Symbolhandlungen aufgezeigt werden.

Mit einer historischen Erklärung dieser, einer altehrwürdigen Tradition entstammenden heiligen Zeichen ist der Sache nicht gedient; dies würde ja geradezu einer ganzheitlichen, alle Sinne und den Verstand ansprechenden liturgischen Bildung zuwiderlaufen. Vielmehr sollten sie eher auf meditative Weise erschlossen und eingeübt werden, was freilich nicht ausschließt, daß man auch Kenntnisse über ihren Ursprung und ihre Wirkungsgeschichte vermittelt.

Unser besonderes Augenmerk sollte den primären gottesdienstlichen Zeichen gehören: der Versammlung, dem Mahl, dem Bad, dem Treueversprechen, Brot und Wein und der Handauflegung. Besonders die liturgischen Körperhaltungen wie Stehen, Schreiten, Knien, Sitzen, Hören und die Gebetsgesten bedürfen der Erschließung, damit diese nicht von den Minstranten/innen seelenlos, rein routinemäßig vollzogen werden. Die Meßdiener/innen haben durch ihren, allen sichtbaren Dienst am Altar auch eine Vorbildfunkion für die Gemeinde, die nicht unterschätzt werden darf. Will man die im Gottesdienst verwendeten Zeichen und Zeichenhandlungen den Ministranten/innen nahebringen, dann setzt man am besten bei Zeichen in ihrem alltäglichen Leben an, um von dort eine Brücke zu den liturgischen Zeichen zu schlagen.

8.4.5 Vertrautmachen mit dem Aufbau der Eucharistiefeier

Der bzw. die am Altar Dienende muß mit dem Aufbau und der Grundstruktur der Eucharistiefeier vertraut sein, die auch nach der Liturgiereform immer noch schwer durchschaubar sind. Dadurch erlangt er/sie eine gewisse Rollensicherheit, die ihn/sie leichter im Gottesdienst beheimatet sein läßt. Mit Hilfe einer Flanelltafel und einem Overheadprojektor kann dies geschehen. Die Parallele zwischen Fest und Eucharistiefeier kann dabei hilfreich sein, weil beide die gleiche Struktur aufweisen: Am Anfang steht die Begrüßung (Eröffnung), daran schließen sich Reden an (Wortgottesdienst); zum Fest gehört das Mahl mit Liedern und vielleicht auch mit Tanz (Eucharistiefeier). Am Ende werden die Gäste mit guten Wünschen verabschiedet (Entlassung). Dieser Vergleich läßt den Festcharakter der Meßfeier hervortreten. Das Augenmerk sollte auf die wesentlichen Elemente gelenkt werden, die nicht ausgelassen werden dürfen. So erhalten die Mädchen und Jungen einen guten Überblick über Aufbau und Verlauf der Eucharistiefeier.

Noch tiefer und nachhaltiger prägt sich den Ministranten jedoch der Aufbau und die Gliederung der gottesdienstlichen Feier ein, wenn sie als Gruppe für die Gemeinde oder für ein Ministrantentreffen einen Gottesdienst vorbereiten. Über die Mitgestaltung von Gottesdiensten erhalten sie einen tieferen Zugang zum gottesdienstlichen Geschehen; dabei kann ihnen die Bedeutung der einzelnen Teile aufgehen. Wie fruchtbar sich die Vorbereitung von Jugendgottesdiensten auf die Einstellung zum Gottesdienst auswirken kann, das zeigt die Äußerung eines Jugendlichen: »Ich gehöre wohl auch zu den jungen Menschen, denen der Kirchgang in ihrer ›Teeniezeit‹ schwergefallen ist. Aus Gewöhnung und, um den Familienkrach zu vermeiden, ging ich in die Kirche. Das begann sich zu ändern, als ich Anschluß an Jugendliche in unserer Gemeinde suchte. Ich besuchte Gruppenleiterkurse und bereitete Jugendgottesdienste mit vor. Ich versuchte, Gottesdienst als freudigen Dienst vor Gott zu leben und nicht als lästige Buchhalterpflicht, je mehr Gottesdienste desto besser für mein Seelenheil. Ich versuche, aus jedem Gottesdienst, wenigstens für den Sonntag, etwas mitzunehmen oder den Gottesdienst zumindest bewußt voll zu erleben.«[8] Was für den Jugendgottesdienst gilt, hat in gleicher Weise auch Bedeutung für die von Ministranten gestalteten Gottesdienste.

Was hier von der Eucharistiefeier gesagt worden ist, läßt sich auf andere, nichteucharistische Gottesdienstformen leicht übertragen; auch diese könnten von Ministranten vorbereitet werden, z.B. Andachten, Wortgottesdienste, Taizé-Gottesdienste, Früh- und Spätschichten ... . Der hier gewährte offenere Rahmen ermuntert sie eher, sich an der Durchführung eines Gottesdienstes zu beteiligen. Die Erfahrungen, die sie hier gesammelt haben, können für sie beim Mitvollzug der Eucharistie hilfreich sein.

8.4.6 Die Pflege des Liedgutes

Zu einer ganzheitlichen liturgischen Formung gehört auch die Pflege des geistlichen Liedgutes, bilden doch Musik und Gesang einen integralen Bestandteil des Gotteslobes. Auf der Welle des Gesanges und der Musik kann der Mensch sich lobend, bittend und dankend zum dreifaltigen Gott erheben. Gerade im Walkman-Zeitalter, wo der Walkman zum Statussymbol der jungen Menschen geworden ist, müssen wir einem passiven, lediglich konsumptiven Musikgenuß entgegenwirken. Wie schwer fällt es doch, Meßdiener/innen zum Mitsingen im Gottesdienst zu bewegen. Wenn man ihnen nicht das »Gotteslob« in die Hand drückt, bleiben sie während der ganzen Feier stumm. Zu der »Kommunikationsaufgabe« des/der Ministranten/innen gehört es, daß er/sie durch sein/ihr Singen auch die Gemeinde zum Mittun und Mitsingen animiert. Ministranten/innen, die während des ganzen Gottesdienstes ihren Mund nicht auftun, üben sicher keine animierende Funktion aus.

Das neue geistliche Liedgut erfreut sich bei Jugendlichen heute bekanntlich großer Beliebtheit, es wird auch von den Jugendlichen in ihren Gottesdiensten mitgesungen; das gleiche kann man nicht vom »Gotteslob« sagen. Das neue geistliche Liedgut könnte auch in den Gruppenstunden der Ministranten/innen gepflegt werden; dazu wäre es hilfreich, wenn der Gruppenleiter ein Instrument, möglichst die Gitarre, beherrscht. Die Taizé-Gesänge können auch unbegleitet und einstimmig eingeübt und gesungen werden, sie sind leicht erlernbar und werden von Jugendlichen begeistert mitgesungen. Das neue Liedgut darf jedoch nicht das »Gotteslob« verdrängen, auch wenn dieses kaum kind- und jugendgemäße Lieder enthält. Dennoch müssen die Ministranten/innen auch mit diesem »Rollenbuch der Gemeinde« bekannt gemacht werden, mit seinem Liedteil in Auswahl, aber auch mit den übrigen Teilen, vor allem mit dem Gebetsteil, wie sollen sie sonst allmählich in den Gemeindegottesdienst hineinwachsen? Es wäre freilich nicht ausreichend, würde man nur die Lieder singen, ohne auf den Text einzugehen und darüber mit ihnen zu sprechen. Gerade die neueren geistlichen Liedtexte aus der Feder von H. Oosterhuis, A. Albrecht, W. Willms und L. Zenetti, um nur einige zu nennen, verdienen eine geistige Auseinandersetzung; sie können auch das eigene Gebetsleben befruchten.

8.4.7 Die Verbindung von Liturgie und Diakonie

Der Orientierungsrahmen der Erzdiözese Freiburg für die Ministrantenarbeit hebt den unlösbaren Zusammenhang zwischen Liturgie und Leben hervor. Es heißt dort: »Gott ist ein Gott der Lebenden. Besonders durch die Auferstehung Jesu zeigt er uns, daß er das Leben will und nicht den Tod. Deshalb gilt es auch für uns, immer und überall für das Leben einzutreten und gegen den Tod zu kämpfen, der uns in Form von Beziehungslosigkeit, Gleichgültigkeit, Friedlosigkeit und in der wachsenden Zerstörung des Lebensraumes begegnet.« »Aus der Liturgie schöpfen wir Kraft, unser Leben zu gestalten und erhalten den Auftrag, im Sinn christlicher Nächstenliebe in der Schöpfung Gottes unseren Dienst zu tun.« (1.3)

Was ergibt sich daraus für die Arbeit mit Ministranten/innen?

Der diakonale Aspekt des Glaubens und des Glaubenslernens muß hinreichend beachtet und akzentuiert werden, aber nicht nur verbal, sondern auch auf der Handlungsebene. Dies geschieht seit vielen Jahren bereits im Rahmen der Sternsingeraktion, es müßte aber noch ausgeweitet werden, z.B. in Form von Projekten für die Dritte Welt bei Pfarrfesten, aber auch durch politische Bewußtseinsbildung, die unter Umständen zu Demonstrationen oder Plakataktionen führen kann. So haben sich beispielsweise in Polen während der kommunistischen Herrschaft Ministranten an Demonstrationen für die damals verbotene Gewerkschaft »Solidarnocz« beteiligt; unter ihnen befanden sich bereits 13jährige. Auch der konziliare Prozeß für Gerechtigkeit, Frieden und Bewahrung der Schöpfung bietet eine gute Möglichkeit, sich im Dienste anderer und der bedrohten Schöpfung zu engagieren.

Ministrantengruppen könnten mit Verbänden zusammenarbeiten, in denen das politische und soziale Engagement einen höheren Stellenwert einnimmt als in der herkömmlichen Ministrantenarbeit. Ich bin der Ansicht, daß künftig der diakonische Aspekt der Ministrantenarbeit stärkere Beachtung als bisher verdient. Denn kirchliche Jugendarbeit – und dazu zählt auch die Meßdienerarbeit – muß immer auch diakonisch und politisch ausgerichtet sein. Sie muß sich zwischen den beiden Polen Mystik und Politik oder Kontemplation und Kampf bewegen; keinesfalls dürfen wir jedoch das eine Moment gegen das andere ausspielen. Sicher wird in der Ministrantenarbeit der liturgische Dienst im Vordergrund stehen, das darf jedoch nicht dazu führen, daß ein soziales und politisches Engagement ausgeschlossen wird.

8.5 Die Feier der Liturgie als Ort liturgischer Bildung

Die Liturgie erwies sich als ein bedeutsamer Ort liturgischer Bildung, der die Mitfeiernden durch den Vollzug der Liturgie liturgisch formt. Auch für die Ministranten/innen ist der Gottesdienst in besonderem Maße ein Ort des Glaubens- und Feiernlernens, weil sie den Gottesdienst aus nächster räumlicher Nähe erfahren und in ihm Rollen übernehmen. Er kann aber auch durch ein rein äußeres Agieren zu einem »Verlernort« des Glaubens und des Feierns werden, eine Gefahr, der nicht wenige Ministranten/innen erlegen sind.

Viel hängt davon ab, welchen Gottesdienst die Altardiener/innen erleben, ob er für sie zum Ort der Gottes- und Glaubenserfahrung wird, ob sie durch die Mitfeier in das heilige Geschehen einbezogen werden oder als bloße Zuschauer und Zuhörer unberührt davon stehen bleiben. Bei der Eucharistiefeier kommt dem Vorsteher eine entscheidende Bedeutung zu; ist er in der Lage, gesammelt und ehrfürchtig, aber zugleich auch kommunikativ dem Gottesdienst vorzustehen? Stimmt er sich mit den Ministranten/innen zusammen auf das heilige Geschehen ein? Verweilt er im Anschluß an die Meßfeier noch danksagend in der Kirche? Etwas von seiner Ehrfurcht und Freude am Gottesdienst könnte sich dann auf die Ministranten/innen übertragen.

Auch nach dem Gottesdienst sollte der Priester das Gespräch mit den Kindern und Jugendlichen suchen, sich für ihren Altardienst bedanken und Interesse an ihrem persönlichen Leben zeigen. So gewinnen die Ministranten/innen den Eindruck, daß ihr Dienst nicht selbstverständlich und für die Gemeinde bedeutsam ist. Diese menschliche Geste kann sie in ihrer Treue bestärken.

8.6 Die praktische Durchführung dieser Forderungen

Das hier vorgestellte Konzept einer umfassenden liturgischen Bildung stellt ein Maximalprogramm dar, das in der konkreten Arbeit mit Ministranten/innen vor Ort nur partiell realisiert werden kann, lediglich einige Teilaspekte dieses Gesamtcurriculums einer Ministrantenpastoral können vielleicht hier erreicht werden. Es würde eine Überforderung vor allem dann darstellen, wenn die Ausbildung ausschließlich in den Händen Jugendlicher liegt. Aber hier setzt die Frage ein, darf eine Gemeinde diese gutwilligen (und oft sehr jungen) Mitarbeiter und Mitarbeiterinnen allein lassen, ohne ihnen Hilfestellung zu geben? Muß nicht zunächst einmal die Aus- und Fortbildung der Gruppenleiter bzw. der Oberministranten im Sinne des von mir entworfenen Zielspektrums ausgeweitet und verbessert werden? Das ist eine Anfrage an die dafür zuständigen Diözesanstellen und an die Verbände, in deren Händen oft auch die liturgische Bildung und Weiterbildung liegt. Darüber hinaus bedürfen die oben Genannten aber auch einer Unterstützung und Begleitung durch erwachsene Gemeindemitglieder, wie dies schon die Würzburger Synode in ihrem Beschluß zur kirchlichen Jugendarbeit mit dem Verweis auf erwachsene Glaubensbegleiter gefordert hatte. Schließlich sahen wir, daß das Gelingen liturgischer Bildung der am Altar Dienenden entscheidend mit davon abhängt, welchen Gottesdienst sie in der Gemeinde erleben; von der Gemeinde kann eine mitreißende Wirkung auf die Meßdiener/innen ausgehen, wenn sie mit Kopf, Herz und Hand den Gottesdienst mitvollzieht. Somit trägt die gesamte Gemeinde (und nicht nur das Leitungsteam einer Pfarrei und der Liturgieausschuß) eine Verantwortung dafür, ob es gelingt, die Ministrantinnen und Ministranten so liturgisch zu formen, daß für sie der Gottesdienst zum Mittelpunkt und Höhepunkt kirchlichen Lebens und zur Kraftquelle für ihren Glauben wird (vgl. LK, Nr. 10), der sich im Alltag und im Dienst am Nächsten und an der Welt bewährt. Dann besteht die Hoffnung, daß die Ministranten/innen mit der

Beendigung ihres Altardienstes sich nicht auch vom Gottesdienst der Gemeinde verabschieden. Dieser Gefahr können wir ein wenig begegnen, wenn wir darauf achten, daß auch ältere Ministranten/innen weiterhin zum Altardienst herangezogen werden, damit nicht der fatale Eindruck entsteht, der Ministrantendienst sei eine Angelegenheit von Kindern. Ältere Ministranten/innen sind auch aufgeschlossener für eine vertiefte Einführung in die Liturgie, sie wollen verstehen, was sie mitfeiern. Ihnen kann man schon eine größere Gedankenarbeit zumuten. In gewissen Abständen sollten ehemalige ältere Ministranten/innen zu einem Treffen eingeladen werden, um den Kontakt mit ihnen nicht abreißen zu lassen; vielleicht läßt sich dabei der eine oder andere wieder reaktivieren bzw. ist er bereit, andere Verantwortungen in der Gemeinde zu übernehmen. Sie müssen zumindest den Eindruck gewinnen, daß man sie ernst nimmt und auf sie nicht verzichten möchte.

Viel hängt aber auch von der Gesamtatmosphäre ab, die das Verhältnis der für die Seelsorge Verantwortlichen zu den am Altare Dienenden bestimmt. Fühlen diese sich auch außerhalb des Gottesdienstes ernst genommen und geschätzt? Wie begegnet man ihnen in der Sakristei und im Pfarrhaus? Können sie sich im Pfarr- oder Jugendheim ungezwungen auf die ihnen gemäße Weise bewegen, oder unterliegen sie einer strengen Hausordnung, die mehr auf Ruhe und Sauberkeit bedacht ist, für jugendlichen Bewegungsdrang jedoch wenig Verständnis zeigt? Der Gottesdienst beschränkt sich nicht auf den Kirchenraum, er muß das gesamte Leben einer Gemeinde prägen und ihm seinen Stempel aufdrücken.

Darüber hinaus muß die Erwachsenengemeinde ihr Verhältnis zu den Ministranten/innen überdenken: Wieweit gibt sie zu erkennen, daß sie den selbstlosen Dienst junger Menschen am Altar zu schätzen weiß, wieweit ist sie offen für die kritischen Stimmen, die sich in den Reihen der Heranwachsenden zu Wort melden, gibt sie ihnen Raum im Gesamtleben der Gemeinde? Ministrantenarbeit ist alles andere als eine Spielwiese für eine ungebärdige Jugend in ihrer Sturm- und Drangperiode, sie ist ein echter Dienst am Aufbau des »Leibes Christi«, zu dem alle Generationen ihren Beitrag leisten sollen.

9. *Kinder- und Familiengottesdienste als Ort liturgischer Bildung*

Unsere Überlegungen haben nicht den Kinder- und Familiengottesdienst als solchen zum Gegenstand. Wir fragen primär nicht, worin besteht die Eigenart eines kindgemäßen bzw. familiengerechten Gottesdienstes, sondern inwieweit enthalten diese Gottesdienstformen Möglichkeiten einer direkten liturgischen Bildung im Sinne einer mystagogischen Liturgie. Zuvor bedarf es jedoch einer begrifflichen Klärung, weil die Bezeichnungen nicht immer eindeutig verwendet werden, so daß der gleiche Name unterschiedliche Sachverhalte bezeichnen kann.

9.1 Begriffsklärung

Wir unterscheiden zwischen einem Kindergottesdienst und einem Familiengottesdienst, auch wenn in der Literatur und noch mehr in der Praxis beide Begriffe oft synonym verwendet werden, so daß dadurch eine Begriffsverwirrung eingetreten ist. Das »Direktorium für Kindermessen« unterscheidet zwischen Meßfeiern für »Erwachsene mit Teilnahme von Kindern«, hier ist vor allem an Gemeindemessen an Sonn- und Feiertagen gedacht, an denen neben einer Zahl von Erwachsenen nicht wenige Kinder teilnehmen,[1] und »Meßfeiern für Kinder mit Teilnahme weniger Erwachsener«. Diese Form wird besonders für Wochentage empfohlen, an denen nur wenige Erwachsene an der Messe teilnehmen.[2] Aber nicht nur an Wochentagen, auch an Sonn- und Feiertagen wird sich eine Situation ergeben, daß für Kinder eigens gestaltete Meßfeiern angeboten werden, an denen gerne auch erwachsene Gemeindemitglieder teilnehmen, oft sogar bilden sie zahlenmäßig ein Übergewicht, dennoch wird die Gestaltung dieses Gottesdienstes auf die Verstehensmöglichkeiten und Bedürfnisse der Kinder abgestimmt sein.[3]

Nachdem der Kindergottesdienst in den meisten Gemeinden heimisch geworden ist und auch von der amtlichen Kirche seine offizielle Bestätigung erlangt hat, melden sich vermehrt kritische Stimmen zu Wort, die zu Recht bemängeln, daß auch im Gottesdienst am Sonntag die Familie auseinandergerissen werde und nicht als Familie in Erscheinung trete. Hier bewahrheitet sich, was der Pastoraltheologe N. Greinacher vor langer Zeit beklagte, »daß es bisher, aufs Ganze gesehen, nicht gelungen (sei), die Familie als Familie in den Lebensvollzug der Gemeinde zu integrieren.« Er erblickt darin eine Fehlentwicklung, daß die Kirche der Familie in der konkreten Seelsorge zu wenig Beachtung schenke.[4] Wir sprechen zwar immer wieder mit Nachdruck von der Familie als der Keimzelle der Gemeinde und behaupten, sie sei die Kirche im kleinen, aber dessen ungeachtet trennen wir am Sonntag die einzelnen Lebensalter bzw. nehmen wir im sonntäglichen Gemeindegottesdienst kaum Notiz von den anwesenden Kindern und Jugendlichen. Hier bestimmen die Erwachsenen eindeutig das Gesicht des Gottesdienstes, die jüngeren Gemeindemitglieder werden übersehen, nicht einmal bei der Begrüßung oder Ansprache werden sie eigens erwähnt. Dagegen reagieren ältere Gemeindemitglieder gereizt, wenn im Gemeindegottesdienst kleinere Kinder unruhig sind, deren Eltern zusammen mit ihnen Gottesdienst feiern möchten. Darf es uns dann aber wundern, daß angesichts solch weit verbreiteter Praxis und Haltungen Kinder und Jugendliche sich allmählich dem Gottesdienst entfremden und am Ende für immer fortbleiben? Immer noch herrscht bei uns die dem 19. Jahrhundert entstammende Standesseelsorge vor, die die Familie zerreißt, obwohl doch alle wissen, daß die Familie die wichtigste Sozialisationsinstanz innerhalb der Kirche ist und »ein wesentliches Element im Lebensvollzug der Kirche« bildet.[5] Dem früheren evangelischen Ost-Berliner Bischof A. Schönherr können wir nur zustimmen, wenn er mahnte: »Es muß ein besonderes Anliegen christlicher Gemeinde sein, den Familien zu helfen, beieinanderzubleiben und zusammenzufinden. Wir sollten bei allen unseren Veranstaltungen darauf achten, daß wir die Familie nicht zerstören, sondern gerade zusammenbringen«[6] »Heute haben wir alle gespürt«, sagte nach einer Familienmesse ein Vater, »wie gut es ist, daß wir eine gläubige Familie sind und daß es einen Sinn hat, in die Kirche zu gehen«. Können aber viele christliche Familien wirklich diesen Eindruck von einem Gemeindegottesdienst mit nach Hause nehmen? Und ein Jugendlicher bemerkt zur problematischen Aufteilung der Lebensalter im Gottesdienst: »Ich finde es aber blöd, daß diese speziellen Gottesdienste, also Kinder-, Jugend- usw. immer extra sind. D. h . während eines normalen Gottesdienstes finden dann diese Gottesdienste irgendwo anders statt. Und das finde ich doof. Da gehen die Eltern in den normalen Gottesdienst. Zuvor bringen sie ihre kleine Tochter zum Kindergottesdienst, während der schon etwas ältere Sohn alleine zum Jugendgottesdienst geht. Wo bleibt denn da der Sinn für die familiäre Gemeinschaft? Man könnte doch einen Kinder-, Jugend- oder Seniorengottesdienst gemeinsam mit der ganzen Gemeinde feiern.«[7] Er äußert ein feines Gespür für diese unnatürliche Situation in unseren Gemeinden.

Was unter einem familiengerechten Gottesdienst zu verstehen ist, bleibt in Theorie und Praxis umstritten, nicht selten stellt das Wort nur einen Etikettenschwindel dar, weil sich hinter dem Begriff die alte Sache des Kindesgottesdienstes verbirgt. In einer neueren Publikation zum Familiengottesdienst heißt es: »Familiengottesdienste sind Gemeindegottesdienste, bei denen Familien mit Kindern in besonderer Weise in die Vorbereitung und in die Feier einbezogen sind. Stärker als sonst wird in Verkündigung und Gebet auf die Teilnahmemöglichkeiten der Kinder Rücksicht genommen. In dieser Handreichung ist dabei vor allem an sonntägliche Meßfeiern mit einer größeren Zahl von Kindern gedacht, bei denen die meisten Teilnehmer aber Erwachsene sind. ... In einer Familienmesse spielen Kinder zwar eine besondere Rolle, sie ist aber eine Feier aller Altersstufen. Das unterscheidet sie von der Kindermesse. Wenn es möglich ist, sollten Kinder schon in die Vorbereitung einbezogen werden, auch auf Inhalt und Form von Texten, die sie vortragen, sollten sie Einfluß haben.«[8] Ungeachtet dieser Absichtserklärung richtet sich jedoch das angebotene Material weitgehend an die Adresse der Kinder. Jugendliche und Senioren kommen kaum oder überhaupt nicht vor. Will dagegen der Familiengottesdienst wirklich seinem Namen gerecht werden, dann soll er versuchen, möglichst alle Familienmitglieder, also die Großen, Mittleren und Kleinen, aber auch die Senioren, miteinzubeziehen. Angesichts des Strukturwandels der Familie ist darauf zu achten, daß die im Wachsen begriffenen Teilfamilien, Geschiedene und Singles nicht ausgegrenzt, sondern in die Gestaltung miteinbezogen werden. Wir können auch nicht mehr selbstverständlich davon ausgehen, daß Vater und Mutter mit ihren Kindern und Jugendlichen an diesem Gottesdienst teilnehmen; oft erscheinen nur die Mütter mit ihren Kindern. Natürlich können nicht alle Generationen in jedem dieser Gottesdienste immer die gleiche Aufmerksamkeit finden; es ist aber denkbar, daß in einem Gottesdienst mehr kleinere Kinder, in einem anderen mehr ältere Kinder oder Jugendliche und dann aber auch wieder bevorzugt junge Erwachsene und Erwachsene bzw. Senioren im Blick sind. Von Gottesdienst zu Gottesdienst können sich daher die altersmäßigen Schwerpunkte ändern. Es könnten auch bei verschiedenen Gelegenheiten im Verlauf eines Gottesdienstes unterschiedliche Altersgruppen beteiligt werden. Keine Gruppe darf jedoch den Eindruck gewinnen, sie hätte lediglich eine Statistenrolle zu übernehmen. Die Familie ist in diesem Gottesdienst sowohl Subjekt und Träger als auch Adressat des Gottesdienstes, in ihren Händen soll die Vorbereitung und Durchführung liegen. Kinder, Jugendliche, junge Erwachsene und Erwachsene übernehmen in diesem gemeinsamen Gottesdienst jeweils Aufgaben (Rollen) und treten so in eine Interaktion, die für alle Teilnehmer bereichernd sein kann. Wegen der intensiven und arbeitsaufwendigen Vorbereitungen wird man nicht an jedem Sonntag einen solchen Gottesdienst feiern können, sondern höchstens einmal im Monat. An den übrigen Sonntagen könnte zwischen einem Kindergottesdienst und einem Gemeindegottesdienst abgewechselt werden. Die Erfahrungen in den Gemeinden zeigen, daß diese Gottesdienstform auf eine große Akzeptanz stößt, auf evangelischer Seite noch stärker. Während durchschnittlich 8 % evangelische Christen einen Gemeindegottesdienst aufsuchen, steigt die Zahl der Teilnehmer an einem Familiengottesdienst auf 40 % an. Es gibt bereits Gemeinden, auf katholischer wie auf evangelischer Seite, die statt des Kindergottesdienstes nur noch von Zeit zu Zeit einen Familiengottesdienst gestalten. Dieser Prozeß hat in der evangelischen Kirche schon vorher eingesetzt, wie auch dort sich der Kindergottesdienst eher durchsetzen konnte als in der katholischen Kirche. Bereits in den fünfziger Jahren wurden in der damaligen DDR Experimente mit dem Familiengottesdienst durchgeführt. 30 % der evangelischen Besucher eines Familiengottesdienstes geben an, daß sie außerhalb dieses Gottesdienstes nicht am Sonntagsgottesdienst teilnehmen. Ein Trend, der uns zum Nachdenken zwingt. Allerdings ist es auf diesem Wege nicht gelungen, die Familien junger Eltern in die Gemeinde und in den Gemeindegottesdienst zu integrieren. Auch in der katholischen Kirche hat sich der Familiengottesdienst fest etabliert, er ist von den Gemeinden und den Seelsorgern angenommen worden und aus dem Erscheinungsbild der Kirche nicht mehr wegzudenken.

9.2 Die Gefahr der katechetischen Dominanz im Kindergottesdienst

Bevor wir Möglichkeiten einer direkten liturgischen Bildung im Rahmen eines Kinder- bzw. Familiengottesdienstes aufzeigen – zwischen beiden wird in der Folge nicht mehr eindeutig unterschieden – soll auf ein Gefahrenmoment aufmerksam gemacht werden, das speziell den Kindergottesdienst bedroht. Er liegt weitgehend in den Händen von Katecheten/innen und Religionslehrern/innen, die mit großem Engagement sich um die Gestaltung dieser Gottesdienste bemühen. Dabei können sie jedoch ihre Herkunft nicht verleugnen, sie betrachten den Gottesdienst primär unter pädagogischen Gesichtspunkten und weniger unter liturgischen. Hier wirkt sich ihr Defizit an pastoralliturgischer Ausbildung nachteilig aus. Die Folge ist, daß in diesen Gottesdiensten die der Liturgie innewohnende katechetische (belehrende) Dimension[9] ein solches Übergewicht erhält, daß dagegen die vertikale Ausrichtung des Gottesdienstes zurücktreten muß. An die Stelle des primär zu intendierenden Gotteslobes treten hier oft moralische Appelle. So wird in einer Eucharistiefeier für Kinder zum Thema »Das schwarze Schaf« nach den Einsetzungsworten gesagt: »Guter Vater, laß dieses Brot uns miteinander verbinden. Hilf uns, auch mit den Kindern gut Freund zu werden, die wir bisher aus unserer Gemeinschaft ausgestoßen haben, weil wir sie nicht mögen, weil sie es uns nicht leichtmachen, oder weil wir sie nicht verstehen. Denn nur, wenn wir uns ihrer annehmen, leben wir so, wie Dein Sohn es uns vorgelebt hat, nur dann leben wir aus seinem Geist. Ja, Vater, schenke uns den Geist deines Sohnes, der uns verstehen und lieben lehrt ...«[10] Die Kinder werden hier nicht dazu aufgefordert, sich mit Jesus Christus dem Vater hinzuschenken, ein für sie allerdings noch schwer nachzuvollziehender Gedanke, vielmehr sollen sie sich anderen Kindern in Freundschaft zuwenden, die sie nicht leiden können. Auffallend ist auch die starke Gewichtung der Wortverkündigung, was schon rein zeitlich zu Lasten des eucharistischen Teiles geht. Diese antiritualistische und primär pädagogische Sichtweise des Gottesdienstes ist im evangelischen Raum noch ausgeprägter; sie kann auf eine lange Tradition zurückblicken, deren Anfänge bei M. Luther liegen. Er hat in seinem »Sermon von dem neuen Testament« das abstrakte Wort Gottes dem sinnlich ästhetischen sakramentalen Zeichen vorgeordnet.[11] Gegen die Vorherrschaft der pädagogischen Intention richtete sich die allzu pauschal geratene Kritik von A. Lorenzer an der Liturgiereform, der er vorwarf, sie habe die sinnliche und präsentative Dimension der Liturgie zerstört und das rituelle Geschehen auf das Wort reduziert.[12] Die Liturgie mit Kindern läuft so Gefahr, in einen liturgischen Kindergarten auszuarten, sie wird zu einer katechetischen Spielwiese. Wie sollen Kinder und Heranwachsende in diesem Gottesdienst lernen, Gott um seiner selbst willen zu loben, ihm zu danken und anbetend vor ihm zu stehen? Droht hier nicht der Trend zum Horizontalismus, da im Mittelpunkt des Gottesdienstes das menschliche Tun steht und nicht das Heilshandeln Gottes am Menschen, für das der Mensch sich in Lob, Dank und Bitte antwortend öffnet. Bei aller Wertschätzung der katechetischen Funktion des Gottesdienstes muß jedoch die Doxologie den Mittelpunkt bilden, alles andere muß ihr untergeordnet werden. Die einseitige Ausrichtung auf den Wortgottesdienst muß vermieden werden, dafür sollte der Gestaltung des eigentlichen eucharistischen Teiles mehr Aufmerksamkeit geschenkt werden. Diesen Gefahren kann dadurch entgegengewirkt werden, daß sich die vorbereitenden Teams mit dem Wesen der Liturgie und den Strukturgesetzen der gottesdienstlichen Versammlung vertraut machen. Dann können sie den Stellenwert der Katechese im gesamten gottesdienstlichen Geschehen genauer bestimmen.

9.3 Die Chance der Mitgestaltung

Ein Charakteristikum des Familiengottesdienstes besteht darin, daß in die Vorbereitung und Durchführung Vertreter der verschiedenen Generationen einbezogen werden. Die vorbereitende Phase bietet den Teilnehmern die Möglichkeit, sich intensiv mit liturgischen Fragen (aber auch mit Glaubensfragen) auseinanderzusetzen. Dabei wächst das Verständnis für die Eigenart und Zielsetzung des Gottesdienstes, aber auch der Aufbau der Eucharistiefeier oder eines Wortgottesdienstes wird durchsichtiger. Der Blick schärft sich für die wesentlichen und für die auszuwechselnden Teile des Gottesdienstes. Durch die Mitwirkung der Vertreter unterschiedlicher Altersgruppen ist auch gewährleistet, daß die Fragen, Sehnsüchte, Ängste, aber auch Erfahrungen der Gottesdienstteilnehmer zur Sprache kommen, daß der Bezug zwischen Liturgie und alltäglichem Leben hergestellt wird. Auf diesem Wege kann der Gottesdienst auf das Leben bezogen werden, kann das Leben gefeiert werden. Bis in die Sprache der Texte hinein kann sich dies heilsam auswirken. Ein so vorbereiteter Gottesdienst spiegelt mehr die Lebenswelt der Teilnehmer wider und reißt keine zu große Kluft zwischen Sonntag und Alltag auf.

9.4 Fruchtbare, aktive Teilnahme

Während in den herkömmlichen Gemeindemessen die vom Konzil geforderte volle, bewußte und tätige Teilnahme der Gläubigen an der liturgischen Feier[13] nur rudimentär eingelöst worden ist, leben Kinder- und Familiengottesdienst von einer stärkeren Beteiligung der Mitfeiernden. Die Teilnehmer empfinden sich nicht mehr nur als Adressaten des gottesdienstlichen Geschehens, sondern zugleich als dessen Träger. Sie übernehmen Aufgaben bzw. Rollen und tragen so zur Polyphonie des Gotteslobes bei. Die heute lautstark eingeforderte Partizipation am Leben der Kirche findet hier eine erste Erfüllung. Wer das gottesdienstliche Geschehen aktiv mitgestaltet, identifiziert sich viel intensiver mit der Sache, um die es hier geht. Der Gottesdienst duldet keine passiven Zuhörer und Zuschauer, bringen doch alle in der Eucharistie zusammen mit dem Priester als Vorsteher Gott das ihm wohlgefällige Opfer dar. Immer noch herrscht jedoch in vielen Gemeinden der Eindruck vor, nur der Priester sei der eigentliche Liturge, obwohl das Konzil unmißverständlich zum Ausdruck gebracht hat, daß die Liturgie Feier der ganzen Kirche ist und daß aufgrund von Taufe und Firmung bestimmte liturgische Funktionen den Gläubigen zustehen, die nicht Inhaber eines geistlichen Amtes sind. Diese konziliaren Aussagen prägen das Gesicht vor allem der Familiengottesdienste, die alles andere als eine »Ein-Mann-Show« sind, sondern von einer Vielfalt von Mitwirkenden geprägt werden. Es ist ein Spezifikum der Familiengottesdienste, daß ihre Durchführung weitgehend in der Hand von Laien liegt, sie prägen ihm ihren Stempel auf.

9.5 Gottesdienst mit Herz, Mund und Händen

Der Mensch möchte Gott mit all seinen Sinnen loben, als leibgeistiges Wesen möchte er vor Gott hintreten und nicht nur mit seinem Gehör und Verstand. Daher will sich die Seele auch im Leib ausdrücken. Eine leibhaftige, sinnenfällige Feier der Liturgie gelingt heute am ehesten in Kinder- und Familiengottesdiensten, daher erfreuen sie sich auch so großer Beliebtheit. Diese versuchen, alle Sinne der Feiernden anzusprechen, um so eine Verkopfung des Gottesdienstes zu überwinden. Die Gesten und Körperhaltungen werden bewußt gepflegt: Spiel, darstellende Szenen, Pantomime, Rollenspiel und Tanz, das alles hat Platz in einem kindgemäßen bzw. familiengerechten Gottesdienst. Der Gesang gehört zu den wichtigsten Ausdrucksmöglichkeiten des Gottesdienstes, er übt eine starke Wirkung auf die Atmosphäre des Gottesdienstes aus. Zugleich erfahren die Teilnehmer sich als Glieder einer großen

Gemeinschaft, die Gott lobt und preist. Zum Gesang kann auch Instrumentalmusik hinzutreten, die von Teilnehmern selbst ausgeführt werden sollte, z.B. das Orff-Instrumentarium, aber auch Flöte, Geige, Gitarre, Trompete ...

9.6 Bilder und Raum

Bilder und visuelle Elemente können zur Veranschaulichung des Gottesdienstes beitragen, sie erleichtern den Kindern und den anderen Teilnehmern den Mitvollzug. Zu den sichtbaren Elementen zählen z.B. die Kreuzverehrung, die Osterkerze, die Lichter am Feste der Darstellung des Herrn, die unterschiedlichen liturgischen Farben im Laufe des Kirchenjahres und der liturgische Schmuck. Bilder veranschaulichen das gottesdienstliche Geschehen und regen zur Betrachtung an. Über das Bild kann die kindliche Aufmerksamkeit leichter als durch das Wort geweckt werden. Allerdings ist vor einer Bilderflut zu warnen, weil diese nicht zur Sammlung und Konzentration beiträgt, sondern eher hinderlich ist. Mit Hilfe eines Diaprojektors oder einer Leuchtbox können Bilder der christlichen und religiösen Kunst im weiten Sinne des Wortes betrachtet werden. Gerne sind Kinder auch bereit, zur Veranschaulichung des biblischen Textes Bilder zu malen, die sie in der Predigt auch selbst erklären können. Besondere Beachtung sollte dem Raum geschenkt werden. Der Kirchenraum selbst enthält viele Bilder, die mit den Teilnehmern gemeinsam betrachtet werden können (z.B. Portal, Fenster, Altar, Ambo, Taufbecken, Heiligenfiguren, Kreuzweg, Altarbild).

Es ist nicht unerheblich, in welchem Raum mit Kindern und Erwachsenen ein Gottesdienst gefeiert wird, ob in der Kirche, in einer Kapelle oder in einem Meditationsraum; nicht weniger bedeutsam ist, wie der Raum ausgestattet ist, in dem die Freude über die Nähe Gottes erfahren und gefeiert werden soll, welche Lichtverhältnisse in ihm herrschen, wie er sich beschallen läßt. Ein dunkler, kalter Betonbau wird kaum Wärme und Geborgenheit ausstrahlen. Zur Raumgestaltung gehören auch die Lichtverhältnisse, die Temperatur im Raum, die Farbigkeit des Raumes und sogar die Düfte, die im Raum eingeatmet werden (vgl. Aromatherapie). Mit kleinen, überschaubaren Gruppen kann man auch die Bänke verlassen und den Gottesdienstraum aus einer anderen Perspektive erleben, z.B. indem man sich um den Altar oder um ein Taufbecken schart, sich am Ambo versammelt oder die Kreuzwegstationen entlanggeht. So können die Teilnehmer die verschiedenen Funktionsorte für den Gottesdienst kennenlernen. Bei einem Wortgottesdienst könnte man einen Stuhlkreis um den Ambo bilden, beim Hochgebet versammelt man Kommunionkinder oder die Teilnehmer an dem zu Ende gegangenen Parallelgottesdienst um den Altar.[14] Es liegt in der Hand der für den Gottesdienstraum Verantwortlichen, wieweit von der Raumgestaltung eine bildnerische Wirkung ausgehen kann. Denn unter Umständen kann diese Wirkung auch verhindert werden, wenn mangels ästhetischer Kompetenz beispielsweise der Altarraum mit Topfpflanzen vollgestopft wird oder der Altar mit Kinderzeichnungen vollgehängt ist. Ein Altarraum, der wie ein Blumenladen aussieht, büßt seine liturgische Funktion ein. Die Ausgestaltung des Kirchenraumes verlangt daher eine ästhetische und liturgische Kompetenz von den mit seiner Pflege Betrauten, andernfalls kann er zu einem Verlernort des Glaubensfeierns werden.

9.7 Lebensbezogene Wortverkündigung

Die »Überlegungen und Anregungen für die Meßfeier« (1970-1972) sehen für die Verkündigung neben der biblischen Lesung auch die Möglichkeit der Verwendung einer nichtbiblischen Lesung vor. Dabei kann es sich um ein religiöses Gedicht, um einen Abschnitt aus einer Heiligenlegende oder eine Geschichte aus einem Lesebuch handeln.[15] Wenn auch gelegentlich die Auswahl der profanen Lesung nicht unproblematisch erfolgt, vor allem dann, wenn kein innerer Zusammenhang zur biblischen Lesung erkennbar ist, so liegt der Vorteil dieser Auswahlmöglichkeiten darin, daß dieser Text die Lebenswelt der Mitfeiernden widerspiegelt und so die Lebensrelevanz der Verkündigung verbürgt.

Die Auslegung der Schrift im Kinder- und Familiengottesdienst kann auf vielfältige Weise erfolgen. Großer Beliebtheit bei Kindern erfreut sich das sog. katechetische Gespräch. Dies kann auch durch Eltern, Katecheten/innen und Erzieherinnen, aber auch durch Mitglieder des vorbereitenden Teams geschehen, diese haben oft einen engeren Kontakt zu Kindern als der Vorsteher des Gottesdienstes. Im Familiengottesdienst können Vertreter der verschiedenen Altersstufen miteinander einen Dialog über Glaubensthemen führen und auf diese Weise generationenübergreifendes Glaubenlernen einüben und demonstrieren. Die Predigt könnte aber auch als mystagogische Predigt die Liturgie selbst thematisieren und zu einem vertieften Verständnis des Gefeierten führen.

9.8 Neue Hochgebete

»Im Eucharistischen Hochgebet«, dem Gebet der Danksagung und Heiligung, erreicht die ganze Feier ihre Mitte und ihren Höhepunkt ... .[16] Dieses Gebet wird vom Vorsteher der Eucharistiefeier im Namen der gesamten Gemeinde vorgetragen, was aber nicht ausschließt, daß die Gemeinde zusammen mit dem priesterlichen Vorsteher Trägerin dieses Gebetes ist. Diese Gemeinsamkeit kommt sinnvoll in der »Wir-Form« dieser Gebete zum Ausdruck: Wir loben, wir preisen, wir danken, wir bitten. Auch die über das Hochgebet verteilten Akklamationen unterstreichen die Tatsache, daß die Gemeinde Trägerin dieses zentralen Gebetes ist. Um so dringlicher war es daher, daß kindgemäße Fassungen der Hochgebete von den zuständigen römischen Instanzen 1975 zugelassen worden sind und seitdem auch in Kindergottesdiensten Verwendung finden. Sie erleichtern Kindern den Zugang zu diesem zentralen eucharistischen Gebet und ermöglichen stellenweise eine aktive Teilnahme der Kinder.[17] Es liegen drei Hochgebete für kleinere, mittlere und ältere Kinder vor und ein viertes für gehörlose Kinder; letzteres ist auch für kleinere Kinder besonders geeignet. Die »Überlegungen und Anregungen für die Meßfeiern mit Kindern« zeigen Gestaltungsmöglichkeiten auf, mit deren Hilfe eine innere und äußere Beteiligung der Kinder möglich ist. Die bisherige Erfahrung hatte gezeigt, daß dieser Teil der Meßfeier die Kinder überforderte, sie waren zur Passivität verurteilt, so daß sich bei ihnen sehr bald eine Konzentrationsschwäche und Lustlosigkeit einstellte. Es war für sie der »langweiligste Teil der Meßfeier«. Durch das Nennen von Dankmotiven zu Beginn der Präfation, durch gesungene oder gesprochene Akklamationen und durch Gesten können Kinder stärker in das eucharistische Geschehen einbezogen werden und gewinnen so den Eindruck, daß dieses Gebet auch von ihnen mitgetragen wird.[18] Die Kinderhochgebete können auch in einem Familiengottesdienst Verwendung finden. Hier bietet sich besonders das dritte Kinderhochgebet an, das Raum läßt für Einschübe, die Bezug nehmen auf die Thematik des Gottesdienstes oder auf bestimmte Zeiten des Kirchenjahres. Auf diese Weise findet das Leben der Teilnehmer Eingang in das gottesdienstliche Feiern.

Mit einer großen zeitlichen Verzögerung sind nun auch die sog. Schweizer Hochgebete in einer überarbeiteten Fassung offiziell für die katholische Kirche in Deutschland eingeführt worden. Sie zeichnen sich durch eine einfache und anschauliche Sprache aus, die leichter nachzuvollziehen ist. In ihnen werden die Sorgen, Ängste und Hoffnungen der modernen Menschen angesprochen, die von den Mitfeiernden aufgegriffen und sich zu eigen gemacht werden sollen. Es gibt vier Modelle, zwischen denen man wählen kann, sie tragen die Überschrift: Gott führt die Kirche; Jesus, unser Weg; Jesus geht an keiner Not vorüber; Die Kirche auf dem Weg zur Einheit. Schon diese Überschriften lassen erkennen, daß hier keine abstrakten theologischen Gedanken ausgesprochen werden, sondern daß der existentielle Charakter des Glaubens stärker betont wird. Die Teilnehmer am Familiengottesdienst werden sich eher mit diesen Texten identifizieren und so in das gemeinsame Gotteslob einstimmen können.

So kann ein Gottesdienst, der den Kindern bzw. den Familien gerecht werden möchte, durchaus einen hilfreichen Beitrag zur liturgischen Bildung und Erziehung leisten. Seine Bedeutung sollte nicht unterschätzt werden, vielmehr lohnt es sich, diese Gottesdienstform auch unter einem solchen Gesichtspunkt einmal zu betrachten.

10. Die Chance des Jugendgottesdienstes für das Gottfeiernlernen

Vorbemerkung: Viele Überlegungen, die wir im Zusammenhang mit dem Kinder- und Familiengottesdienst angestellt haben, z.B. über die Mitwirkung bei der Vorbereitung des Gottesdienstes, lassen sich ohne große Mühe auch auf den Jugendgottesdienst übertragen. So kann auf die Ausführungen im 9. Kapitel in vieler Hinsicht verwiesen werden.

10.1 Die Diskussion um den Jugendgottesdienst

Der Jugendgottesdienst ist bekanntlich ein konfliktreiches Feld, das die gestörte Kommunikation zwischen Kirche und nachwachsender Generation unübersehbar offenlegt. Hier verdichten sich die Spannungen, die im Zusammenleben zwischen der älteren und jüngeren Generation, aber auch zwischen den Amtsinhabern und den Jugendlichen hervortreten, sie werden hier hautnah erlebt und führen nicht selten zu großen Frustrationen. Der Kirchensoziologe A. Feige diagnostiziert unmißverständlich: »Bei allen differenzierenden Stellungnahmen und Erfahrungsberichten wird übereinstimmend Gottesdienst als etwas Fremdes, Nicht-Persönliches und Nicht-Gemeinschaftliches empfunden, in dem man zumindest als Jugendlicher seine ein- bis eineinhalb Stunden sitzt, sich aber nicht zu Hause ›fühlt‹«. Diese Aussage des evangelischen Kirchensoziologen gilt konfessionsübergreifend.[1] Ich versage es mir, an dieser Stelle die sattsam bekannte Kritik junger Menschen am sonntäglichen Gemeindegottesdienst, so wie sie ihn erleben, zu wiederholen, sie ist nicht Thema dieses Buches.[2] Auch möchte ich nicht den Gründen nachgehen, warum jüngere Katholiken – Entsprechendes gilt in noch höherem Maße für jüngere evangelische Christen – dem Gottesdienst so fremd, wenn nicht gar ablehnend gegenüberstehen, ja, warum das Thema Gottesdienst für sie zu einem Reizthema geworden ist. Umgekehrt wirft die ältere Generation, insbesondere die Seelsorger, den Jüngeren vor, sie seien liturgieunfähig, der von ihnen veranstaltete Gottesdienst gleiche eher einer Show oder einem Happening und habe mit Gottesverehrung wenig zu tun. Dabei wird übersehen, daß es unter den christlichen Jugendlichen eine Gruppe gibt, die durchaus an einem menschenfreundlichen, auf das Leben bezogenen und alle Sinne und Kräfte des Menschen ansprechenden Gottesdienst interessiert ist. Sie gehört zur jugendlichen Kerngemeinde, deren Zahl auf 8-10 Prozent geschätzt werden kann. Diese Jugendlichen bestimmen das Erscheinungsbild der Katholiken- und Kirchentage, sie pilgern nach Taizé, wo sie unaufgefordert bereitwillig drei Mal am Tag an den eindrucksvollen Gottesdiensten teilnehmen. Diese jungen, der Kirche in irgendeiner Weise verbundenen Christen sind durchaus an der gemeinsamen Feier des Gotteslobes interessiert; das hat auf überraschende Weise der große Anklang gezeigt, den der von der Katholischen Jungen Gemeinde der Erzdiözese Freiburg veranstaltete »Jugendkongreß Gottesdienst« (1986 und 1990) gefunden hat. Weit über 1.000 junge Christen und Christinnen haben sich auf diesen Kongressen Gedanken über die sonntägliche Gemeinde-Eucharistie gemacht und dabei ihre Bereitschaft ausgedrückt, ihre Begabungen bei der Gestaltung des Gottesdienstes einzusetzen. In Österreich haben 1990 Jugendliche ihre Vorstellungen von einem jugendgemäßen Gottesdienst bei einer Befragung von 1.700 (15- bis 20jährigen) Jugendlichen der Steiermark offengelegt.[3] Zugleich muß aber auch konstatiert werden, daß der Jugendgottesdienst nur noch die der Kirche eng verbundenen Heranwachsenden anspricht, dagegen gelingt es ihm nicht mehr, die fernstehenden Jugendlichen in einen, wenn auch nur losen Kontakt zur Kirche zu bringen, sehen wir einmal von den Kasualien und Feiertagen ab. Die noch ansprechbaren und engagierten Jugendlichen haben ganz konkrete Erwartungen an den Gottesdienst, in dem sie sich zu Hause fühlen wollen, wir dürfen sie darin nicht enttäuschen. Hier liegt ein noch unausgeschöpftes Potential für die Gemeinden, das aktiviert werden muß, mit ihm muß sehr behutsam umgegangen werden.

Es wäre allerdings kurzschlüssig, seinen Blick ausschließlich auf den Gottesdienst zu lenken, sonst kann es zu einer »paradoxen Kommunikation« kommen[4], weil das, was in der Liturgie (oft sehr vollmundig) gefeiert wird, nicht den Alltag der Pfarrgemeinden widerspiegelt. Der Gottesdienst muß aus dem alltäglichen Leben der Gemeinden erwachsen und sich in ihm auch wieder provozierend und verändernd auswirken. Hier hat er seine Basis, seine Kommunikationsstruktur. Fehlt sie, gerät der Jugendliche in eine »Beziehungsfalle« (N. Mette), die er sehr bald durchschaut. Diese paradoxe Kommunikationsstruktur hat ein Jugendlicher treffend so geschildert: »Da werden in der Predigt große Worte gemacht und in der Liturgie eine Schau inszeniert, aber wenn man (abgesehen vom Jugendgottesdienst) irgendwo mitreden will, ist ›Sense‹!« Was die Liturgie verspricht, muß im Alltag der Gemeinden eingelöst werden, sonst wird der Jugendgottesdienst lediglich als Spielwiese betrachtet, aber nicht ganz ernstgenommen.[5] Auf diesen Zusammenhang hatte bereits schon die Würzburger Synode hingewiesen: »Wo die Jugendlichen im Leben der Gemeinde keinen Platz finden oder Ablehnung erfahren und wo sie sich ihrerseits nicht um ein Verständnis der Erwachsenen bemühen, wird die Gemeinsamkeit auch durch gemeinsame Gottesdienste kaum bewirkt.«[6]

Oft ist der Jugendgottesdienst der einzige Ort, wo junge Menschen etwas vom Geheimnis der Nähe des menschenfreundlichen und zugleich ganz anderen Gottes erfahren können. Wenn sie überhaupt noch einen Gottesdienst aufsuchen, dann nehmen sie an einem auf ihre Fragen und Bedürfnisse zugeschnittenen

Gottesdienst teil, der sie als Jugendliche anspricht: »Mir gefällt beim Gottesdienst unserer Pfarre, daß ... nicht nur der Pfarrer mit dem Diakon und den Ministranten das herunterleiert, was schon irgendwie zu einem Ritual geworden ist, sondern daß es eigene Jugendgottesdienste gibt, bei denen die Jugendlichen mitgestalten können und daß auch zu aktuellen Themen gesprochen wird, nicht nur zum Evangelium, und daß ein Gefühl der Gemeinschaft entsteht.«[7] Diese Äußerung einer Österreicherin weist auf die Chance liturgischer Bildung hin, die sich aus der Mitgestaltung jugendgerechter Gottesdienste ergibt. Wo liegen im einzelnen Möglichkeiten, die es zu nutzen gilt?

10.2 Die Lebensrelevanz der Liturgie

Der Jugendgottesdienst gewinnt sein Profil durch das Engagement Jugendlicher, die ihn mitgestalten und damit auf ihn Einfluß nehmen. Sie gewinnen dadurch den Eindruck, sie kommen in diesem Gottesdienst mit ihrem Leben vor, sie können sich persönlich einbringen, ihre Fragen, Probleme, Ängste und Sehnsüchte hier zur Sprache bringen. Es wird nicht, wie sonst in der Predigt und in anderen Texten, ganz allgemein vom Glauben gesprochen, sondern die eigene Lebens- und Glaubenswelt wird hier besprochen und im Lichte des Evangeliums beleuchtet. So können sie dem Gottesdienst ihre eigene Note aufprägen. Der Brückenschlag vom Leben und von der Welt zum gefeierten Glauben und umgekehrt gelingt eher. Das, was sie im Alltag bedrückt und beschwert, aber auch, was sie mit Sehnsucht und Hoffnung erfüllt, soll im Glauben gedeutet und Anlaß und Inhalt gemeinsamen Feierns werden. Gerade dieser Lebensbezug ist ihnen so teuer. So sehr dieser Einsatz für die Gestaltung des Gottesdienstes auch zu begrüßen ist, die Zahl derer, die dazu bereit sind, geht leider zurück. Auch hier breitet sich unter Jugendlichen eine Konsumentenmentalität aus. Bei der Auswertung des Freiburger Jugendkongresses »Gottesdienst 1990« wurde resigniert festgehalten: »Die Bereitschaft, um die Gestaltung der Gottesdienste engagiert zu kämpfen und Veränderungen zu bewirken, ist nicht weit verbreitet.«[8]

Zugleich muß der Gefahr entgegengetreten werden, sich einfach der Alltagswelt anzupassen. Es darf nicht das Fremde, Andersartige und Überraschende der Botschaft Jesu Christi und der Liturgie eingeebnet werden. Hier gibt es auffallende Parallelen zwischen Liturgie und Kunst, auf die der französische Ethnologe und Soziologe P. Bourdieu hingewiesen hat.[9] Für ihn steht »die Welt der Kunst im selben Gegensatz zur Welt des alltäglichen Lebens, ..., wie das Heilige zum Profanen.«[10] Wenn der Gottesdienst an den Sonn- und Feiertagen keine Alternative zum normalen Alltag, aber auch keine Alternative zu Ekstasen der Rock- und Popkonzerte darstellt, sondern diese nur abbildet, dann wird daraus eine banale Veranstaltung, die auf die Dauer Jugendliche nicht anspricht, sondern eher abstößt. Damit soll keineswegs die Notwendigkeit der Lebensrelevanz der Liturgie in Abrede gestellt werden, nur soll vor einer billigen, leicht durchschaubaren Anpassung an die flüchtige Post-Moderne gewarnt werden. Zwischen Distanz zum Alltag und Lebensbezug muß die Spannung ausgehalten werden, das gleiche gilt, wie wir gesehen haben, auch für das Fest.

10.3 Die Verwendung nonverbaler Ausdrucksformen

Der Jugendgottesdienst erhält seine besondere Note durch die Einbeziehung musikalischer Elemente und anderer nonverbaler Ausdrucksformen. Sie bewahrt ihn vor einer Textüberflutung und einer rationalen Engführung. Die Musik – vornehmlich die Rockmusik in all ihren vielen Varianten – spielt im Leben heutiger Jugendlicher eine große Rolle. Der Musikkonsum ist mehr als reine Freizeitbeschäftigung. 43 % der 14- bis 17jährigen Teenager meint sogar, ohne Musik könnten sie nicht leben.[11] Musik rangiert unter den Freizeitpraktiken junger Menschen an erster Stelle und trägt erheblich zur »Identitätsfindung« bei. So ist es auch nicht verwunderlich, daß in der österreichischen Befragung der Musik im Gottesdienst die größte Bedeutung für eine Beteiligung und positive Mitfeier zugesprochen wird. Eine 19jährige schreibt: »Jugendgottesdienst mag ich sehr gern. Da ist einfach mehr Schwung drin. Das fängt schon bei den Liedern an. Da kann ich mitsingen – gut, das kann ich bei den normalen Gottesdiensten auch, tu ich auch – aber Jugendgottesdienste sind halt ganz anders.« In den neuen geistlichen Liedern finden Jugendliche die ihnen angemessene Ausdrucksform, Gott zu loben. Dieser Musik liegen oft Texte aus der Feder moderner Autoren zugrunde, die in der Sprache unserer Zeit junge Menschen anzureden verstehen. Sie unterscheiden sich wohltuend von den blumigen, gefühlsseligen Texten älterer Kirchenlieder, die auch dem Liedteil des »Gotteslobes« seinen Stempel aufgeprägt haben. Mit den Texten des neuen geistlichen Liedes können sich heute lebende Jugendliche eher identifizieren, sie sprechen von den Ängsten und Hoffnungen, den Wünschen und Sehnsüchten junger Menschen; darüber hinaus lenken sie den Blick auf die an den Rand Gedrängten, Schwachen und Außenseiter, die im traditionellen kirchlichen Liedgut nicht vorkommen. Freilich dürfen Fehlentwicklungen auch nicht übersehen werden; oft gewinnt die begleitende Band, die alle Aufmerksamkeit auf sich lenkt, das Übergewicht und gibt ihre dienende Funktion auf. Die Verstärkeranlage erzeugt einen ohrenbetäubenden Lärm, der an Rockkonzerte erinnert und im Kirchenraum ein wenig deplaziert wirkt. Gleichwohl wird man Bereitschaft zu Konzessionen zeigen müssen. Die Folge ist, daß Jugendliche sich in die Rolle des Zuhörers gedrängt fühlen, die während des Gottesdienstes stumm bleiben. Auch nehmen die Texte zu wenig Bezug auf die liturgischen Grundakte wie Lob, Dank und Anbetung. Das neue geistige Liedgut sollte neben die traditonellen Kirchenlieder, neben den Choral und die kirchenmusikalischen Werke der alten und zeitgenössischen Meister treten, damit so eine »Ökumene zwischen den Generationen« praktiziert und der Schatz der alten Musik nicht verschleudert wird. Umgekehrt sollten die Kirchenmusiker und die ältere Generation eine größere Toleranz und Lernbereitschaft gegenüber diesen neuen musikalischen Ausdrucksformen zeigen, wenn sie wollen, daß die nachwachsende Generation sich im Gottedienst beheimatet fühlt. Damit soll keiner unkritischen Rezeption dieser neuen Musikgattung das Wort geredet werden, auch hier gilt es, den Weizen von der Spreu zu trennen. Dies geschieht jedoch nur in einem offenen, von gegenseitigem Vertrauen getragenen Gespräch zwischen den Beteiligten.

Auch andere, nonverbale Ausdrucksformen wie Spiel, Tanz, Pantomime und Gesten bestimmen das Erscheinungsbild des Jugendgottesdienstes. Auf diese Weise lernt der junge Mensch, Gott zu feiern, indem er mit all seinen Sinnen und Kräften den Gottesdienst mitfeiert. Er ist durchaus offen für meditative Elemente im Gottesdienst und für »Oasen der Stille«, wie er sie vor allem mustergültig und beeindruckend in Taizé erlebt. Ein so ganzheitlich gefeierter Gottesdienst bleibt vor der Gefahr rationaler Ausdörrung bewahrt.

10.4 Raum für Kreativität

Immer wieder hört man aus dem Munde junger Christen den Vorwurf, der Gottesdienst laufe stets nach einem bestimmten Schema ab, er sei zu monoton und formelhaft, aber ihr Leben käme darin nicht vor. Sie vermissen Spontaneität und Kreativität und fühlen sich namentlich durch die festgelegte Struktur der Eucharistiefeier eingeengt, so daß sie darin ihr Leben nicht ausdrücken können. Dagegen wünschen sie sich mehr Freiräume für Experimente und kreative Gestaltung. Schon die Würzburger Synode hatte auf diese Notwendigkeit im Beschluß »Gottesdienst« hingewiesen: »Sollen liturgische Gestaltungselemente entsprechend den Bedürfnissen unserer Zeit und den Erfordernissen des Gottesdienstes gewahrt oder neu entwickelt werden, dann hilft letztlich nicht rationale Planung oder rechtliche Verordnung; es bedarf der praktischen Erfahrungen und Erprobung während eines langen Zeitraumes.«[12] Der Jugendgottesdienst braucht einen »offenen Rahmen« (U. Bomm), wie er z.B. in den »Richtlinien für Gruppenmessen« (1970) und im »Direktorium für Kindermessen« vorgesehen ist, damit junge Menschen ihre konkreten Fähigkeiten entfalten können. Ohne einen gewissen Rahmen würde der Gottesdienst jedoch zerfallen und seine Form verlieren und zum Spielball für willkürliches Experimentieren werden, das sich über alles Überlieferte hinwegsetzt. Dieser Gottesdienst würde sich bald totlaufen, sehr schnell würden die Ressourcen erschöpft sein. Innerhalb eines durch die Tradition vorgegebenen Rahmens, muß jedoch genügend Spielraum für jugendliche Schöpfertätigkeit vorhanden sein. Sie hat zur Entstehung neuer gottesdienstlicher Symbole beigetragen, die auch den Gemeindegottesdienst bereichern, z.B. das über die ganze Kirche geknüpfte Friedensnetz, die Friedenstaube und andere Symbole. Oft erweist sich die Eucharistiefeier für junge Menschen, die sich noch in einer prä-katechumenalen Situation befinden, als zu anspruchsvoll und schwierig. Sie fühlen sich eher in einem Wortgottesdienst zu Hause, weil hier der Freiraum für die Entfaltung der eigenen Phantasie und Kreativität viel größer ist.

10.5 Vielfalt an Gottesdienstformen

Jugendliche verbinden mit dem Gottesdienst fast ausschließlich die Form der Eucharistiefeier, weil sie (vor allem an Sonn- und Feiertagen) mit anderen Formen nicht vertraut gemacht werden. Dabei steht ihnen heute eine breite Palette an nichteucharistischen Gottesdienstgestalten zur Verfügung, die den ganzen Reichtum der Liturgie erschließen hilft: Früh- und Spätschichten[13], Liturgische Nacht, Wortgottesdienst, Bußgottesdienst, Meditationsgottesdienst, Jugendkreuzweg, Wallfahrt, Emmausgang, Taizé-Gebet, ökumenische Gottesdienste. Das Stundengebet – hier bieten sich besonders Laudes und Vesper an – erweist sich als eine Chance, junge Menschen an die Liturgie der Kirche heranzuführen. In letzter Zeit sind drei Stundengebetbücher für Jugendliche erschienen, die aus der Arbeit mit ihnen erwachsen sind und für die Gestaltung der Tageszeiten mit jungen Menschen vielfältige Anregungen enthalten. Die Modelle lehnen sich an die Tageszeitenliturgie der Kirche an, zugleich versuchen sie, die jugendliche Lebenswelt einzufangen.[14]

Die Engführung auf die Eucharistie ist bedenklich, weil diese die höchste Form gottesdienstlichen Lebens darstellt. Es braucht dazu jedoch eines langsamen und beschwerlichen Anstieges, bis junge Menschen den steilen Gipfel der Eucharistiefeier erreicht haben. Auf diesem mühsamen Weg können die anderen Gottesdienstformen ihnen eine Hilfe sein, zumal sie sich in diesem Rahmen frei bewegen dürfen, weil hier die Strukturen nicht so eng festgelegt sind. Das Sonntagsgebot verhindert jedoch, daß diese nichteucharistischen Formen auch an diesem Tag angeboten werden können, sondern vornehmlich an Wochentagen oder während einer Ferienfreizeit.

10.6 Der diakonale Aspekt

Der Gottesdienst, insbesondere die Eucharistiefeier, ist Vergegenwärtigung der sich hingebenden, stellvertretenden Liebe des Gottes, der sich erniedrigt und den letzten Platz eingenommen hat, um uns zu befreien und zum Leben zu verhelfen. Daher bilden Liturgie und Diakonie eine Einheit. Wir wiederholen die plakative, aber dafür um so eindringlichere Formel der Rottenburger/Stuttgarter Synode: »Je mystischer wir Christen sind, um so politischer werden wir sein.« Begründet wird diese Behauptung mit dem Hinweis auf die Menschwerdung Gottes: »Durch die Menschwerdung Gottes in Jesus Christus führt jede Zuwendung unweigerlich auch zu den Menschen.«[15] Jugendliche sind sensibel für die Einheit von Gottesdienst und Dienst am Menschen; dies zeigt sich in den Texten, die sie für ihre Gottesdienste entwerfen, aber auch in den von ihnen bevorzugten Themen, z.B. Friede, Dritte Welt, Solidarität, Schöpfung ... . Gelegentlich könnte aus einem Jugendgottesdienst eine konkrete Aktion erwachsen anläßlich einer akut aufgetretenen Not, die nach Hilfe schreit. In den Jugendvespern, die sich seit gut fünfzehn Jahren herausgebildet haben, sucht man den Bezug zum anderen durch soziale Projekte herzustellen, die in diesem Gottesdienst vorgestellt werden. Jeder Teilnehmer kann dazu seinen Beitrag leisten. Die Glaubwürdigkeit des gefeierten Geheimnisses der sich verschenkenden Liebe Gottes muß sich im Alltag, in der dienenden Liebe erweisen. Dafür haben junge Menschen durchaus ein feines Gespür.

10.7 Eigene Jugendgottesdienste – eine Gefahr der Gettobildung?

Jugendliche brauchen eigene Gottesdienste, die sie von Zeit zu Zeit im kleinen Kreis und bei bestimmten Gelegenheiten (z.B. Zeltlager, Einkehrtag ...) feiern können. Hier sind sie unter sich und können sich freier bewegen und ausdrücken. Ist die Gruppe überschaubar, kennen die Teilnehmer sich bereits oder haben sie Gemeinsames erlebt, dann spricht der Gottesdienst sie besonders an. So sagte ein Mitglied der Katholischen Jungen Gemeinde in Freiburg: »Ich habe Gottesdienste oft bei Veranstaltungen der KJG als ansprechend erlebt. Dort kenne ich Leute, die ich gerne habe. Zeit spielt keine Rolle. Ein Hauch von Ewigkeit.«[16] Begnügen sie sich jedoch mit diesem Zielgruppengottesdienst, so droht die Gefahr, daß sie sich der Gemeinde und dem Gemeindegottesdienst entfremden. Wenn Jugendliche ausschließlich an eigens für sie und von ihnen gestalteten Gottesdiensten teilnehmen, dann ist das ein alarmierendes Zeichen und weist auf eine Tendenz zur Gettobildung hin. Dagegen ist die Liturgie, wie wir gesehen haben, immer auf die universale Kirche ausgerichtet und verträgt keine Konventikelbildung. Daher müssen auch jugendgemäße Gottesdienste für den Gemeindegottesdienst offen sein, sie dürfen sich ihm nicht grundsätzlich verschließen. Sie würden sich dadurch der Möglichkeit, Einfluß auf die Gestaltung und Erneuerung der Gemeindegottesdienste zu nehmen, berauben; ihr kritisches und prophetisches Potential ginge der Gemeinde verloren. Daher lautete die Empfehlung der Würzburger Synode: »Gruppenmessen mit Jugendlichen sollen den Weg zum Gottesdienst der Gemeinde öffnen.« [17]

Es empfiehlt sich daher, daß Jugendliche nicht nur für sich Gottesdienste feiern, sondern von Zeit zu Zeit den sonntäglichen Gemeindegottesdienst gestalten bzw. mitgestalten und in ihm Aufgaben übernehmen (Lektor, Kommunionhelfer, Sänger im Chor oder in der Schola). Dadurch erhält dieser Gottesdienst neue Impulse. Der Gemeindegottesdienst braucht diese Anregungen, weil er sonst zu stagnieren droht und sich nur noch in ausgetretenen Pfaden bewegt. So können die im Jugendgottesdienst entwickelten neuen liturgischen Symbole auch Eingang in den Gemeindegottesdienst finden; das gleiche gilt auch für das neue geistliche Liedgut. Von seiten der Erwachsenen setzt dies jedoch eine Bereitschaft zur Verständigung und zum Gespräch mit der jungen Generation voraus. Umgekehrt muß man auch von Heranwachsenden erwarten, daß auch sie Verständnis für die Mentalität der Älteren zeigen und bereit sind, auf die Stimme der Tradition zu hören; andernfalls würde die Kontinuität und Identität des Volkes Gottes und der gefeierten Heilstaten Gottes verlorengehen. Erinnert sei in diesem Zusammenhang an einen bekannten Spruch jüdischer Weisheit, der heute wieder stärkere Beachtung gefunden hat: »Das Vergessenwollen verlängert das Exil und das Geheimnis der Erlösung heißt Erinnerung.« Die junge Generation tut sich schwer mit dem Blick zurück. Ihr Auge ist auf die Zukunft hin gerichtet. Sie müssen von den Älteren und Alten lernen, sich auch der Tradition anzuvertrauen; denn ohne Herkunft gibt es keine Zukunft.

So eröffnet der Jugendgottesdienst die Möglichkeit, junge Menschen allmählich mit der Feier der Heilstaten Gottes vertraut zu machen. Die Gemeinschaft Gleichaltriger erleichtert ihnen das Hineinwachsen. Nicht alle werden jedoch zur höchsten Form des Gottesdienstes, der Eucharistiefeier, gelangen, aber auch die anderen, von ihnen mehr geschätzten gottesdienstlichen Formen können ihnen helfen bei der Suche nach dem verlorenen Schatz.

11. Zugänge zur Liturgie für Fernstehende

11.1 Situationsbeschreibung

Jeder Vorsteher eines Gottesdienstes sieht sich heute mit dem Phänomen konfrontiert, daß Menschen, die sich kaum am Leben der Gemeinde beteiligen, aus welchen Gründen auch immer bei bestimmten Gelegenheiten den Gottesdienst besuchen. Der Anlaß mag eine Taufe, eine Erstkommunionfeier, eine Trauung oder ein Sterbefall sein; aber auch an den kirchlichen Hochfesten spielt sich die gleiche Szene ab: Ein Großteil der Teilnehmer folgt verständnislos dem Ritual, er läßt deutlich eine Hilflosigkeit gegenüber dem gefeierten Geheimnis erkennen und versucht, sich am Verhalten der Stammgemeinde zu orientieren. Diese Menschen fühlen sich sehr unwohl in ihrer Haut; denn sie erleben hier eine fremde Welt, die ihnen bizarr, wenn nicht gar vorsintflutlich erscheint. Bei Schulgottesdiensten kann man ähnliches erleben, vor allem, wenn mehrere, vor allem ältere Jahrgänge zugegen sind (z.B. am Aschermittwoch, am Beginn und Ende eines Schuljahres ...). Der Geräuschpegel steigt bedrohlich an und die anwesenden Lehrkräfte haben alle Hände voll zu tun, um für Ruhe zu sorgen, wenn sie sich überhaupt noch dieser Mühe unterziehen. Andernfalls muß der Vorsteher des Gottesdienstes diese Aufgabe übernehmen, er fühlt sich zeitweilig in der Rolle eines Dompteurs. Der Sinn für das heilige Mysterium, das hier gefeiert wird, ist den meisten Teilnehmern verlorengegangen. Auch bei Hochzeiten und Beerdigungen spürt man, wie sich eine Wand auftut zwischen dem Geschehen am Altar und dem, was sich unten zwischen den Bänken und in den Köpfen und Herzen der Anwesenden abspielt.

Bei einem Requiem für einen 20jährigen, der bei einem Autounfall tödlich verunglückte, ist mir aufgegangen, was G. Aeschbacher meinte, als er von der gegenwärtig gefeierten Liturgie als einer »kulturellen Verhaltensanomalie« sprach: Am Gottesdienst nahmen vornehmlich junge Menschen in beträchtlicher Zahl teil. Der Verstorbene hatte einen ungewöhnlich großen Freundeskreis, der in spontanen Todesanzeigen seine große Betroffenheit über den plötzlichen Tod bekundet hatte. Die offiziellen Texte mußten in den Ohren der Trauergemeinde sehr wirklichkeitsfremd und abgehoben klingen, sie setzen einen Glauben und eine Hoffnung voraus, die nur noch in Ausnahmefällen vorausgesetzt werden darf. So hieß es im Tagesgebet am Begräbnistag außerhalb der Osterzeit: »Gott, du allein bist gut und allezeit barmherzig. Wir bitten dich für unsern Bruder N., den du heute zu dir gerufen hast. An dich hat er geglaubt und auf dich gehofft; ...« Beim Aussprechen dieses Gebetes befielen mich Zweifel, ob mit diesen Worten die wahre Situation getroffen wurde. Nehmen diese Worte den Toten wirklich ernst, auch in seiner Glaubens- bzw. Unglaubensgeschichte? Müßten die Texte bei einem solchen Anlaß nicht viel zurückhaltender und offener formuliert werden, müßten sie sich nicht einer Sprache bedienen, die weniger vollmundig und abgehoben klingt, aber dafür eine Betroffenheit, auch ein Nichtwissen (im Blick auf die Frage Gott und das Leid) und ein Mitgefühl mit den Anwesenden erkennen läßt? Die traditionelle Liturgie läßt sich trotz aller beachtlichen Reformimpulse kaum noch mit dem Lebensgefühl des Menschen einer reflexiven Moderne (U. Beck) in Beziehung setzen, hier treffen zwei verschiedene Welten aufeinander. Die meisten Seelsorger leiden unsäglich darunter und fragen sich, ob das Heiligste nicht den Heiligen reserviert sein sollte und sehnen sich teilweise nach der alten Arkandisziplin zurück. Aber schon R. Guardini hatte vor einer solchen Abkapselung gewarnt und statt dessen verschiedene Gottesdienstformen für unterschiedliche Teilnehmergruppen gefordert.

Welche Form von Liturgie brauchen die der Kirche Fernstehenden, die trotz allem nicht jede Verbindung zur Kirche abreißen lassen wollen, ja, die noch bestimmte Erwartungen an die Kirche haben? Auch sie wollen ja nicht auf eine gelegentliche festliche Überhöhung ihres alltäglichen Lebens verzichten. Die Anhänger dieser »impliziten« bzw. diffusen unbestimmten Katholizität bzw. Christlichkeit (K. Gabriel) möchten bei bestimmten Gelegenheiten (Lebenswenden, Festen, Urlaub u.a.) auf das rituelle Angebot der Kirchen zurückgreifen, um sich unter die Segensmacht Gottes zu stellen.[1] Ihre Zahl wird in der katholischen Kirche auf ca. 75 % geschätzt (in der evangelischen Kirche dürfte der Prozentsatz bei 95 % liegen). Bei der Gestaltung von Gottesdiensten und bei der Spendung von Sakramenten können wir diese ständig wachsende Gruppe innerhalb der Kirche nicht mehr übersehen. Auch diese »treuen Kirchenfernen« wollen auf eine gelegentliche festliche Überhöhung ihres alltäglichen Lebens nicht verzichten. Bei ihnen gibt es gewisse Voraussetzungen für den Mitvollzug der kirchlichen Rituale, auch wenn die gläubige Zustimmung zur Feier des Pascha-Mysteriums nicht vorhanden sein dürfte. So kann man, wie wir gesehen haben, jungen Menschen keineswegs einen Sinn für Symbole absprechen, im Gegenteil, sie verfügen über einen reichen Symbolapparat. Darauf verweisen die Buttons, die sie tragen, und die Graffitis, mit denen sie Wände, Türen und S-Bahn-Abteile »verzieren«, ihre Haartracht und Mode, die vom Einfallsreichtum im Symbolisieren ihres Lebensgefühls Zeugnis ablegen. Der moderne Mensch ist durchaus in der Lage, sein Leben auf symbolhafte Weise zur Sprache zu bringen. Wieweit allerdings diese Symbolisierungsfähigkeit sich auch auf eine die Welt übersteigende Transzendenz erstreckt, bleibt umstritten. Unübersehbar ist gegenwärtig eine Tendenz zum »heiligen Diesseits«, wie sie H. Barz in seiner religionssoziologischen Untersuchung »Jugend und Religion« bei jungen Menschen in West- und Ostdeutschland diagnostiziert hat.[2] Er spricht von einem »neuen diesseitigen Sinnkosmos« und stellt fest: »Der moderne Glaube will diese (gemeint ist die jenseitige) Transzendenz nicht mehr, er sucht sich sein Heil radikal im diesseitigen Glück.«[3] Wenn der Mensch sich überschreitet, dann auf ein innerweltliches Du oder Wir, wie es von U. Beck und E. Beck-Gernsheim beschrieben worden ist, die für eine »irdische Religion der Liebe« plädieren.[4]

Folgerichtig ist die Religiosität nicht mehr auf Gott ausgerichtet, im höchsten Fall noch auf eine vage göttliche Macht und Energie, die jedoch nicht mehr im jüdisch-christlichen Kontext verstanden wird. Dennoch bewegt viele, auch junge Menschen, weiterhin die Frage nach Gott und dem Sinn ihres Lebens, besonders die Frage, was nach dem Tode kommt, wenn diese auch auf unterschiedliche Weise beantwortet wird.

Reicht aber dieses noch vorhandene Rudiment an Glauben aus, um mit diesen Menschen einen Gottesdienst zu feiern, in dessen Mitte, wie der Name es andeutet, Gott und nicht der Mensch steht? Müssen wir nicht den Hinweis des französischen Oratorianers L. Bouyer bedenken: »Die Tatsache, daß die Liturgie für den glaubenden Menschen da ist, nicht aber für denjenigen, der sich noch außerhalb der Kirche befindet, muß man besonders betonen. Genauer ausgeführt heißt das: erst wenn der Mensch die Schwelle der Kirche betritt, öffnet sich ihm die Liturgie; und das geschieht in den Teilen der Liturgie, die auf die Taufe vorbereiten. Damit ist gleichzeitig gesagt, daß ein seelsorgliches Bemühen, das bestrebt ist, die Liturgie zurechtzubiegen, um sie auch den Ungläubigen zugänglich und leicht verständlich zu machen, in sich fehlgeleitet ist. Das wäre jedenfalls keine gesunde Anpassung der Liturgie, sondern deren Zerstörung. Man muß das mit allem Nachdruck betonen, denn man hat versucht, das, was die Liturgie sein sollte, entsprechend einer falsch verstandenen Auffassung zu verdrehen. Dadurch ist schon in vielen Köpfen große Verwirrung gestiftet und der Gottesdienst in Unordnung gebracht worden.«[5]

Auf der anderen Seite kann man dagegen einwenden, daß hier zu wenig auf die missionarische Kraft des Gottesdienstes vertraut wird. M. Luther erblickt im Gottesdienst eine »Reizung zum Glauben«. In der Vorrede zur Deutschen Messe schreibt er: »Gottesdienst(ordnung) ist nötig für die, die noch Christen werden sollen ... um des jungen Volkes willen ..., daß sie der Schrift geläufig werden ..., deshalb wollte ich mit allen Glocken dazu läuten und mit allen Orgeln pfeifen lassen ... Der Gottesdienst (in deutsch) ist eine öffentliche Reizung zum Glauben und zum Christentum.«[6] Dies setzt freilich voraus, daß der Gottesdienst entsprechend einladend gestaltet wird, und daß die Gemeinde offen ist für alle Menschen, auch für die Menschen, die nicht zur sog. Kerngemeinde zählen. Wie von einem Gottesdienst evangelisatorische Wirkung ausgehen kann, erhellt das nachfolgende Beispiel: Eine bislang am Rande stehende Familie war Zeuge einer Tauffeier im Rahmen eines Wortgottesdienstes in der Großstadtpfarrei St. Jean-de Malte, die der Bischof von Aix-en-Provence der »Fraternität der Apostolischen Mönche« anvertraut hatte. Das dreimalige Eintauchen des Kindes ins Osterwasserbekken wurde begleitet vom dreimaligen Amen-Ruf der ganzen Versammlung und wurde durch einen fröhlichen Hallelujagesang von Kindern und Erwachsenen feierlich bestätigt. Das Erlebnis dieser alle Sinne ansprechenden Tauffeier hat das Ehepaar bewogen, sich selbst auf den Weg des Glaubens zu begeben und die Taufe für ihr eigenes Kind zu erbitten.[7] Und M. Kehl fordert in einem über unsere Fragestellung hinaus beachtenswerten Artikel mit dem Titel »Wohin steuert die Kirche?« liturgische Phantasie bei der Ausgestaltung unseres Repertoires an »festlichen liturgischen Segensfeiern«, die sich nicht im Sakramentsgottesdienst erschöpfen dürfen. »Wenn wir ... liturgische Feiern gestalten können, die von ansprechenden Symbolen, Riten, Gesten, Gesängen usw. geprägt sind, ist die Chance zumindest größer, daß die Menschen sie als die ihrer Glaubenssituation gemäßere Gestalt der kirchlichen Feier erkennen und wählen.«[8]

Schon die Würzburger Synode hatte darauf aufmerksam gemacht, wie sehr sich Jugendliche schwertun, den Gottesdienst in seiner herkömmlichen Form mitzufeiern. Im Beschlußdokument »Gottesdienst« heißt es: »Der Heranwachsende und Jugendliche hat es in der heutigen gesellschaftlichen und kirchlichen Situation nicht leicht, seinen Weg zum Gottesdienst zu finden. Einerseits soll die sonntägliche Eucharistiefeier ein zentraler Vorgang seines Glaubens werden; andererseits ist gerade der Glaube des Jugendlichen vielfach in Frage gestellt und verunsichert ... Solche Jugendliche befinden sich in einer katechumenalen Situation ...« (4.2.1 und 4.2.2). Ob diese Jugendlichen allerdings mit den Katechumenen zu vergleichen sind, wage ich zu bezweifeln; denn weitgehend fehlt ihnen ein Bewußtsein ihres Getauftseins, die Sehnsucht nach einer Tauferneuerung erfüllt sie nicht. Eher bedürfen sie der Evangelisierung. Diese Feststellung bezieht sich jedoch nicht allein auf junge Menschen, sondern betrifft in gleicher Weise auch die erwachsene Generation. Zu der Notwendigkeit einer Evangelisierung hatte sich schon Papst Paul VI. in »Evangelii nuntiandi« geäußert: »Jesus Christus und sein Evangelium denen zu verkünden, die ihn noch nicht kennen, ist seit dem ersten Pfingsttag das grundlegende Programm, welches die Kirche, als von ihrem Gründer empfangen, sich zu eigen gemacht hat ... Diese erste Verkündigung Jesu Christi geschieht in vielfältiger Weise, die man gelegentlich Prä-Evangelisierung nennt. Dabei handelt es sich indes schon um wirkliche Evangelisierung, wenn auch noch anfanghaft und sehr unvollkommen. Wenn sich diese erste Verkündigung auch vornehmlich an jene richtet, die von der Frohbotschaft Jesu noch nichts gehört haben, oder an Kinder, so erweist sie sich in gleicher Weise immer notwendiger angesichts der heute häufig zu beobachtenden Entchristlichung, und zwar für sehr viele, die zwar getauft sind, aber gänzlich außerhalb eines christlichen Lebensraumes stehen ...«[9]

Die Würzburger Synode schlug für die Heranwachsenden und Jugendlichen eigene Wortgottesdienste vor, die eine wichtige Aufgabe bei der Hinführung zur Eucharistiefeier übernehmen können. In diesen Gottesdiensten könnte man eher auf die Glaubens- bzw. Unglaubenssituation junger Menschen eingehen; das gleiche gilt jedoch für alle anderen Altersstufen. So sehen wir uns wieder mit R. Guardinis bohrender Frage konfrontiert: Sollte »man nicht lieber überlegen, in welcher Weise die heiligen Geheimnisse zu feiern seien, damit der heutige Mensch mit seiner Wahrheit in ihnen stehen könne?«[10] Er meinte damals noch, eine missa simplex wäre vielleicht die Antwort auf diese Frage, aber auch das war noch nicht radikal genug gedacht. Dieser Herausforderung müssen sich die großen christlichen Kirchen stellen, dagegen verblassen die aus der Vergangenheit herrührenden theologischen und liturgischen Kontroversfragen nach dem Opfercharakter der Eucharistie und dem Verhältnis von Wort und Sakrament.

11.2 Präkatechumenale Gottesdienste als Form der Inkulturation in einer post-modernen Gesellschaft

Der Münchener Liturgiker R. Kaczynski hatte 1990 Überlegungen zur anstehenden Reformarbeit der Liturgie veröffentlicht und kam dabei zu dem Schluß: »Die Zukunft der Kirche in vielen Ländern, besonders Europas und Nordamerikas, wird nicht zuletzt davon abhängen, wie sehr die Kirche sich in ihrem Gottesdienst auf die Bedürfnisse all derer einstellt, die an ihrem Rand stehen und nur selten den Gottesdienst mitfeiern.«[11] So müssen wir Ausschau halten nach ersten Erfahrungen mit Gottesdienstfeiern, die für Menschen bestimmt sind, die zu bestimmten Zeiten des Kirchenjahres oder an den sog. Lebenswenden (rites de passages), aber auch im Urlaub oder während eines Krankenhaus- und Kuraufenthaltes, einen Gottesdienst aufsuchen, weil sie sich vom Ritus tröstende und heilende Wirkung erhoffen. Ein liturgisches Experiment, das glaubenslose bzw. der Kirche fernstehende Besucher des Gottesdienstes ansprechen möchte, kann vielleicht die Richtung weisen, in die wir uns künftig begeben müssen: Bekanntlich drängen zu Weihnachten viele Menschen in unsere Kirchen, die das ganze Jahr über nicht am Gottesdienst teilnehmen. (In Deutschland besuchen in den Großstädten ca. 8 % evangelische Christen den Sonntagsgottesdienst, zu Weihnachten erhöht sich die Zahl auf 25 %; auch unsere katholischen Kirchen sind während des ganzen Jahres nie so gut besucht wie an diesem Nachmittag und Abend des 24. Dezembers.) Wie soll man dieser Entwicklung begegnen? Diese Frage stellte sich der Erfurter Bischof J. Wanke, ein pastoral aufgeschlossener und weitsichtiger Oberhirte, in dessen Bischofskirche in der Weihnachtszeit mehr Nichtkatholiken, oft nicht Getaufte, und getauft ungläubig Lebende als gläubige Katholiken strömten. In China kann man ähnliches beobachten: Zu Tausenden drängen Jugendliche, meist nichtchristliche Universitätsstudenten, zur Feier der Christmette in die Kirchen. Folgenden Versuch wagte der Bischof in der Weihnachtsnacht 1988: Für die katholischen Christen der Domgemeinde zelebrierte er in der nahe dem Dom gelegenen St. Severi-Kirche um 22.00 Uhr eine nächtliche Eucharistiefeier. Um 23.30 Uhr begann im Dom dann ein Wortgottesdienst, der in der örtlichen Zeitung als »Nächtliches Weihnachtslob« angekündigt worden war. Die Besucher hatten am Eingang einen Handzettel erhalten, auf dem die Lieder und das Vaterunser (!) abgedruckt waren. Nach einer feierlichen Entrada, von einem Bläserseptett gespielt, begrüßte der Bischof die Besucher. Dabei knüpfte er an ihre positiven Erwartungen an, die diese Menschen in den nächtlichen Dom zog, leitete dann sofort zum Weihnachtsevangelium über, das von einem Sprecher in einer gerade noch zu verantwortenden paraphrasierenden Textfassung vorgetragen wurde, zweimal durch Weihnachtslieder unterbrochen. Danach hielt er eine nur siebenminütige Ansprache, die mit der Ankündigung des festlichen Glockengeläuts der beiden Dombergkirchen schloß. Kurz vor Mitternacht setzten die Glocken mit ihrem Geläut ein. Beim ca. fünf Minuten währenden Glockengeläut war der dichteste Punkt der Feier erreicht, was man an der Reaktion der Menschen ablesen konnte. Danach wurden noch Fürbitten vorgetragen, das Vaterunser gesprochen, eine Weihnachtsoration mit dem feierlichen Segen schloß sich an. Mit den vom Bischof persönlich formulierten Weihnachtswünschen und einer festlichen Bläsermusik endete die Feier, die insgesamt nur 40 Minuten dauerte. Die Domhalle war äußerst festlich geschmückt: Große erleuchtete Weinachtsbäume, eine zum Betrachten einladende Krippe und ein ausgestrahltes Domportal ließen den Kirchenraum auf die Teilnehmer wirken. Beim Hinausgehen erhielten sie eine Karte mit einem Weihnachtsmotiv aus dem Dom und einem Grußwort des Bischofs. Diese Feier hatte einen Großteil der Menschen angesprochen, die im Vorfeld des Glaubens abgeholt worden waren. Wanke nennt diese Feier zu Recht einen »präkatechumenalen Gottesdienst«, der vielleicht für einige Teilnehmer ein Anstoß sein kann, sich auf einen möglichen Glaubensweg zu begeben.[12] Ein ähnlicher Versuch ist auf evangelischer Seite an einem

Silvesterabend im Basler Münster unternommen worden; ferner liegen Erfahrungen mit einer Feier für Trauernde an Allerseelen ebenfalls aus Basel vor. Den gleichen Versuch unternahm Bischof Wanke auch zu Ostern ohne den erhofften Erfolg, was für den Stellenwert des Osterfestes in unserer Gesellschaft bezeichnend ist.

11.3 Verschiedene Gottesdienstformen für unterschiedliche Gruppen

Diesem Beispiel kann man entnehmen, daß Bewegung in die liturgische Szene gekommen ist. Die Vielzahl der unterschiedlichen Formen wird noch größer werden. Schon zur Zeit der Aufklärung forderte man eine Vielzahl von Gottesdienstformen, »weil die Sitten und der Grad der Geisteswelt ebenfalls verschieden ist.«[13] In Zukunft wird der Gottesdienst sich meiner Ansicht nach auf zwei Ebenen vollziehen:

Für die kleiner werdende Kerngemeinde wird eine mystagogisch ausgerichtete, regelmäßige Feier der Liturgie eine angemessene Form sein, die sich allerdings keineswegs nur in der Eucharistiefeier erschöpfen darf, sondern vielmehr den ganzen Reichtum der gottesdienstlichen Feierformen ausschöpfen soll. Auch auf dieser Ebene sind verschiedene Formen mit entsprechend unterschiedlichen Gestaltungselementen denkbar: Neben dem Gemeindegottesdienst wird es häusliche Eucharistiefeiern geben, einen Gottesdienst für Basisgemeinden und einen eucharistischen Gottesdienst für die der Kirche ferner Stehenden, wie er in einer Kirche der Dortmunder Innenstadt an jedem Samstagabend angeboten wird: 1983 begann der Franziskanerpater W. Wessel am Samstagabend in der Propsteigemeinde von Dortmund eine Eucharistiefeier für Menschen aller sozialen Schichten, in der Mehrzahl zwischen 20 und 50 Jahren, anzubieten. Sie war besonders für die der Kirche Fernstehenden gedacht, die auf dieses Angebot bereitwillig eingingen. Inzwischen versammeln sich an jedem Wochenende zwischen 500 und 700 Menschen zu diesem Gottesdienst, der auf ihre Sitution hin zugeschnitten ist. Die Mehrzahl der Besucher nimmt nicht am Gottesdienst der anderen Gemeinden teil.[14]

Daneben wird es eine Vielzahl von »präkatechumenalen Gottesdiensten« geben, je nach Adressatenkreis und Situation verschieden. H. Bourgeois fordert mehrere Zugänge zum kirchlichen Leben für die Menschen, die nicht zu den Sakramenten zugelassen werden können oder wollen, er denkt an Suchende, an nicht praktizierende Christen, wiederverheiratete Geschiedene. Dafür bieten sich nichteucharistische Gottesdienste an, die er »célébrations de type catéchuménal« nennt.[15] Diese Gottesdienste werden mehr Gelegenheitscharakter haben und analog zur sogenannten okkasionalen Katechese (vgl. Catechesi tradendae Nr. 47)[16] zeitlich begrenzt sein und sich auf eine besondere Situation (z.B. Lebenswende) oder auf einen aktuellen Anlaß beziehen. Sie werden sich vornehmlich an die »Fernstehenden« richten, die nur bei besonderen Gelegenheiten noch erreichbar sind.

Wir können heute nicht mehr davon ausgehen, daß sich die Mehrzahl der Katholiken durch das Sonntagsgebot zum regelmäßigen Besuch des Sonntagsgottesdienstes verpflichtet fühlt, viele werden aber zu besonderen Anlässen an einem Gottesdienst teilnehmen, der sich durch eine intensive Vorbereitung und adressatenspezifische Gestaltung auszeichnet. Eine Befragung unter französisch sprechenden Jugendlichen Belgiens (Brabant) der Sekundarstufe I und II aus dem Jahre 1987, die den katholischen Religionsunterricht an den staatlichen Schulen besuchen, ergab, daß ihre Zustimmung zu den wichtigsten Aussagen des Glaubens gering war, während dagegen die Riten an den Lebenswenden (Taufe und Trauung) eine hohe Wertschätzung erfuhren.[17] Auch bei uns werden, wie wir gesehen haben, die sog. Passageriten noch von der Mehrzahl der getauften Christen erbeten.

Es hat den Anschein, als ob auch heute die getauften Christen, die sich nicht von der Kirche gelöst haben, in entscheidenden Lebenssituationen von der Kirche und ihren rituellen Amtshandlungen etwas erwarten, was andere Institutionen, wie z.B. der

Staat in Gestalt des Standesamtes, nicht leisten können. Welche Erwartungen junge Menschen erfüllt, wenn sie sich kirchlich trauen lassen wollen, kamen in einem Traugespräch zum Ausdruck, das eine evangelische Theologin mit einem Brautpaar führte. Auf die Frage, warum die Brautleute eine kirchliche Trauung erbeten haben, antworteten sie ganz offen: »Ach, wissen Sie, wir möchten so gern, daß es hält. Und wir denken ja auch, daß es hält. Aber es ist heute schwierig, es kann viel dazwischen kommen. Da meinen wir eben, die Kirche mit ihrer langen Tradition müßte einem dazu doch etwas sagen können.«[18] Und ein kirchlich distanzierter 38jähriger, der über das Katholische Forum Dortmund Zugang zum Gottesdienst gefunden hat, gewährt Einblick in das Innere eines der Kirche Fernstehenden, der von einer »Sehnsucht nach mehr« erfüllt ist: »Kirchen sind nicht für Leute wie mich gebaut, ich bin hier fehl am Platze, da habe ich ein Gefühl von Fremdheit. Eine intensive atheistische Orientierung hat mich 20 Jahre lang geprägt: Gott war für mich kein Thema, sondern eine phantasierte Größe für die, die im Leben zu kurz gekommen sind, für die Unmündigen, die Unemanzipierten, die Vertrottelten, die nicht in der Lage waren, sich von den Einflüssen einer katholischen Erziehung zu befreien. Die Leute, die Trost in Kirchen suchten, haben mir fast ein wenig leid getan, weil sie ihre Probleme nicht selbst lösen konnten. ... Doch dann bin ich hier und da über Gegenbeispiele gestolpert, habe nicht mehr nur den Verstand, sondern auch die Gefühle zur Entscheidungsgrundlage gemacht. Ich fand dann beinahe zufällig im Forum-Gottesdienst das, was ich als ›Sehnsucht nach mehr‹ schon lange intensiv spürte. Diese ist für mich jetzt zu einer Art Kompaß geworden.«[19]

Die Kirchen besitzen heute noch ein gewisses rituelles Monopol, das aber auch schon an einigen Stellen nicht mehr unangefochten in Geltung ist. In den neuen Bundesländern erfreut sich weiterhin die atheistische Jugendweihe oder, wie sie auch genannt wird, Jugendfeier, ungebrochener, ja sogar wachsender Beliebtheit. Dies hat die evangelische Kirche in Ostdeutschland bewogen, ernsthaft darüber nachzudenken, wie sie auf die anhaltende Attraktivität dieses säkularisierten Ritus reagieren solle. Während eines Vortrages im Kloster Frenswegen bei Nordhorn am 3.11.1994 fragte Bischof i. R. M. Kruse, Berlin: »Ob die Kirche nicht doch über ein ›billigeres‹ Alternativangebot nachdenken müßte, das Begegnung ermöglicht, eine Feier einschließt, aber nicht gleich auf die Konfirmation zuführt? Die einzelne Gemeinde wäre damit überfordert, aber warum sollte ein Stadtjugendpfarramt oder ein freier Trägerkreis nicht in einer Stadt ein solches Angebot – verbunden mit einer Freizeit in den Ferien – plakatieren? Warum wird für die Jugendweihe an Plakatsäulen geworben? Zeigt nicht z.B. das Beispiel von christlichen Schulwochen im Lande Brandenburg, daß ein viel breiteres Interesse an der Information über Glaube und Kirche unter jungen Menschen da ist, als die Kirche es aufnimmt?«

Und in größeren Städten geht der Trend bei Trauerfällen dahin, daß immer öfter ein freier Redner erbeten wird, wenn die Hinterbliebenen vom Beerdigungsunternehmer vor die Frage gestellt werden: ein kirchlicher oder ein freier Redner. Auch wird im Trauerfall oft nicht mehr das Pfarramt aufgesucht, sondern das Bestattungsunternehmen. Wir sollten uns die Sache nicht zu einfach machen, indem wir die nichtkirchliche Beerdigung durch einen freien Redner als säkularisierten Ersatzritus abqualifizieren.

Wie sehr sich das kirchliche Trauerritual vom heutigen Lebensgefühl abgekoppelt hat, wurde bei den Trauerfeierlichkeiten für die Opfer des Unglücks im Liverpooler Fußballstadion deutlich spürbar, bei dem im April 1988 fast 100 junge Fans ums Leben gekommen waren. Tausende von Menschen pilgerten in den Tagen nach dem Unglück in das Stadion, sie legten dort Blumen nieder oder banden Souvenirs von früheren Fußballspielen an die Gitterstäbe, dies alles fand schweigend und manchmal im strömenden Regen statt. Auch die beiden großen Kirchen, die römisch-katholische und die anglikanische, haben bewegende Gottesdienste gefeiert. Dennoch fühlten viele betroffene Menschen sich eher angesprochen durch den spontanen Trauerritus im Fußballstadion. Zeigte sich hier nicht, daß unsere Kirchen über keinen adäquaten liturgischen Ausdruck für die Trauerbewältigung in der Problemzone einer Großstadt verfügen?[20]

Dagegen hatten die Trauerfeierlichkeiten für den ehemaligen französischen Staatspräsidenten F. Mitterand viele »Militanten der laizistischen Linken schockiert« (Le Monde), die in der Person des früheren Budgetministers R. Charasse resigniert feststellen mußten: Die Republik sei zwar 1981 fähig gewesen, ihn feierlich im Pantheon zu krönen, »aber zu arm an Glauben und Ritualen, um ihn zu beerdigen.« Und der französische christliche Philosoph J. Guitton, mit dem Mitterand noch vor seinem Tod ein Gespräch über metaphysische Fragen geführt hatte, kommentierte dieses Ereignis mit den Worten: »Nie war eine Beerdigung so sehr von Vorstellungen der Ewigkeit durchdrungen.« (Journal du Dimanche) Ungeachtet anderer neuerer Tendenzen hat das christliche Todesritual durchaus noch Chancen, den modernen Menschen in seinen Bann zu ziehen, wie die Beisetzungsfeierlichkeiten in Notre Dame eindrucksvoll gezeigt haben.

11.4 Mögliche Konturen einer Liturgie mit Fernstehenden

Wie könnte eine Liturgie aussehen, die zusammen mit Menschen gefeiert wird, die nicht zur sog. Kerngemeinde zählen, die aber vom kirchlichen Ritual eine heilende und befreiende, dem Leben dienende Wirkung erwarten? Wir betreten hier ungebahnte Pfade und müssen uns daher als Spurensucher betätigen. Mehr als vage Andeutungen können von uns nicht erwartet werden.

Wenn wir uns die Erwartungen junger Menschen an die Liturgie der Kirche in Erinnerung rufen, aber auch die Erwartungen der kirchlich Distanzierten des Katholischen Forums Dortmund heranziehen, dann könnte eine präkatechumenale Liturgie etwa folgende Elemente enthalten:

- Der Aufbau des Gottesdienstes müßte einfach und durchsichtig sein. A. Häußling, der der Frage nachgeht, welche neuen Aufgabenfelder sich der Liturgiewissenschaft auftun, wenn sie ihren Blick auf das Subjekt der Liturgie, den heutigen Menschen, richtet, spricht von einer »Konzentration auf die religiösen und liturgischen Urvollzüge hin, auf die Urgesten, die Urformen, die Grundworte und Grundstrukturen«, die herausgestellt und zum Leuchten gebracht werden müßten.[21]

- Sprechende Symbole, sowohl traditionelle als auch neue, sollten verwendet und auf eine Weise vollzogen werden, daß sie mit Leben erfüllt sind.

- Biblische Texte sollten mit Texten unserer Zeit in Korrelation gesetzt werden, so daß sie sich gegenseitig erhellen und aufschließen.

- Die Schätze der alten geistlichen Musik sollten gepflegt, zugleich aber auch neue geistliche Musik einbezogen werden. Dabei sollten wir uns nicht nur auf das neue geistliche Liedgut beschränken. Schon M. Luther hatte erkannt, daß der Musik missionarische Wirkung innewohnt, sie erreicht im Menschen Tiefen, die dem Wort verschlossen bleiben, sie vermag, versteinerte Herzen aufzuschließen.

- Der Gottesdienst sollte ein ganzheitliches Erlebnis ermöglichen. Dazu könnten vielfältige nonverbale Ausdrucksmittel im Wechsel eingesetzt werden. Diese nonverbalen Ausdrücke sollten aber dosiert Einsatz finden.

- Bei der Gestaltung des Gottesdienstes sollten die Teilnehmer einbezogen werden, damit deren Situation und Verstehensmöglichkeiten Beachtung finden. Andernfalls läuft dieser Gottesdienst Gefahr, daß er nicht den Nerv der Teilnehmer trifft.

- Eine möglichst große Zahl der Teilnehmer soll in diesem Gottesdienst Aufgaben übernehmen, um so zu einer Entklerikalisierung der Liturgie beizutragen. »Die Gemeinsamkeit von Priester und Laien soll in möglichst vielen Elementen spürbar werden« (Katholisches Forum Dortmund).

– Der Gottesdienst wird auf der einen Seite bemüht sein, die Lebensrelevanz des Gefeierten vor Augen zu stellen, auf der anderen Seite muß aber der Blick der Teilnehmer auf das Unbegreifliche, Überraschende und Andere des Heilshandelns Gottes gelenkt werden. Dieser Gottesdienst muß die Alltagsroutine durchbrechen und den Charakter eines Festes annehmen.

– Die Einheit von Liturgie und Diakonie müßte auch diesen Gottesdienst prägen.

– Der Gottesdienst soll besonders auf den äußeren Anlaß abgestimmt sein und ihm Rechnung tragen.

Besonderes Gewicht erhalten die Gesamtatmosphäre, die Raumgestaltung und Lichtverhältnisse, die Anordnung der Stühle, sofern diese vorhanden sind, die Ausschmückung und der persönliche Empfang vor dem Gottesdienst und das zwanglose Gespräch nach dem Gottesdienst im Rahmen eines Stehkaffees. »Auf den Kaffee kommt es nicht an«, meint P. W. Wessel, »wichtig sei, daß die Menschen Kontakt bekommen und nicht gleich nach dem letzten Ton der Orgel davonlaufen.« Die in relativ großer Zahl an den Hochfesten teilnehmenden Christen, die im Verlauf des übrigen Kirchenjahres nicht praktizieren, beklagen, wie eine Umfrage der Dompfarrei in Klagenfurt offenlegte, daß die bei dieser Gelegenheit erlebte Liturgie als besonders ritualisiert und steif erlebt werde, sie erwarten eine aufgelockerte Atmosphäre.

– Es muß genügend Raum für Stille und für meditative Phasen vorhanden sein, in denen die Teilnehmer zu sich selbst kommen können.

– Der Gottesdienst soll Freude ausstrahlen, von ihm müßten ermutigende Impulse für das Leben im Alltag ausgehen.

– »Die Texte müssen ehrlich und nachvollziehbar sein, sie müssen mein Leben betreffen. Sie sollen mehr suchendes Tasten verraten als vorschnelle Sicherheit«.[22] Die verschiedenen »Sprachspiele in der Liturgie müssen beachtet und reingehalten« (R. Schaeffler) werden; so dürfen die Fürbitten nicht zu moralischen oder gar politischen Appellen umfunktioniert werden.

- Der Prediger sollte möglichst in der Ich-Form sprechen. Die Predigt sollte »glaubwürdig und lebensbezogen, befreiend und lebensbejahend, intensiv und zeitgemäß, statt angst-, mutmachend sein.«[23] Die Verkündigung könnte auch den Gemeindemitgliedern anvertraut werden.

- Eine Vielfalt von Gottesdienstformen bietet sich dafür an: Wortgottesdienst, Meditationsgottesdienst, Wallfahrt – bei den Studentenwallfahrten nach Chartes befinden sich unter den Pilgern immer auch Atheisten, Nichtgetaufte und Muslime –, Kurzandachten, Früh- und Spätschichten usw. Eine Eucharistiefeier wäre wohl kaum oder selten angebracht, sie würde die meisten Teilnehmer überfordern.

Die Versuche in Richtung auf die sog. präkatechumenalen Gottesdienste werden noch sehr tastend sein, manches wird sich dabei als nicht dauerhaft erweisen. Erst eine längere Erfahrung wird zeigen, was sich auf die Dauer bewährt. Hilfreich wäre ein Gedankenaustausch über Versuche, mit der Kirche und dem Glauben Fernstehenden Gottesdienst zu feiern. Die Liturgischen Institute sollten sich vornehmlich dieser drängenden Aufgabe annehmen, sie könnten dafür ein eigenes Referat einrichten, welches das erprobte Material sammelt und Interessierten zur Verfügung stellt. Es könnte auch Workshops zur Erarbeitung von neuen Materialien organisieren, wo sich all diejenigen treffen, die sich dieses drängenden Anliegens annehmen. Eine enge Zusammenarbeit zwischen Liturgikern und Pastoraltheologen wäre geboten, die im Zeichen der Ökumene stehen sollte, gilt es hier doch, gemeinsam in ein liturgisches Niemandsland vorzustoßen, das jenseits konfessioneller Besonderheiten liegt und auf christliche Pioniere wartet. Die Liturgiewissenschaft muß gleichfalls in die Pflicht genommen werden und ihren Blick stärker nach vorne richten, wo ganz neue Aufgaben auf sie warten, die mit den herkömmlichen Mitteln nicht zu bewältigen sind. Einige Liturgiker haben sich bereits dieser Aufgabe unterzogen und »Zukunftsperspektiven der Liturgie« aufgezeigt, wenngleich auch hier die Radikalität der Postmoderne noch nicht hinreichend erkannt ist.[24]

11.5 Mut zum Risiko

Nehmen wir diese Herausforderung ernst, dann müssen wir mehr Bereitschaft zum Experiment zeigen, müssen mutig neue Wege mit denen beschreiten, die sich durch die traditionellen Riten nicht mehr im Innersten angesprochen fühlen, aber dennoch ein Verlangen verspüren, zu bestimmten Zeiten und bei besonderen Gelegenheiten aus dem alltäglichen Ablauf der Dinge herauszutreten, um mit Hilfe von heiligen Zeichen, Zeichenhandlungen und besonderen Worten ihr Leben in einen größeren Sinnkosmos einzubetten. Dafür gibt es freilich in der kirchlichen Tradition keine Modelle, bei denen wir anknüpfen könnten, weil es für die neuzeitliche Situation des Säkularismus in der Geschichte keinen Anhalt gibt. Hier bedarf es eines großen Einfallsreichtums, aber auch einer erhöhten Sensibilität für die den heutigen Menschen gemäßen liturgischen Ausdrucksformen. Begeben wir uns auf die Suche nach diesen neuen präkatechumenalen Formen des Gottesdienstes! Der seines Amtes enthobene Bischof von Évreux, J. Gaillot, der dafür bekannt ist, unbekümmert ungewohnte Wege einzuschlagen und das Gespräch mit den der Kirche Fernstehenden zu suchen, gesteht offen: »Unserer Kirche mangelt es am Risiko. Wo sind heute die Kühnheiten?«[25] Seine Entfernung aus dem Bischofsamt unterstreicht nur, wie recht er hat, wenn er der Kirche mangelnde Risikobereitschaft unterstellt. Haben wir den Mut zum Risiko, und lassen wir uns dabei vom Geist Gottes führen, strecken wir unsere Hände aus, »und ein anderer wird dich gürten und dich führen, wohin du nicht willst« (Joh 21,18b).

12. *Die liturgische Bildung im Rahmen der Aus- und Fortbildung*

Wir stehen am Ende unserer Überlegungen zur liturgischen Bildung und Erziehung in einer nachchristentümlichen Gesellschaft. Wir haben das Terrain abgeschritten und vermessen und nach Ansatzpunkten für eine breit angelegte liturgische Bildung und Erziehung Ausschau gehalten. Dabei fiel unser Blick auf eine Vielfalt von Möglichkeiten und Notwendigkeiten. Die Frage drängt sich abschließend auf: Wie kann dieses umfassende Programm vermittelt werden? Wer bietet sich für diese Arbeit an? In erster Linie fällt liturgische Bildung und Erziehung in den Aufgabenbereich der theologischen Aus- und Fortbildung. Andere religiöse Lernorte, wie Familie, Kindergarten und kirchliche Jugendarbeit, sollen davon nicht ausgeschlossen werden, auch von ihnen wird ein Beitrag erwartet, z.B. im Rahmen der liturgischen Propädeutik oder im Zusammenhang mit gottesdienstlichen Feiern. Die Befähigung dazu wird aber weitgehend in der theologischen Aus- und Fortbildung vermittelt. So richtet sich das Hauptaugenmerk auf diese Phasen, hier werden die Weichen gestellt für die Sensibilisierung für die liturgischen Vollzüge und für die Liturgiefähigkeit. Wie steht es aber mit der Förderung liturgischer Kompetenz in der theologischen und religionspädagogischen Aus- und Fortbildung? Hier müssen wir unterscheiden zwischen Ausbildung von künftigen Priestern und Diakonen, von Pastoral- und Gemeindereferenten, Religionspädagogen für Schule und Kindergarten; davon ist noch einmal zu unterscheiden die Qualifizierung liturgisch interessierter Laien für bestimmte liturgische Dienste. Für alle diese Ausbildungsgänge können wir feststellen, daß der allgemeine Bedeutungsverlust des Gottesdienstes in der Kirche sich auch auf die Wertschätzung der Liturgie während der Aus- und Fortbildung auswirkt. Das Schwergewicht liegt auch in der praktischen Theologie auf anderen Gebieten, z.B. auf Diakonie oder Verkündigung. Nicht ohne Grund trug die zu Ehren von E. J. Lengeling anläßlich seines 70. Geburtstages veröffentlichte Festschrift den provokativen, aber zutreffenden Titel: »Liturgie – ein vergessenes Thema der Theologie?«[1] Im Vorwort fragte der Herausgeber: »Wie kommt es, daß die Liturgie ›Gipfel und Quelle des gesamten kirchlichen Lebens‹ (LG 11), kein zentrales Thema westlicher Theologie ist? Wenn ein Jahrhundertwerk wie die Liturgiereform des II. Vatikanums Ausdruck des Glaubens der katholischen Kirche ist, müßte dann diese Liturgie, nach der Heiligen Schrift, die zweite Quelle des Glaubens und neben Martyria und Diakonia einer der drei Grundvollzüge christlicher Gemeinde, nicht ein wesentlicher Gegenstand der Beschäftigung aller theologischen Disziplinen sein?«[2] Sie findet jedoch innerhalb der Theologie nur noch am Rande Beachtung. Diese Randstellung der Liturgie im Fächerkanon der theologischen Disziplinen behindert auch die nötige Wertschätzung der liturgischen Bildung. Wenn es stimmt, was A. Häußling behauptet, »daß vielen Vertretern theologischer Fächer das Wesen der Liturgie im Grunde fremd geblieben ist«[3], dann hat das Auswirkungen auf die Berücksichtigung der liturgischen Bildung in der theologischen Ausbildungs- und Fortbildungsphase.

12.1 Die Ausbildung von Theologen

Wenden wir uns nun den einzelnen theologischen Ausbildungsgängen zu und fragen wir uns, welchen Beitrag können sie zur liturgischen Bildung und Erziehung leisten, was kann von ihnen erwartet werden?

– Die Priesterausbildung

Erst seit dem II. Vatikanischen Konzil ist die Liturgiewissenschaft zum Hauptfach erhoben worden (vgl. SC 16); dennoch wird ihr in der Stundentafel weniger Stunden zugewiesen als anderen Hauptfächern. Die nationale »Rahmenordnung für die Priesterausbildung« der Deutschen Bischofskonferenz vom 01.05.1978, die bis heute in Geltung ist, legt als Studienziel für das Studium der Liturgiewissenschaft fest: »Studienziel ist die Kenntnis von Sinn, Wesen und Vollzug kirchlicher Liturgie. Dabei sollen die Bedingungen, Strukturen, Elemente, Inhalte und Ausprägungen der Liturgie in ihrem geschichtlichen Werden und ihrer gegenwärtigen Gestalt erschlossen werden. Es soll auch jene sprachliche, kommunikative und ästhetische Kompetenz vermittelt werden, die für die Feier von Gottesdiensten erforderlich ist. Die künftigen Priester sollen befähigt werden, ihren liturgischen Dienst als Leiter gottesdienstlicher Versammlungen verantwortlich zu vollziehen, in den verschiedenen Bereichen priesterlicher Tätigkeit das Verständnis liturgischer Handlungen zu erschließen und die Gläubigen zur Wahrnehmung ihrer Aufgaben in der gottesdienstlichen Feier hinzuführen.«[4]

Für unsere Fragestellung ist der Hinweis auf die zu vermittelnde sprachliche, kommunikative und ästhetische Kompetenz von besonderem Interesse, weil sie einen Beitrag zur liturgischen Bildung leistet. Nicht weniger bedeutsam ist die Aufzählung der Studien- und Prüfungsinhalte: »Anthropologische Aspekte (z.B. Erwartungshaltungen, Liturgiefähigkeit, Sprache und Zeichen, gruppenpsychologische Gesetzmäßigkeiten, Liturgie im soziokulturellen Kontext, außerchristliche Kultformen). Unter dem theologischen Aspekt werden u.a. Symbol und Ritus behandelt.[5] Für die Behandlung dieser Inhalte stehen allerdings der Liturgiewissenschaft höchstens 8 Semesterwochenstunden zur Verfügung, an der Universität Würzburg sind nur 6 Semesterwochenstunden vorgesehen, während dem Kirchenrecht 10 Stunden eingeräumt werden! Wie soll in dieser knapp bemessenen Zeit liturgische Bildung Priesteramtskandidaten vermittelt werden?

Was an liturgischer Bildung im Pastoralseminar für die Priesteramtskandidaten angeboten wird, entzieht sich meiner Kenntnis, weil es dafür keine veröffentlichten Curricula gibt, so daß dieser Bereich hier ausgespart werden muß.

Was in der Rahmenordnung für die Priesteramtskandidaten gesagt worden ist, gilt analog auch für die Laientheologen, die das theologische Diplom erwerben wollen. Beide Studiengänge, die für Priester und Laientheologen, sind identisch.

– Pastoralreferenten und Gemeindereferenten

Das Rahmenstatut für die Gemeindereferenten und Pastoralreferenten in den Bistümern der Bundesrepublik Deutschland sieht die Unterstützung des kirchlichen Amtes im Bereich der Liturgie vor: durch Hilfe bei der Vorbereitung und Gestaltung von Gottesdiensten, Mitwirkung bei der Liturgie im Rahmen der den Laien zukommenden Funktionen und bei der Heranbildung von Mitarbeitern und Helfern für den Gottesdienst. In der Rahmenordnung für die Ausbildung, Berufseinführung und Fortbildung von 1979 wird unterstrichen, daß die Pastoralreferenten in ihrer liturgiewissenschaftlichen Ausbildung am Diplomstudiengang teilhaben wie die Priesteramtskandidaten. In der Rahmenordnung für die Ausbildung von Gemeindereferenten heißt es unter Nr. 13: »Zu den Inhalten der Pastoralliturgie gehören: Anthropologische und theologische Aspekte der Liturgie; Eucharistiefeier als Mitte gemeindlichen Lebens; geschichtliches Verständnis der heutigen Form der Eucharistiefeier; Einführung in die Gestaltung und Feier verschiedener Gottesdienste.«[6] Dagegen erhält bei der Ausbildung von Diakonen und Pastoral- und Gemeindereferenten außerhalb der Universität die Liturgie nur eine Randstellung.[7]

– Religionslehrer/innen

Vor vielen Jahren zog der Stadtpfarrer von Bad Tölz, R. Berger, ein engagierter und kenntnisreicher Liturgiker, auf einer Studientagung der Deutschen Bischofskonferenz eine traurige Bilanz. Er mußte »ein kaum begreifliches Defizit an gottesdienstlicher Bildung bei den künftigen Priestern feststellen.« Und im Blick auf den Religionsunterricht beschlich ihn eine noch größere Sorge: »Wir denken mit noch größerer Sorge an den Religionsunterricht. Das zentrale Leben der Kirche, Quelle und Gipfel ihres Tuns, der Gottesdienst – und dann blättere man die verschiedenen Religionsbücher durch, durchforsche die Lehrpläne und Curricula: von dieser Orientierung auf das Zentrale ist da nichts zu spüren. Und welche Rolle spielen Liturgik und gottesdienstliche Erfahrung in der Ausbildung der Religionslehrer? Welch weites Feld von Aufgaben, das weithin noch kaum gesehen wird?« Man muß diesem Beobachter zustimmen, daß das Feld liturgischer Bildung in der Religionspädagogik weitgehend nicht bestellt wird. Und es gibt auch kaum Aussichten, daß sich daran in absehbarer Zeit etwas ändern wird.

»Für die Lehramtskandidaten gibt es keinerlei verbindliche Richtlinien für eine liturgiewissenschaftliche Ausbildung«, bemerkt K. Richter.[8] Das am 23.1.1982 veröffentlichte Dokument der Deutschen Bischofskonferenz »Kirchliche Anforderungen an die Studiengänge für das Lehramt in Katholischer Religion an Hauptschulen, Realschulen, Gymnasien und Beruflichen Schulen bzw. in der Sekundarstufe I und Sekundarstufe II« zählt zu den unverzichtbaren Studien- und Prüfungsinhalten innerhalb der Pastoraltheologie »Liturgie und Sakramente«, in der Liturgiewissenschaft: »Anthropologische und theologische Aspekte der Liturgie, Elemente, Strukturen und Funktionen gottesdienstlicher Feiern, exemplarisch dargestellt an der Eucharistiefeier und anderen gottesdienstlichen Versammlungen.«[9] Wie aber sieht die Wirklichkeit aus? Wir müssen hier unterscheiden zwischen den für den Diplomstudiengang zuständigen Hochschulen und den übrigen Ausbildungsstätten für angehende Religionslehrer/innen.

Eine von der Arbeitsgemeinschaft Katholischer Liturgie-Dozenten (AKL) 1994 durchgeführte Erhebung zur Stellung der Liturgiewissenschaft im Studium Katholische Theologie an Fakultäten und Ordenshochschulen weist erhebliche Unterschiede bei den Lehramtsstudiengängen auf.[10] Oft nehmen die Lehramtskandidaten an den Veranstaltungen der Diplomtheologen teil und hören auch in diesem Rahmen liturgiewissenschaftliche Vorlesungen bzw. besuchen entsprechende Seminare. Es gibt aber auch separate Veranstaltungen für sie; so wird beispielsweise in Regensburg alle vier Semester eine Vorlesung mit drei Semesterwochenstunden für sie angeboten. In Trier sind zwei Semesterwochenstunden verpflichtend für Haupt- und Realschulanwärter, während die künftigen Gymnasiallehrer vier Semesterwochenstunden belegen müssen. Über den Stoff der Pflichtvorlesung müssen sie sich einer mündlichen oder schriftlichen Prüfung unterziehen. In Nordrhein-Westfalen sieht die Lehramtsprüfungsordnung sogar ein eigenes Teilgebiet »Liturgie und Dienste der Kirche« vor.

Studiert man die Vorlesungsverzeichnisse der Universitäten und anderer nicht universitärer Ausbildungsstätten für angehende Religionslehrer/innen, die über keinen Diplomstudiengang Katholische Theologie verfügen, dann fällt ins Auge, daß die auszubildenden Lehrkräfte der katholischen Religion nicht oder kaum mit der Liturgie vertraut gemacht werden. Die liturgische Bildung liegt völlig außerhalb des Interessenfeldes der mit der Ausbildung betrauten Lehrenden, sie ist ein blinder Fleck in der Ausbildung. Wie wir sahen, gilt dies auch für die Bezugswissenschaft Religionspädagogik, welche die Liturgie nicht als eigenen Lernort für das Glaubenlernen betrachtet. Dabei wird übersehen, daß die Religionslehrer/innen in der schulischen Praxis sich vor die Aufgabe gestellt sehen, Schüler mit dem Aufbau und den Strukturelementen der Eucharistiefeier und der anderen sakramentalen Handlungen bekannt zu machen. Wie sollen sie mit Schülern einen Schulgottesdienst gestalten, wenn sie darauf nicht vorbereitet sind? So mancher Priester weiß ein Lied davon zu singen, welche Textvorlagen ihm zugemutet werden, wenn er einem Schulgottesdienst vorstehen soll! Versucht er, an den Vorlagen Korrekturen vorzunehmen, fühlen Schüler/innen und Religionslehrer/innen sich nicht ernstgenommen bzw. sehen ihr Engagement nicht hinreichend gewürdigt.

Zieht man ein Fazit, so muß man feststellen, daß der Anteil der Liturgiewissenschaft bei der Ausbildung von Religionslehrer/innen aller Schulstufen und -formen unzureichend ist. Als Mindestanforderung für angehende Religionslehrer, gleich wo sie ausgebildet werden, sollte gelten: Ein jeder von ihnen muß im Verlauf seines Studiums mindestens zwei bis drei Semesterwochenstunden an einer Veranstaltung teilnehmen, die in den Gottesdienst der Kirche einführt. In dieser Einführungsveranstaltung soll zunächst ein anthropologisches und theologisches Verständnis von Liturgie vermittelt werden (vgl. das 2. Kapitel). Ferner müßten Hilfen für die Vorbereitung und Gestaltung von Schulgottesdiensten angeboten werden, dabei kann die Broschüre »Gottesdienst mit Kindern«[11] als Grundlage dienen. Schließlich sollen die Studierenden gemeinsam Gottesdienste gestalten, damit die Unterweisung nicht in theoretischen Überlegungen steckenbleibt.

Mit der einfachen Aufnahme liturgischer Themen in das Veranstaltungsprogramm der Lehrerausbildung würde sich allerdings grundlegend nicht viel ändern, dazu bedarf es vielmehr eines theologischen Perspektivenwechsels. Die heute in der Religionspädagogik dominierende anthropozentrische Theologie müßte ein Gegengewicht in einer stärkeren Betonung der Theozentrik finden, im Sinne der doppelten Treue zu Gott und den Menschen. Gelegentlich kann man den Eindruck gewinnen, daß die viel beschworene doppelte Treue sich in einer Schieflage befindet und zugunsten eines Poles, nämlich der Treue zum Menschen, aufgegeben worden ist. Das Heilige oder besser der Heilige müßte beherrschender ins Blickfeld der Religionspädagogen treten. Dazu könnte eine intensive Beschäftigung mit der Religionsphilosophie B. Weltes uns einen unschätzbaren Dienst leisten, mit seiner Hilfe können wir die Prioritäten deutlicher markieren.[12] Sein Denken kreist auf phänomenologische Weise – er war u.a. ein Schüler und Landsmann M. Heideggers – um die Göttlichkeit des absoluten Geheimnisses, das er im Schauen alltäglicher Phänomene wahrnimmt, wo es epiphan wird. So waren ihm die Gräser wichtig, viele von ihnen kannte er. Das numinose Geheimnis wird im Kult von der Gemeinde vollzogen: »Gemeinde ist Versammlung von Menschen, die gemeinsam von Gott betroffen sind, und um solcher Betroffenheit willen gemeinsam Gott feiern.«[13] Weil die Seinsweise der Gemeinde das Miteinandersein ist, gehört zur Communio mit Gott auch die Communio der Menschen untereinander. Die Communio mit Gott und die Communio der Gemeindemitglieder bilden ein Ganzes. Nicht nur in der Kultversammlung sehen sich die Menschen auf das unbegreifliche Geheimnis Gottes verwiesen, auch die zwischenmenschliche Kommunikation läßt Gott als den unbedingten Sinn unseres Menschseins aufleuchten. »Wo wir nämlich im Zusammenhang der mitmenschlichen Kommunikation und Interaktion im Ernst in die Erfahrung der personalen Liebe oder Treue oder Hilfsbereitschaft eintreten, da können wir auch erfahren ...; solche hat eigentlich unvergänglichen Sinn.«[14] In diesem Zusammenhang erinnert Welte an einen Gedanken M. Bubers in »Ich und Du«: »Die verlängerten Linien der Beziehungen schneiden sich im ewigen Du. Jedes geeinzelte Du ist ein Durchblick zu ihm.«[15] So vernehmen wir in den vergänglichen Beziehungen einen Wink auf das göttliche Geheimnis, weil das Göttliche sich als im Menschen anwesend zeigt. Die Religionsphilosophie Weltes verbindet die vertikale Dimension mit der horizontalen, sie steht im Dienst der doppelten Treue, wenn auch das absolute Geheimnis Gottes der letzte und tiefste Bezugspunkt seines Denkens bleibt.

Dagegen stehen immer noch viele ausbildende Religionspädagogen und Pastoraltheologen im Bann der Sozialphilosophie von J. Habermas und dessen Idee von einer »herrschaftsfreien Kommunikationsgemeinschaft«. Ihre Bedeutung für Theologie und Religionspädagogik soll nicht in Abrede gestellt werden, aber wenn sie zu beherrschend im Mittelpunkt steht, droht die Gefahr einer Blickverengung und einer einseitigen Akzentsetzung, die es zu überwinden gilt. In der Theologie und speziell in der Lehrerbildung verdient die Liturgie ein stärkeres Gewicht, so wie in der östlichen Theologie. Martyria, Leiturgia und Diakonia bilden eine

Einheit, auch wenn epochal die Gewichte sich zu einer Seite hin verschieben können; der eine Lebensvollzug der Kirche darf jedoch nie isoliert betrachtet werden, sondern bedarf der Verschränkung mit den anderen beiden. Die Liturgie könnte hier eine integrierende Funktion in der Theologie übernehmen. Diese Zielrichtung hat sehr prägnant das Schlußdokument der außerordentlichen Bischofssynode von 1985 umschrieben. »Die Liturgie muß sehr klar den Sinn für das Heilige fördern und ihn aufleuchten lassen. Sie muß vom Geist der Ehrfurcht vor Gott, der Anbetung und seiner Verherrlichung durchtränkt sein.«[16]

12.2 Die Fortbildung von Theologen und interessierten Laien

Wenn man bedenkt, wie gering der Stundenanteil der Liturgiewissenschaft an der gesamten Stundentafel des Theologiestudiums ist, dann dürfen wir nicht zu hohe Erwartungen an die Ausbildungsphase im Blick auf die liturgische Bildung richten. Für eine umfassend verstandene liturgische Bildung bleibt hier wenig Zeit, anderes erscheint dringlicher. So fällt der Fortbildung eine Verantwortung für die liturgische Bildung der Theologen zu, hier muß vieles nachgeholt werden, was in der ersten Phase versäumt wurde.

Die meisten deutschen Diözesen verfügen über ein Referat für Liturgie, in dessen Zuständigkeitsbereich auch die liturgische Bildung fällt. Der 1990 veröffentlichte Zwischenbericht »Liturgische Bildung in deutschen Diözesen«[17] gibt Aufschluß über Konzept, Teilnehmerkreis, Arbeitsweise und Organisation der liturgischen Aus- bzw. Fortbildung. In erster Linie ist sie auf die Ausbildung liturgischer Laiendienste ausgerichtet, sie hat Gottesdienstkreise, Liturgieausschüsse der Pfarrgemeinderäte, Küster, Organisten, Kirchenmusiker im Auge. Aus- und Fortbildung lassen sich jedoch nicht immer scharf trennen. So wird im Kloster

Andechs eine Fortbildung für alle mit dem Gottesdienst der Kirche befaßten Kleriker und Laien angeboten.[18] Auch das Seelsorgeamt Salzburg hat ein Konzept entwickelt, das liturgische Grundkenntnisse und praktische Einübung vermitteln möchte und sich an für die Liturgie Interessierte und Verantwortliche wendet; dazu zählen auch Priester.[19] In den von den Benediktinern von St. Bonifaz in München getragenen Kursen im Kloster Andechs sind auch Veranstaltungen zur Spiritualität in der Liturgie vorgesehen. Sie können einen hilfreichen Beitrag zur liturgischen Bildung leisten.

Neben diesen von hauptamtlichen Liturgiereferaten oder Seelsorgsämtern getragenen Kursangeboten bieten sich auch im Rahmen der Priester- und Religionslehrerfortbildung Möglichkeiten an, die Sensibilität für die gottesdienstlichen Vollzüge und ihre Voraussetzungen zu fördern. Die Rahmenordnung für die Priesterbildung in der 3. Bildungsphase, die nach dem Pfarrexamen beginnt, sieht folgende Aufgaben vor: »Die Vermittlung neuerer wichtiger Erkenntnisse und veränderter Formen kirchlicher Praxis in der Liturgie als Aufgabe.« Als Ziel der Entwicklung des geistlichen Lebens werden genannt: »Entfaltung der Fähigkeit, der Eucharistie auf geistliche Weise vorzustehen, gemeinsam mit der Gemeinde auf Gottes Wort zu hören und seine Gnade anzunehmen, die Haltung des Betens in Anbetung, Lob und Fürbitte zu verwirklichen und im Leben zu bewähren. Die theologische Bildung soll mit ihren Angeboten Hilfe dazu geben, gottesdienstliche Praxis theologisch zu durchleuchten.«[20]

Überschaut man das liturgische Bildungsangebot der einzelnen deutschen Bistümer, so wie es in dem Zwischenbericht von 1990 dokumentiert worden ist, so drängt sich der Eindruck auf, daß hier im Vordergrund die Qualifizierung derer steht, die bereits ein liturgisches Amt in der Kirche ausüben oder dafür befähigt werden sollen. Das diesem Angebot zugrundeliegende Verständnis von liturgischer Bildung erscheint mir nicht breit genug angelegt zu sein, es begnügt sich weitgehend mit der direkten Hinführung zur Liturgie. Das gesamte Vorfeld gerät mit wenigen Ausnahmen nicht in das Blickfeld der für die liturgische Bildung Verantwortlichen. Überhaupt nicht wird in diesem Rahmen darüber nachgedacht, wie man mit Menschen Gottesdienst feiern kann, die der Kirche fernstehen, von Zeit zu Zeit aber an Gottesdiensten teilnehmen.

Daher sollten in die vorliegenden Aus- und Fortbildungsprogramme für an der Liturgie Interessierte folgende Themenkomplexe miteinbezogen werden:

1. Der Erwerb religiöser Sprachkompetenz
2. Fest und Feier
3. Ästhetische Kompetenz
4. Der Umgang mit heiligen Zeichen, Zeiten und Räumen
5. Der Aufbau eines tragfähigen Gottesbildes – Reden von und zu Gott
6. Die Bibel als »Tisch des Wortes«
7. Kirche als Communio
8. Liturgie feiern mit »treuen Kirchenfernen«.

So tut sich noch ein weites Aufgabenfeld liturgischer Bildung und Erziehung auf, für das die Verantwortlichen erst einmal aufgeschlossen sein müssen. Wenn die Liturgie zu den drei Lebensvollzügen der Kirche gehört und neben der Schrift die Quelle ist, aus der die Kirche lebt[21], dann darf künftig die liturgische Bildung und Erziehung nicht mehr wie bisher ein Schattendasein führen, dann gebührt ihr das Hauptaugenmerk aller für die Aus- und Fortbildung von Theologen und interessierten Laien Verantwortlichen.

13. *Zusammenfassung*

Im Verlauf meiner Ausführungen schälte sich das *Konzept einer liturgischen Bildung* heraus, das diesem Buch zugrunde liegt. Abschließend möchte ich es hier kurz zusammenfassen.

Es unterscheidet sich von der vorherrschenden vorkonziliaren Vorstellung, wonach die Feier der Liturgie vornehmlich nach ihrer Gültigkeit und Rubrikentreue beurteilt wurde. Dementsprechend erschöpfte sich die sogenannte liturgische Bildung weitgehend darin, die Priesteramtskandidaten zu befähigen, die Messe und Sakramente den Rubriken gemäß zu vollziehen. Ich selbst habe diese Art der Vorbereitung auf meine künftige Tätigkeit als Liturge erlebt. Eine liturgische Spiritualität wurde uns damals nicht vermittelt. Gelegentlich wurden auch die übrigen Gläubigen erwähnt, insbesondere jene, die mit einem liturgischen Amt betraut waren, aber sie standen nicht im Vordergrund der liturgischen Bildungsarbeit. Hier hat das II. Vatikanische Konzil eine Entwicklung eingeleitet, die nicht mehr rückgängig gemacht werden kann; mit ihm endet die mittelalterliche Liturgie. Nunmehr rückt das Anliegen liturgischer Bildung in den Mittelpunkt der Überlegungen; allerdings reduzieren sich hier oft die Bemühungen um die liturgische Bildung auf eine kognitive Unterweisung; eine ganzheitliche Sichtweise klingt jedoch hier und da schon an, z.B. wenn von liturgischer Spiritualität ausdrücklich die Rede ist. Liturgische Bildung ist also weit mehr als nur Liturgiekatechese, obgleich viele sie immer noch so eng verstehen. In der Folgezeit schälte sich erst diese ganzheitliche Dimension liturgischer Bildung heraus. Dazu hat die Rückbesinnung auf das Wesen der Bildung im Unterschied zur Erziehung beigetragen. Bildung wird ganzheitlich verstanden, und damit erhält die liturgische Bildung einen umfassenderen Charakter, sie hat den Menschen mit all seinen Fähigkeiten und Kräften im Auge. Zu Recht hat die Arbeitsgemeinschaft katholischer Liturgiedozenten 1986 festgestellt: »Es gehe ... bei der Bemühung um liturgische Bildung nicht vorrangig um die Weitergabe bzw. Aneignung von Wissen oder gar um die Vermittlung einer wissenschaftlichen Kompetenz, sondern um die Befähigung zur Feier der Liturgie.«[1] Der ganze Mensch mit all seinen Sinnen und Fähigkeiten ist Träger der liturgischen Handlung, daher muß eine liturgische Bildung Kopf, Herz und Hand ansprechen. Ebenfalls findet meine Zustimmung, was die Liturgiker zur inhaltlichen Bestimmung liturgischer Bildungsarbeit verlauten ließen: »Eine inhaltliche Bestimmung liturgischer Bildungsarbeit darf sich nicht nur auf das thematische Spektrum eines traditionellen liturgischen Handbuches beschränken. Zu den vorrangigen Schwerpunkten gehören auch die Ausbildung zum Predigtdienst, die Förderung der Kommunikationsfähigkeit, die Einübung von gottesdienstlichen Grundakten, die Vermittlung einer Glaubensästhetik, die Pflege einer liturgischen Sprach- und Sprechkultur sowie eine Kultur nonverbaler Ausdrucksformen, d.h. letztlich die Vermittlung einer liturgischen Kompetenz in ihrem ganzen Umfang.«[2]

Der hier abgesteckte Rahmen erscheint mir jedoch noch zu eng gezogen, wenn man nicht nur an die Zielgruppe derer denkt, die dem Gottesdienst vorstehen. Die übrigen Zielgruppen, die auch das liturgische Geschehen mittragen, haben hier keine Berücksichtigung gefunden. Gerade angesichts dieser drängenden Fragen nach der Liturgiefähigkeit des Menschen in einer postmodernen Gesellschaft muß der Radius liturgischer Bildungsarbeit sich erheblich ausweiten, so daß das weite liturgische Vorfeld ins Blickfeld rückt. So gehört die Pflege humaner und christlicher Grundvollzüge ebenfalls zum Aufgabenkatalog einer umfassenden liturgischen Bildung. Für diesen propädeutischen Bereich fehlt jedoch den Liturgiewissenschaftlern das nötige Instrumentarium, daher sind sie auf die Zusammenarbeit mit den Religionspädagogen und praktischen Theologen angewiesen. Liturgische Bildung müßte das gemeinsame Anliegen dieser beiden Disziplinen sein, daher muß es zu einer engen Kooperation kommen, die bisher nur bei einigen Projekten gelungen ist. Modellhaft dafür war die Zusammenarbeit von Liturgikern und Religionspädagogen in der Kommission für Fragen der Kinderliturgie, die sich segensreich für den Bereich der Kinderliturgie ausgewirkt hat; für die Familienliturgie wäre eine ähnliche Kooperation denkbar und wünschenswert. Sehr fruchtbar erwies sich auch die Zusammenarbeit zwischen Liturgikern und praktischen Theologen bei der Erarbeitung von Handreichungen für das Erwachsenenkatechumenat.

Der Adressatenkreis liturgischer Bildung hat sich im Laufe der Zeit ständig erweitert. Richtete sich anfangs die Aufmerksamkeit vornehmlich auf die Priesteramtskandidaten und Priester, so weitete sich das Spektrum weiter aus, die Laientheologen, die Religionslehrer/innen, das gläubige Volk wurden in die Fortbildungsarbeit einbezogen. Erst langsam wächst auch der Verantwortungssinn für die »treuen Kirchenfernen«, die durch die gelegentliche Mitfeier des Gottesdienstes anfanghaft an das Geheimnis der gefeierten Heilsereignisse herangeführt werden können. An diesem Beispiel wird deutlich, daß liturgische Bildung nicht nur in der Hinführung zur Liturgie besteht, sondern auf weite Strecken erfolgt die liturgische Bildung durch die Mitfeier der heiligen Geheimnisse selbst. Die Liturgie ist ein privilegierter Ort liturgischer Bildung; daher gebührt der mystagogischen Liturgie unsere ganze Aufmerksamkeit; sie verlangt von allen Teilnehmern eine liturgische Kompetenz, um die sich alle stets neu bemühen müssen. Nichts bildet so sehr wie eine gut gestaltete, die Herzen ansprechende Gottesdienstfeier, in der es möglichst keine bloßen Zuschauer gibt. Letztlich sollten alle Bemühungen um eine Sensibilisierung für die liturgischen Vollzüge dazu dienen, daß alle Gottesdienstteilnehmer mit Herz, Kopf und Hand einstimmen in den Lobpreis des dreifaltigen Gottes. Dieser bildet die Mitte des Gottesdienstes, auch wenn die Erfahrungen der Gottesdienstteilnehmer in das Gotteslob eingehen und dieses mitprägen müssen.

Anmerkungen

Fußnoten zu Kapitel 1

1. Vgl. Th. Bogler, Ist der heutige Mensch noch liturgiefähig? In: Laacher Hefte 28, Maria Laach 1968.
2. Abgedruckt in: LJ 14 (1964), 10-106, hier: 106. Erneuerter und überarbeiteter Abdruck in: Liturgie und liturgische Bildung, Würzburg 1966, 9-17.
3. G. Aeschbacher, Gottesdienst – eine kulturelle Verhaltensanomalie, in: JLH 29 (1985), 123-127.
4. Ch. Davis, in: K. F. Müller (Hg.), Gottesdienst in einem säkularisierten Zeitalter, Kassel/Trier 1971, 24 f.
5. Vgl. J. Zinnecker, Jugend, Kirche und Religion. Aktuelle empirische Ergebnisse und Entwicklungstendenzen, in: G. Hilger/G. Reilly (Hrsg.), Religionsunterricht im Abseits? Das Spannungsfeld Jugend, Schule, Religion, München 1993, 114-119.
6. Vgl. G. Schmidtchen, Sekten und Psychokultur: Reichweite von Aktivitäten von Jugendreligionen in der BRD, Freiburg/Basel/Wien 1987, 156 f.
7. G. Benn, Gesammelte Werke, Bd. 3, Gedichte, Wiesbaden 1960, 215 f.
8. Vgl. Spiegel-spezial, Die Eigensinnigen. Selbstporträts einer Generation, November 1994, 68.
9. H. Schmid, Nachts, wenn ich Bauchschmerzen hab ..., Religiosität von Arbeiterjugendlichen. Empirischer Zugang und Konsequenzen für den Religionsunterricht, München 1987, 25.
10. A.a.O., 73.
11. M. Buber, Die Gottesfinsternis, in: Gesammelte Werke Bd. 1, Schriften zur Philosophie, München/Heidelberg 1962, 520.
12. M. Buber, Ich und Du, Gerlingen [12]1994, 1 und 90.
13. In: B.D.K.J.-Aktion, Dokumentation zur Diözesansynode München-Freising 1989, 5.
14. Vgl. K. Nipkow, Erwachsenwerden ohne Gott? Gotteserfahrungen im Lebenslauf, München 1987, 68 ff.
15. P. M. Zulehner, Heirat – Geburt – Tod. Eine Pastoral zu den Lebenswenden, Wien/Freiburg/Basel 1976, 253-259, hier 254 f.
16. Vgl. dazu P. M. Zulehner, Ritus und Liturgie: Religionssoziologische und pastoraltheologische Aspekte in der religiösen Praxis, in: LJ 25 (1975), 47-67.
17. Zit. nach R. Schuster, Was sie glauben, Stuttgart 1984, 16.
18. Ebd., 138.
19. G. Stachel, Lernen und Feiern – Religionspädagogik und Liturgie, in: KatB 109 (1984), Heft 10, 698-709, hier: 700.
20. Vgl.: Gemeinsame Synode der Bistümer in der Bundesrepublik Deutsch-

land. Offizielle Gesamtausgabe I: Ziele und Aufgaben kirchlicher Jugendarbeit, 3.1, Freiburg/Basel/Wien ^{2}1976.

21. Vgl. E. J. Korherr, Die Österreichische Jugend-Wertestudie, Erster Teil, in: CPB. 2/1992, 99-101. Zweiter Teil, a.a.O., 3/1992, 123-127.
22. Vgl. P. M. – Perspektive Jenseits, München 1989, 53-57.
23. Vgl. H. Bourgeois, Théologie Catéchuménale, Paris 1991.
24. P. M. Knitter, Ein Gott – viele Religionen. Gegen den Absolutheitsanspruch des Christentums, München 1988, 103 und 177.
25. K. H. Reich/A. Schröder, Komplementäres Denken im Religionsunterricht. Ein Werkstattbericht über unser Unterrichtsprojekt, Loccum 1995, 32 f.
26. Vgl. Dokumentation: »Jungsein in der Kirche.« Aktion des Bundes der Deutschen Katholischen Jugend und des Erzbischöflichen Jugendseelsorgeamts der Erzdiözese München-Freising, München 1985, 9.
27. R. Guardini, Vom Sinn der Kirche. Fünf Vorträge, Mainz ^{3}1933, 107.
28. J. Zinnecker, Deutsche Jugend heute. Eine Porträtskizze in: Jugendwerk der Deutschen Shell, 1992, Bd. 2, a.a.O., 24.
29. U. Nuber, Die Egoismusfalle, München 1993.
30. P. M. Zulehner/H. Denz, Wie Europa lebt und glaubt. Europäische Wertestudie, Düsseldorf ^{2}1993, 37.
31. Vgl. G. Schmidtchen, Ethik und Protest, Moralbilder und Wertkonflikte junger Menschen, Opladen ^{2}1993, 166.
32. Vgl. G. Schmidtchen, a.a.O., 167.
33. Vgl. R. Ley, Nachkirchliches Christentum. Der lebende Jesus und die sterbende Kirche, Düsseldorf 1995, 61-64: Gemeindlich-kirchliches Christentum.
34. Ein KNA-Bericht, abgedruckt in: Kirche und Leben, Nr. 7, 19.2.1995, 8.
35. J. A. Jungmann, Wortgottesdienst im Lichte von Theologie und Geschichte, 4., umgearbeitete Auflage der »Liturgischen Feier«, Regensburg 1965, 20.
36. R. Guardini, Liturgische Bildung, Burg Rothenfels a.M. 1923, 23 ff.
37. Ebd., 23.
38. Vgl. Heilige unterwegs. Zwischen Teddybär und Kreuz. Heiligtümer von Kindern und Jugendlichen. Eine Arbeitshilfe, hrsg. von der Abteilung Kirchliche Jugendarbeit und der Hauptabteilung Gemeindearbeit des Bischöflichen Generalvikariats Aachen, Aachen 1992.
39. A. Höfer, Den Glauben leben, Donauwörth 1974, 54.
40. E. J. Lengeling, Liturgie – Dialog zwischen Gott und Mensch. Hg. und eingel. von K. Richter, Freiburg/Basel/Wien 1981, 99f.
41. Zitiert nach O. Fuchs, Jugend und Liturgie im Horizont der Evangelisierung, in: LJ 3/1987, 156-186, hier 184.
42. Ph. Béguery, Liturgie und Leben, in: LS 29 (1979), 304-308.
43. SC 24.
44. Vgl. SC 35 und 51.
45. Zitiert nach R. Schuster, a.a.O., 890.
46. Ebd., 63.

47. B. Neunheuser, Liturgiefähigkeit, in: Th. Bogler (Hg.), Ist der Mensch von heute liturgiefähig? (Liturgie und Mönchtum 39), Maria Laach 1966, 10.
48. Direktorium für Kindermessen, Nr. 8 und 9.
49. R. Volp, Liturgik. Die Kunst, Gott zu feiern, Bd. 1: Einführung und Geschichte, Gütersloh 1992, 56.
50. Zur Eigenart und Funktion der Riten vgl. das Kapitel: »Des rites pour accompagner la vie«, dans: G. Delteil/P. Keller, L'Église disséminée. Itinérance et enracinement, Paris 1955, 267-277. Ferner: W. Jetter, Symbol und Ritual. Anthropologische Elemente im Gottesdienst, Göttingen [2]1986.
51. G. Schmidtchen, a.a.O., 158 ff.
52. P. M. Zulehner, Heirat – Geburt – Tod, a.a.O., 86.
53. P. L. Berger/Th. Luckmann, Die gesellschaftliche Konstruktion der Wirklichkeit. Eine Theorie der Wissenssoziologie, Frankfurt a. M. 1969; dazu P. L. Berger, Zur Dialektik von Religion und Gesellschaft. Elemente einer soziologischen Theorie, Frankfurt a. M. 1973, 29-51.
54. P. M. Zulehner, a.a.O., 135. Vgl. auch: Die deutschen Bischöfe, Sakramentenpastoral im Wandel, Bonn, Juli 1993, 14.
55. Vgl. G. Schmidtchen, Zwischen Kirche und Gesellschaft. Forschungsbericht über die Umfrage zur gemeinsamen Synode der Bistümer in der BRD, Freiburg 1972, 40-91 und 110-116; Ders., Gottesdienst in einer rationalen Welt. Religionssoziologische Untersuchungen im Bereich der VELKD, Stuttgart-Freiburg 1973, 1-49.
56. K. Gabriel, Christentum zwischen Tradition und Postmoderne, Freiburg/Basel/Wien 1992, 158.
57. Ebd.
58. H. Plessner, Conditio humana, in: Propyläen Weltgeschichte hg. G. Mann u.a., Bd. I, Berlin 1961, 82f.
59. Ebd.
60. Vgl. H. Balach, Untersuchungen zu Religion und Ritus in Werken Peter Handkes bis 1983, Dissertation, 1988 an der Universität Graz eingereicht.
61. Vgl. H. Hartmann, Die Plains- und Prärieindianer Nordamerikas, Berlin 1973, 186; ferner W. Müller, Geliebte Erde. Naturfrömmigkeit und Naturhaß im indianischen und europäischen Nordamerika, Bonn [3]1979.
62. Vgl. seine Bücher: M. Fox, Le Christ cosmique, Paris 1995 und La Grâce originale, Paris 1995.
63. A. Adam, Erneuerte Liturgie. Eine Orientierung über den Gottesdienst heute, Freiburg/Basel/Wien 1973, 20.
64. K. Richter, Die erneuerte Liturgie im Horizont der Fragestellung Romano Guardinis nach der Liturgiefähigkeit des Menschen von heute, in: K. Richter, A. Schilson, Den Glauben feiern. Wege liturgischer Erneuerung, Mainz 1989, 136-163, hier 138.
65. R. Guardini, Liturgie und liturgische Bildung, Würzburg 1966, 9-17, hier 9 f.
66. Zitiert nach J. Wallmann, Kirchengeschichte Deutschlands seit der Reformation, Tübingen [2]1985, 184.

Fußnoten zu Kapitel 2

1. Vgl. SC 19.
2. E. Bertel, Lebendiger Gottesdienst und ganzheitliche Pastoral. Beobachtungen eines Gemeindepfarrers, in: H. Becker u.a. (Hg.), Gottesdienst – Kirche – Gesellschaft, St. Ottilien 1991, 75.
3. BDKJ-Aktion zur Diözesansynode Rottenburg/Stuttgart, Dokumentation Wernau 1985, 86.
4. L. Eisenhofer, Handbuch der katholischen Liturgie I, Freiburg ^{2}1932, 21.
5. Enzyklika »Mediator Dei« 1947, Nr. 25.
6. S. Mowinkel, Art. Kult, religionswissenschaftlich, in: Die Religion in Geschichte und Gegenwart, Bd. 4, Tübingen ^{3}1960, 122.
7. SC 7.
8. E. J. Lengeling, a.a.O., 28.
9. Vgl. F. Hahn, Der urchristliche Gottesdienst, Stuttgarter Biblische Studien, Nr. 41, Stuttgart 1970, 85 f.
10. P. Brunner, Zur Lehre vom Gottesdienst der im Namen Jesu versammelten Gemeinde, in: Leiturgia. Handbuch des evangelischen Gottesdienstes. Erster Band: Geschichte und Lehre des evangelischen Gottesdienstes, Kassel 1954, 83-361, hier 253.
11. SC 7.
12. R. Volp, Liturgik. Die Kunst, Gott zu feiern, 2 Bde., Gütersloh 1992/94.
13. Arbeitshilfen der Deutschen Bischofskonferenz Nr. 41: Dokumente zur Meßfeier, Bonn 1985, Nr. 7, S. 16.
14. Vgl. K. Bopp, Prinzipielle Defizite in der Liturgiereform des Zweiten Vatikanischen Konzils?, in: ALW 35/36 (1993/4) Heft 1/2, 121-134.
15. Vgl. SC 11, 14, 21 und 41.
16. M. Kehl, Die Kirche. Eine katholische Ekklesiologie, Würzburg 1992, 51.
17. Vgl. das Schreiben der Glaubenskongregation über einige Aspekte der Kirche als Communio vom 15. Juni 1992.
18. M. Kehl, a.a.O., 34 ff.
19. Ebd., 227.
20. Ebd., 324.
21. J. Ratzinger, Das neue Volk Gottes, Düsseldorf 1969, 234.
22. E. Bertel, a.a.O., 70 f.
23. SC 24.
24. SC 51.
25. SC 48.
26. Pastorale 2. Handreichung für den pastoralen Dienst: Die gottesdienstlichen Versammlungen der Gemeinde, Mainz 1973, 36.
27. E. J. Lengeling, a.a.O., 95 f.
28. A. Lorenzer, Das Konzil der Buchhalter. Die Zerstörung der Sinnlichkeit. Eine Religionskritik, Frankfurt a. M. 1981.
29. Ders., »Sacrosanctum Concilium«: Der Anfang der »Buchhalterei«, in: H. Becker u.a. (Hg.) Gottesdienst – Kirche – Gesellschaft, a.a.O., 153-161, hier 158 ff.

30. Beschluß: Gottesdienst 6.1 Liturgie, Liturgische Zeichen und Formen.
31. R. Schutz, Ein Fest ohne Ende, Freiburg 1971, 96.
32. Hieronymus, Epistula 121, 10. CSEL, 56,44.
33. R. Guardini, Vom Geist der Liturgie (Herder-Bücherei, 2), Freiburg 1957, 102.
34. J. Pieper, Muße und menschliche Existenz, in: ders., Tradition als Herausforderung. Aufsätze und Reden, München 1965, abgedruckt in: Josef Pieper, Lesebuch, Mit einem Vorwort von H. U. von Balthasar, München 1981, 161.
35. Nach H. R. Müller-Schwefe, Das Fest der Christen, in: Quatember 36 (1972), 37 f.
36. E. Lange, Chancen des Alltags. Überlegungen zur Funktion des christlichen Gottesdienstes in der Gegenwart, München ^{2}1984, 138, 353. Nachwort von P. Cornell.
37. J. Ratzinger, Das Fest des Glaubens. Versuche zur Theologie des Gottesdienstes, Einsiedeln ^{2}1981, 56-61, hier 59 ff.
38. J. Gelineau, Liturgie von morgen, Regensburg 1970, 103.
39. Zitiert nach M. Kehl, a.a.O., 246-249, hier 248.
40. D. Zimmermann, Diakonie als gelebter Glaube. Plädoyer für eine diakonale Pastoral, in: ders., Leben – Deuten – Feiern, München 1984, 38-48.
41. E. J. Lengeling, a.a.O., 67.
42. H. Thielecke, Leiden an der Kirche, Hamburg 1965, 140.
43. Novalis, Gedanken, Wuppertal 1947, 271.
44. Vgl. A. Eickmeier, Re-Vision des Glaubensbekenntnisses. Eine Analyse feministisch-theologischer Bekenntnistexte, in: KatB 109 (1994), Heft 12, 851-857.
45. Vgl. F. Kalb, TRE Bd. XXI., Berlin-New York 1991, 358-377.
46. K. Meyer zu Uptrup, Gottesdienst – ein Lernprozeß? Entwurf einer theologischen Lerntheorie, in: Wissenschaft und Praxis in Kirche und Gesellschaft, Göttingen 1975, 13-27, hier 25 ff.
47. Vgl. LG 11.

Fußnoten zu Kapitel 3

1. H. Giesecke, Das Ende der Erziehung, Stuttgart 1985.
2. Vgl. u.a.: Bundesminister für Bildung und Wissenschaft, Allgemeinbildung im Computerzeitalter, Bonn 1986. Th. Wilhelm, Die Allgemeinbildung ist tot. Es lebe die Allgemeinbildung!, in: Neue Sammlung 25 (1985), 120-150. H. v. Hentig, Eine Antwort an Th. Wilhelm, ebd. 151-167.
3. K. Mollenhauer, Unterwegs. Über Bildung, Kunst und Interaktion, Weinheim/München 1986, 9.
4. Vgl. unter religionspädagogischen Gesichtspunkten das Buch von P. Biehl, dem ich viele Einsichten verdanke, die Eingang in dieses Kapitel gefunden haben: Erfahrung, Glaube und Bildung. Studien zu einer erfahrungsbezogenen Religionspädagogik. Eine Veröffentlichung des Comenius-Instituts, Münster/Gütersloh 1991, besonders das 5. Kapitel »Die

Gottebenbildlichkeit des Menschen und das Problem der Bildung«, 124-223.

5. O. Hansmann/W. Marotzki, Diskurs Bildungstheorie: Systematische Markierungen, Weinheim 1988, 10.
6. Vgl. G. Dietrich, Erziehungsvorstellungen von Eltern. Ein Beitrag zur Aufklärung der subjektiven Theorie der Erziehung, Göttingen/Toronto/Zürich 1985, 64.
7. R. Oerter/L. Montana, Entwicklungspsychologie, München/Weinheim, [2]1987, 76.
8. Vgl. G. Stachel, Das »nicht« als Ziel der Entbildung, in: R. Preul u.a. (Hg.), Bildung – Glaube – Aufklärung. Zur Wiedergewinnung des Bildungsbegriffs in Pädagogik und Theologie, Gütersloh 1989, 61-73.
9. Zitiert nach J. Sudbrack, Mystik. Selbsterfahrung – Kosmische Erfahrung – Gotteserfahrung, Mainz/Stuttgart 1988, 56.
10. Gemeinsame Synode der Bistümer in der Bundesrepublik: Schwerpunkte kirchlicher Verantwortung im Bildungsbereich, 1.2.3.
11. K. Barth, Evangelium und Bildung (Theol. Studien, Heft 2), Zollikon-Zürich 1938, 9.
12. H. J. Heydorn, Zu einer Neufassung des Bildungsbegriffs, Frankfurt a.M. 1972, 120f., 123.
13. J. U. Dalferth/E. Jüngel, Person und Gottesebenbildlichkeit, in: Christlicher Glaube in moderner Gesellschaft, Bd. 24, Freiburg u.a. 1981, 58-99.
14. P. Biehl, a.a.O., 169.
15. M. Buber, Ich und Du, Gerlingen [12]1994, 18.
16. M. Buber, Urdistanz und Beziehung, Heidelberg 1960, 37.
17. E. Levinas, Die Spur des Anderen. Untersuchungen zur Phänomenologie und Sozialphilosophie, Freiburg/München 1983, 26.
18. E. Levinas, ebd.
19. Dieser Gedanke steht im Mittelpunkt der Sozialpsychologie von J. Habermas, Theorie kommunikativen Handelns, Bd. 1 und Bd. 2, Frankfurt a.M. 1981.
20. H. Peukert, Über die Zukunft von Bildung, in: Frankfurter Hefte – extra, 6 (1984), 129-134.
21. Vgl. H. J. Marrou, Geschichte der Erziehung im klassischen Altertum, hg. von R. Harder, Freiburg/München 1957, 72, 171ff.
22. Vgl. den Abschnitt: Die ästhetische Dimension von Bildung, in: Bildung in Freiheit und Verantwortung. Erklärung der Kommission für Erziehung und Schule der deutschen Bischofskonferenz zu Fragen der Bildungspolitik, Bonn 1993, 18ff.
23. J. A. Comenius, De rerum humanorum emendatione Consultatio Catholica, 1643-48; Neuausgabe Prag 1966.
24. C. Menze, Bildung, in: J. Speck/G. Wehle, Handbuch pädagogischer Grundbegriffe, Bd. 1, München 1970, 181 f.

Fußnoten zu Kapitel 4

1. Vgl. R. Guardini, Liturgische Bildung, a.a.O.
2. Sehr detailliert und wie immer äußerst kenntnisreich informiert E. J.

Lengeling über die amtlichen Aussagen der Kirche zur liturgischen Bildung des Klerus und der Laien in seinem Buch »Kritische Bilanz«, Regensburg 1976. Weitere Informationen kann man der Dokumentation von H. Rennings/M. Klöckener entnehmen: Dokumente zur Erneuerung der Liturgie. Dokumente des Apostolischen Stuhls 1963-1973, hg. von H. Rennings unter Mitarbeit von M. Klöckener, Kevelaer 1983.
3. Art. 29, 115-127.
4. Vgl. E. J. Lengeling, Die Konstitution des Zweiten Vatikanischen Konzils über die heilige Liturgie. Lateinisch-deutscher Text mit einem Kommentar, Münster 1964, 39.
5. Allgemeines Katechetisches Direktorium 1971, Nr. 25.
6. Catechesi tradendae, Nr. 23.
7. M. Klöckener, 25 Jahre Liturgiekonstitution und Liturgiereform. Ein Bericht über Veranstaltungen und Publikationen zu diesem Anlaß, in: H. Becker u.a. (Hg.), a.a.O., 458, Anm. 155.
8. L'Osservatore Romano vom 6.4.1990, 10.

Fußnoten zu Kapitel 5

1. Vgl. Liturgische Bildung in deutschen Diözesen. Maschinenschriftliche Dokumentation, hrsg. vom Liturgischen Institut und Referat Liturgische Bildung, Trier 1990. Ferner H. J. Limburg/B. Höffner, Liturgische Bildung in deutschen Diözesen, in: LJ 41/1991, 186-191.
2. Vgl. Informationsbrief von Theologie im Fernkurs, Würzburg, 1984, 23.
3. Pastorale II, Die gottesdienstlichen Versammlungen der Gemeinde (H. Huke und H. Rennings), Mainz 1974, 48.
4. Ebd., 60.
5. Ebd., 60.
6. Synodenbeschluß: Unsere Hoffnung. Ein Bekenntnis zum Glauben in dieser Zeit, Teil 1, 5. Vergebung der Sünden, in: Gemeinsame Synode der Bistümer in der Bundesrepublik Deutschland. Offizielle Gesamtausgabe Bd. 1, Freiburg 1976, 93 f.
7. Vgl. H. Barz, Jugend und Religion, Bd. 2, Opladen 1992, 112 f.
8. H. E. Richter, Der Gotteskomplex, Reinbek 1979, 129.
9. D. Bonhoeffer, Widerstand und Ergebung, München ^{9}1951, 182.
10. Vgl. U. Nuber, »Die Egoismusfalle«, a.a.O.
11. Vgl. A. A. Tomatis, Der Klang des Lebens, Reinbek 1990; ders., Klangwelt Mutterleib, München 1994; ders., Das Ohr und das Leben, Düsseldorf 1995.
12. Augustinus, Tract. Jo. Ev. 80,3.
13. K. Rahner, Das Wort der Dichtung und der Christ, in: ders., Schriften zur Theologie, Bd. 4, Einsiedeln/Zürich/Köln 1960, 442.
14. Ebd., 444.
15. Ebd., 449.
16. J. Pieper, Leben aus dem Schweigen, in: Informationszentrum Berufe der Kirche, Freiburg o.J., 1.
17. R. Guardini, Besinnung vor der Heiligen Messe, Mainz ^{8}1965, 195.

18. M. Montessori, Kinder sind anders, Stuttgart 1952, 144 f.
19. K. Roos, Sprache im Gottesdienst, in: Liturgie im Fernkurs, Lehrbrief 10/1, Würzburg 1986, 31.
20. F. Hölderlin, Werke und Briefe, hg. von F. Beilner und J. Schmidt, 1. Bd., Gedichte, Hyperion, Frankfurt/M. 1969, 199.
21. M. L. Kaschnitz, Überallnie. Ausgewählte Gedichte 1928-1965. Mit einem Nachwort von K. Krolow, München 1969, 132.
22. D. Bonhoeffer, a.a.O., 207.
23. A. Brandstetter, Vom Predigen oder Die Sehnsucht nach der stillen Messe. Erwartungen eines Hörers, in: Diakonia 16 (1985), 332.
24. Deutsche Ausgabe, Freiburg ^{2}1994.
25. H. Halbfas, Nach vorne gedacht. Wie soll der Religionsunterricht in einer nachchristlichen Gesellschaft aussehen? in: Religionsunterricht an höheren Schulen 35 (199), 372-377, hier 374.
26. Vgl. auch J. Werbick, Religionsunterricht als Sprachlehre, in: Ders., Vom Wagnis des Christseins. Wie ist der Glaube?, München 1995, 84-96.
27. Gespräch mit Heinrich Böll, in: H. Schwebel, Glaubwürdig ... Gespräche über heutige Kunst und Religion mit J. Beuys, H. Böll, H. Falken, K. Marti, D. Wellershoff, München 1970, 33-70, hier 63.
28. R. Guardini, Liturgische Bildung, a.a.O., 60.
29. Vgl. F. Oser/W. Althof, Moralische Selbstbestimmung. Modelle der Entwicklung und Erziehung im Wertebereich. Ein Lehrbuch, Stuttgart 1992, 339-458.
30. Zitiert nach B. Ignera, Der religiöse Humanismus Janusz Korczaks, Gießen 1980, 31.
31. B. Welte, Dasein im Symbol des Spiels, in: Ders., Zwischen Zeit und Ewigkeit, Freiburg 1982, 106. Und H. Rahner sieht im Spiel »die zur Geste gewordene Hoffnung auf ein anderes Leben und zugleich einen Wesenszug Gottes«.
32. R. Guardini, Vom Geist der Liturgie, a.a.O., 96.
33. Vgl. J. Piaget, Nachahmung, Spiel und Traum. Die Entwicklung der Symbolfunktion beim Kinde, Neuchâtel et Paris, 1945, 199.
34. R. Guardini, Liturgie und liturgische Bildung, a.a.O., 39.
35. Ebd., 41.
36. R. Guardini, Vom Geist der Liturgie, a.a.O., 81.
37. J. W. v. Goethe, Dichtung und Wahrheit, 2. Teil, 7. Buch, Insel-Ausgabe, Frankfurt/Main 1965, 261.
38. P. Biehl, Symbole geben zu lernen Bd. 2, Neukirchen/Vluyn 1993, 57.
39. R. Guardini, a.a.O., 80f.
40. R. Guardini, Liturgie und liturgische Bildung, a.a.O., 38.
41. Vgl. H. D. Berg, Montessori für Religionspädagogen. Glauben erfahren mit Hand, Kopf und Herz, Stuttgart 1994, 168 ff.
42. G. Stachel, Erzählen: Sprechen – Hören – Sehen, in: KatB 111 (1986), Heft 12, 934-943, hier 935.
43. Vgl. dazu P. Biehl, a.a.O., und R. Sauer, Mystik des Alltags. Jugendliche Lebenswelt und Glaube, Freiburg 1990.
44. E. Cassirer, Symbol, Technik, Sprache. Aufsätze aus den Jahren 1927 –

1933, hg. von E. W. Orth u.a., Hamburg 1983, 39-89.

45. R. Barthes/A. Martin, Der Eiffelturm, Deutsche Ausgabe München 1970.
46. R. Sauer, »Von allem vermag man zu lernen«. Symbole in einer technischen Zivilisation, in: V. Hertle u.a. (Hg.), Spuren entdecken. Zum Umgang mit Symbolen, München 1987, 129-138.
47. P. Biehl, Symbole geben zu lernen. Einführung in die Symboldidaktik anhand der Symbole Hand, Haus und Weg, Bd. 1, Neukirchen-Vluyn, 1980, Bd. 2, z.B.: Brot, Wasser und Kreuz, Beiträge zur Symbol- und Sakramentendidaktik, a.a.O., 1993.
48. E. Jüngel, Der Gottesdienst als Fest der Freiheit. Der theologische Ort des Gottesdienstes nach F. Schleiermacher, in: ZDZ 38 (1984), 269 ff.
49. P. Brunner, Die Lehre vom Gottesdienst der im Namen Jesu versammelten Gemeinde, a.a.O., 313.
50. In S. A. Kierkegaard, Entweder – Oder, 1. Teil, Bd. 1, (Gesammelte Werke 1. Abt., Gütersloh TB/Siebenstern 600), Gütersloh 1979, 179 und 177.
51. H. U. v. Balthasar, Herrlichkeit, Einsiedeln 1961, Bd. 1, 9.
52. H. R. Jauß (Hg.), Die nicht mehr schönen Künste. Grenzphänomene des Ästhetischen, München 1968.
53. G. W. F. Hegel, Werke in 20 Bänden, Bd. 13, Frankfurt/Main 1986.
54. A. Baumgarten, Theoretische Ästhetik. Die grundlegenden Abschnitte aus der Aesthetica. Übers. und hg. von H. R. Schweizer, Hamburg 1983.
55. Vgl. zum Ganzen: A. Bucher, Symbol-Symbolbildung-Symbolerziehung. Philosophische und enwicklungspsychologische Grundlagen, St. Ottilien 1990, 39-48.
56. G. Picht, Kunst und Mythos, mit einem Vorwort von C. Fr. von Weizsäcker, Stuttgart ^{2}1987; dazu P. Biehl, Religionspädagogik und Ästhetik, in: JRP 5, Neukirchen-Vluyn 1988, 4 ff.
57. R. Guardini, Liturgische Bildung, a.a.O., 91.
58. SC 122.
59. Nr. 11 dieses römischen Dokumentes.
60. E. Kapellari, Und haben fast die Sprache verloren. Fragen zwischen Kirche und Kunst, Graz/Wien/Köln 1995, 149.
61. SC 123.
62. H. Ramisch, Kunstsammlungen als Ausdruck des Glaubens, in: Das Münster 3/1995, 202.
63. Studium Katholische Theologie. Bd. 5, Rahmenordnung, hg. Kommission ›Curricula in Theologie‹ des Westdeutschen Fakultätentages durch E. Feifel, Zürich 1975.
64. R. Guardini, Liturgische Bildung, a.a.O., 91.
65. SC 106.
66. J. Pieper, Muße und menschliche Existenz, in: Ders., Tradition als Herausforderung. Aufsätze und Reden, München 1985, abgedruckt in: Josef Pieper Lesebuch, München 1981, 161.
67. G. Gäde, Von der Unbrauchbarkeit Gottes. Gedanken zum Selbstverständnis des Priesters in der gottlosen Zeit, in: Pastoralblatt (1995), 9-19, hier 15.

68. Nachgelassene Aufzeichnungen aus den Jahren 1882-1899. Gesammelte Werke, Bd. 16, 37.
69. W. Jost, Fundamentaltheologie, Theologische Grundlagen und Methodenprobleme, Stuttgart ^{3}1988, 99.
70. H. de Bruin/W. Bröckers, Stadt-Seelsorge, Frankfurt a.M. 1991, 75.
71. Mc Cready, Die Familie und die religiöse Sozialisation, in: Concilium 15 (1979), 19.
72. Vgl. B. Grom, Religionspädagogische Psychologie. Kleinkind – Schüler – Jugendlicher, Düsseldorf/Göttingen 1981, 61-77.
73. J. Lusseyran, Das wiedergefundene Licht (Ullstein-TB), Berlin 1981, 10.
74. R. Schuster, a.a.O., 123.
75. Zitiert nach F. Rötzer, Französische Philosophen im Gespräch, München 1986, 95.; E. Levinas, Wenn Gott ins Denken einfällt. Diskurse über die Betroffenheit von Transzendenz, Freiburg/München 1985, 146.
76. E. Levinas, a.a.O., 146.
77. Vgl. U. Beck/E. Beck-Gernsheim, Das ganz normale Chaos der Liebe, Frankfurt a.M. 1990, 11-18, 66-70, 108-114.
78. M. L. Kaschnitz, Überallnie, a.a.O., 133.
79. J. H. Newman, Entwurf einer Zustimmungslehre. 7. Bd. der ausgewählten Werke von John Henry Newman, Mainz 1961, vor allem das Kapitel »Der Glaube an einen Gott«, 71-85, ferner 273 f.
80. J. H. Newman, a.a.O., 75.
81. J. Korczak, Wie man ein Kind lieben soll, Göttingen, 9. Aufl. 1989, 4.
82. Vgl. F. Buggle, Denn sie wissen nicht, was sie glauben. Warum man heute redlicherweise nicht mehr Christ sein kann, Reinbek 1992.
83. E. Zenger, Der Gott der Bibel – ein gewalttätiger Gott? In: KatB 119 (1994), H. 10, 687-696, hier 694.
84. Religionsbuch Oekumene Bd. I, »Sehen lernen«, Düsseldorf 1994, 75.
85. H. von Hentig, Glaube. Fluchten aus der Aufklärung, Düsseldorf 1992, 126.
86. M. Buber, Gottesfinsternis, in: Gesammelte Werke in 3 Bänden, Bd. 1, Heidelberg 1962, 530.
87. Ebd., 529.
88. H. Halbfas, Religionsbuch für das 4. Schuljahr, Düsseldorf 1986, 25-34.
89. Vgl. D. Mieth, Die Fremdheit Gottes in Mystik und Moderne, in: Bulletin der Europäischen Gesellschaft für Katholische Theologie, Tübingen 6 (1995), Heft 1, 44-57.
90. Zitiert nach U. Wickert, Und Gott schuf Paris, Heyne-Sachbuch Nr. 19/336, München 1995, 81 f.
91. Fynn, Hallo Mister Gott, hier spricht Anna (Fischer Taschenbuch 2414) 1978.
92. K. Marti, Mein barfüßig Lob, München 1987, 32-34.
93. J. B. Metz, Kirche in der Gotteskrise, in: zur debatte, Juli/August, München 1994, 13.
94. F. Ebner, Das Wort ist der Weg, Wien 1983, 79ff.
95. Zitiert nach H. May, Religion im Kinderzimmer? Ein Elternbuch, Frankfurt a.M./Aarau 1974, 53.

96. J. Green, Junge Jahre. Autobiographie (dtv 10940), München 1988, 29.
97. Vgl. J. Main, Der Pfad der Meditation, Salzburg 1985.
98. E. J. Korherr, Beten lehren – Beten lernen. Grundkurs der Gebetspädagogik. Mit Übungsvorschlägen, Graz-Wien-Köln 1991, 248 f. und 251. Ferner G. Faust-Siehl (Hg.), Mit Kindern Stille entdecken, Frankfurt a. M. ^{4}1993 und G. und R. Maschwitz, Stille-Übungen mit Kindern. Ein Praxisbuch, München ^{5}1996. Dies., Gemeinsam Stille entdecken. Übungen für Kinder und Erwachsene, München 1995.
99. D. Hammerskjöld, Zeichen am Weg, München 1967, 137.
100. J. Marböck u.a., Gebet – Menschsein vor Gott. Dokumentation der Katechetischen Herbsttagung 1979, Graz 1979, 30 und 36.
101. X. Léon-Defour (Hg.), Wörterbuch zur biblischen Botschaft, Freiburg-Basel-Wien ^{2}1981, 434.
102. Gravissimum educationis, Nr. 3.
103. J. Green, Tagebuch 1943-54, München-Leipzig 1991, 777.
104. Zitiert nach H. Rahner, Der spielende Mensch, 1952, 68.
105. Vgl. E. Korherr, a.a.O., 289.
106. Gotteslob, Nr. 21.
107. E. Groß, Mein Drei-Zeiten-Buch, Kevelaer 1974, 38.
108. D. Bonhoeffer, a.a.O., 207.
109. Beschlüsse der Diözesansynode Rottenburg/Stuttgart 1985/86. Weitergabe des Glaubens an die kommende Generation, Ostfildern 1986, 94.
110. Vgl. H. de Lubac, Corpus Mysterium. Kirche und Eucharistie im Mittelalter. Eine historische Studie, Einsiedeln 1969, 25-147. Demselben Verfasser verdanken wir das weithin beachtete Buch: »Betrachtung über die Kirche«. Im vierten Kapitel, überschrieben: »Das Herz der Kirche« findet sich die berühmt gewordene Formel: »Die Kirche wirkt die Eucharistie, aber es ist auch die Eucharistie, welche die Kirche wirkt.« Dabei beruft er sich auf den hl. Paulus (1 Kor 10,16-17) und auf die Ekklesiologie der Väter. (H. de Lubac, Méditations sur l'Église, Paris 1953, 113).
111. SC 26.
112. Vgl. 2.3, 13 f.
113. Zum Ganzen vgl. M. Kehl, a.a.O., 323 f.
114. W. Kasper, Kirche als Communio. Überlegungen zur ekklesiologischen Leitidee des Zweiten Vatikanischen Konzils, in: Die bleibende Bedeutung des Zweiten Vatikanischen Konzils, hg. von Franz Kardinal König (Schriften der Katholischen Akademie in Bayern, Bd. 123), Düsseldorf 1986, 62-84, hier 64.
115. LG Nr. 1.
116. M. Kehl, a.a.O., 383.
117. LG, 23. Vgl. auch 26.
118. Vgl. M. Kehl, a.a.O., 105, 301 f., 369-372.
119. E. Daßmann, Kirchengeschichte Bd. 1, Stuttgart-Berlin-Köln 1991, 254.
120. Sr. M. Ignatia/Sr. M. Judith, Haus Hagar. Zufluchtsort für Frauen in Not, in: KatB 119 (1994), H. 7/8, 467-470, hier 469 f.
121. Liturgische Bildung in deutschen Diözesen, a.a.O., 50 f.

122. Z.B. E. Zenger, Der Gott der Bibel – ein gewalttätiger Gott? in: KatB 119 (1994), H. 10, 687-690. Vgl. auch die neueste Veröffentlichung von M. Görg, Der un-heile Gott. Die Bibel im Bann der Gewalt, Düsseldorf 1995.
123. Eine gute Hilfe dafür bietet das Buch von E. Zenger, Das Erste Testament. Die jüdische Bibel und die Christen, Düsseldorf ^{3}1993.
124. E. Färber, Eine Schatztruhe für das Leben der Gemeinde. Katechetische Nachmittage, in: Materialbrief 1/95, Deutscher Katecheten-Verein, München 1995, 2-5, hier 2.

Fußnoten zu Kapitel 6

1. Johannes Paul II., Catechesi tradendae, 23.
2. Das katechetische Wirken der Kirche, 3.6.
3. H. Kirchhoff, Christliches Brauchtum. Von Advent bis Ostern, München 1984, 11. Inzwischen ist eine Neuausgabe unter dem Untertitel »Feste und Bräuche im Jahreskreis«, München ^{2}1996, erschienen.
4. P. Ranwez, a.a.O., 96 f.
5. Vgl. R. Hirschauer, Liturgie in der Familie, in: KatB 109 (1984), H. 10, 728-732, hier 731.
6. Gemeinsame Synode der Bistümer in der Bundesrepublik Deutschland, a.a.O., Bd. I, Beschluß: Sakramentenpastoral A. Die Sakramente in der Kirche, 241.
7. SC 59; vgl. 61.
8. A. Schilson, Symbol und Sakrament, in: F. Böckle (Hg.), Christlicher Glaube in moderner Gesellschaft, Freiburg 1982, Bd. 28, 122-150, hier 122.
9. L.-M. Chauvet, Les sacraments. Parole de dieu au risque du corps, Paris 1993.
10. A. Schilson, a.a.O., 122.
11. P. Biehl, Symbole geben zu lernen Bd. 2, a.a.O.; D. Emeis, Sakramentenkatechese, Freiburg-Basel-Wien 1991.
12. Wege des Glaubens, 7/8, Düsseldorf 1981, 77-89.
13. Gemeinsame Synode der Bistümer in der Bundesrepublik Deutschland, Beschluß Gottesdienst, 6.1.4 Sakramentalien und Bräuche, in: Beschluß: Gottesdienst, a.a.O. Bd. 1, 219.
14. SC 60.
15. Ebd., 219.
16. SC 60.
17. H. Rupp, Ermutigend. Zur Situation der Schul- und Schülergottesdienste in Baden-Württemberg. Eine Umfrage der Kirchen in Zusammenarbeit mit dem MKS. Entwurf 2/1991, 56-59, hier 57f.
18. Vgl. R. Sauer, Der Schulgottesdienst – ein volkskirchliches Relikt? in: LS 33 (1983), H. 1, 46-50.
19. Chr. Bizer, Liturgik und Didaktik, in: Jahrbuch der Religionspädagogik (JRP 5), Neukirchen-Vluyn 1989, 90.
20. R. Kirste, Art. Jugend- und Schulgottesdienst, in: Handbuch der Liturgik.

Liturgiewissenschaft in Theologie und Praxis der Kirche, hg. von H.-Chr. Schmidt-Lauber und K.-H. Bieritz, Leipzig/Göttingen 1995, 801-816, hier: 809.

21. Anregungen und Gestaltungsmöglichkeiten für diese nichteucharistischen Gottesdienstformen enthält die Religionspädagogische Arbeitshilfe Nr. 57 »Liturgische Feiern im Schulalltag« des Katechetischen Instituts des Bistums Aachen, erstellt von M. Schwering und L. Pongratz, Aachen 1991.
22. Chr. Bizer, a.a.O., 94.
23. SC 14.
24. W. Stengelin/L. Volz, Religion in der Hauptschule, 7, München 1980, 89.
25. H. Halbfas, Religionsbuch für das 5./6. Schuljahr, Düsseldorf 1989, 84.
26. Pfeiffer-Werkbücher Nr. 41, München 1965.
27. Pfeiffer-Werkbücher, Nr. 67, München 1968.
28. R. Guardini, Von heiligen Zeichen, a.a.O., 5f.; vgl. auch B. Fischer, Von der Schale zum Kern, Zürich/Freiburg ^{8}1988.

Fußnoten zu Kapitel 7

1. L'Eucharistie. N° 118-119. Catéchèse, Janvier-April 1990, 37.
2. N. Mette, Religionspädagogik (Leitfaden Theologie 24), Düsseldorf 1994, 195-223, hier 236.
3. Das Arbeitspapier der Kommission »Pastorale Grundfragen« des Zentralkomitees der deutschen Katholiken, »Glaubensvermittlung heute«, ist zum ersten Mal abgedruckt in: LebZeug 37 (1982), Heft 1, 17-62.
4. Vgl. E. J. Lengeling, ›Glaubensvermittlung heute‹ nur in der liturgischen Feier, nicht aber auch durch sie? Zu einem neuen Arbeitspapier der Kommission »Pastorale Grundfragen« des Zentralkomitees der deutschen Katholiken, in: LJ 32 (1982) 185-194.
5. G. L. Müller, Die Liturgie als Quelle des Glaubens, in: LKat 113 (1988), H. 2, 105-109, hier 105 f.
6. Vgl. SC, 10.
7. A. Kallis, Theologie als Doxologie. Der Stellenwert der Liturgie in der orthodoxen Kirche und Theologie, in: Liturgie – ein vergessenes Thema der Theologie? Hg. von K. Richter, Freiburg-Basel-Wien 1986, 42-53, hier 50.
8. Med. Dei, 47.
9. Die Pastorale Einführung in die Leseordnung der Messe, Neue Ausgabe 1981, 61.
10. Conferenza Episcopale Italiana, Il rinnovamento della catechesi, Roma 1970, 130 und 114.
11. Petite Liturgie quotidienne, Pomeyrol, 162.
12. Die Äußerung eines 16jährigen Südtiroler Schülers ist dem Buch entnommen: Jungsein in der Kirche – eine Dokumentation. Herausgeber: Südtiroler Katholische Jugend, Bozen 1990, 60.
13. Ebd., 69.

14. Ebd., 64.
15. G. Lohfink, Gottes Taten gehen weiter. Geschichtstheologie als Grundvollzug neutestamentlicher Gemeinden, Freiburg-Basel-Wien 1985, 85 ff.
16. »Jungsein in der Kirche«, a.a.O., 58.
17. Vgl. K. Richter, Eine mystagogische Liturgie. Wunsch und Wirklichkeit nach einem Vierteljahrhundert Liturgiereform, in: K. Richter/A. Schilson, Den Glauben feiern. Wege liturgischer Erneuerung, Mainz 1989, 124.
18. Das Interview mit Loriot ist abgedruckt in: Lutherische Monatshefte 3/85, 123. Vgl. dazu auch R. Sauer, Die Sprachnot der Verkündigung und Wege aus der Krise, in: Religionspädagogische Beiträge 34/1994, 151-165.
19. R. Guardini, Die mystagogische Predigt, in: K. Bergmann (Hg.), Volksliturgie und Seelsorge, Colmar o.J. (1942), 169.
20. Vgl. F. X. Arnold/B. Fischer (Hg.), Die Messe in der Glaubensverkündigung, Freiburg i. Br. ^{2}1953.
21. »Die eigentliche Wüste Stadt ...«, Fragen an P.-M. Delfieux, gestellt von K. Nientied und U. Ruh, in: HerKor 44 (1990), H. 2, 69-75, hier 72.
22. M. Raske, Liturgie der Kirche in einer Basisgemeinde. in: Bibel und Liturgie 61 (1988), H. 2, 118-122.

Fußnoten zu Kapitel 8

1. II. Vatikanisches Konzil, Dekret über Dienst und Leben der Priester, 2. Kapitel, Artikel 5.
2. Vorwort zu: »Vor Dir zu stehen und Dir zu dienen«. Der Dienst der Ministrantinnen und Ministranten in der Feier der Eucharistie, Freiburg 1994, 3.
3. Das empfehlenswerte Material ist über folgende Adresse zu beziehen: Diözesanseminar St. Maximilian, Steinweg 1, 94032 Passau.
4. A. Streib, Ministrantenseelsorge heute – Eine Darstellung gegenwärtiger Fragen, in: Handbuch kirchlicher Jugendarbeit, Bd. 4: Jugend in der Kirche. Selbstdarstellung von Verbänden und Initiativen, hg. von G. Biemer und W. Tzscheetzsch, Freiburg i.Br. 1988, 214.
5. S. Herzog, Bibliodrama, in: V. Drehsen u.a. (Hg.): Wörterbuch des Christentums (WBC), Einsiedeln-Zürich-Köln 1988, 151 f.
6. Vgl. H. Heidenreich, Bibliodrama im Boom. Ein Überblick, in: KatB 119 (1994), H. 7/8, 513-522.
7. Jugendbibel, hg. vom Deutschen Katechetenverein, München/Stuttgart, Neuausgabe 1995.
8. BDKJ-Aktion zur Diözesansynode Rottenburg/Stuttgart. Dokumentation, Esslingen, 31985, 76.

Fußnoten zu Kapitel 9

1. Direktorium für Kindermessen, a.a.O., 16.
2. Ebd., 20.

3. Vgl. R. Sauer, Das Kind im Gottesdienst, in: B. Jeggle-Merz/R. Sauer/A. Schwenzer (Hg.), Gottesdienst feiern mit Kindern. Werkbuch, Freiburg-Basel-Wien 1994, 42-51.
4. N. Greinacher, Die Familie in der Gemeinde, in: Handbuch der Pastoraltheologie, Bd. 4, Freiburg-Basel-Wien 1969, 86 ff.
5. Ebd., 89f.
6. Wort des Bischofs an die Synode der Ostregion der Evangelischen Kirche in Berlin-Brandenburg, Frühjahr 1977, abgedruckt in: FAZ, vom 13.5.1977, Nr. 111, 10.
7. BDKJ-Aktion. Dokumentation zur Diözesansynode Rottenburg/Stuttgart, a.a.O., 93.
8. Familien feiern Gottesdienst. Material für die Werkstatt von Liturgieteams, Herausgeber: Bistum Essen 1994. Erarbeitet vom Arbeitskreis ›Kindgemäße, familiengemäße und jugendgemäße Liturgie‹, 4.
9. SC 33.
10. Schülermessen für die Grundschule, hrsg. vom »Friedrichshafener Kreis«, Pfarrer J. Guntram, Tettnang 1972, Nr. 38.
11. M. Luther, Ein Sermon von dem neuen Testament, d. i. von der heiligen Messe (1520), in: Weimarer Ausgabe 6, 355; dazu ausführlich H.-G. Heimbrock, Ritual als religionspädagogisches Problem, in: JRP 5, 1988, 45-81, hier: 48-50.
12. Ebd., 179-212.
13. SC 14.
14. A. Schwenzer, Raumatmosphäre, in: B. Jeggle-Merz/R. Sauer/A. Schwenzer, Gottesdienst feiern mit Kindern, a.a.O., 116-123.
15. Vgl. Gottesdienst mit Kindern, a.a.O., 41.
16. Allgemeine Einführung in das Römische Meßbuch, Nr. 54.
17. Fünf Hochgebete, Studienausgabe für die Bistümer des deutschen Sprachgebietes mit einem Anhang: Hochgebet für Meßfeiern mit Gehörlosen. Approbierter und konfirmierter Text. Hg. von den Liturgischen Instituten Salzburg, Trier und Zürich, Freiburg-Basel-Wien 1991.
18. Gottesdienst mit Kindern, a.a.O., 51-55, hier 54 und 55; vgl. auch B. Jeggle-Merz, Das Eucharistische Hochgebet, in: B. Jeggle-Merz/R. Sauer/A. Schwenzer, Gottesdienst feiern mit Kindern, a.a.O., 156-160.

Fußnoten zu Kapitel 10

1. A. Feige, Erfahrungen mit der Kirche, Hannover 1989.
2. Vgl. dazu: R. Sauer, Thesen zum Verhältnis Jugend und Gottesdienst, in: CPB 96 (1983), H. 5, 359; ders., Gottesdienste mit Kindern und Jugendlichen. Versuch einer Bilanz, in: KatB 108 (1983), H. 10, 771-775, hier 772-775.
3. H. Schrei, Erfahrungen Jugendlicher in der Sonntagsmesse, in: Heiliger Dienst, 1, 1995, 4-6.
4. Vgl. P. Watzlawik, Menschliche Kommunikation. Formen, Störungen, Paradoxien, Bern/Stuttgart/Wien, ^{4}1974, 171-212.

5. Vgl. O. Fuchs, Jugend und Liturgie im Horizont der Evangelisierung, in: LJ 3/1987, 156-186, hier 171 f.
6. Beschluß: Gottesdienst 4.2.3.2 Jugend und Gemeindegottesdienst.
7. H. Schrei, a.a.O. 5.
8. Dokumentation Jugendkongreß Gottesdienst 1990, Freiburg 1992, 96.
9. Vgl. P. Bourdieu, Zur Soziologie der symbolischen Formen, Frankfurt/M. 1974, hier 175.
10. Ebd., 199.
11. Studie der Gesellschaft für Sozialwissenschaftliche Forschungen in der Medizin (GESUMED) im Rahmen des Nürnberger Modellprojektes »Bedröhnung« 1995.
12. Beschluß »Gottesdienst« 6.1.6.
13. Vgl. M. Frigger, Früh-Spätschicht, Freiburg u.a. 1994.
14. Aufwind. Junge Leute beten im Alltag, bearb. von H. Mandlmaier u.a. Hg. vom Bischöflichen Jugendamt Passau o.J. (1986); R. Bürger/U. Auffenberg/D. Kubietziel/M. Manuel, Auswuchten. Stundengebet mit jungen Christen, Paderborn 1988; G. Ertl/Chr. Haidinger, Zuwendung. Ein Jugendbrevier, Wien 1988. Vgl. zum Ganzen: M. Klöckener, Chancen in der Jugendliturgie, in: LS 42/1991, 196-200.
15. Ebd., IV. 11.
16. In: Dokumentation. Jugendkongreß Gottesdienst, a.a.O., 95.
17. Ebd., 4.2.3. 3.

Fußnoten zu Kapitel 11

1. Vgl. K. Gabriel, Christentum zwischen Tradition und Postmoderne, Freiburg 1992, 182-192.
2. Vgl. H. Barz, a.a.O., Bd. 2, 245-267.
3. H. Barz, a.a.O., Bd. 2, 245.
4. U. Beck/E. Beck-Gernsheim, Das ganz normale Chaos der Liebe, a.a.O., 223 f.
5. L. Bouyer, Erneuerte Liturgie. Geistlicher Kommentar zur Liturgiekonstitution, Salzburg 1965, 59.
6. Anm. 1526, Weimarer Ausgabe 19, 73, 75. Vgl. auch G. Preiser, Gottesdienst und Evangelisation, in: Handbuch der Liturgik, a.a.O., 646-653.
7. P. Ringseisen, Jetzt weiß ich wieder ... Österliche Erfahrungen in einer französischen Großstadtpfarrei, in: Christ in der Gegenwart 1989, 158.
8. M. Kehl, Wohin steuert die Kirche? Zur strukturellen Veränderung der Kirche in Deutschland, in: Stimmen der Zeit 3 (1995), 147-159, hier: 156. Vgl. neuerdings sein Buch, Wohin geht die Kirche? Eine Zeitdiagnose, Freiburg u.a. 1996, 143 f.
9. Evangelii nuntiandi, 51 und 52.
10. Ebd., 1 f.
11. R. Kaczynski, Die liturgische Erneuerung ist noch nicht abgeschlossen. Überlegungen zur anstehenden Reformarbeit, in: Bibel und Liturgie 63 (1990), H. 4, 208.

12. J. Wanke, Weihnachtslob für Ungläubige? Ein liturgisches Experiment im Erfurter Dom am 24.12.1988, in: Gottesdienst 19 (23. Jahr) 5. Oktober 1989, 145-147. Von diesem »nächtlichen Weihnachtslob« existiert auch ein kleiner Videofilm.
13. F. Huber, Über die Eigenschaften eines zweckmäßigen, für unsere Zeiten passendes Rituals, in: Freymüthige Blätter über Theologie und Kirchenthum I (1830), 9-46, hier: 24. Vgl. auch F. Kohlschein (Hg.), Aufklärungskatholizismus und Liturgie. Reformentwürfe für die Feier von Taufe, Trauung und Krankensalbung (Pietas liturgica 6), St. Ottilien 1989.
14. Ch. Schwens, Gottesdienst mit kirchlich Distanzierten: Das Katholische Forum Dortmund, in: Bibel und Liturgie 62 (1989), H. 3, 163.
15. H. Bourgeois, Le rôle du catéchuménat pour renouveler la concience baptismale de'Église, Service Nationale du Catéchuménat, mai 1987, 2.
16. A. Exeler, Zur Freude des Glaubens hinführen, Freiburg 1980, 145. U. Gianetto, Occasionale (Catechesi), in: Dizionario di Catechetica, Torino 1986, 462. E. J. Korherr, Die okkasionale Katechese, in: CPB 101 (1988), H. 4, 169-172.
17. C. Nolf, »Jeunes et Religion«. Une enquête sur les jeunes fréquentent les cours de religion catholique dans l'enseignement secondaire, in: La foi et le temps 17 (1987), H. 12, 166-180.
18. Zitiert nach M. Veith, Alltagserfahrungen von Jugendlichen, theologisch interpretiert, in: P. Biehl u.a. (Hg.), Jahrbuch der Religionspädagogik 1/1984, Neukirchen/Vluyn 1985, 3-27, hier 17.
19. Zitiert nach Chr. Schwens, a.a.O., 160 f.
20. Auf diesen kulturellen Graben, der die kirchliche Liturgie von dem heutigen Menschen trennt, wies bei der Eröffnung des Kongresses der Societas Liturgica der Anglikaner D. Gray, London, hin. Vgl. T. Berger, Die Inkulturation der Liturgie, in: LJ 30 (1989), H. 4, 253-264, hier 265.
21. A. Häußling, Liturgiewissenschaftliche Aufgabenfelder vor uns, in: LJ 38 (1983), 94-108, hier 104.
22. Vgl. Chr. Schwens, a.a.O., 163.
23. Ebd., 165.
24. Neben A. Häußling und R. Kaczynski wäre hier noch A. Gerhards zu nennen mit seinem Beitrag: Aus der Geschichte lernen? Versuche über die Zukunft der Liturgie, in: StZ 207 (1989), 473-484.
25. J. Gaillot, »Eine Kirche, die nicht dient, dient zu nichts«. Erfahrungen eines Bischofs, Freiburg/Basel/Wien 1990, 164.

Fußnoten zu Kapitel 12

1. Liturgie – ein vergessenes Thema der Theologie? Hg. von K. Richter (Quaestiones Disputatae 107), Freiburg/Basel/Wien 1986.
2. Ebd., 5.
3. A. Häußling, Liturgiewissenschaft zwei Jahrzehnte nach Konzilsbeginn. Eine Umfrage im deutschen Sprachgebiet, in: ALW 24 (1982), 1-18, hier 10 f.

4. In: Die Deutschen Bischöfe 15, hg. vom Sekretariat der Deutschen Bischofskonferenz, Bonn 1978, Nr. 99.
5. Ebd., Nr. 100.
6. Vgl. F. Kohlschein, Zur Rolle der Liturgiewissenschaft bei der Ausbildung, Berufseinführung und Fortbildung der Pastoral- und Gemeindereferenten im kirchlichen Dienst, in: LJ 35 (1985), 112-118, hier 113-115.
7. Ders., a.a.O., 112-118.
8. K. Richter, Die Liturgiewissenschaft im Studium der Theologie heute, in: LS 32 (1982), 46-63.
9. Vgl. Die Deutschen Bischöfe 33, hg. vom Sekretariat der Deutschen Bischofskonferenz, Bonn 1982, 11.
10. Vgl. K. Richter, Die Liturgiewissenschaft im Studium der Theologie heute, in: LJB 45 (1995), H. 1, 40-47.
11. Ebd., 1996.
12. B. Welte, Auf der Spur des Ewigen, Freiburg u.a. 1965; ders., Heilsverständnis, Freiburg u.a. 1966; ders., Zeit und Geheimnis, Freiburg u.a. 1977; ders., Religionsphilosophie, Freiburg u.a. 1979; vgl. auch L. Wenzler (Hg.), Mut zum Denken, Mut zum Glauben. Bernhard Welte und seine Bedeutung für eine künftige Theologie, Freiburg 1994.
13. B. Welte, Religionsphilosphie a.a.O., 208.
14. B. Welte, Das Licht des Nichts. Von der Möglichkeit neuer religiöser Erfahrung, Düsseldorf 1980, 49f.
15. M. Buber, Ich und Du. Gerlingen ^{12}1994, 91; vgl. auch die Erste Philosophie von E. Levinas, in der der ganz Andere den Menschen durch den anderen anruft.
16. Zukunft aus der Kraft des Konzils. Die außerordentliche Bischofssynode '85, hg. von W. Kasper, Freiburg 1986, 32.
17. Dokumentation 1990, a.a.O.
18. Vgl. A. Bilgri OSB, Liturgische Fortbildung im Kloster Andechs, in: Anzeiger für Seelsorge, Freiburg i.Br. 99 (1990), Nr. 1; H. Würdinger, Erziehung durch Liturgie und zur Liturgie, in: Anzeiger für die Seelsorge, Freiburg i. Br. 99 (1990), Nr. 5, 190.
19. Vgl. Dokumentation 1990, a.a.O., 57 f.
20. Vgl. F. Kohlschein, a.a.O., 117.
21. Schlußdokument der 2. außerordentlichen Bischofssynode vom 10.12.1995.

Fußnoten zu Kapitel 13

1. Vgl. A. Waibel, Bericht über den Arbeitskreis 4 »Bereiche und Aufgaben liturgischer Bildung« bei der AKL-Studientagung 1986 in Rastatt, veröffentlicht von W. Meurer, Von der Notwendigkeit und der Möglichkeit liturgischer Bildung, in: H. Becker u.a., Gottesdienst – Kirche – Gesellschaft, a.a.O., 414.
2. Ebd., 415.

Literaturauswahl

Adam, A., Erneuerte Liturgie. Eine Orientierung für den Gottesdienst heute, Freiburg/Basel/Wien 1980

Ders., Grundriß Liturgie, Freiburg/Basel/Wien ^{5}1992

Ders./Berger,R., Pastoralliturgisches Handbuch, Freiburg/Basel/Wien ^{5}1990

Alberich, E., Catéchèse et liturgie, Chapitre VIII dans: La Catéchèse dans L'Église, édition française, Paris 1986, 243-258

Arnold, F. X./Fischer, B. (Hg.), Die Messe in der Glaubensverkündigung, Freiburg i. Br. ^{2}1953

Arx, W. v., "vom Geist und von der Kraft der Liturgie tief durchdrungen". Liturgische Bildung - eine bleibende Aufgabe, in: A. Schifferle (Hg.), Miteinander. Für die vielfältige Einheit der Kirche (Fs. für A. Hänggi), Basel/Freiburg/Wien 1992, 87-102.

Baumgartner, K. u.a. (Hg.), Unfähig zum Gottesdienst? Liturgie als Aufgabe aller Christen, Symposiumsvorträge, Regensburg 1991

Barth, K., Evangelium und Bildung (Theologische Studien, Heft 2), Zollikon-Zürich 1938

Becker, H./Hilberath, B. J./Willers, U., (Hg.), Gottesdienst - Kirche - Gesellschaft. Interdisziplinäre und ökumenische Standortbestimmungen nach 25 Jahren Liturgiereform, St. Ottilien 1991

Bogler, Th., Ist der heutige Mensch noch liturgiefähig? Laacher Hefte 28, Maria Laach 1968

Brunner, P., Zur Lehre vom Gottesdienst der im Namen Jesu versammelten Gemeinde, in: Leiturgia. Handbuch des evangelischen Gottesdienstes. 1. Bd.: Geschichte und Lehre des evangelischen Gottesdienstes, Kassel 1954

Bucher, A., Symbol - Symbolbildung - Symbolbeziehung. Philosophische und entwicklungspsychologische Grundlagen, St. Ottilien 1990

Bugnini, A., Die Liturgiereform 1948-1975. Zeugnis und Testament, Freiburg/Basel/Wien 1988

Deutsches Liturgisches Institut (Hg.), Liturgische Bildung in den deutschen Diözesen. Dokumentation 1990, Trier 1990

Deutsches Liturgisches Institut (Trier) und Deutscher Katecheten-Verein (München) (Hg.), Gottesdienst mit Kindern, München 1986

Diethelm, F., Erziehung und Liturgie. Eine pädagogische und pastoraltheologische Studie mit besonderer Berücksichtigung der Internatserziehung, Einsiedeln 1964

Emeis, D., Vom Wort zum Zeichen, Freiburg/Basel/Wien 1984

Ders., Zwischen Ausverkauf und Rigorismus. Zur Krise der Sakramentenpastoral, Freiburg/Basel/Wien 1991

Ders., Mit den Sakramenten leben, Freiburg/Basel/Wien 1993

Familien feiern Gottesdienst. Material für die Werkstatt von Liturgieteams, hg. vom Bistum Essen 1994

Filthaut, Th., Grundlagen liturgischer Bildung (Schriften zur Katechetischen Unterweisung, Bd. 7), Düsseldorf 1960

Fischer, B., Von der Schale zum Kern. Kurzansprachen, Zeichen und Worte zur Liturgie, Freiburg [8]1980

Frenkle N. J., u.a., Zum Thema Kult und Liturgie, Stuttgart 1972

Gelineau, J., Liturgie von morgen, Regensburg 1970

Gerhards, A. u.a. (Hg.), Wahrhaftig. Gott ist bei Euch! Wie feiern wir heute Liturgie? Paderborn 1994

Guardini, R., Liturgische Bildung, Burg Rothenfels a.M. 1923; zweite Auflage unter dem Titel Liturgie und Liturgische Bildung, Würzburg 1966

Ders., Vom Geist der Liturgie, 1928; (Herder-Bücherei Bd. 2), Freiburg i.Br. 1957

Ders., Von heiligen Zeichen, 1. Auflage 1923, Mainz 1933

Ders., Besinnung vor der Feier der heiligen Messe, Mainz [6]1956

Ders., Die Sinne und die religiöse Erkenntnis, Würzburg [2]1958

Ders., Der Kultakt und die gegenwärtige Aufgabe liturgischer Bildung, in: LJ 14 (1964), 101-106

Hahne, W., De arte celebrandi oder von der Kunst, Gottesdienst zu feiern. Entwurf einer Fundamentalliturgik, Freiburg/Basel/Wien 1991

Heinrich, K., Die Wiedergewinnung einer theologischen Ästhetik und ihre Bedeutung für die Liturgie. Eine fundamentalliturgische Positionsbestimmung, Würzburg 1994

Hertle, V./Saller, M./Sauer, R. (Hg.), Spuren entdecken. Zum Umgang mit Symbolen, München 1987

Heute segnen. Werkbuch zum Benediktionale, hg. von A. Heinz und H. Rennings, Freiburg/Basel/Wien 1987.

Jeggle-Merz, B./Sauer, R./Schwenzer, A., Gottesdienst feiern mit Kindern. Werkbuch, Freiburg/Basel/Wien 1994

Jetter, W., Symbol und Ritual. Anthropologische Elemente im Gottesdienst, Göttingen [2]1986

Jungmann, J. A., Die Frohbotschaft und unsere Glaubensverkündigung, Regensburg 1936

Kleinheyer, B., Heil in Zeichen erfahren. Dreißig Kapitel über Zeichen im Gottesdienst, München 1980

Kapellari, E., Und haben fast die Sprache verloren. Fragen zwischen Kirche und Kunst, Graz/Wien/Köln 1955

Lange, E., Chancen des Alltags. Überlegungen zur Funktion des christlichen Gottesdienstes in der Gegenwart, München [2]1984

Langer, M. (Hg.), Mit Kindern Gott suchen. Elemente für den Gottesdienst in der Sekundarstufe, Regensburg 1955

Lengeling, E. J., Die Konstitution des Zweiten Vatikanischen Konzils über die heilige Liturgie. Lateinisch-deutscher Text mit Kommentar, in: Reihe Lebendiger Gottesdienst 5/6, Münster [2]1965

Ders., Kritische Bilanz. Liturgische Bildung des Klerus und der Laien in den Augen des II. Vatikanischen Konzils in den römischen Ausführungsbestimmungen und in reformierten liturgischen Büchern, Regensburg 1976

Ders., Liturgie - Dialog zwischen Gott und Mensch, hg. von K. Richter, Freiburg/Basel/Wien 1981
Lubienska de Lenval, H., L'éducation du sens liturgique, Paris 1952
Maas-Ewerd, Th., Lebt unser Gottesdienst? Die bleibende Aufgabe der Liturgiereform, Freiburg/Basel/Wien 1988
Meyer zu Uptrup, K., Gottesdienst - ein Lernprozeß? Entwurf einer theologischen Lerntheorie, in: Wissenschaft und Praxis in Kirche und Gesellschaft, Göttingen 1975, 13-27
Pastorale 2. Handreichung für den pastoralen Dienst: Die gottesdienstliche Versammlung der Gemeinde, hg. von H. Huke und H. Rennings, Mainz 1973
Ratzinger, J., Das Fest des Glaubens. Versuch zur Theologie des Gottesdienstes, Einsiedeln ^{2}1981
Rennings, H./Klöckener, M., Dokumente zur Erneuerung der Liturgie. Dokumente des Apostolischen Stuhls 1963-1973, Kevelaer 1983
Richter, K. (Hg.), Liturgie - ein vergessenes Thema der Theologie? (Quaestiones Disputatae 107), Freiburg/Basel/Wien 1986
Richter, K./Schilson, A., Den Glauben feiern. Wege liturgischer Erneuerung, Mainz 1989
Richter, K., Darum kommen wir vor dein Angesicht. Vom Sinn des liturgischen Gebets, Freiburg/Basel/Wien 1992
Schmaus, M./Forster, K. (Hg.), Der Kult und der heutige Mensch, München 1961
Schmidtchen, G., Gottesdienst in einer rationalen Welt, Stuttgart/Freiburg 1973
Schmidt-Lauber, H.-Chr., Die Zukunft des Gottesdienstes. Von der Notwendigkeit lebendiger Liturgie, Stuttgart 1990
Schmidt-Lauber, H.-Chr./Bieritz, K.-H. (Hg.), Handbuch der Liturgik. Liturgiewissenschaft in Theologie und Praxis der Kirche, Leipzig/Göttingen ^{2}1995
Volp, R., Liturgik. Die Kunst Gott zu feiern, Bd. 1 und 2, Gütersloh 1992 und 1994
Würzburger Synode: Beschluß Gottesdienst, in: Gemeinsame Synode der Bistümer in der Bundesrepublik, in: Offizielle Gesamtausgabe 1, Freiburg/Basel/Wien 1976, 196-225
Dies., Beschluß: Schwerpunkte heutiger Sakramentenpastoral, a.a.O., 238-275.
Zimmermann, D., Leben - Deuten - Feiern. Plädoyer für eine diakonische Pastoral, München 1984
Zulehner, P. M., Heirat - Geburt - Tod. Eine Pastoral zu Lebenswenden, Freiburg/Basel/Wien 1976
Zweites Vatikanisches Konzil, Konstitution über die heilige Liturgie 1964 (abgekürzt: SC)
Zweites Vatikanisches Konzil, Konstitution über die Kirche (abgekürzt: LG)

Register

Personenregister

Sachregister